Körber/Frank
OSF/Motif und das X Window-System

Ulrich Körber
Ulrich Frank

OSF/Motif und das X Window-System

Verstehen, anwenden und programmieren

Carl Hanser Verlag München Wien

Die Autoren:

Dipl.-Ing. Ulrich Körber, Ulm-Soeflingen
Dr.-Ing. Ulrich Frank, Bonn

Die Deutsche Bibliothek - CIP-Einheitsaufnahme

Körber, Ulrich:
OSF-Motif und das X-Window-System : verstehen, anwenden und programmieren / Ulrich Körber ; Ulrich Frank. - München ; Wien : Hanser, 1998
ISBN 3-446-18876-2

Internet: http://www.hanser.de
Umschlaggestaltung: MCP • Susanne Kraus GbR, Holzkirchen
Datenbelichtung: Wolframs Direkt Medienvertrieb GmbH, Attenkirchen
Gesamtherstellung: Druckerei Wagner GmbH, Nördlingen
Printed in Germany

Vorwort

Wie unterscheidet sich das vorliegende Buch von anderen Werken über das Thema „OSF/Motif und X Window-System“? Keinesfalls wird der interessierte Leser nach der Lektüre ein gewiefter X Window-System- oder OSF/Motif-Crack sein. Auch die zahlreichen Klippen, die bei der Anwendungsentwicklung mit diesen Systemen zu umschiffen sind, werden auf den folgenden Seiten nur umrissen. Wenn Sie aber OSF/Motif und das X Window-System bislang nur als Programmanwender (oder gar nicht) kennengelernt haben und einen umfassenden Einblick in Hintergrund, Konzeption, Architektur, Fähigkeiten und Programmiermethodik dieser Systeme gewinnen wollen, haben Sie die richtige Wahl getroffen.

Wir verstehen dieses Buch als Einführung in eine komplexe und vielschichtige Materie, aber keinesfalls als Referenzwerk für den mit allen Wassern gewaschenen Anwendungsentwickler. Viele Themen – die Details der Fähigkeiten der Xlib, Feinheiten des Widget-Systems, spezielle „Features“ von OSF/Motif usw. – wurden zugunsten einer breiteren Darstellung von Architektur und Basisfunktionalität bewußt nur gestreift bzw. ganz ausgelassen. Tatsächlich basiert der Inhalt dieses Buchs auf den Erfahrungen, die die Autoren in universitären Lehrveranstaltungen gesammelt haben. Diese Erfahrungen haben vor allem gezeigt, daß der Weg zum erfolgreichen Entwurf komplexer Applikationen lang ist. Zwar kann auch der Unerfahrene schnell Erfolge erzielen, in dem er mit kleinen Beispielprogrammen „spielt“ – die Tücken des Systems offenbaren sich aber sehr schnell bei der Entwicklung größerer Applikationen, und Frustrationserlebnisse sind dann garantiert. Ziel *dieses* Buchs ist die Vermittlung eines soliden Basiswissens, vor dessen Hintergrund die Verwendung der viele tausend Seiten starken Referenzliteratur zum Thema überhaupt erst möglich wird. Leider läßt sich der Gebrauch dieser Werke ohnehin kaum vermeiden, wenn Motif-Anwendungen implementiert werden sollen (und dieses Buch macht die existierende Referenzliteratur auch keinesfalls überflüssig.)

Überraschend mag zunächst die etwas ungewöhnliche Wahl der Programmierumgebungen in diesem Buch sein. Natürlich tragen wir der enormen Bedeutung der Sprache *C* und des Betriebssystems *Unix* – immerhin die „Haus- und Hofumgebung“ von X und Motif – Rechnung. Parallel dazu sind sämtliche Beispiele allerdings auch für die Sprache *DEC Pascal* unter dem Betriebssystem *OpenVMS* abgefaßt. Der Grund dafür ist zum einen die „offene“ Konzeption von X und OSF/Motif, die den Einsatz von Programmierumgebungen außerhalb der C/Unix-Welt ausdrücklich einschließt – die aber andererseits in der Literatur bislang häufig schlicht übersehen wird. Zum anderen haben wir in den bereits erwähnten Lehrveranstaltungen – in denen ebenfalls DEC Pascal zum Einsatz kam – feststellen können, daß manche Schwächen von X und OSF/Motif bei Verwendung von „fremden“ Programmierumgebungen deutlicher zu Tage treten und Fehler bei der Anwendungsentwicklung (in Kenntnis dieser Schwächen) teilweise leichter zu vermeiden sind.

Ein Lehrbuch über moderne Computersysteme in „vernünftiger“ deutscher Sprache abzufassen kommt dem Problem der Quadratur des Kreises sehr nahe. Erfahrungsgemäß ist das von deutschsprachigen Softwareingenieuren verwendete Idiom ein zumeist recht kryptisches Gemisch aus englischen Fachbegriffen mit ein wenig „deutschem Beiwerk" – und auch wir sind im Rahmen dieses Buches wohl häufig (trotz guter Vorsätze) in diesen Jargon verfallen. Das Problem liegt grundsätzlich in den vielfach unübersetzbaren Begriffen: „Widget", „Gadget", „Pixmap", ja selbst „Window" und „Graphics Context" besitzen selten deutsche Äquivalente, die tatsächlich anwendbar sind. Dies gilt insbesondere dann, wenn bestimmte Begriffe kombiniert werden. (Ist ein „Parent Window" tatsächlich ein „Elternfenster"?) Aus diesem Grund verwenden wir in aller Regel Fachbegriffe ausschließlich im englischen Original – zu Lasten des Sprachstils, wobei die Lesbarkeit des Texts hoffentlich nicht zu stark leidet.

Welche Vorkenntnisse sind für die Lektüre dieses Buchs notwendig? Grundsätzlich sollten Ihnen die Programmiersprachen C und/oder Pascal gut vertraut sein, da auf Eigenheiten von Sprachmitteln im Rahmen eines Lehrbuchs zum Thema X Window-System und OSF/Motif kaum noch detailliert eingegangen werden kann. Grundkenntnisse im Umgang mit Unix (wahlweise OpenVMS) sind teilweise ebenfalls nötig, und an manchen Stellen ist auch ein gewisses übergreifendes Informatik-Basiswissen (Was ist ein „Stack"? Was ist „Reentranz"? Was bedeutet der Begriff „Nebenläufigkeit"? usw.) zumindest hilfreich.

Das vorliegende Buch ist aus einem langwierigen – mitunter recht schmerzhaftem – Prozeß aus Vorlesungsmanuskripten zum Thema hervorgegangen. (Diese Herkunft ist der Grund für die Diskussion einiger „Randbereiche" der X- bzw. Motif-Programmierung, die zwar häufig Probleme bereiten, in der Referenz- und Sekundärliteratur aber ebenso häufig unerwähnt bleiben.) An dieser Stelle sei daher den Teilnehmern an unseren Lehrveranstaltungen sowie den „Mitveranstaltern" für ihre Anregungen und Kommentare gedankt.

Ein besonderes „Dankeschön" geht an Stefan Schöler und Roland Klein, die uns in den frühen Phasen der Manuskriptabfassung unterstützt und Vorlesungen sowie praktische Übungen tatkräftig mitgestaltet haben.

Inhaltsverzeichnis

TEIL I X11 und Motif: Historie und Architektur

TEIL II Anwendungsentwicklung mit OSF/Motif

TEIL III Anwendungsentwicklung mit X11

Abbildungsverzeichnis

Tabellenverzeichnis

TEIL I
X11 und Motif: Historie und Architektur

1 Software-Bedienoberflächen gestern und heute

Die Computertechnologie wurde in ihren Anfangsjahren ausschließlich von Experten benutzt, die detaillierte Kenntnisse über Hardware, deren Bedienung, Struktur von Computersystemen und Programmierung besitzen mußten. Ohne diese Kenntnisse war an eine Anwendung der seinerzeit verfügbaren Rechner nicht zu denken. Mit der fortschreitenden Verbreitung von Computern und deren stetig wachsenden Leistungsfähigkeit hat sich die Situation allerdings tiefgreifend verändert. Anwender sind heute weitgehend in der Lage, moderne Hard- und Softwaresysteme ohne tiefergehendes Wissen über zugrundeliegende Technologien zu nutzen.

Seitdem interaktive Applikationssoftware – wie z.B. Textverarbeitungssysteme, CAD-Anwendungen, Zeichenprogramme usw. – in großem Umfang produziert und benutzt wird, spielt die Programmbedienung eine erhebliche Rolle bei der Anwendungsentwicklung. Softwarebedienoberflächen sollen für den Anwender auf Anhieb handhabbar, produktivitätssteigernd und fehlertolerant sein, sie sollen attraktiv gestaltet werden, ohne dabei an Effizienz zu verlieren, Benutzer sollen durch sie in die Lage versetzt werden, die Funktionen eines Softwaresystems auch bei seltener Anwendung leicht zu lernen usw. Diese „menschlichen Faktoren“ beim Design eines Programms werden unter dem Sammelbegriff *Software Ergonomie* zusammengefaßt. Zu diesem Thema sind in den letzten Jahren zahlreiche Untersuchungen durchgeführt worden [28]. Erkenntnisse aus diesen Studien flossen auch in die Richtlinien des Deutschen Instituts für Normung (DIN) ein, das in den Jahren 1981 – 1987 einen Anforderungskatalog für die Mensch-Maschine-Kommunikation erstellt hat („Bildschirmarbeitsplätze. Grundsätze der Dialoggestaltung“, [4]) Grundsätzlich stehen heute ergonomische Aspekte beim Entwurf von Bedienoberflächen klar im Vordergrund, die „Benutzerfreundlichkeit“ einer Anwendung entscheidet dabei nicht selten über deren kommerziellen Erfolg.

1.1 „Traditionelle" Bedienoberflächen

Softwaresysteme arbeiten mit verschiedenen Konzepten zur Realisierung von Bedienoberflächen, die wichtigsten Vertreter waren bis vor einigen Jahren die *syntaxgesteuerte Bedienoberfläche* (sowohl für die Betriebssystemumgebung als auch für Anwendungssoftware) und die *menügesteuerte Bedienoberfläche* (oft auch mit grafischen Menüs). Beispiele für solche Bedienoberflächen zeigen Abbildung 1.1 und Abbildung 1.2.

```
X11>>> dir .pas

Directory USER_DISK:[FRANK.X11_BSP]

DECW$XLIBDEF.PAS;2  WORLD1_P.PAS;2   WORLD1_P.PAS;1   WORLD2U_P.PAS;1
WORLD2_P.PAS;1      X11BSP_P.PAS;3   X11BSP_P.PAS;2   X11_BSP.PAS;1

Total of 8 files.
X11>>> dir .opt

Directory USER_DISK:[FRANK.X11_BSP]

BEISPIEL.OPT;3             DECW_SHR.OPT;1

Total of 2 files.
X11>>> type decw_shr.opt
SYS$SHARE:DECW$XLIBSHR/SHARE
SYS$SHARE:DECW$XTLIBSHRR5/SHARE
SYS$SHARE:DECW$XMLIBSHR12/SHARE
SYS$SHARE:DECW$MRMLIBSHR12/SHARE
SYS$SHARE:DECW$DXMLIBSHR12/SHARE
X11>>> _
```

Abbildung 1.1: Syntaxgesteuerte Bedienoberflächen (OpenVMS DCL)

Die syntaxgesteuerte Oberfläche kommuniziert mit dem Programmanwender über eine Befehlsebene, d.h. nachdem der Anwender ein Kommando (und eventuell zugehörige Parameter) eingegeben hat, führt die Software eine zu diesem Kommando gehörende Funktion aus.

Insbesondere bei komplexen Anwendungsprogrammen sind syntaxgesteuerte Bedienoberflächen allerdings aus mehreren Gründen problematisch:

- Der Benutzer muß eine u.U. umfangreiche Menge von Kommandos lernen.
- Syntax und Semantik der Befehle können dem Anwender eventuell unverständlich sein oder umständlich erscheinen.
- Seltener benutzte Kommandos entfallen dem Benutzer, er muß sie immer wieder nachschlagen.

- Die effektivste Vorgehensweise, um mit einem Programm ein bestimmtes Problem zu lösen, ist aus der Kommandostruktur der Software kaum zu ersehen. Der Benutzer geht daher vielleicht zeitraubende Wege, da ihm die geeigneteren Befehle nicht bekannt sind.

- Die Fehlerbehandlung erfordert besondere Aufmerksamkeit seitens des Anwendungsentwicklers: er muß z.B. sicherstellen, daß Kommandos, die in bestimmten Stadien des Programms nicht benutzbar sind, auch tatsächlich nicht ausgeführt werden, oder die Überprüfung von syntaktischer, formaler und semantischer Richtigkeit von Kommandoparametern vorsehen usw.

Trotz dieser Nachteile sind die syntaxgesteuerten Bedienoberflächen aus dem Computer-Alltag nicht wegzudenken. Viele Softwareprodukte sind mit ihnen schnell und einfach zu handhaben; insbesondere kleinere, häufig benutzte „Tools“ und „Utilities“ machen von der Softwaresteuerung durch (mehr oder weniger) einfache Kommandos Gebrauch. Für syntaxgesteuerte Bedienoberflächen spricht auch, daß sie in aller Regel konfigurationsunabhängig sind, d.h. sie können auch dann eingesetzt werden, wenn „intelligentere“ Dialogformen nicht zu Verfügung stehen (so z.B. bei einer Datenbank, die mittels Modem fernabgefragt wird. Ein weiteres Beispiel wäre die ebenfalls per Modem durchgeführte „Fernsteuerung“ von Software-Installationsvorgängen in einem Rechenzentrum. Die Modemtechnologie verhindert in einem solchen Fall schon aus Geschwindigkeitsgründen den Einsatz komplexer Bedienoberflächen.)

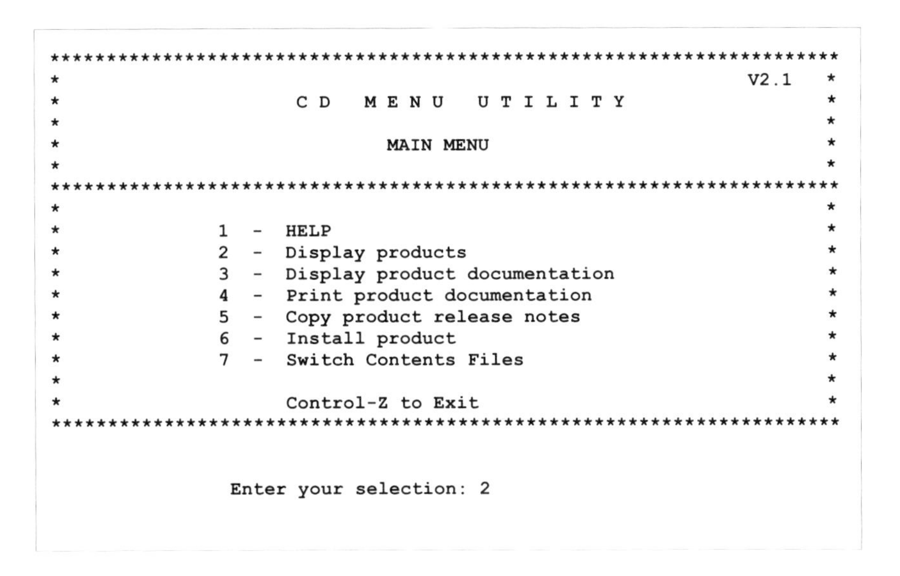

Abbildung 1.2: Menügesteuerte Bedienoberfläche

Menügesteuerte Softwareoberflächen besitzen gegenüber der syntaxgesteuerten Bedienung Vorteile. Insbesondere ist die Handhabung eines Programms leichter zu durchschauen (kein Auswendiglernen von Befehlen erforderlich) und die Fehlerbehandlung einfacher. (Die Menüs eines Programms können z.B. so gestaltet werden, daß sie zur Laufzeit der Software zu jedem Zeitpunkt nur zulässige Funktionen auflisten.) Demgegenüber stehen allerdings einige Nachteile:

- Die Menübedienung gestaltet sich von Programm zu Programm unterschiedlich. Der Benutzer muß also stets umdenken (was eine potentielle Fehlerquelle bei der Programmbedienung darstellt) oder gar umlernen.
- Größere Anwendungen müssen eine Vielzahl von Menüs und Untermenüs bereitstellen, um ihren vollen Funktionsumfang abbilden zu können. Will der Benutzer eine bestimmte Funktion aufrufen, so muß eventuell – je nach Funktion – eine größere Anzahl von Menüs durchlaufen werden, d.h. die Produktivität sinkt.
- Menügesteuerte Programme sind wenig flexibel in der Bedienerführung. Es gibt zumeist nur einen Weg zum „Ziel“ (wenn er überhaupt gefunden wird), und der „Rückweg“ aus einem falschen Menü zum Hauptmenü (bzw. zum gesuchten Menü) gestaltet sich oft zeitraubend.
- Weniger häufig benutze Programmfunktionen haben u.U. trotz Menüs einen schlechten Erinnerungswert.

Für die Steuerung komplexer interaktiver Anwendungen, wie z.B. von CAD-Systemen, erwiesen sich die genannten Kommunikationskonzepte aufgrund ihrer Nachteile bald als wenig tragfähig. Zwar realisierten viele Softwarehersteller neben der Programmbedienung durch Kommandos oder Menüs auch Mischformen oder Varianten solcher Systeme, die grundsätzlichen Schwierigkeiten – lange Einarbeitungszeiten, Probleme mit seltener benutzten Programmfunktionen durch vergessene Kommandos usw. – aber blieben.

1.2 Direct Manipulation User Interfaces

Ende der 70'er Jahre lieferte die Pionierarbeit der Firma Xerox ein neues Konzept zur Realisierung einer ergonomischen Bedienoberfläche, das die Softwarelandschaft entscheidend prägen sollte. Im Xerox-eigenen Palo Alto Research Center entstanden zu dieser Zeit unter anderem die objektorientierte Softwareentwicklungsumgebung *Smalltalk-80*, die erstmalig in der Geschichte der Bedienoberflächen abstrakte Objekte mit Hilfe grafischer Sinnbilder – *Icons* genannt – symbolisierte. Dieses Konzept wurde in einer erweiterten Form auch in der Büroautomatisierungssoftware *Xerox Star* eingesetzt. Star erschien Anfang 1981 und realisierte eine bis dato einmalige Benutzerführung mit Hilfe einer „Schreibtisch-Allegorie“ (*Desktop metaphor*), d.h. die Bedienoberfläche des Systems präsentierte sich dem Anwender als „Schreibtisch“ mit Dokumenten, Ablagen, Papierkorb usw.

Obwohl das Potential dieses neuen Konzepts zunächst lediglich in Wissenschaftskreisen erkannt wurde und kaum Einfluß auf die industrielle Softwareentwicklung nahm, adaptierte die Firma Apple Computer das Konzept der Star-Benutzerführung und stellte 1983 einen Rechner namens *Lisa* vor, dessen Bedienoberfläche auf den wesentlichen Ideen des Star-Systems basierten. Obwohl Lisa auf dem Computermarkt ein völliger Flop wurde, erklärte Apple die neuartige Oberfläche zum Leitmotiv weiterer Entwicklungen, überarbeitete das Lisa-Konzept und brachte einen neuen Computer namens *Macintosh* auf den Markt.

Die Macintosh-Computerfamilie ist bis heute ein großer Erfolg, nicht zuletzt durch die von Betriebssystem und Anwendungsprogrammen durchgehend verwendete grafische Bedienoberfläche. Die von den Macintosh-Rechnern realisierte Mensch-Maschine-Schnittstelle gilt heute als Vorreiter für alle Softwaresysteme mit *Direct Manipulation User Interface* (ein Begriff, der von Ben Shneiderman in einem Schlüsselartikel über Benutzerführungskonzepte 1983 geprägt wurde, siehe [31]). Die Bedienoberfläche des Macintosh bzw. Direct Manipulation User Interfaces allgemein sind im wesentlichen durch folgende Eigenschaften gekennzeichnet:

1. Objekte, Attribute und Beziehungen, mit denen ein bestimmtes Programm arbeiten kann, werden visuell repräsentiert.

2. Durchzuführende Operationen initiiert der Benutzer durch das Manipulieren solcher visueller Repräsentationen (typischerweise mit Hilfe einer Maus).

Beispiel: Eine Datei wird nicht mehr durch Eingabe eines Kommandos, wie z.B. „*Delete File*" gelöscht, vielmehr kann der Benutzer ein Sinnbild, das die zu löschende Datei repräsentiert, mit Hilfe der Maus in einen symbolischen Papierkorb „werfen".

Die Vorteile des Direct Manipulation User Interface sind vor allem:

- Der unerfahrene Benutzer lernt die Handhabung eines neuen Programms wesentlich schneller.

- Kommandos brauchen nicht erlernt zu werden, der Anwender erfaßt die zur Verfügung stehenden Funktionen (im Idealfall) vielmehr intuitiv.

- Wiederkehrende Operationen werden im allgemeinen schneller durchgeführt.

- Identische Operationen werden in verschiedenen Programmen meist gleich (zumindest aber ähnlich) repräsentiert.

- Die Fehlerrate (Fehler pro Operation) geht drastisch zurück, wodurch eine erhebliche Produktivitätssteigerung erreicht wird.

- Die Handhabung eines Programms prägt sich besser ein (sog. *rapid recall*).

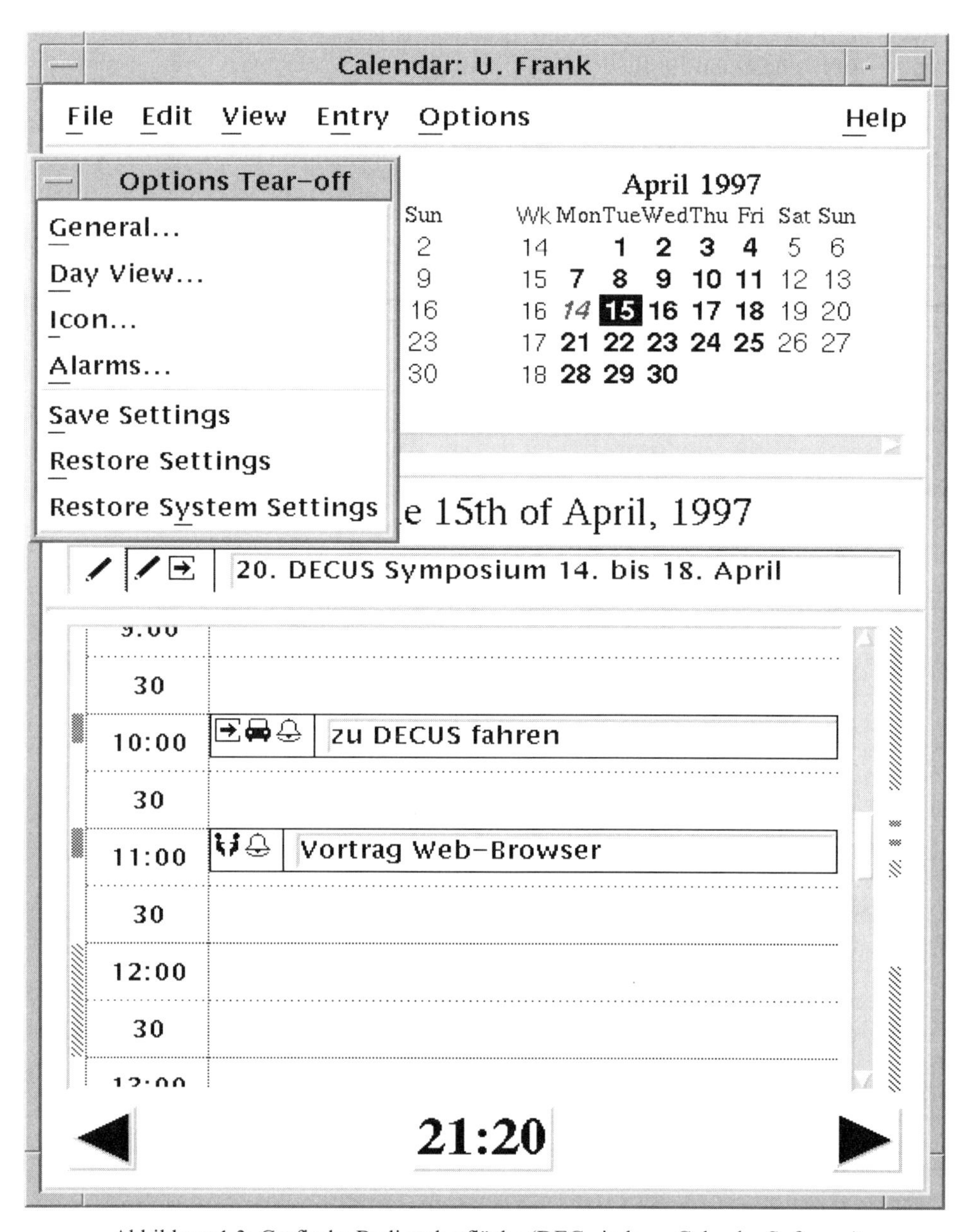

Abbildung 1.3: Grafische Bedienoberfläche (DECwindows Calendar Software)

- Das Vertrauen des Benutzers in die Verläßlichkeit des Softwaresystems steigt, da die angebotene Funktionalität durch die einfache Bedienung transparenter erscheint.

Tatsächlich sind „reine“ Direct Manipulation Interfaces heute eher selten, da sich nicht alle Operationen, Daten, Bezüge usw. eines Programms stets in nachvollziehbarer Weise grafisch darstellen bzw. manipulieren lassen. Üblich sind hingegen Mischformen, die neben direkt-manipulativen Bedienkonzepten z.B. auch grafische Menüs (meist in Form sog. *Pulldown Menus* oder *Popup Menus*) unterstützen. Ein Beispiel für eine solche Bedienoberfläche eines Anwendungsprogramms zeigt Abbildung 1.3.

Nachdem die Vorteile von grafischen Bedienoberflächen im Sinne von Direct Manipulation User Interfaces allgemein erkannt worden waren, entwickelten verschiedene Hersteller eine wahre Flut solcher Systeme, z.B. *SunView* und *NeWS* von der Firma Sun Microsystems, *MS-Windows* von Microsoft, *VWS* von Digital Equipment Corporation, *NeXT Step* von NeXT Computers, *GEM* von Digital Research usw. Einige dieser Systeme besitzen auch heute noch Bedeutung. Die Folgen dieser Vielfalt waren (und sind es noch) in jeder Hinsicht problematisch, vor allem die Inkompatibilität der Systeme untereinander bereitete erhebliche Schwierigkeiten. Die Hersteller von Anwendungssoftware mußten für jedes Oberflächensystem (oft auch etwas unscharf als *Window-System* bezeichnet) eine entsprechende Schnittstelle in ihre Programme integrieren, die Benutzer solcher Software hatten dagegen mit der durch die verschiedenen Systeme bedingten unterschiedlichen Bedienung zu kämpfen. Die Situation drohte – ähnlich der im Bereich von Grafiksystemen und Grafikhardware – unkontrolliert auszuufern.

1.3 Die Geschichte des X Window-Systems

Die Probleme nachträglicher Standardisierungsbestrebungen sind weitreichend und bekannt, eine weitgehende Standardisierung von grafischen Bedienoberflächen bereits im Ansatz, also noch bevor sich einzelne herstellerspezifische Systeme fest etablieren konnten, wäre somit dringend erforderlich gewesen. Vermutlich wäre eine solche Standardisierung dennoch kaum erfolgt, wenn nicht eine einigermaßen merkwürdige Entwicklung die Produktion immer neuer Oberflächensysteme gestoppt hätte.

1984 benötigte das MIT (Massachusetts Institute of Technology) im Rahmen eines Projekts eine Grafikumgebung, um bestimmte Debugging-Aufgaben erledigen zu können. Zu diesem Zeitpunkt waren die zu diesem Zweck notwendigen Bitmap-orientierten Grafikterminals kaum verfügbar, man lieh sich daher kurzerhand von der benachbarten Projektgruppe „Athena“ ein VS100-Display (Hersteller Digital Equipment) aus. Da noch die Software zur Ansteuerung des Terminals fehlte, griff man auf das Window-System *W* der Universität Stanford zurück, das unter dem Betriebssystem *V* (ebenfalls Stanford University) lief. Zwar war W durchaus geeignet, VS100-Terminals anzusteuern, nach der durch die Rahmenbedingungen des MIT-Projekts erforderlichen Portierung auf das Betriebssystem Unix stellte sich aber heraus, daß W in der Unix-Umgebung viel zu langsam arbeitete. Um dieses Defizit zu beseitigen, wurden größere Bereiche von W umgeschrieben und das Ergebnis *X* getauft (nicht etwa „X-Windows", wie fälschlicherweise häufig zu lesen!) Das X-System verbreitete sich zunächst am MIT, dann auch intern bei Digital Equipment; Anfang 1986 erschien schließlich das erste auf X basierende kommerzielle Produkt, die Grafik-Workstation „VAXstation II/GPX" (Hersteller wiederum Digital Equipment).

In den folgenden Monaten nahm die Verbreitung von X rapide zu, eine Reihe namhafter Computerhersteller (darunter Hewlett-Packard, Sun Microsystems und Apollo Computers) portierten das System auf ihre Hardwareplattformen und verzichteten auf ihre proprietäre Bedienoberflächen-Software: X war auf dem besten Weg, zum „unfreiwilligen" Standard für Window-Systeme zu werden.

Die Gründe für diese große Akzeptanz sind selbst den Entwicklern von X nicht völlig verständlich (siehe z.B. die historischen Betrachtungen von Robert Scheifler – einer der „Väter" von X – in [29]), allerdings zeichnet sich das System gegenüber anderen durch drei Besonderheiten aus:

1. X ist durch ein standardisiertes Protokoll *netzwerktransparent.* Anwendungssoftware und Teile des X Window-Systems können über dieses Protokoll mit Hilfe eines Netzwerks verbunden werden – die dabei zum Einsatz kommende Netzwerktechnologie spielt keine Rolle. Die Vorteile dieses Konzepts werden wir im folgenden Kapitel detaillierter darstellen.

2. X realisiert den sog. *Client/Server*-Ansatz. Der Anwendungssoftware wird so ermöglicht, die X-Funktionalität unabhängig von einem bestimmten Betriebssystem oder einer bestimmten Hardwarekonfiguration in Anspruch zu nehmen. (Auch auf diese Besonderheit werden wir noch eingehen.)

3. X wurde nur zum Selbstkostenpreis vertrieben und war somit „Public Domain"-Software.

Inzwischen sind Implementierungen von X vielfach kommerzielle Produkte, die von verschiedenen Herstellern angeboten werden. Damit das System allerdings nur kontrolliert weiterentwickelt werden kann (und nicht – wie etwa beim Unix-Betriebssystem geschehen – in kurzer Zeit unzählige herstellerspezifische Derivate entstehen), existiert ein von den Interessen einzelner Computerhersteller unabhängiges Gremium, das sog. *X Consortium.* Das X Consortium hat die Aufgabe, die Evolution des X Window-Systems (seit 1994 übrigens auch des OSF/Motif-Systems) zu überwachen, sowie Erweiterungsvorschläge zu sichten und zu evaluieren.

Gegenwärtig ist X Version 11, meist kurz als *X11* bezeichnet, Release 6 aktuell; weitere Releases sind geplant.

1.4 Das OSF/Motif-System

X Version 11 ist prinzipiell – und durchaus gewollt – *policy free*, d.h. es definiert zwar ein Netzwerkprotokoll und bietet zusätzlich Ein/Ausgabe-Routinen, „Fensterverwaltungsfunktionen“ und eine Reihe Pixel-orientierter Grafikoperationen, verzichtet aber bewußt auf die Bereitstellung zusätzlicher Funktionalität zur einfachen Implementierung grafischer Bedienoberflächen. Das bedeutet, daß sich auf der Grundlage von X zwar beliebige Oberflächen aufbauen lassen, sämtliche dazu notwendigen grafischen Objekte und deren Verhalten jedoch „manuell“ (unter Benutzung der X-Funktionalität) programmiert werden müssen.

Dieses Problem wird durch das sog. *Xtk* (Abkürzung für *X-Toolkit*) abgeschwächt, das zwar ursprünglich eine Ergänzung des „eigentlichen“ X Window-Systems darstellt, mittlerweile aber als integraler Bestandteil des Systems angesehen wird. Die Mechanismen und Routinen des Xtk – auch *Xt Intrinsics* genannt, da sie trotz ihres „Toolkit-Charakters“ ein essentieller (engl. *intrinsic* ≈ „natürlich zugehörig“) Bestandteil von X sind – vereinfachen die Implementierung spezieller grafischer Objekte zum Aufbau von Bedienoberflächen, wie z.B. Schieberegler, Knöpfe oder ähnlicher Dialogelemente. Um die Programmierung von grafischen Bedienoberflächen auf der Basis von X weiter zu erleichtern, entwickelten verschiedene Hersteller einen Satz vordefinierter Objekte (unter Verwendung des Xtk), mit denen der Anwendungsentwickler seine Bedienoberflächen gestalten kann. Solche vordefinierten Objekte werden als zusätzliches „Toolkit“ angeboten, z.B. *OpenLook* von AT & T oder *XUI* von Digital Equipment. [32, 8]

Die Verwendung vorgefertigter Dialogelemente zur Realisierung von Bedienoberflächen hat sowohl Vorteile für den Programmierer als auch für den Endanwender: der Entwickler kann durch den Rückgriff auf bereits existierende Elemente einen erheblichen Teil des Implementierungsaufwandes vermeiden, der Anwender erhält Programme, deren Bedienoberflächen uniform aussehen und die uniform bedienbar sind.

Allerdings: Reduktion des Implementierungsaufwandes sowie Uniformität der visuellen Repräsentation und der Bedienbarkeit sind nur gewährleistet, wenn genau *ein* Satz prädefinierter Dialogelemente *eines* Herstellers zum Einsatz kommt. Da die Anbieter von Implementierungen des X Window-Systems sowie darauf basierender Dialogumgebungen meist gleichzeitig auch die Hersteller von Computersystemen sind, beschränken sich einheitliche Präsentation und Bedienbarkeit von Anwendungen auf Programme, die auf einer bestimmten Hardwareplattform basieren. Mit anderen Worten: Software, die auf Computern der Firma A läuft, wird dem Benutzer einheitlich präsentiert und läßt sich auch uniform bedienen, sofern der Anwendungsentwickler auf die Dialogelemente der Firma A zurückgreift. Die selbe Software, auf Rechner der Firma B portiert, muß sich allerdings der vorhandenen Dialogelemente dieser Firma bedienen. (Es sei denn, A stellt ihre Elemente auch auf Rechnern der Firma B zur Verfügung.)

Das resultierende Problem gleicht der eingangs geschilderten Situation im Bereich der herstellerspezifischen grafischen Bedienoberflächen: Obwohl die angebotenen Sammlungen von Dialogelementen alle auf einem grundlegenden System basieren (nämlich X), differieren die in ihnen enthaltenen Objekte in Aussehen, Bedienbarkeit und Funktionalität. Unter diesem Gesichtspunkt ist weder für den Benutzer noch für den Anwendungsentwickler viel gewonnen: die Bedienung der verschiedenen Dialogsysteme muß nach wie vor erlernt werden und die Portierung von Software von einem Computersystem auf ein anderes bleibt ebenfalls problematisch.

Dieser Mißstand ließ 1989 die Open Software Foundation (kurz OSF) handeln. Die OSF, ein Industriekonsortium unter Beteiligung namhafter Computerhersteller (u.a. Hewlett-Packard, IBM, Digital Equipment, und seit neuerem auch Sun Microsystems), wurde ursprünglich als Reaktion auf eine Vereinbarung zwischen den Firmen AT & T und Sun Microsystems gegründet, die die Weiterentwicklung und Vermarktung des Unix-Betriebssystems zum Inhalt hatte. Das Ziel der OSF war zunächst, ein „neues Unix“ zu entwickeln, das nicht von den Unix-Lizenzinhabern AT & T bzw. Sun kontrolliert werden konnte. (Mittlerweile ist dieses Ziel mit dem Betriebssystem OSF/1 erreicht.) Dennoch war das erste von der OSF vorgestellte Produkt nicht etwa ein neues Betriebssystem, sondern eine Bedienoberflächensoftware auf der Basis von X und Xtk: *OSF/Motif*. OSF/Motif – auch kurz Motif genannt – lehnt sich an ältere Produkte zweier Mitgliedsfirmen der OSF an: die optische Gestaltung der Bedienelemente basiert auf dem *Presentation Manager* von Hewlett-Packard und Microsoft, während Typ und Funktionalität der Bedienelemente auf der *XUI*-Software von Digital Equipment beruhen, die prinzipiell – wie bereits erwähnt – eine Sammlung von Bedienelementen auf der Grundlage des Xtk darstellt.

Der maßgebliche Unterschied zwischen OSF/Motif und anderen auf X basierenden Oberflächensystemen ist die Akzeptanz durch verschiedene Hersteller. Ähnlich wie bei X ist die Verfügbarkeit nicht von einer bestimmten Hardwareplattform oder einem bestimmten Betriebssystem abhängig, vielmehr wird Motif von mehreren Herstellern auf deren jeweiligen Rechnersystemen aktiv unterstützt. Die resultierenden Vorteile sind offensichtlich:

1. Der Benutzer arbeitet mit einer einheitlichen Bedienoberfläche, die auf einer Vielzahl von Hardwareplattformen und unter verschiedenen Betriebssystemen zur Verfügung steht,

2. Anwendungssoftware wird einheitlich bedienbar, ohne daß das unterlegte Betriebssystem noch eine größere Rolle spielt, und

3. dem Anwendungsentwickler wird die Portierung von Software in unterschiedlichen Hardware–/Softwareumgebungen erheblich erleichtert.

Zwei Nachteile sollen hier nicht verschwiegen werden:

- Die Programmierung einer Anwendung unter Motif ist nicht trivial und fällt in der Regel wesentlich aufwendiger aus, als Software mit syntax- oder menügesteuerter Bedienoberfläche[1].

- Motif basiert auf X. Beide Systeme zusammen binden erhebliche Ressourcen (Rechenleistung, Halbleiterspeicher, Massenspeicher).

Zusammenfassend läßt sich für den Bereich der Workstation-Computersysteme feststellen: X hat sich als Industriestandard für Window-Systeme etablieren können und OSF/Motif ist der Industriestandard für auf X basierende Bedienoberflächen. (Laut der OSF verwenden mittlerweile über 200 verschiedene Hardware-/Softwareplattformen Motif als Bedienoberflächensystem.) Hierzu ist noch zu bemerken, daß zwischenzeitlich sowohl X als auch Motif in die Liste der Standards der *X/Open Community* aufgenommen wurden, die für die Entwicklung portabler Anwendungen heute eine große Bedeutung besitzt.

Wichtig in diesem Zusammenhang ist auch, daß X und Motif keine „statischen" Produkte sind: Beide Systeme werden kontinuierlich weiterentwickelt und lassen sich auch vom Anwendungsprogrammierer in bestimmten Grenzen erweitern. Mittlerweile existieren auch einige zusätzliche Softwarekomponenten, die den Funktionsumfang von X und/oder Motif erweitern, bzw. die Entwicklung von Motif-basierten Applikationen erleichtern sollen [16, 36], wie z.B. das *Fresco*-System [19, 20].

---

[1] Diese Tatsache ist allerdings nicht spezifisch für Motif, vielmehr ist die Implementierung grafischer Bedienoberflächen in der Regel immer aufwendiger als die Realisierung „traditioneller" Benutzerführungskonzepte.

2 Die X-Architektur

Die Funktionsweise des X Window-Systems erschließt sich bei der Betrachtung seiner Architektur. X Version 11 besteht im wesentlichen aus drei Komponenten, nämlich:

1. dem *X-Server*,
2. der *X-Library* (Xlib) und
3. dem *X-Toolkit* (Xtk).

Die oben genannten Komponenten sollen im folgenden näher untersucht werden.

2.1 Der X-Server

Der sog. *X-Server* ist ein eigenständiges Programm, das jeweils auf einem Computer läuft, der über grafische Ausgabemöglichkeiten und diverse Eingabegeräte verfügt. Der X-Server dient als Schnittstelle zwischen der Rechnerhardware und dem „übrigen" X-System, das keine Hardwareabhängigkeiten besitzt. Somit „versteckt" der Server quasi die Realisierung der X-Funktionalität auf einer bestimmten Hardwareplattform und ermöglicht so die Hardwareunabhängigkeit des Gesamtsystems.

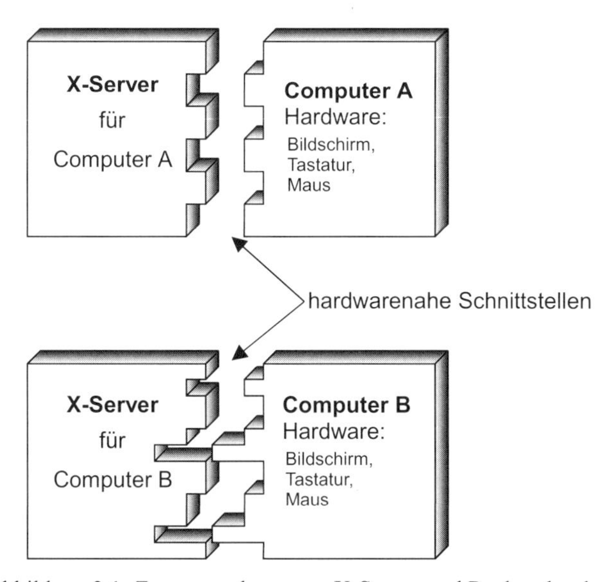

Abbildung 2.1: Zusammenhang von X-Server und Rechnerhardware

Sämtliche hardwareabhängigen Funktionen (Verwaltung von Eingabegeräten wie Tastatur und Maus oder die Ansteuerung des rechnereigenen Grafiksystems) werden vom X-Server mit Hilfe einer möglichst schnellen, hardwarenahen Schnittstelle realisiert, die von Computersystem zu Computersystem differiert und die Fähigkeiten der Hardware zumindest theoretisch optimal nutzt. Abbildung 2.1 verdeutlicht diesen Sachverhalt.

Für jede Funktion des X Window-Systems verfügt der Server über eine entsprechende Umsetzung in Hardwarebefehle, umgekehrt empfängt er Eingaben von der angeschlossenen Peripherie und leitet sie an andere Softwarekomponenten weiter. Um diese Aufgabe ohne Störung durch nebenläufige Programme erledigen zu können, besitzt der Server die exklusive Kontrolle über die Ein/Ausgabehardware, d.h. Anwendungssoftware kann nur über den X-Server mit Tastatur, Maus und Grafikhardware kommunizieren.

Seine Dienstleistungen stellt der X-Server über eine weitere, semantisch mächtigere Schnittstelle zur Verfügung – mit Hilfe des sog. *X-Protocol*. Das X-Protocol (oder X-Protokoll) ist ein exakt definiertes Kommunikationsprotokoll, das keinerlei Hardwareabhängigkeiten aufweist und von jedem X-Server identisch realisiert wird. Anwendungssoftware kann dieses Protokoll dazu nutzen, Funktionen des Servers aufzurufen bzw. Eingaben von den Server-seitig verwalteten Peripheriegeräten zu empfangen. In Anlehnung an das in Abbildung 2.1 gezeigte Modell ergibt sich bei Berücksichtigung des X-Protokolls wird dies in Abbildung 2.2 dargestellt.

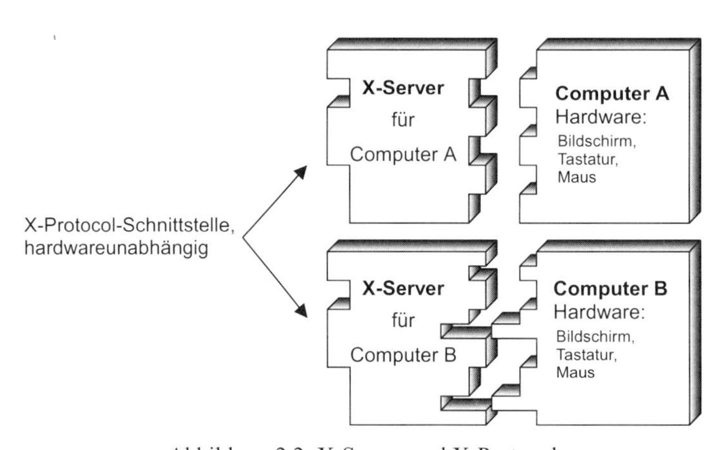

Abbildung 2.2: X-Server und X-Protocol

Prinzipiell ist das X-Protocol ein Netzwerkprotokoll (ähnlich solchen Protokollen wie dem vom *World Wide Web* her bekannten HTTP oder dem im Internet für *Electronic Mails* eingesetzten SMTP), das jedoch weder von einer speziellen Netzwerktechnik, noch von einem speziellen Betriebssystem, noch von einer bestimmten Programmiersprache abhängig ist. Aufgrund dieser Konzeption können Anwendungen mit einem X-Server auch dann kommunizieren, wenn sie nicht auf demselben Computersystem wie der Server laufen (sofern die betreffenden Rechner miteinander vernetzt sind). Das X Window-System realisiert somit das sog. *Client/Server*-Prinzip: die Anwendungssoftware (der sog. *Client*, im Umfeld des X Window-Systems auch *X-Client* genannt) kommuniziert mit Hilfe eines exakt definierten Protokolls mit dem *Server* (hier also dem X-Server), der bestimmte Funktionen bereitstellt.

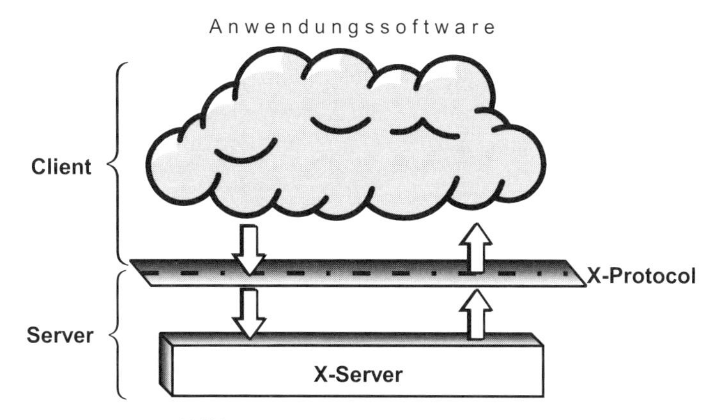

Abbildung 2.3: X11 Client/Server-Prinzip

Abbildung 2.3 soll das Client/Server-Konzept verdeutlichen: Der Client (X-Client) kommuniziert mit dem X-Server ausschließlich unter Verwendung des X-Protocol. Ob Client und Server auf demselben oder auf verschiedenen Computern laufen, bleibt sowohl für die Anwendungssoftware als auch für den Server unsichtbar.

Wichtig ist allerdings, daß jedes Anwendungsprogramm eine Verbindung zu dem X-Server herstellen muß, der die gewünschte Hardware kontrolliert, um Grafiken anzeigen zu können, Eingaben entgegenzunehmen usw. Meist bleibt es dem Anwender überlassen, den zu benutzenden Server auszuwählen, wobei verschiedene Auswahlmechanismen verwendet werden können. (Wir werden diese Mechanismen in späteren Kapiteln noch kennenlernen.)

Wie bereits erwähnt, ist das X-Protocol *netzwerktransparent*, d.h. es ist unabhängig von einer bestimmten Netzwerktechnik. Allerdings liegt dem X Window-System mindestens die Leistung des Ethernet zugrunde, dessen Datendurchsatz nominell 10 Mbit/sec. beträgt. Rechnervernetzungen, die einen geringeren Datendurchsatz aufweisen, sind als Basis für das X-Protocol weniger geeignet.

An dieser Stelle sei uns eine Anmerkung für „Netzwerk-Kenner" gestattet: Das X-Protocol setzt selbst nicht unmittelbar z.B. auf dem Ethernet auf, sondern benutzt auf einem „physikalischen" Netzwerk basierende Protokolle (mit oder ohne Routing-Eigenschaften), wie z.B. TCP/IP oder DECnet (mit Routing) bzw. LAT (ohne Routing). Nähere Information über solche Protokolle finden sich z.B. in [33, 13].

Das X-Protocol ist zwar netzwerktransparent, es muß aber nicht unbedingt über ein Netzwerk betrieben werden. Laufen Client und Server auf demselben Computer, so werden für den Datenaustausch meist spezielle betriebssystemspezifische Kommunikationskanäle (die sog. *Interprozeßkommunikations-Funktionen*) genutzt, die den „Umweg“ über ein Netzwerk vermeiden. Allerdings gilt auch in diesem Fall: der verwendete Transportmechanismus (Netzwerk oder Betriebssystemfunktionen) bleibt für die Teilnehmer unsichtbar, die Kommunikation findet ausschließlich über das X-Protocol statt.

Durch die Netzwerktransparenz ergeben sich – zusammen mit dem Client/Server-Konzept – eine Vielzahl von Konfigurationen beim Einsatz des X Window-Systems. Zum einen können Anwendungssoftware und X-Server lokal auf einem Computersystem (typischerweise einer Workstation) laufen. Zum anderen kann Anwendungssoftware auf

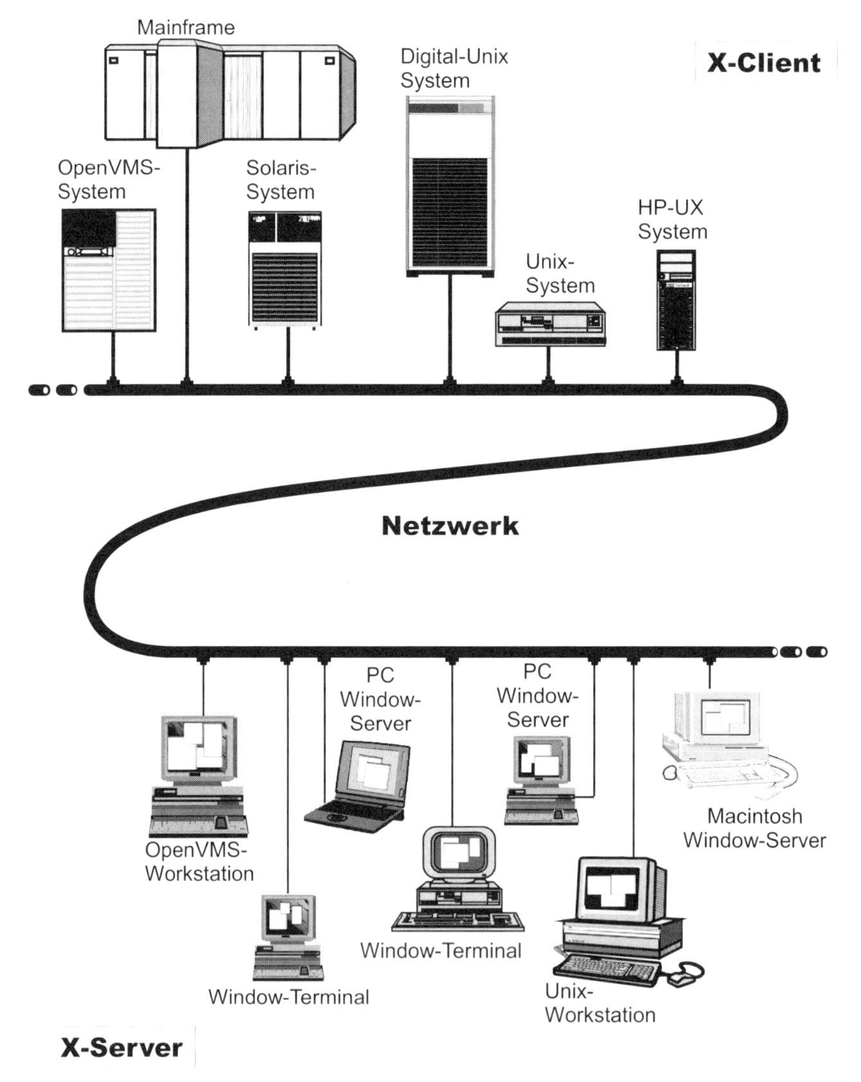

Abbildung 2.4: Beispiel für eine Systemkonfiguration mit X11

einem Rechner gestartet werden, auf dem sie verfügbar ist (oder der bestimmte Ressourcen wie Rechenleistung oder Speicherkapazität aufweist), und mit Hilfe eines Netzwerks den X-Server eines anderen Computers benutzen. Ein Beispiel für eine mögliche Systemkonfiguration zeigt Abbildung 2.4.

In der oben dargestellten Konfiguration könnte z.B. der Benutzer einer Unix-Workstation eine Anwendung auf einem VMS-System unter OpenVMS starten und von seiner Workstation aus bedienen. Ebenso könnten andere Benutzer mit ihren PCs Applikationsprogramme auf einem VMS- oder Unix-System benutzen usw.

2.2 Die X-Library (Xlib)

Die X-Library – kurz Xlib genannt – ist eine Sammlung von über 500 (aufrufbaren) Routinen, die u.a. sämtliche durch das X-Protocol festgelegten Funktionen und Operationen implementieren. Neben der Abbildung des X-Protocol stellt die Xlib zusätzliche Routinen bereit, die häufig benötigte Dienste realisieren und dem Anwendungsentwickler so die Arbeit erleichtern.

Die Xlib stellt die „niedrigste" Schnittstelle zum X-Server dar. Anwendungsprogramme sollen den Server niemals direkt über das X-Protocol ansprechen (obwohl das durchaus möglich wäre), statt dessen ruft eine Applikation Routinen der Xlib auf, die ihrerseits über das X-Protocol mit dem Server kommunizieren. Die Xlib „gehört" somit stets zu dem Programm, das ihre Routinen benutzt, d.h. sie ist auf der Client-Seite des X Window-Systems angesiedelt.

Aus Abbildung 2.3 ergibt sich bei Berücksichtigung der Xlib das in Abbildung 2.5 dargestellte Modell.

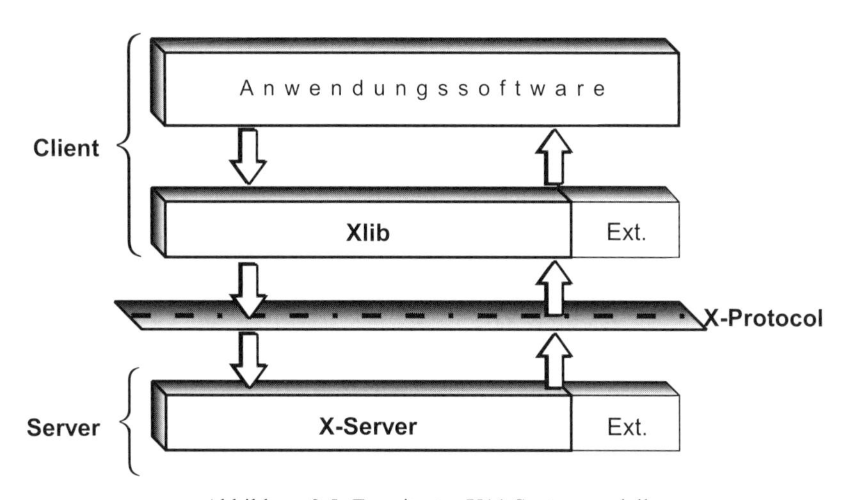

Abbildung 2.5: Erweitertes X11 Systemmodell

X kann „geordnet“ erweitert werden. In Abbildung 2.5 sind solche möglichen Erweiterungen durch die Bereiche „*Ext.*“ (für engl. *Extensions*) gekennzeichnet. Ein Softwarehersteller, der das X Window-System erweitern möchte, muß die zusätzliche Funktionalität im X-Server unterbringen (Erkennen neuer Protokollsequenzen sowie deren Umsetzung in Hardwarebefehle) und Routinen zur Generierung der neuen Protokollsequenzen implementieren. (Dies kann durch Erweiterung der Xlib oder durch die Bereitstellung eines separaten Toolkits erfolgen.)

Einige erhältlichc Erweiterungen sind:

- PEX (PHIGS Environment for X)
  PEX ist eine Implementierung des Grafikstandards PHIGS bzw. PHIGS PLUS, der X um „höhere“ 2-D und 3-D Grafikfunktionen bereichert.

- Display PostScript
  Die Display PostScript-Erweiterung realisiert die Funktionalität der Seitenbeschreibungssprache PostScript für X.

- XIE (X Imaging Extension)
  Die X Imaging Extension implementiert Verbesserungen im Bereich der Rasterbilddatenübertragung und -verarbeitung.

Aus der Existenz von X-Erweiterungen kann allerdings keinesfalls auf generelle Defizite des Systems geschlossen werden, vielmehr ist die Erweiterbarkeit ein gewolltes Charakteristikum. Die Entwickler von X11 vertreten den Standpunkt, daß die Bereitstellung grundlegender Funktionen einer quasi-vollständigen Spezifikation vorzuziehen ist. Wichtiger, so wird argumentiert, ist die aufwärtskompatible Erweiterbarkeit des Systems zur Berücksichtigung spezieller Bedürfnisse.

Standardseitig, d.h. ohne Erweiterungen, stellt die Xlib in der augenblicklich aktuellen Version – grob gegliedert – folgende Funktionen bereit Die angegebene Liste skizziert lediglich Bereiche bzw. Funktionalität, besitzt also nur Überblickscharakter. Kapitel 11 und 12 dieses Buchs beschäftigen sich intensiver mit den aufgezählten Themen und Routinen:

- *Display-Routinen* — Display-Routinen dienen dem Aufbau von Verbindungen zwischen X-Client und X-Server, der Verwaltung solcher Verbindungen und ihrem Abbruch. Dazu gehören auch Funktionen, mit deren Hilfe die Hardwareeigenschaften einer Workstation festgestellt werden können.

- *Window-Routinen* — Window-Routinen sind Routinen zum Erzeugen, Löschen und Konfigurieren von X11-Windows, wobei ein „Window“ im Sinne von X ein leerer rechteckiger Bereich ist, der vom X-Server mit Hilfe entsprechender Datenstrukturen verwaltet wird und mit Grafik „gefüllt“ werden kann.

- *Window-Informationsfunktionen* — Window-Informationsfunktionen erfragen Daten über z.B. Größe, Lage oder Anordnung von Windows.

- *Routinen zur Verwaltung von Farben* — Mit Hilfe dieser Routinen können X-Clients das vom X-Server zu benutzende Farbverwaltungsmodell festlegen bzw. zu verwendende Farben auswählen.

- *Grafikroutinen* — Grafikroutinen sind Routinen zum Festlegen von Grafikattributen (Zeichenfarbe, Linienbreite usw.), Arbeiten mit „Bitmaps" und „Pixmaps" sowie Zeichnen von Grafikelementen (z.B. Linien oder Rechtecke). X11 stellt allerdings nur einfache „Pixel-orientierte" Grafik zur Verfügung, „höhere" Grafikoperationen (wie z.B. Rotation oder Skalierung von Grafikobjekten oder Manipulationen des Koordinatensystems) sind nicht vorgesehen. Die Beseitigung dieser „Schwäche" des X Window-Systems ist Aufgabe von X-Erweiterungen.

- *Window- und Session Manager-Routinen* — Diese Routinen ermöglichen bzw. erleichtern die Programmierung von sog. *Window-Managern* – wie beispielsweise *Mwm*, den wir in Kapitel 3 noch kennenlernen werden – und die Implementierung von *Session Managern*. Session Manager sind Programme zur Verwaltung einer „Benutzersitzung". Solche Programme benötigt man, wenn X nicht nur von einzelnen Anwendungen benutzt werden soll, sondern auch in der Betriebssystemumgebung eingesetzt wird. Ein Session Manager erlaubt z.B. das Starten anderer X-basierter Software, ermöglicht die benutzerspezifische Anpassung von bestimmten Sitzungsparametern u.ä.

- *Routinen zur Behandlung von „Ereignissen"* — Diese Routinen verwalten bzw. verarbeiten „Ereignisse" (engl. *Events*), wie z.B. Tastatureingaben oder Mausbewegungen.

- *Verschiedene Dienstroutinen* — In diesen Bereich fällt eine Anzahl weiterer Routinen, die sich z.B. mit der „Internationalisierbarkeit" von Anwendungssoftware beschäftigen, der Verwaltung von Eingabegeräten (Tastatur, Maus) dienen, die Kommunikation zwischen verschiedenen X-Clients vereinfachen und anderes mehr.

Wie in Kapitel 1 bereits erwähnt, realisiert X11 keine grafische Bedienoberfläche, d.h. weder X-Server noch Xlib kennen Bedienelemente wie Knöpfe, Regler usw. Aus diesem Grund stellt die Xlib lediglich einen rudimentären Satz von Routinen zur Verfügung, mit denen sich solche Bedienelemente programmieren lassen, nicht aber die Elemente selbst.

Ein wichtiger Aspekt bei der Benutzung von Xlib-Funktionen ergibt sich aus der Beschaffenheit des X-Protocol. Das X-Protocol ist asynchron organisiert, das heißt, daß eine Xlib-Routine, die eine Server-Operation einleitet, nicht auf deren Komplettierung wartet. Eine Synchronisierung zwischen Client und Server ist nicht explizit vorgesehen. Allerdings gewährleistet die Implementierung der Xlib und des X-Servers, daß Operationen in der richtigen Reihenfolge durchgeführt werden. Insbesondere ist sichergestellt, daß Operationen, die von der Komplettierung anderer laufender Operationen abhängen, nicht sofort bearbeitet werden. Zudem werden Protokollaufrufe zunächst gepuffert, um den Nachrichtenaustausch mit dem Server zu optimieren. Für eine Anwendung bedeutet dieses Verhalten vor allem, daß nach dem Aufruf einer Xlib-Routine nicht klar ist, ob der Server die gewünschte Operation bereits durchgeführt hat. Mehr noch: die Pufferung kann zur Folge haben, daß die Anforderung noch gar nicht an den Server weitergeleitet wurde. Gegenüber synchronen Protokollen besitzt das asynchrone X-Protocol einen erheblichen Geschwindigkeitsvorteil, allerdings muß der Anwendungsentwickler bei der Implementierung von Programmfunktionen (insbesondere bei Grafikfunktionen) die asynchrone Protokollstruktur in Ausnahmefällen berücksichtigen. Auf diese Besonderheiten werden wir im dritten Teil dieses Buchs noch hinweisen.

An dieser Stelle sei ausdrücklich auf die unterschiedlichen „Zuständigkeitsbereiche" von Xlib und X-Server erwähnt, da diese leicht verwechselt werden können. Da der jeweilige X-Server die Ein- und Ausgabehardware kontrolliert, hängen z.B. bestimmte Fähigkeiten einer Anwendung nicht mehr vom Computersystem ab, auf dem sie läuft, sondern vom Computersystem, das den verwendeten X-Server zur Verfügung stellt. So muß eine Anwendung beispielsweise zunächst mit Hilfe der Xlib in Erfahrung bringen, ob der verwendete X-Server ein Computersystem kontrolliert, das die Anzeige von farbigen Grafiken unterstützt, bevor sie den Versuch unternimmt, Farbgrafiken darzustellen. Auch hängt die Verfügbarkeit bestimmter anderer Ressourcen häufig vom Computersystem des X-Servers ab: Jedes mit Hilfe der Xlib erzeugte Window benötigt z.B. in erster Linie Speicher auf der Server-Seite, da Windows vom X-Server verwaltet werden müssen. Mit anderen Worten: Ob eine Anwendung viele „Fenster" (oder auch umfangreiche „Pixmaps") handhaben kann, hängt weniger von der Konfiguration des Rechnersystems ab, auf dem der Client läuft, sondern von der Konfiguration des Server-Systems. Es ist bei der Konstruktion von X-basierter Software also erforderlich, „Server-orientiert" zu denken, damit eine Anwendung auch in unterschiedlichen Rechnerumgebungen korrekt funktioniert.

2.3 Das X-Toolkit (Xtk)

Um die Programmierung von Dialogelementen für grafische Bedienoberflächen zu vereinfachen, stellt das X Window-System das X-Toolkit (kurz Xtk genannt) zur Verfügung. Das Xtk baut auf der Xlib auf und bietet zusätzliche Routinen (die sog. Xt Intrinsics), die eine Basis für die Entwicklung von Bedienoberflächen darstellen.

Das „atomare" Element zur Implementierung von grafischen Objekten für Bedienoberflächen ist bei Verwendung der Xlib das *Window*. Windows lassen sich mit den Routinen der Xlib erzeugen, verwalten und mit (grafischem) Inhalt füllen. Allerdings ist die Programmierung eines kompletten Benutzerdialogs bei ausschließlicher Verwendung der Xlib ein beliebig kompliziertes und mühsames Unterfangen. Das Xtk geht daher einen anderen Weg: Die Bereitstellung eines abstrakten Modells zur prototypischen Implementierung eines Bedienelements bildet die Grundlage für vordefinierte, wiederverwendbare Dialogelemente. Ein solches Dialogelement heißt im Kontext des Xtk *Widget*, das durch das Xtk definierte Modell wird als *Widget-Modell* bezeichnet[1].

Ein Widget im Sinne des Xtk ist prinzipiell ein von X verwaltetes Window, das mit Attributen (z.B. visuelles Erscheinungsbild) und einer bestimmten Funktionalität (meist Ein- und/oder Ausgabefunktionen) verknüpft ist. Die Xt Intrinsics ermöglichen die Erzeugung und Verwaltung von Widgets, ohne deren Attribute und Aufgaben näher festzulegen. Mit anderen Worten: Das Xtk stellt prinzipiell den Archetyp eines Dialogelements zur Verfügung, ohne aber die Freiheitsgrade des Anwendungsentwicklers bezüglich der Gestaltung von Bedienoberflächen einzuschränken. Auch das Xtk ist somit *policy free*, d.h. es lassen sich – genau wie bei ausschließlicher Verwendung der Xlib – beliebige Oberflächensysteme auf der Grundlage des Xtk implementieren.

Der Nutzen, den eine Applikation aus dem Einsatz des Xtk zieht, liegt im Widget-Modell begründet. Auf der Grundlage dieses Modells läßt sich eine mehr oder weniger umfangreiche Menge von Dialogelementen entwerfen und implementieren, die dann auf recht einfache Weise von einer konkreten Anwendung benutzt werden kann. Ist ein bestimmter Widget-Typ erst einmal definiert (und realisiert), so lassen sich beliebig viele Widgets dieses Typs mit Hilfe der Intrinsics erzeugen und handhaben. Der während der Anwendungsentwicklung zu betreibende Aufwand ist so deutlich geringer, als bei Verwendung der Xlib-Routinen; Widget-basierte Applikationen sind häufig um 80% kürzer als entsprechende, ausschließlich auf der Xlib aufsetzende, Programme.

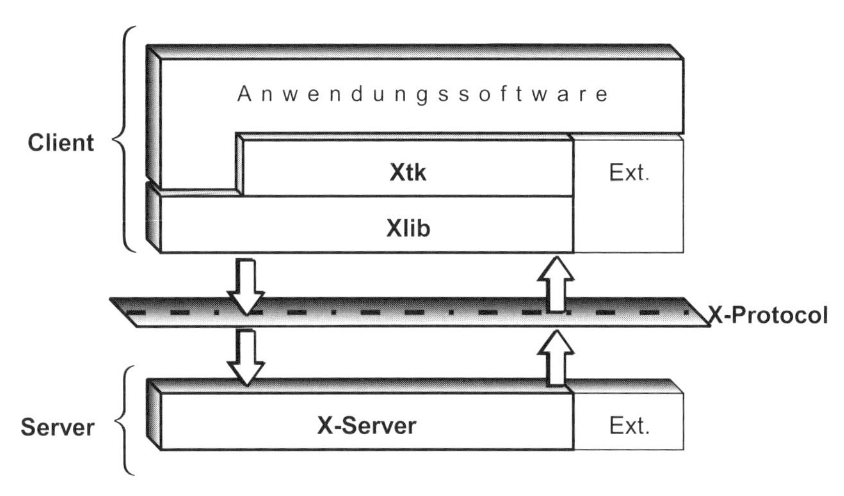

Abbildung 2.6: X11 Systemmodell

[1] Der Begriff „Widget" ist ein Kunstwort, das sich aus den englischen Begriffen *Window* (zu deutsch Fenster) und *Gadget* (zu deutsch „Dingsbums", „Ding mit 'nem Pfiff") zusammensetzt. Eine wörtliche Übersetzung ist daher kaum möglich ist und führt zu bestenfalls amüsanten Ergebnissen.

Erweitert man das X-Systemmodell aus Abbildung 2.5 um das X-Toolkit, so ergibt sich das Gesamtbild des X Window-Systems, wie in Abbildung 2.6 dargestellt ist.

Aus der Abbildung 2.6 wird auch deutlich, daß Anwendungssoftware parallel zum Xtk mit der X-Library arbeiten kann. Benötigt eine Applikation neben diversen Widgets noch andere Systemdienste (z.B. Grafikfunktionen), so müssen die Routinen der Xlib eingesetzt werden.

Widget-Modell und Xtk sind zweifellos wichtige Meilensteine auf dem Weg zu einer grafischen Bedienoberfläche. Es darf jedoch nicht übersehen werden, daß Funktion, Aussehen und Verhalten von Widgets nach wie vor vom Programmierer festgelegt werden müssen. Um eine beliebige Bedienoberfläche schnell (und stabil) konstruieren zu können, ist der Rückgriff auf vordefinierte Widget-Typen daher nicht zu umgehen. Verschiedene Softwarehersteller haben dieser Erkenntnis Rechnung getragen, in dem sie sog. *Widget-Sets* auf der Basis des Xtk anbieten. Ein Widget-Set ist eine Sammlung vordefinierter Widget-Typen, die in Anwendungsprogrammen zur Generierung konkreter Widgets und damit zum Aufbau von grafischen Bedienoberflächen eingesetzt werden können. Beispiele für Widget-Sets sind die eingangs erwähnten Produkte OpenLook (AT & T) [32], XUI (Digital Equipment) [8] oder OSF/Motif (OSF) [21-25].

3 Merkmale des OSF/Motif-Systems

OSF/Motif ist eine grafische Bedienoberfläche, die auf X aufbaut und nur zusammen mit diesem System lauffähig ist. Prinzipiell beinhaltet Motif mehrere Komponenten:

1. Ein *Widget-Set*, das die Konstruktion von Bedienoberflächen für Anwendungssoftware erlaubt,
2. einen sog. *Window Manager*,
3. eine *Bibliothek*, die diverse Dienstroutinen zur Verfügung stellt, und
4. einen *Style Guide*, der Vorschriften über die Gestaltung von Motif-basierten Bedienoberflächen beinhaltet.

Zudem liefern Anbieter von Motif-Implementierungen oft eine Reihe von sog. Desktop- oder Out-of-the-box-Applications mit, wie z.B. Uhr- oder Kalenderprogramme, Software mit Notizbuchfunktionen, „Taschenrechner" u.ä.

Das OSF/Motif Widget-Set ist eine Sammlung verschiedener Widget-Typen, die den Aufbau komfortabler Bedienoberflächen erlaubt. Anwendungen, die von diesen Widget-Typen Gebrauch machen, erhalten ein uniformes Aussehen und eine uniforme Bedienbarkeit. Hinzu kommt, daß Software, die ihre Bedienoberfläche mit Hilfe der Motif-Widgets realisiert, aufgrund der mittlerweile gegebenen weiten Verbreitung von OSF/Motif leicht von Hardwareplattform zu Hardwareplattform bzw. von Betriebssystem zu Betriebssystem portierbar ist. Mit dem OSF/Motif Widget-Set setzt sich der zweite Teil dieses Buchs intensiv auseinander.

Der OSF/Motif Style Guide definiert Regeln und Konventionen, die von einer „guten" Anwendung berücksichtigt werden sollten, wenn Motif-Widgets zum Einsatz kommen. Folgt ein Anwendungsprogramm diesen Regeln, so fügt es sich in die „Welt" anderer Motif-Applikationen nahtlos ein, d.h. daß seine Uniformität bezüglich Verhalten und visuellem Erscheinungsbild (das sog. *Look and feel*) gewährleistet ist. Der Style Guide besteht aus einem umfangreichen Handbuch [24, 12], das nahezu alle Bereiche des Dialog-Designs – von Interaktionstechniken über Layout-Fragen bis hin zur Verwendung der Motif-eigenen Widget-Typen – behandelt. Die Einhaltung aller Regeln ist zwar oft ein wenig mühsam (weil programmierintensiv), um aber das Vertrauen des Benutzers in die Verläßlichkeit eines Softwareprodukts zu festigen, sicherlich sinnvoll. Leider hat sich die Erkenntnis, daß einheitliches *Look and feel* ein wichtiges Softwarequalitätsmerkmal ist, noch nicht in allen Softwarehäusern durchsetzen können (siehe auch [17]). Konventionsverletzungen durch Anwendungsprogrammierer und „Architekturbrüche" sind leider noch an der Tagesordnung. Vorbild bezüglich der Einhaltung von Bedienoberflächen-Regelwerken ist hier sicherlich die Apple Macintosh-Software: Die vom Macintosh Style Guide festgelegten Konventionen werden kaum jemals von Softwaresystemen außer acht gelassen.

Besonders wichtig für die Uniformität der Interaktion mit dem Benutzer ist der Motif Window Manager (kurz *Mwm* genannt). Zwar ist es einem Anwendungsprogramm mit Hilfe der Xlib möglich, Bedienelemente wie Dialogfenster zu verändern (z.B. zu verschieben), das OSF/Motif Applikationsmodell behält solche Operationen jedoch explizit dem Benutzer vor. Anders ausgedrückt: einer Anwendung ist es nicht *erlaubt*, z.B. ihre Dialogfenster selbständig zu verschieben oder zu vergrößern – solche Manipulationen liegen ausschließlich in der Verantwortung des Benutzers. Der wichtigste Grund für diese Restriktion ist, daß in einer Motif-Umgebung meist mehrere Anwendungen koexistieren. Ein Softwareprodukt, das z.B. seine Fenster ohne Einflußnahme des Benutzers vergrößert, kann die Interaktion mit anderen nebenläufigen Programmen behindern, da deren Dialogfenster unter Umständen abgedeckt werden.

Der Motif Window Manager tritt deshalb als „Vermittler" zwischen Anwendungssoftware und Benutzer auf. Der Mwm ist selbst ebenfalls eine Applikation auf der Basis von X11 (also kein „integraler" Bestandteil des Systems), die Mechanismen zur Manipulation von Anwendungen bereitstellt. Der Benutzer kann mit Hilfe des Mwm die Dialogfenster aller laufenden Anwendungen z.B. in der Größe verändern, verschieben, ihre Anordnung manipulieren oder sie zu Sinnbildern (engl. *Icons*) verkleinern. Alle dieser Operationen dürfen in der Regel nicht von einer Anwendung selbst durchgeführt werden, da das Motif-Applikationsmodell den Benutzer als „Eigentümer" des Bildschirms betrachtet. (Es gilt sozusagen die Devise „Der Kunde – sprich: der Benutzer – ist König!") Um dem Benutzer die oben genannten Manipulationen zu ermöglichen, fügt der Mwm zu jedem von einer Anwendung erzeugten Dialogfenster standardisierte Bedienelemente hinzu (siehe Abbildung 3.1).

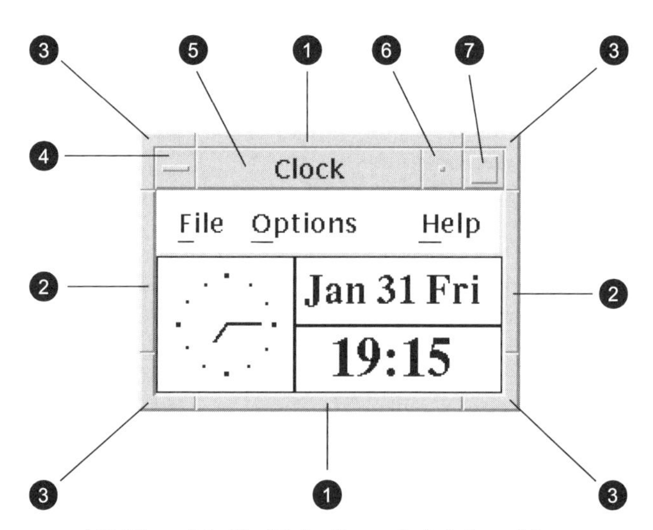

Abbildung 3.1: Ein Dialogfenster bei aktivem Mwm

Es bedeuten:

❶ Leiste zur vertikalen Größenänderung des Fensters (nicht bei allen Window-Typen).

❷ Leiste zur horizontalen Größenänderung des Fensters (nicht bei allen Window-Typen).

❸ Leiste zur horizontalen und/oder vertikalen Größenänderung des Fensters (nicht bei allen Window-Typen).

❹ „Knopf“ zur Darstellung eines speziellen Menüs, das einige Manipulationsfunktionen, wie z.B. „Fenster verschieben“, bereitstellt.

❺ Titelleiste. Dient zum Verschieben des Fensters und zur Verkleinerung des Fensters zu einem Sinnbild (letztere Funktion nicht für alle Window-Typen). Die Titelleiste enthält meist den Namen der Anwendung oder eine kurze Erklärung der Funktion des Dialogfensters.

❻ „Knopf“ zur „Verkleinerung“ des Fensters zu einem Sinnbild (nicht bei allen Window-Typen).

❼ „Knopf“ für die maximale Vergrößerung des Fensters (nicht bei allen Window-Typen).

Fehlt der Mwm, d.h. wird er nicht gestartet, so können die Dialogfenster von Anwendungen nicht mehr manipuliert werden; laufen in dieser Situation mehrere Programme gleichzeitig, so sind diese nahezu unbedienbar. Abbildung 3.2 zeigt eine solche Situation.

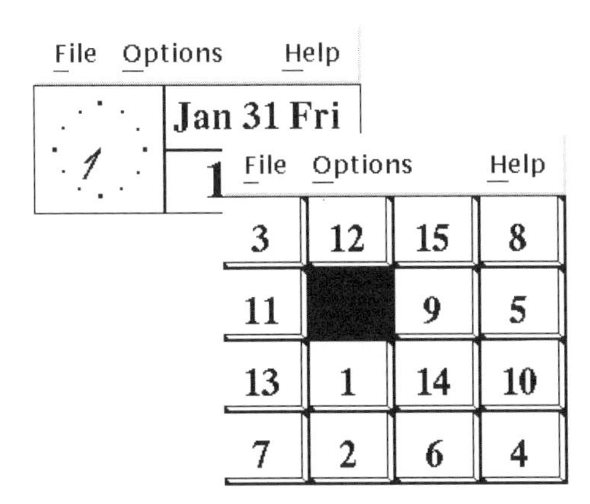

Abbildung 3.2: Motif-Anwendungen bei inaktivem Mwm

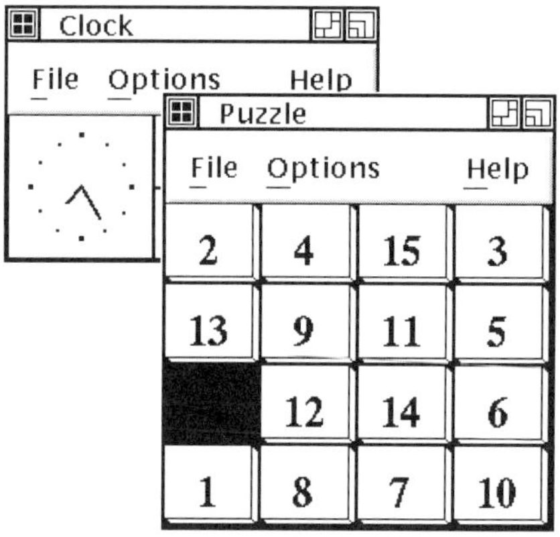

Abbildung 3.3: Motif-Anwendungen bei aktivem XUI Window Manager

Aufgrund der Tatsache, daß der Mwm ebenfalls eine X-Applikation ist (wenn auch eine besondere), kann er jederzeit durch einen anderen Window Manager ersetzt werden. Abbildung 3.3 zeigt die oben dargestellten Motif-Anwendungen während der Window Manager des bereits erwähnten Bedienoberflächensystems XUI aktiv ist. Insbesondere in Unix-Umgebungen existiert eine ganze Reihe verschiedener Window Manager, bereits 1990 waren ca. ein Dutzend solcher Programme bekannt.

Neben den bereits erwähnten Manipulationen unterstützt der Mwm auch laufende Applikationen. So können Programme beispielsweise bestimmte Einstellungen an der Motif-Umgebung – wie etwa Pixelmuster und Beschriftung des Sinnbilds (Icon) – mit Hilfe des Mwm vornehmen.

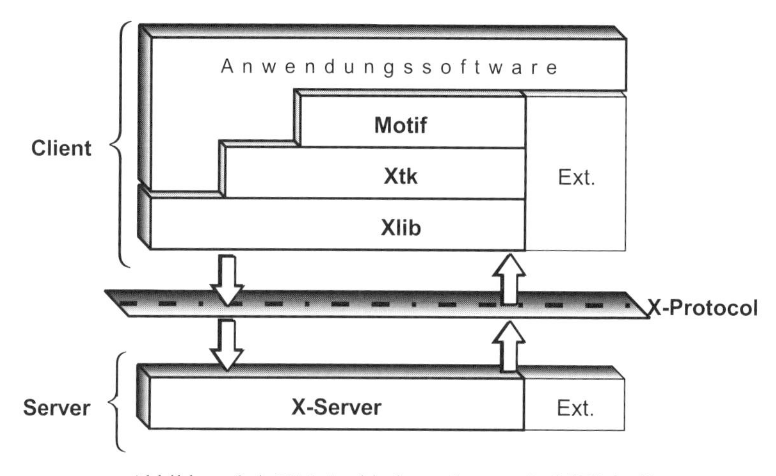

Abbildung 3.4: X11 Architekturschema mit OSF/Motif

Abschließend betrachten wir noch einmal das X11 Architekturschema aus Abbildung 2.6. Bei Berücksichtigung von OSF/Motif stellt sich dieses Schema nun wie in Abbildung 3.4 gezeigt dar.

Eine Motif-basierte Anwendung muß in jedem Fall mit Motif-Komponenten und dem Xtk arbeiten, häufig müssen alle drei Bestandteile des Gesamtsystems (Motif, Xtk und Xlib) benutzt werden.

4 Das Widget-Modell

Widgets sind in Kapitel 2.3 als (grafische) Objekte definiert worden, die prinzipiell auf einem X-Window aufbauen, sowie eine bestimmte visuelle Erscheinungsform und Ein- bzw. Ausgabefunktionen besitzen können. Zwar schränkt das X Window-System Art und Anzahl von Widget-Typen nicht ein, einige grundlegende Eigenschaften von Widgets sind allerdings durch das *Widget-Modell* des Xtk festgelegt. Das Widget-Modell, bzw. seine Konzeption und Struktur, ist Thema dieses Kapitels.

4.1 Widget-Klassen und -Instanzen

Das Widget-Modell folgt in seiner Struktur objektorientierten Prinzipien. Insbesondere unterscheidet das Xtk, ähnlich wie die meisten nicht-hybriden objektorientierten Programmiersprachen[1], streng zwischen *Klassen* und *Instanzen.*

❑ Widget-Klassen

Eine Widget-*Klasse* charakterisiert einen bestimmten Dialogelement-Typ, insbesondere seine Attribute und seine Funktionalität. Widget-Klassen sind dabei hierarchisch angeordnet, so daß *Superklassen* und *Unterklassen* entstehen.

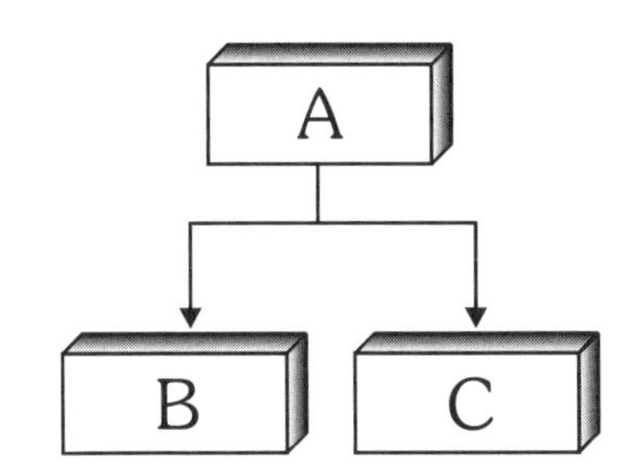

Abbildung 4.1: Klassenhierarchie (Beispiel)

Abbildung 4.1 zeigt eine einfache Klassenhierarchie, bestehend aus den Klassen *A*, *B* und *C*. *B* und *C* sind in diesem Beispiel Unterklassen von *A*, bzw. *A* ist die Superklasse von *B* und *C*.

[1] Gemeint sind Sprachen wie z.B. Smalltalk-80 oder Eiffel. C++ zählt nicht zu den „pure object-oriented languages“, da das Objekt-Paradigma in C++ auch unterlaufen werden kann.

Superklassen geben Eigenschaften an ihre nachfolgenden Unterklassen weiter (man spricht von „Vererbung"). Die Klasse *A* aus Abbildung 4.1 „vererbt" ihre Attribute und Funktionen an die Klassen *B* und *C*, die somit die gleichen Eigenschaften wie *A* besitzen. Allerdings können *B* und *C* zusätzliche Attribute und Funktionen vorsehen und/oder die Implementierung der Attribute/Funktionen von *A* in ihrem Kontext modifizieren.

Das Widget-Modell des X-Toolkits kennt primär drei Widget-Klassen: *Core* (zu deutsch „Kern"), *Composite* (deutsch „zusammengesetzt") und *Constraint* (deutsch etwa „Zwang", „Gezwungenheit"). Core ist die Basisklasse aller Widgets, d.h. alle weiteren Widget-Klassen sind grundsätzlich Unterklassen von Core. Composite ist eine solche Unterklasse, die wiederum Constraint als eigene Unterklasse besitzt. Abbildung 4.2 zeigt das beschriebene Klassenschema.

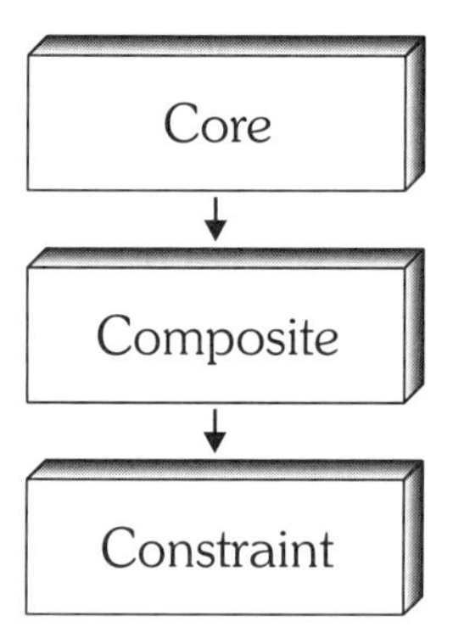

Abbildung 4.2: Widget-Klassen: Core, Composite und Constraint

Die Klasse Constraint besitzt alle Eigenschaften ihrer Superklassen Composite und Core, die Klasse Composite nur die ihrer Superklasse Core.

Die Klasse Core (als Basisklasse aller Widgets) deklariert grundlegende Eigenschaften, die allen Widgets gemeinsam sind. Core legt z.B. fest, daß jede seiner Unterklassen die Attribute „Position", „Ausdehnung" und „Sichtbarkeit" besitzt, eine spezielle Initialisierungsroutine zur Vorbelegung solcher Attribute implementiert usw.

Composite ist eine Widget-Klasse, die den Eigenschaften der Core-Klasse weitere Attribute hinzufügt. Composite Widgets dienen als „Behälter" für andere Widgets, d.h. sie eignen sich zur Konstruktion von Dialogfenstern und ähnlichen Objekten.

Die Klasse Constraint ist als Unterklasse von Composite ebenfalls zur Generierung von „Behälter-Widgets" gedacht, erweitert jedoch die Fähigkeiten der Composite-Klasse um einige spezielle Mechanismen. Diese zusätzlichen Mechanismen dienen vor allem der Handhabung *geometrischer Constraints*, mit denen wir uns in folgenden Abschnitten noch intensiver beschäftigen werden.

Zusätzlich zu den oben charakterisierten Klassen definiert das Xtk eine Reihe weiterer Widget-Klassen, die die Erzeugung von sog. *Shell Widgets* erlauben. Die Shell Widget-Klasse ist eine Unterklasse von Composite und besitzt selbst wiederum einige weitere Unterklassen. Die Klassenhierarchie des Xtk sieht damit wie in Abbildung 4.3 gezeigt aus.

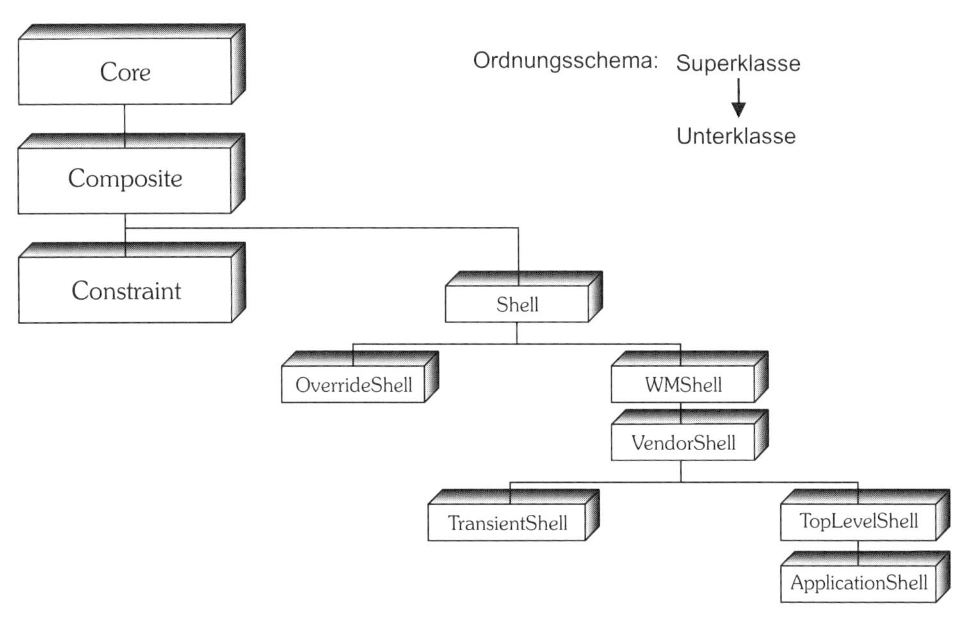

Abbildung 4.3: Klassenhierarchie des X-Toolkit

Die Shell-Klasse und ihre Unterklassen können zur Implementierung von Widgets verwendet werden, die der Kommunikation mit anderen Softwarekomponenten dienen. Insbesondere stellt ein Shell Widget Mechanismen für den Datenaustausch zwischen Anwendungssoftware und Window Manager bereit.

Ein Widget-Set – wie etwa OSF/Motif – erweitert die vorgestellten Widget-Klassen des Xtk schlicht um neue Klassen, die jeweils von Core, Composite, Constraint oder den verschiedenen Shells abgeleitet werden (Beispiel siehe Abbildung 4.4). Das Präfix „Xm“ kennzeichnet dabei Widget-Klassen, die zu OSF/Motif gehören.

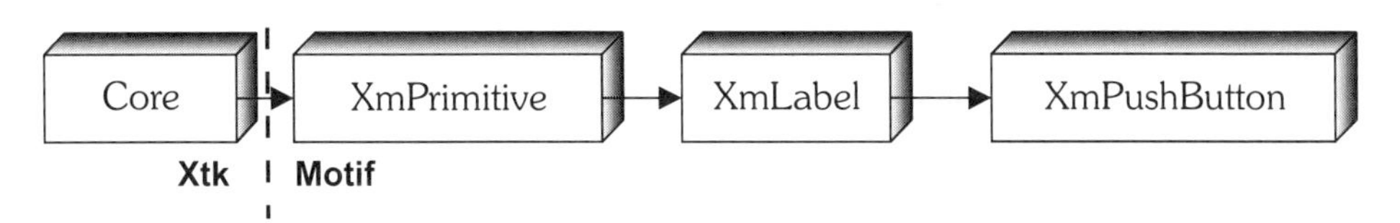

Abbildung 4.4: Ableitung der OSF/Motif XmPushButton Widget-Klasse

Die Klasse *XmPrimitive* in der obigen Abbildung ist eine „abstrakte" Widget-Klasse, hat somit keine konkrete Funktion, sondern dient als Superklasse der sog. *Display Widgets* (deutsch: Darstellungselemente, siehe Abschnitt 4.2). Die Klasse *XmLabel* ist ein solches Widget und weist alle Eigenschaften der Klasse *XmPrimitive* auf, stellt aber zusätzliche Ressourcen zur Anzeige von Text oder kleinen Grafiken bereit. Die Klasse *XmPushButton* besitzt alle Eigenschaften ihrer Superklasse *XmLabel*, erweitert diese allerdings um Ressourcen, die eine Reaktion auf „Mausklicks" erlauben.

❑ Widget-Instanzen

Während eine Widget-Klasse die Eigenschaften eines bestimmten Widget-Typs definiert, ist eine Widget-*Instanz* ein konkretes Widget, d.h. die reale Ausprägung einer bestimmten Klasse. Benötigt der Applikationsentwickler ein Dialogelement für die Bedienoberfläche eines Programms, so muß er – prinzipiell mit Hilfe der Xt Intrinsics – die Instanz der Widget-Klasse des betreffenden Elements erzeugen. Von jeder Widget-Klasse lassen sich beliebig viele Instanzen (konkrete Widgets) generieren, jedes dieser Widgets besitzt alle Attribute seiner Klasse, jedoch meist mit unterschiedlichen Attribut*werten* (z.B. verschiedene Positionen und Ausdehnungen).

Zwar erlaubt das Xtk die Instanziierung beliebiger Widget-Klassen, allerdings definieren nur bestimmte Klassen einsetzbare Objekte. Core, Composite und Constraint sind z.B. *abstrakte Klassen*, d.h. sie haben keine verwendbaren Ausprägungen (Widgets), sondern dienen nur der Definition von Attributen, die Unterklassen von ihnen ableiten; auch einige der Shell Widget-Klassen haben ähnliche Zwecke.

Warum verwendet das Xtk ein Klassen/Instanzen-Konzept für sein Widget-Modell? Vor allem zwei Gründe sind für diese Architektur ausschlaggebend: Zum einen erlaubt die Vererbung von Eigenschaften innerhalb der Klassenhierarchie eine einfache und zugleich klar gegliederte Struktur von Widget-Sets, zum anderen können bestimmte Eigenschaften einer Widget-Klasse zentral verwaltet werden, wodurch ein konkretes Widget nicht mehr alle Attribute seiner Klasse behandeln muß, sondern nur „private" Zustandsdaten zu speichern hat (wie z.B. seine Position oder Ausdehnung).

4.2 Widget-Kategorien und -Hierarchien

Widgets sind Komponenten, aus denen Anwendungen ihre Bedienoberflächen zusammensetzen. Ein Programmsystem mit umfangreichen Features benötigt für seine Oberfläche zahlreiche Dialogelemente, Größenordnungen von 500 Widgets und mehr sind daher keine Seltenheit. Ob komplexe oder einfache Bedienoberflächen aufgebaut werden sollen, spielt allerdings beim Einsatz von Widget-Sets kaum eine Rolle: Um Widgets für die Konstruktion von Anwendungssoftware verwenden zu können, benötigt der Anwendungsentwickler in jedem Fall Kenntnisse über die zur Verfügung stehenden Widget-Klassen und die vom Widget-Modell diktierte Struktur von Bedienoberflächen.

Da das Xtk mit Ausnahme einiger Shell Widget-Typen nur abstrakte Klassen definiert, bleibt es den einzelnen Widget-Sets überlassen, Dialogelemente für konkrete Oberflächen bereitzustellen. Im allgemeinen lassen sich innerhalb der Sets folgende Widget-Kategorien identifizieren:

- *Display Widgets*
  Das Display Widget ist ein Bedienelement, das eine visuelle Repräsentation und damit eine Ausgabefunktion besitzt; neben dieser Ausgabefunktion werden häufig auch Eingabe-Optionen bereitgestellt. Beispiele für Display Widgets sind Knöpfe (*buttons*), Rollbalken (*scroll bars*) und Auswahllisten (*lists*). Superklasse der Display Widget-Klassen ist meist Core oder eine spezielle Core-Ableitung.

- *Container Widgets*
  Ein Container Widget dient als „Behälter" für andere Widgets, z.B. Display Widgets oder andere Container Widgets. Container Widgets besitzen selbst keine Ausgabefunktion bzw. ihre Ausgabefunktion beschränkt sich auf die Darstellung eines Rahmens oder Schattens, der die in ihnen enthaltenen Widgets umschließt bzw. auf die Anzeige eines Pixelmusters als „Behälter-Hintergrund". In diese Kategorie fallen z.B. alle Dialogfenstertypen eines Widget-Sets. Superklasse der Container Widget-Klassen ist meist Composite oder Constraint bzw. eine Ableitung dieser Klassen.

- *Shell Widgets*
  Vom Widget-Set bereitgestellte Shell Widgets sind Unterklassen der vom Xtk definierten Shell Widget-Klassen. Sie realisieren häufig bestimmte, vom Widget-Set intern benötigte Funktionalität und sind für die Anwendungsentwicklung meist von geringer Bedeutung.

Die Unterscheidung von Container- und Display Widgets legt bereits eine hierarchische Organisationsform von Widgets nahe. Tatsächlich müssen Softwareentwickler die Bedienoberflächen ihrer Programme in Form eines *Widget Tree*, d.h. in einer baumartigen Struktur, anlegen. Die „Wurzel" eines Widget-Baums bildet das sog. *Toplevel Widget*, wobei es sich hier stets um die Instanz einer Shell Widget-Klasse handelt. Dieses Shell Widget zeichnet für die Kommunikation mit dem „Rest der Welt" – insbesondere mit dem Window Manager – verantwortlich. In der nächsten Hierarchieebene folgt das „Haupt-Dialogfenster" einer Anwendung, d.h. ein Dialogfenster, das dem Anwender unmittelbar nach dem Start der betreffenden Anwendung angezeigt wird. Bei diesem „Fenster" handelt es sich stets um ein Container Widget.

In der Terminologie des Widget-Modells wird das angesprochene Dialogfenster als *Child* (Kind) des Shell Widgets bezeichnet, das Shell Widget ist wiederum der *Parent* des Dialogfensters, also sozusagen das „Eltern-Widget". Abbildung 4.5 verdeutlicht diesen Zusammenhang.

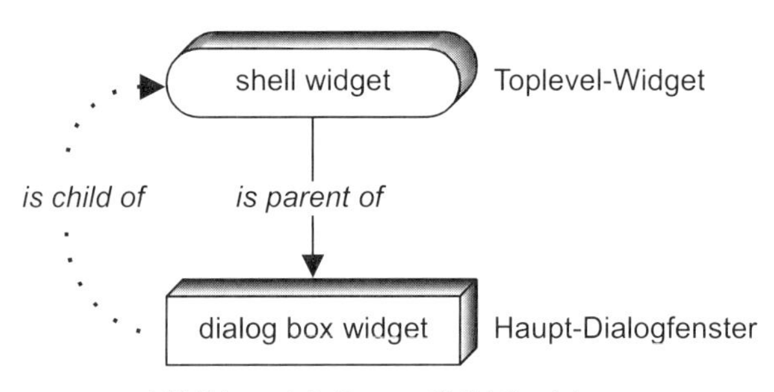

Abbildung 4.5: Parent-Child-Beziehung

Das Haupt-Dialogfenster einer Anwendung stellt grundsätzlich das einzige „Kind" des Toplevel Widgets dar. Es ist daher immer ein Container Widget, das weitere, für die Anwendung relevante Bedienelemente, enthält. Komplexere Anwendungen benötigen darüber hinaus häufig weitere Dialogfenster, die als Reaktion auf eine vom Benutzer durchgeführte Manipulation angezeigt werden (sog. *Popup Dialogs*). Die entsprechenden Dialogfenster sind Container Widgets, die wiederum mehrere Children besitzen und zumeist das Haupt-Dialogfenster zum Parent haben. Ein Beispiel für den Widget-Baum einer solchen Anwendung zeigt Abbildung 4.6.

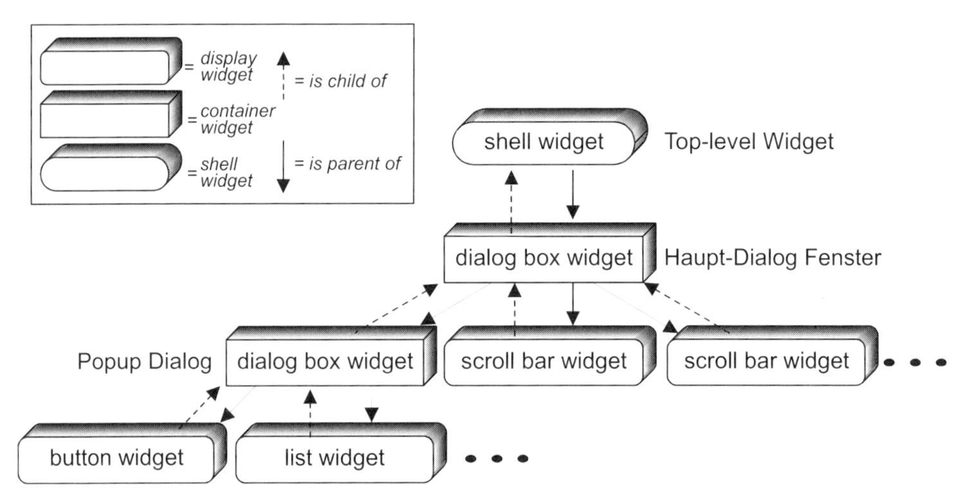

Abbildung 4.6: Widget-Baum einer größeren Anwendung

Ein Widget-Baum spiegelt die „Topologie" einer Bedienoberfläche wider. Dabei ist essentiell, daß an den Endknoten des Baumes jeweils Display Widgets sitzen, die in Container Widgets plaziert werden. Nicht alle Children des Haupt-Dialogfensters müssen zu jedem Zeitpunkt sichtbar sein, der oben abgebildete „Popup Dialog" wird – wie bereits erwähnt – nur als Reaktion auf eine bestimmte Manipulation (z.B. die Betätigung eines „Knopfes" durch den Benutzer) angezeigt.

Container Widgets können die Geometrie der in ihnen enthaltenen Widgets beeinflussen, während die Anordnung der Child Widgets eines Containers unter Umständen – das heißt in diesem Zusammenhang: wenn der Anwendungsentwickler nicht explizit etwas anderes vorgibt – dessen initiale Ausdehnung bestimmen. Es gilt:

- Die Child Widgets bestimmen durch ihre Positionen und Ausdehnungen die Geometrie ihres Parent. Das Parent Widget wird automatisch stets so groß gewählt, daß es sämtliche Children genau umschließt. Der Anwendungsentwickler kann ein anderes Verhalten erzwingen, indem er die Ausdehnung eines Containers explizit angibt.

- Wird ein Container Widget in seiner Ausdehnung verändert (meist durch den Benutzer mit Hilfe eines Window Managers), so kann diese Größenänderung die Geometrie der Child Widgets verändern. OSF/Motif sieht hier diverse Optionen vor, die mit Hilfe von sog. *Constraints* realisiert werden. Constraints sind geometrische Bedingungen, die von einem Child Widget eingehalten werden müssen; die Erfüllung solcher Constraints zieht meist eine Veränderung der Widget-Geometrie nach sich. Ein Beispiel für die Beeinflussung der Geometrie von Child Widgets zeigt Abbildung 4.7.

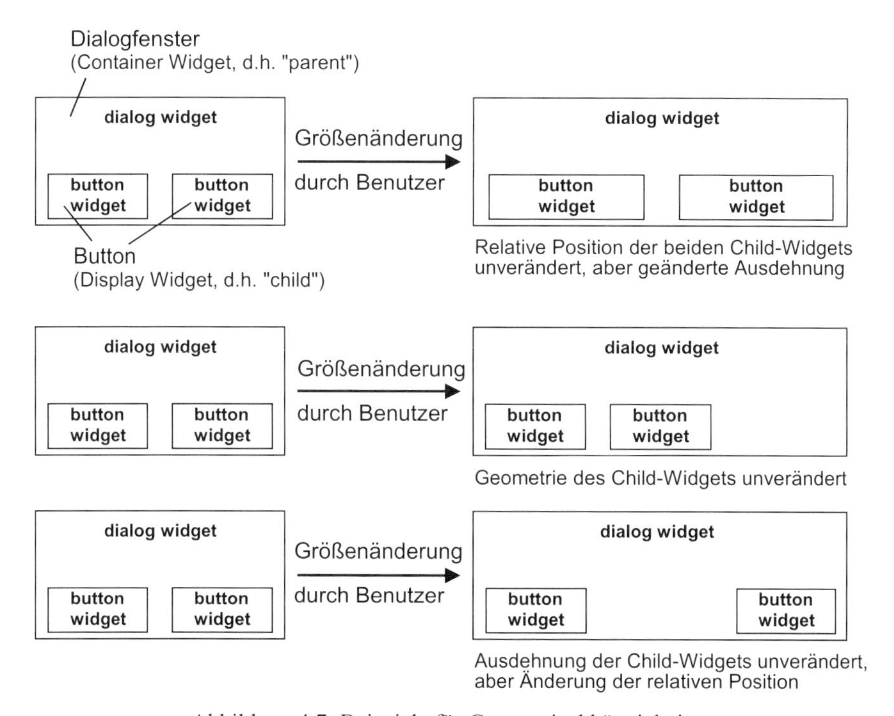

Abbildung 4.7: Beispiele für Geometrieabhängigkeiten

Teil zwei dieses Buchs beschäftigt sich mit den oben angeschnittenen Themenkomplexen intensiver, an dieser Stelle sei daher auf eine erschöpfende Betrachtung verzichtet.

4.3 Gadgets

In Kapitel 4.1 haben wir die Klasse Core des Xtk als Basisklasse aller Widgets bezeichnet. Obwohl diese Aussage durchaus korrekt ist, stellt Core *nicht* die unterste Klassenebene des X-Toolkits dar[2]. Tatsächlich besitzt Core drei Superklassen, nämlich *Object*, *RectObj* sowie eine weitere „namenlose Klasse". Das entsprechende Schema zeigt Abbildung 4.8.

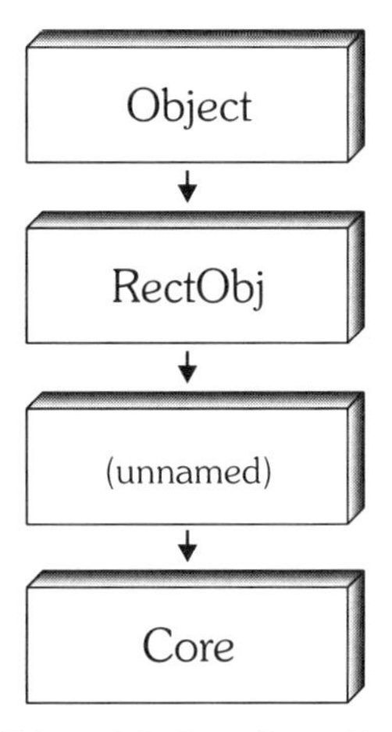

Abbildung 4.8: Core-Superklassen

Die Klasse *Object* stellt primär Mechanismen zur Manipulation von Datenstrukturen bereit, *RectObj* fügt diesen Eigenschaften eine Geometrieverwaltung hinzu. Die namenlose Klasse dient lediglich der zukünftigen Erweiterbarkeit des X11-Systems und hat keine praktische Bedeutung.

Eine (hypothetische) Instanz der Klasse RectObj unterscheidet sich von einer (ebenso hypothetischen) Instanz der Klasse Core nur in zwei Punkten:

1. Jede Instanz der Klasse Core (oder einer ihrer Unterklassen) besitzt ein ihr zugeordnetes X-Window, bei Instanzen von RectObj ist dies nicht der Fall.

2. Im Gegensatz zu Core-Instanzen besitzen Instanzen der Klasse RectObj keine eigene „Ereignisverwaltung". (Mit dem Thema „Ereignisse" werden wir uns in späteren Kapiteln noch ausführlich beschäftigen).

Widgets – als Instanzen der Core-Klasse oder vielmehr von Core-Unterklassen – besitzen demnach ein X-Window und Mechanismen zur Ereignisverwaltung. Beide Eigen-

---

[2] Diese Aussage stimmt allerdings nur für X11 ab Release 4.

schaften gehen zu Lasten des Speicherplatzes, sowohl auf der Seite des Client (da dort die Datenstrukturen zur Verwaltung von Widget-bezogenen Ereignissen angelegt werden), als auch Server-seitig (da der X-Server, wie in Kapitel 2.2 bereits erwähnt, den Speicherplatz zur Verwaltung des Widget-eigenen X-Window bereitstellen muß).

Aus diesem Grund stellen einige Widget-Sets – so auch OSF/Motif – spezielle Klassen bereit, die nicht von der Klasse Core, sondern von der Klasse RectObj abgeleitet werden. Die von solchen Klassen instanziierbaren Objekte werden als *Gadgets* (zu deutsch etwa „Dinge mit 'nem Pfiff" oder einfach „Dinge") bezeichnet.

Durch den Verzicht auf eine eigene Ereignisverwaltung und das X-Window benötigen Gagdets deutlich weniger Speicherplatz als Widgets. Allerdings treten neben dieser Einsparung von Memory-Ressourcen noch einige weitere Effekte auf:

- Das einzige Objekt innerhalb des X11-Systems, das Grafik ausgeben kann, ist das Window. Da Gadgets kein eigenes X-Window besitzen, müssen sie – um eine visuelle Repräsentation zu besitzen – das Window ihres Parent mitbenutzen. Gadgets werden also auf das Window ihres Parents quasi „aufgestempelt". (Optisch ist ein Gadget von einem äquivalenten Widget dadurch allerdings nicht unterscheidbar.)

- Bestimmte grafische Attribute eines Gadgets lassen sich nicht beliebig verändern, da sie vom Parent abhängen. Gadgets sind daher in der Handhabung weniger flexibel als Widgets.

- Gadgets können selbst nicht Parent eines anderen Objekts sein, da sie kein X-Window besitzen.

- Ein Parent Widget (Container-Kategorie) muß Mechanismen zur Verwaltung von Gadget-bezogenen Ereignissen bereitstellen. Aus diesem Grund sind meist nicht alle Container-Klassen eines Widget-Sets zur Handhabung von Gadgets vorgesehen.

Von den oben genannten Effekten abgesehen, treten durch die fehlende Ereignisverwaltung weitere Einschränkungen bei der Benutzung von Gadgets auf. An dieser Stelle sei aber auf eine weitergehende Betrachtung verzichtet.

Den Nachteilen von Gadgets stehen vor allem zwei Vorteile gegenüber: der Einspareffekt beim Speicherplatz und – bedingt durch die einfache Konstruktion eines Gadgets – ein Geschwindigkeitsvorteil beim Erzeugen und Darstellen.

OSF/Motif hat bislang sechs verschiedene Gadget-Klassen bereitgestellt, die allesamt Äquivalente von bestimmten Display Widget-Klassen sind. Anders ausgedrückt: einige der von Motif bereitgestellten Display Widgets besitzen eine Gadget-Variante. Die momentan aktuelle Motif-Version 2.0 kennt allerdings eine siebte Gadget-Klasse, die kein Widget-Pendant besitzt. (Hierbei handelt es sich um die sog. *Icon Gadget*-Klasse, vgl. Teil II dieses Buchs).

Wann können Gadgets sinnvoll eingesetzt werden, und wann ist die Benutzung von äquivalenten Widgets angebrachter? Diese Frage läßt sich tatsächlich nicht eindeutig beantworten. So schlägt die Motif-Dokumentation vor, Gadgets wann immer nur möglich einzusetzen:

> „The performance difference between widgets and gadgets is dramatic, so it is highly recommended that applications use gadgets whenever possible.“ [21]

Die verfügbare Sekundärliteratur zweifelt diese Aussage teilweise an. Die Nachteile von Gadgets, so wird argumentiert, würden deren Vorteile dominieren, so daß der Gadget-Einsatz nur in Ausnahmefällen sinnvoll erscheine. Tatsächlich lassen sich moderne Workstation-Architekturen weder vom größeren Speicherplatzbedarf durch Widgets (bedingt durch das bei Widgets immer vorhandene X-Window), noch von der Mehrbelastung des Client durch die beim Gadget fehlende Ereignisbehandlung sonderlich beeindrucken. Ein moderater Einsatz von Gadgets scheint allerdings im Hinblick auf weniger leistungsfähige Plattformen (mit eventuell geringem Hauptspeicherplatz) in jedem Fall sinnvoll.

4.4 Widget-Ressourcen

Der Begriff *Resource* (deutsch Ressource) bedeutet im Zusammenhang mit dem Widget-Modell durch Widget-Klassen definierte Attribute. Gemeint sind also Parameter, die bestimmte Eigenschaften von Widgets festlegen. Der Anwendungsentwickler kann Ressourcen dazu benutzen, Attribute – wie z.B. Position oder Sichtbarkeit – eines konkreten Widgets zu verändern. Da Widget-Klassen ihre Eigenschaften an Unterklassen vererben, hängt die Verfügbarkeit einer bestimmten Ressource nicht nur von der Klassenzugehörigkeit eines Widgets ab, sondern auch von den Superklassen, von denen es abgeleitet wurde.

Ein einzelnes Widget besitzt in der Regel viele – oft über 100 – verschiedene Ressourcen, von denen allerdings nicht immer alle anwendungsseitig benutzt werden können. Im einzelnen existieren:

- Ressourcen, die nur ausgelesen werden können. Solche Parameter können von einer Anwendung zwar abgefragt, nicht aber verändert oder anderweitig beeinflußt werden. Beispiel: die Identifikation des zu einem Widget gehörenden X-Window läßt sich nur erfragen, nicht aber ändern.

- Ressourcen, die nur bei der Instanziierung einer Widget-Klasse manipulierbar sind. Solche Widget-Attribute lassen sich nur einmal spezifizieren, und zwar bei der Erzeugung eines konkreten Widgets. Während das betreffende Widget existiert, können diese Ressourcen eventuell noch ausgelesen werden. Beispiel: die sog. Callbacks (siehe Kapitel 5.3) lassen sich nur bei der Widget-Generierung spezifizieren und können zu einem späteren Zeitpunkt auch nicht mehr abgefragt werden.

- Ressourcen, die beliebig verändert und abgefragt werden können. (Diese Art von Parametern ist eindeutig am häufigsten vertreten.)

- Ressourcen, die zwar jederzeit ausgelesen, aber nur während der Existenz eines Widgets geändert werden können – also nicht beim Erzeugen des Widgets. Solche Ressourcen sind recht selten.

Die Klasse *XmPushButton* des OSF/Motif Widget-Sets (zur Realisierung von „Knöpfen" bzw. „Schaltflächen" gedacht) besitzt zum Beispiel ca. 40 Ressourcen, die u.a. Position, Größe, Text- oder Grafikinhalt, Farben, visuelles Verhalten beim „Anklicken" und ähnliche Parameter festlegen. Für jede Eigenschaft existiert ein voreingestellter Wert, so daß nicht immer alle Ressourcen explizit angegeben werden müssen. Bestimmte Eigenschaften – z.B. Position und „Inhalt" eines *XmPushButton* Widgets – müssen allerdings spezifiziert werden, damit ein konkretes Widget tatsächlich brauchbar ist.

Die Ressourcen der einzelnen Widget-Klassen sind ebenfalls Thema des zweiten Teils dieses Buchs.

4.5 Der Widget-Lebenszyklus

Widgets sind aufgrund ihrer Konzeption recht komplexe Objekte, die innerhalb des Widget-Sets und des X-Toolkits einigen Verwaltungsaufwand erfordern. So reicht es z.B. zur Handhabung eines Widget nicht aus, auf der Client-Seite eine Datenstruktur anzulegen, die das Widget repräsentiert: dem X-Server muß ebenfalls mitgeteilt werden, daß ein neues Window zu erzeugen ist, das mit dem Widget assoziiert wird. Darüber hinaus kann die Geometrie eines Widgets auch die Geometrie seines „Eltern-Widgets" beeinflussen (vgl. Kapitel 4.2), d.h. es muß bei der Layoutverwaltung berücksichtigt werden usw.

Aus diesen Gründen durchläuft ein Widget mehrere Phasen, die seinen aktuellen Zustand charakterisieren. Man unterscheidet:

1. *Created* (erschaffen)
   In diesem ersten Stadium sind die zur Verwaltung des Widgets notwendigen Datenstrukturen auf der Client-Seite bereits angelegt sowie alle Ressource-Werte eingestellt.

2. *Realized* (bekannt)
   Das Widget wird dem X-Server bekannt gemacht, d.h. das Widget erhält ein X-Window auf der Server-Seite.

3. *Managed* (verwaltet)
   Das Widget wird bei der Geometrieverwaltung seines Parent angemeldet, d.h. seine Ausdehnung und Position wird bei der Berechnung der Größe des Parent berücksichtigt.

4. *Mapped* (angezeigt)
   Das Widget wird dargestellt, dadurch wird es (wenn nicht anderweitig verdeckt) für den Benutzer sichtbar.

Die oben genannten Phasen bedingen sich untereinander. Ein Widget, das den Zustand 4 einnimmt, befindet sich automatisch auch in den Phasen 3, 2 und 1.

In jedem Fall muß der Applikationsprogrammierer ein konkretes Widget aus einer Widget-Klasse erzeugen, d.h. eine Instanz generieren. (Welche Möglichkeiten er dazu hat, ist Thema späterer Abschnitte.) Das erzeugte Widget befindet sich dann im Zustand *Created*. Durch Aufruf einer speziellen Intrinsic-Routine läßt sich ein solches Widget in den Zustand *Managed* überführen, was automatisch die *Realized*-Phase erzwingt, falls sich der Parent des Widgets schon in diesem Zustand befindet. Ist dies nicht der Fall, muß eine weitere Intrinsic-Routine aufgerufen werden, die das Widget zunächst in den Zustand *Realized* überführt.

Widgets, die den Zustand *Managed* erreicht haben, wechseln per Voreinstellung automatisch in die *Mapped*-Phase, es sei denn, der Anwendungsentwickler unterbindet diesen Automatismus. (Dies kann durch Negation einer Ressource namens „Mapped When Managed“ geschehen, die jedes Widget besitzt.)

Der Zyklus *Created-Realized-Managed-Mapped* kann auch in umgekehrter Reihenfolge durchlaufen werden. Eine solche Umkehrung hat folgende Konsequenzen:

- Rücknahme des *Mapped*-Zustandes (*unmap*)
  Nur möglich bei negierter Ressource „Mapped When Managed“. Das Widget wird „unsichtbar“ und kann nicht mehr benutzt werden, verbleibt aber im Zustand *Managed*, d.h. es wird nach wie vor bei von der Geometrieverwaltung seines Parent berücksichtigt. Siehe Abbildung 4.9 b).

- Rücknahme des *Managed*-Zustandes (*unmanage*)
  Das betroffene Widget wird zusätzlich bei der Geometrieverwaltung seines Parent abgemeldet und somit nicht mehr für die Berechnung der Container-Geometrie herangezogen (siehe auch Abbildung 4.9 c). Im allgemeinen verwendet Anwendungssoftware bestimmte Intrinsic-Routinen, um diesen Zustand herbeizuführen.

- Rücknahme des *Realized*-Zustandes (*unrealize*)
  Das X-Window des Widgets wird aufgelöst, zusätzliche sichtbare Effekte ergeben sich dadurch nicht.

- Rücknahme des *Created*-Zustandes (*destroy*)
  Sämtliche zur Verwaltung des Widgets nötigen Datenstrukturen auf der Client-Seite werden freigegeben, das Widget existiert damit nicht mehr.

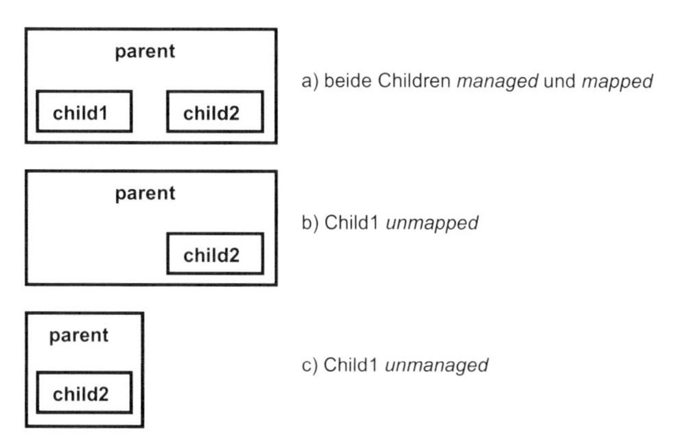

Abbildung 4.9: Umkehrung des Widget-Lebenszyklus

Um ein Widget aufzulösen ist es jedoch nicht notwendig, alle Phasen von *Mapped* bis *Created* „rückwärts“ zu durchlaufen. Eine Anwendung kann durch Aufruf einer einzigen Intrinsic-Routine das X-Toolkit dazu veranlassen, alle zum Löschen des Widgets notwendigen Operationen selbsttätig durchzuführen.

Generell werden Widgets während der Laufzeit einer Anwendung allerdings selten völlig aufgelöst. So reicht es z.B. aus, den *Managed*-Zustand des Container-Widgets eines nicht mehr benötigten Dialogfensters zurückzunehmen, damit das Fenster – und sein Inhalt – vom Bildschirm entfernt wird und nicht mehr benutzt werden kann (Da das Parent Widget nicht mehr *Managed* ist, befinden sich automatisch auch alle Child Widgets nicht mehr in diesem Zustand.)

Der Vorteil dieser Vorgehensweise ist, daß sich das Dialogfenster auf sehr einfache Weise wieder anzeigen läßt, indem man das betreffende Container Widget zurück in die *Managed*-Phase überführt. Würden statt dessen die einzelnen Widgets tatsächlich aufgelöst, so müßten sie neu erzeugt und plaziert werden, falls das Dialogfenster zu einem späteren Zeitpunkt erneut benötigt wird: eine zeitaufwendige und sehr umständliche Lösung!

5 Ereignisse und Ereignisbehandlung I

Als *Ereignis* (engl. *Event*) werden Signale bezeichnet, auf die eine X11- bzw. Motif-Anwendung reagieren kann oder muß. Dieser Themenkomplex hat eine immense Bedeutung und ist leider alles andere als trivial. Kapitel 5 behandelt Ereignisse und deren Behandlung zunächst allgemein (d.h. im Sinne von X11), und stellt im Anschluß daran spezielle Event-Mechanismen des Xtk vor, die von OSF/Motif benutzt werden. Im dritten Teil dieses Buchs werden wir das Thema „Ereignisse" unter veränderten Gesichtspunkten noch einmal aufgreifen.

5.1 Sequentielle Strukturen versus Event-driven Applications

Die Schwierigkeiten bei der Behandlung von Ereignissen im Rahmen der Anwendungsentwicklung liegen größtenteils in der unterschiedlichen „Philosophie" der Benutzerführungskonzepte. Traditionelle Programmsysteme (d.h. Software mit syntax- oder menügesteuerter Bedienoberfläche) haben eine weitestgehend *sequentielle* Struktur: der Benutzer gibt ein Kommando, die Anwendung reagiert auf dieses Kommando, d.h. sie führt eine Operation durch, und ist anschließend bereit, weitere Befehle entgegenzunehmen. Diese Konstruktion wird häufig als *„request driven"* bezeichnet, da die Anwendung auf explizite Kommandos (Requests) des Benutzers reagiert.

Im Gegensatz dazu sind Programme mit Direct Manipulation User Interface ereignisgesteuert (*„event driven"*). Das bedeutet: die Manipulationen, die der Anwender mit Hilfe von Eingabegeräten (Tastatur, Maus) an der Bedienoberfläche vornimmt, werden in Form von Ereignissen („Taste gedrückt", „Maus bewegt") an eine Applikation weitergeleitet. Dies bedingt vor allem zweierlei:

1. Der Interpretationsaufwand steigt, da jedes Ereignis im Kontext des aktuellen Zustands der Anwendung betrachtet werden muß. (Das Ereignis „Taste gedrückt" kann verschiedene Reaktionen eines Programms nötig machen – hier spielt z.B. eine Rolle, welches Dialogfenster augenblicklich aktiv ist.)

2. Sequentielle Implikationen sind verboten – d.h. es darf weder die *Reihenfolge* noch der *Zeitpunkt* des Auftretens von Ereignissen angenommen werden –, da die vom Anwender durchgeführten Manipulationen beliebig und nicht vorhersehbar sind.

Einige wichtige Aspekte eines Programms mit Direct Manipulation User Interface sind bezüglich der Ereignissteuerung:

- Bewältigung vieler Ereignisklassen — Direct Manipulation User Interfaces besitzen in der Regel eine größere Anzahl verschiedener Ereignisklassen, von denen eine Anwendung meist viele interpretieren muß (X Version 11 unterscheidet derzeit 33 verschiedene Ereignisse in 10 Kategorien.)

- Verarbeitungsgeschwindigkeit — Grafische Bedienoberflächen müssen, wie wir noch sehen werden, wesentlich schneller auf Ereignisse reagieren als Anwendungen mit „traditioneller" Benutzerführung.

- Interaktion mit Co-Anwendungen — Die Konzeption von grafischen Bedienoberflächen sieht nebenläufige Anwendungen explizit vor. Dies bedingt im Zusammenhang mit X11 und Motif zweierlei:

  - Eine Anwendung muß mit anderen nebenläufigen Programmen kommunizieren, von denen sie nichts oder nur wenig weiß (z.B. Datenaustausch mit einem Window Manager oder sog. „Cut, Copy, Paste"-Operationen zwischen verschiedenen Programmen). Die Folge: zusätzliche „Kommunikationsereignisse" müssen berücksichtigt werden.

  - Der Bildschirm darf von einer einzelnen Anwendung nicht „besetzt" werden. Nur der Benutzer entscheidet – mit Hilfe des Window Managers –, wie groß die Dialogfenster einer Anwendung sein sollen, wo sie auf dem Bildschirm plaziert werden usw. Diese Forderung bedingt, daß eine Applikation auch mit Ereignissen umgehen muß, die mit der Veränderung des Anwendungsumfelds durch den Benutzer zu tun haben (z.B. Größe der Dialogfenster verändert).

  - Wegfall der Standard E/A – Die Kommunikation mit dem Anwender kann nicht mehr über die Input/Output Mechanismen des Betriebssystems oder der Programmiersprache erfolgen. So lassen sich z.B. die C-Funktionen *printf* oder *scanf* bzw. die Pascal-eigenen Standardprozeduren *writeln* und *readln* nicht mehr verwenden.

Der Grund für die letztgenannte Restriktion liegt in den von Standard E/A-Mechanismen benutzten zeichenorientierten Kommunikationskanälen. Die Funktionalität solcher Kanäle ist auf Window-Systeme wie X11 nur sehr schwer übertragbar. Die unmittelbare Folge des Wegfalls der Standard E/A ist, daß sich ein primitiver Benutzerdialog (z.B. Anzeige einer Eingabeaufforderung mit anschließender Eingabe numerischer Daten) nicht mehr ohne weiteres führen läßt.

Die Ereignis*behandlung* in Event-driven Applications unterscheidet sich ebenfalls gravierend von der in syntax- oder menügesteuerten Anwendungen. Eine „traditionelle" sequentielle Benutzerführung kennt so gut wie keine asynchronen Ereignisse. Eingaben werden z.B. in definierten Programmabschnitten erwartet und dort (und nur dort!) behandelt. Asynchrone Ereignisse beschränken sich im allgemeinen auf sog. Software-Interrupts, wie z.B. die Eingabe bestimmter Tastenkombinationen durch den Benutzer (etwa Conrol/C unter OpenVMS und Unix). Im Gegensatz dazu treten beispielsweise in der X11-Umgebung nahezu ausschließlich asynchrone Ereignisse auf, da die Aktionen des Anwenders vom System unmittelbar nach ihrem Auftreten an ein Programm weitergeleitet werden, also nicht synchron zum Programmablauf.

Ein Beispiel: der X-Server generiert ständig eine Vielzahl von Ereignissen, die über das X-Protokoll an eine Anwendung weitergeleitet und dort bearbeitet werden. Verschiebt der Benutzer – wie in Abbildung 5.1 gezeigt – beispielsweise den Cursor („Mauszeiger") zwischen den Dialogfenstern einer Anwendung, so werden (mindestens) die folgenden Ereignisse auftreten:

1. Ein sog. *Leave Notify Event.* Dieses Ereignis zeigt an, daß sich der Mauszeiger nicht mehr „über" dem Fenster Nr. 2 befindet.

2. Ein *Enter Notify Event* signalisiert, daß der Mauszeiger Fenster Nr. 1 erreicht hat.

3. Mehrere *Pointer Motion Events.* Diese Ereignisse übermitteln die neue Position des Zeigers auf dem Bildschirm (im Fenster 1).

4. Ein *Leave Notify Event* tritt erneut beim „Verlassen" des Fensters Nr. 1 auf.

5. Ein *Enter Notify Event.* Die „Ankunft" des Zeigers beim Fenster Nr. 3 wird durch ein weiteres *Enter Notify*-Ereignis angezeigt.

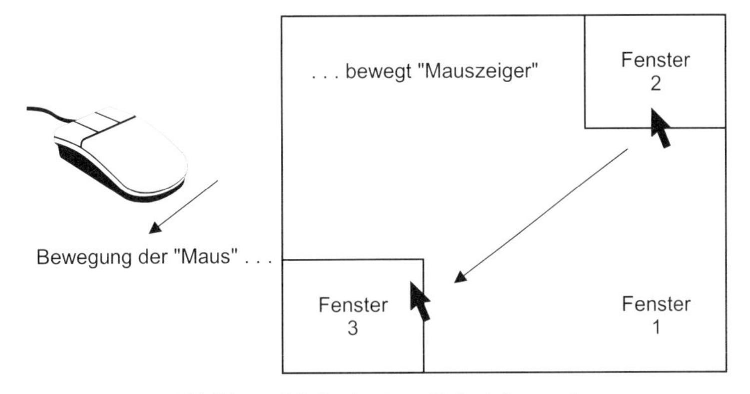

Abbildung 5.1: Ereignisse: Beispielszenario

Eine Anwendung muß eventuell auf alle diese Ereignisse reagieren, wobei, wie erwähnt, nicht vorausgesagt werden kann, ob und wann solche „Events" auftreten. Asynchronität heißt in diesem Zusammenhang, daß die vorgenannten Ereignisse zu jedem Zeitpunkt generiert werden können, ohne daß der Status der Anwendung dabei eine Rolle spielt oder die Anwendung auf solche Ereignisse „warten" könnte.

Nach diesen – etwas theoretischen – Ausführungen zurück in die „Praxis der Anwendungsentwicklung".

Betrachten wir zunächst eine Anwendung mit syntaxgesteuerter Bedienoberfläche. Die innere Struktur einer solchen Anwendung besitzt ungefähr folgendes Aussehen:

```
1) Anwendung initialisieren;
2) Schleife:
       Kommando lesen,
       Kommando bearbeiten,
   bis Sitzungsende;
3) Applikation beenden;
```

Die Funktionen *Kommando lesen* und *Kommando bearbeiten* sind synchron organisiert, d.h. *Kommando lesen* liest einen Befehl (zu einem definierten Zeitpunkt) ein, der von *Kommando bearbeiten* anschließend ausgeführt wird; erst nach Durchführung dieser Operation können weitere Anweisungen eingegeben werden. Falls die Ausführung eines Befehls längere Zeit in Anspruch nimmt, so kann der Benutzer zwischenzeitlich keine Kommandos übermitteln, da die Anwendung Befehle nur während der Phase *Kommando lesen* entgegennimmt (Eventuell fordert die Anwendung während der Bearbeitung eines Kommandos zusätzliche Eingaben vom Benutzer an. Eine solche Eingabeaufforderung ist jedoch nach wie vor synchron zum Programmablauf.)

Eine Anwendung mit Direct Manipulation User Interface besitzt demgegenüber einen etwas differenzierteren Aufbau:

```
1) Anwendung initialisieren;
2) Schleife:
       Auf das Auftreten eines Ereignisses warten,
       Ereignis lesen,
       Ereignis interpretieren und bearbeiten,
   bis Sitzungsende;
3) Applikation beenden;
```

Wichtigster Unterschied gegenüber der zuerst gezeigten Programmstruktur ist der Aufbau der „Hauptschleife". Die Anwendung muß in der Lage sein, auf eintretende Ereignisse zu jedem Zeitpunkt korrekt zu reagieren, was zunächst erheblichen Aufwand bei der Implementierung des Programmteils *Ereignis interpretieren und bearbeiten* bedeutet. (An dieser Stelle sei angemerkt, daß Window-Systeme in aller Regel die „Maskierung" von Ereignissen erlauben, d.h. der Anwendungsentwickler legt fest, welche Ereignisklassen an die Anwendung gemeldet werden und welche nicht.)

Hinzu kommt, daß bestimmte Ereignisse – wie etwa Mausbewegungen – in schneller Folge auftreten. Von *Ereignis interpretieren und bearbeiten* ist also eine zügige Bearbeitung anstehender Events zu fordern, da sonst für den Anwender unzumutbare Reaktionszeiten entstehen.

5.2 X11 Event-Queue

X11 Ereignisse sind grundsätzlich mit einem Window assoziiert, d.h. jedes Ereignis besitzt ein Window, das als „Ursprung" des Ereignisses fungiert. (Zum Beispiel ist das „Ursprungsfenster" des Ereignisses „Maus bewegt" stets das Window „über" dem sich der Mauszeiger augenblicklich befindet.) Für jedes einzelne Window einer Anwendung (d.h. eines Client) kann dabei festgelegt werden, welche Ereigniskategorien für den Client von Interesse sind. Ein Beispiel: verwendet eine Anwendung zwei Windows A und B, so könnte für Window A festgelegt werden, daß ausschließlich Ereignisse der Kategorie „Maus bewegt" gemeldet werden sollen, bei Window B aber zusätzlich Ereignisse der Kategorie „Taste gedrückt" von Interesse sind.

Jedes auftretende Ereignis wird vom X-Server in Form eines Datenpakets an die Xlib des jeweils betroffenen Client übermittelt, falls das mit dem Ereignis assoziierte Window die entsprechende Ereigniskategorie nicht maskiert. Die Xlib reiht wiederum das gemeldete Ereignis in eine Queue (Warteschlange) ein, in der es verbleibt, bis die Anwendung es zu Bearbeitungszwecken ausliest.

Diese Event-Queue wird prinzipiell nach FIFO-Strategie (*First in, first out*) bearbeitet, d.h. der Client liest die gespeicherten Ereignisse in der Reihenfolge aus, in der sie vom X-Server in die Queue eingeschrieben wurden. Abbildung 5.2 zeigt diesen Sachverhalt.

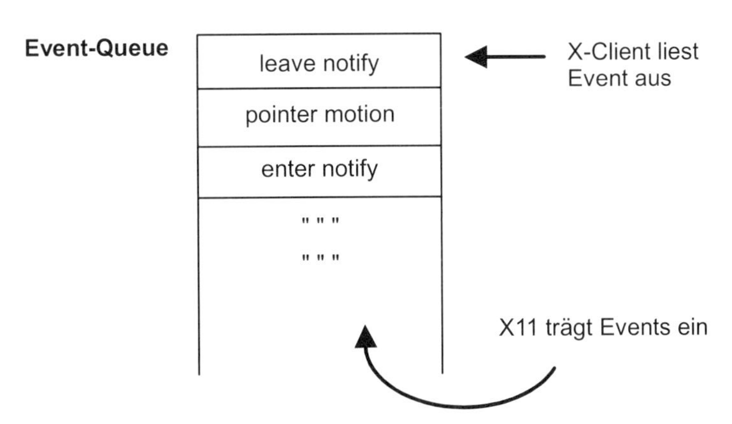

Abbildung 5.2: Organisation der X11 Event-Queue

Eine X11-Anwendung besitzt damit folgende Struktur:

```
1) Anwendung initialisieren;

2) Verbindung zum X-Server aufbauen;

3) Windows erzeugen und festlegen, welche
   Ereignisklassen für welches Fenster
   gemeldet werden sollen;

4) Schleife:

      Warten bis Event-Queue nicht mehr leer,

      Ereignis aus Queue lesen,

      Ereignis interpretieren und bearbeiten,

   bis Sitzungsende;

5) Verbindung zum X-Server abbrechen;

6) Applikation beenden;
```

Jedes Ereignis im Sinne von X11 wird durch eine relativ umfangreichen Datenstruktur repräsentiert, die neben ereignisspezifischen Daten (z.B. den Code einer betätigten Maustaste) auch allgemeine Information – wie z.B. einen Code zur Identifizierung des verwendeten X-Servers und des „Ursprungsfensters" des Ereignisses – enthält. Liest eine Anwendung einen Event mit Hilfe der Xlib aus der Event-Queue aus, so erhält sie eine Referenz auf die genannte Event-Datenstruktur, die das aufgetretene Ereignis beschreibt.

Es ist leicht einzusehen, daß die Verarbeitung von Ereignissen auf die oben skizzierte Weise bei umfangreichen Applikationen mit einem großen interaktiven Anteil ein beliebig kompliziertes Unterfangen darstellt. X11 sieht daher auch vereinfachte Methoden der Ereignisbehandlung mit Hilfe des X-Toolkits vor.

5.3 Ereignisbehandlung durch das Xtk

Das X-Toolkit kann die Ereignisbehandlung für Anwendungen erheblich erleichtern. Mit Hilfe des Xtk ist es möglich, sog. *Event Handler* zu installieren, die für die Handhabung bestimmter Ereigniskategorien zuständig sind, oder sich der Behandlung von X-Events sogar komplett zu entledigen.

Generell verfolgt das Xtk die Strategie, die Ereignisverwaltung selbst zu übernehmen und nur bei Eintreten bestimmter Events eine definierte Routine des Anwendungsprogramms aufzurufen. Die Struktur einer Applikation mit Xtk-basierter Ereignisbehandlung läßt sich ungefähr wie folgt darstellen:

```
1) Anwendung initialisieren;

2) Xtk initialisieren;

3) Verbindung zum X-Server aufbauen;

4) Xtk mitteilen, welche Routinen als
   Reaktion auf bestimmte Ereignisse
   aufzurufen sind;

5) Xtk-Ereignisbehandlung aufrufen;
```

Innerhalb des Abschnitts *Xtk-Ereignisbehandlung* werden – grob dargestellt – folgende Arbeiten durchgeführt:

```
1) Endlosschleife:

       Warten bis X Event-Queue nicht mehr leer,

       Ereignis aus Queue lesen,

       Falls Ereignis mit einer Routine
       assoziiert wurde:

         Rufe diese Routine auf;
```

Durch die gezeigte Struktur bedingt, wird die Ereignis*auswertung* in das Xtk verlagert. Eine Anwendung muß lediglich Routinen zur Behandlung der Ereignisse bereitstellen, die sie interessieren – das Auslesen der Event-Queue und andere Verwaltungstätigkeiten übernimmt das X-Toolkit. Prinzipiell besteht eine Applikation somit nur aus einer Sammlung von Event Handler-Routinen, die vom Xtk als Reaktion auf bestimmte Ereignisse aufgerufen werden.

Letztendlich bedeutet die Xtk-basierte Ereignisverwaltung allerdings auch, daß ein Programm die Kontrolle über seinen Ablauf an das X-Toolkit abgibt. Als Konsequenz ergibt sich, daß kein sequentieller Kontrollfluß mehr existiert. Anhand des Programmtexts kann nicht mehr festgestellt werden, zu welchen Zeitpunkten und in welcher Reihenfolge bestimmte Routinen aufgerufen werden. Der asynchrone Charakter von Direct Manipulation User Interfaces spiegelt sich somit unmittelbar in der Struktur der Anwendung wider.

Neben der Möglichkeit, Event Handler zu spezifizieren (d.h. Routinen zu benennen, die nach dem Auftreten bestimmter X-Ereignisse vom Xtk aufgerufen werden), erlaubt das X-Toolkit im Zusammenhang mit dem Widget-Modell die Ereignisbehandlung auf noch „höherem Niveau": Das Xtk ist in der Lage, Ereignisse und Ereignisfolgen, die mit dem Window eines Widgets assoziiert sind, mit bestimmten Aktionen zu verknüpfen, d.h. als Reaktion auf solche Ereignisse wiederum eine Routine in einer Anwendung aufzurufen.

Innerhalb des X-Toolkits befindet sich zu diesem Zweck eine Komponente namens *Translation Manager*, die ein Ereignis in eine sog. *Action* übersetzen kann. Der Translation Manager bedient sich dabei zweier Tabellen, die Bestandteil jeder Widget-Klasse sind: der *Action Table* und der *Translation Table.* Die Translation Table verknüpft X-Events mit speziellen Namen (einfache Zeichenketten), die „Aktionen“ darstellen. Die Action Table assoziiert solche Namen wiederum mit konkreten Routinen, die ebenfalls zur Widget-Klasse gehören. Tritt ein bestimmtes X-Ereignis ein, so sucht der Translation Manager innerhalb der Translation Table des betroffenen Widgets einen entsprechenden Eintrag. Spezifiziert die Tabelle das Ereignis, so existiert auch ein damit verbundener „Aktionsname“. Dieser Name wird wiederum in der Action Table gesucht und die mit ihm assoziierte Routine (auch als *Action Procedure* bezeichnet) aufgerufen[1].

Der Translation Manager erlaubt somit, Action Procedures auf einer „per-Widget-Basis“ zu spezifizieren, d.h. jedes Widget kann ein bestimmtes Ereignis mit einer anderen Aktion assoziieren. In aller Regel definieren Anwendungsentwickler Aktions-Routinen allerdings nicht selbst. Das verwendete Widget-Set übernimmt diese Aufgabe, indem für jede Widget-Klasse festgelegt wird, welche Ereignisse mit konkreten Aktionen verknüpft werden. Die dazu benötigten Routinen sind – wie bereits erwähnt – Teil des Widget-Sets und werden vom Anwendungsentwickler normalerweise nicht verwendet.

Im Rahmen dieses Buchs benötigen wir vor allem einen weiterer Mechanismus des Xtk: Die Action Procedures des Widget-Sets können ihrerseits wiederum Routinen in der Anwendungssoftware aufrufen, wenn weitere spezielle Widget-Ressourcen belegt wurden. Dieser Vorgang wird als *Callback* (Rückruf) bezeichnet.

Abbildung 5.3 soll das beschriebene Verfahren noch einmal verdeutlichen.

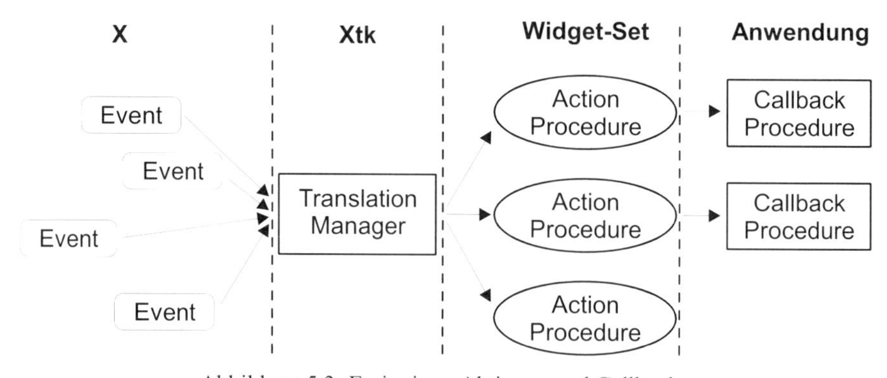

Abbildung 5.3: Ereignisse, Aktionen und Callbacks

[1] Die Translation Table kann auf einfache Weise verändert werden, da sie in Form einer Widget-Ressource vorliegt. Die Action Table läßt sich ebenfalls verändern, zu diesem Zweck existieren spezielle X-Toolkit Routinen.

Arbeitet eine Anwendung ausschließlich mit Widgets, so vereinfacht sich die Ereignisbehandlung somit erheblich. Der Anwendungsentwickler spezifiziert für Widgets, die eine Funktion auslösen sollen (z.B. „Schaltknöpfe"), mit Hilfe einer entsprechenden Widget-Ressource einfach eine Callback-Routine und implementiert diese anschließend. Positioniert der Anwender den Mauszeiger zur Laufzeit der Anwendung auf das „Knopf"-Widget (sprich: auf das Window des Widgets) und „klickt" dieses an, so werden die resultierenden X-Ereignisse vom Xtk aus der Event-Queue gelesen, in Aktionen übersetzt und die Aktions-Routinen des Widget-Sets aufgerufen. Diese prüfen u.a., ob eine Callback-Routine definiert worden ist und übergeben die Kontrolle gegebenenfalls an diese Routine.

Im Rahmen dieses Buchs werden wir ausschließlich mit dem oben gezeigten Callback-Mechanismus arbeiten und keine weiteren Methoden zur Verwaltung von Ereignissen heranziehen.

Callback-Widget-Ressourcen werden von Motif nur für bestimmte Situationen bereitgestellt, wobei nicht jede Widget-Klassen alle diese Ressourcen unterstützt. Allerdings bietet Motif genügend mächtige Callback-Szenarios für die betreffenden Widget-Klassen, so daß dem Anwendungsentwickler der „Umweg" über eigens implementierte Action Procedures – von wenigen, sehr seltenen Ausnahmen abgesehen – erspart bleibt. Von Applikationen häufig benutzte Callback-Ressourcen sind z.B. *„Activate"* für „Tasten-Widgets" oder *„Value Changed"* für Textfelder. In jedem Fall abstrahieren die Callback-Ressourcen die zugrundeliegenden X-Events: *„Activate"* meint zum Beispiel das „Anklicken" eines „Tasten-Widgets", wobei die zugrundeliegende Ereignisfolge keine Rolle mehr spielt – der Anwendungsentwickler ist also nicht gezwungen, auf der sehr niedrigen Ebene der X-Ereignisse zu denken, sondern kann sich auf die abstrakte Funktion der einzelnen Widgets konzentrieren.

Das zuvor gesagte gilt übrigens auch für Gadgets. Zwar besitzen Gadgets, wie bereits erwähnt, keine eigene Ereignisverwaltung (was wiederum mit dem fehlenden X-Window zusammenhängt), die Ereignisverwaltung wird jedoch ersatzweise vom verwendeten Container Widget übernommen, das zu diesem Zweck sowohl über eine spezielle Translation-Table, als auch über dedizierte Aktions-Routinen verfügt.

Abbildung 5.4 zeigt als Beispiel für die Benutzung von Callback-Ressourcen ein Dialogfenster mit drei Widgets: ein Textfeld (Nr. 1) und zwei Tasten-Widgets (Nr. 2 und 3).

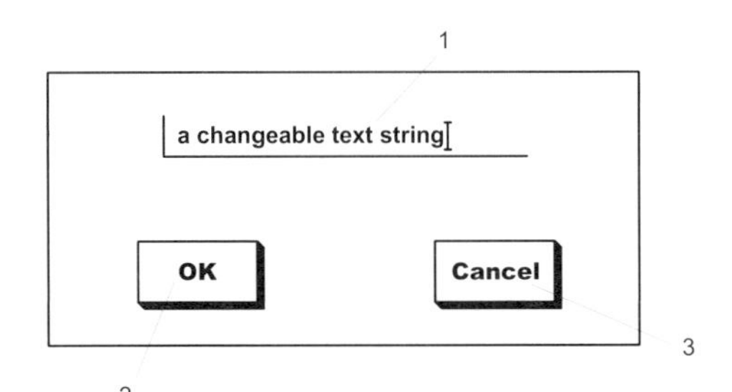

Abbildung 5.4: Widgets und Callbacks: ein Beispiel

Unter OSF/Motif könnten nun die folgenden Callbacks spezifiziert werden:

Widget	Callback-Ressource (Motif-Bezeichnung)	Routine
1	XmNvalueChangedCallback	Update_Text_String
2	XmNactivateCallback	Text_Input_Done
3	XmNactivateCallback	Text_Input_Cancel

Anmerkung: Identifier beginnen im Kontext von X11/Motif meist mit dem Präfix „Xm" und besitzen selten Unterstriche („_"), einzelne Worte innerhalb eines Identifiers werden statt dessen durch den Wechsel von Groß- und Kleinschreibung getrennt. Jeder Namensbestandteil beginnt dabei mit einem Großbuchstaben, es sei denn, der vorangegangene Buchstabe ist schon ein Großbuchstabe (siehe z.B. Xm-N-value-Changed-Callback).

Für das obige Beispiel müßte der Anwendungsentwickler nun nur noch die drei Callback-Routinen implementieren, die Bereitstellung von Aktions-Routinen sowie die Handhabung der zugrundeliegenden X-Events (Tastenanschläge, Mausbewegungen, „Mausklicks" usw.) übernehmen Motif und das X-Toolkit.

Callback-Routinen sind parametrisierbar. Für jede Callback-Ressource läßt sich ein frei wählbarer Parameter – der sog. *tag* – angeben, der einer Callback-Routine beim Aufruf mitgegeben wird. Mit Hilfe des *tag* lassen sich z.B. Fallunterscheidungen innerhalb einer Callback-Routine implementieren. So wäre es im obigen Beispiel möglich, die Routinen *Text_Input_Done* und *Text_Input_Cancel* zu einer einzigen Routine *Control_Text_Input* zusammenzufassen und die durchzuführenden Operationen durch einen unterschiedlichen *tag* zu identifizieren:

Widget	Callback-Routine	Tag	Funktion
2	Control_Text_Input	1	Text_Input_Done
3	Control_Text_Input	2	Text_Input_Cancel

Neben dem *tag* übergibt das Xtk beim Aufruf zwei weitere Parameter an eine Callback-Routine: die Identifikation des Widgets, das mit dem Callback-auslösenden Ereignis assoziiert ist, sowie einen Zeiger auf eine spezielle Datenstruktur, die das aufgetretene Ereignis beschreibt. Damit lassen sich Callback-Routinen wie folgt deklarieren:

a) C

```
static void Callback_Routine (Widget wdgt,
                              XtPointer tag,
                              XmAnyCallbackStruct *trigger)
```

b) Pascal

```
procedure Callback_Routine (wdgt : Widget;
                            tag : XtPointer;
                            var trigger : XmAnyCallbackStruct);
```

Der Parameter *tag* ist prinzipiell vom Datentyp *XtPointer*, der einen äußerst „windigen" Datentyp darstellt. *XtPointer* ist prinzipiell ein Zeiger auf „etwas beliebiges", d.h. es ist nicht festgelegt, welchen Datentyp *XtPointer* tatsächlich referenziert[2]. Die entsprechende C-Deklaration ist die folgende:

```
      typedef void* XtPointer;
```

In der Regel ersetzt der Anwendungsentwickler den Datentyp *XtPointer* durch einen anderen, der dem in *tag* übergebenen Wert entspricht. Im Falle unserer oben erwähnten Routine *Control_Text_Input* würde die Pascal-Deklaration wie folgt vorgenommen:

```
procedure Control_Text_Input (wdgt : Widget;
                              tag : Integer;
                              var trigger: XmAnyCallbackStruct);
```

Das Argument *trigger* ist ein Zeiger auf die Beschreibung des Callback-Auslösers. Die entsprechende Datenstruktur ist je nach Widget-Klasse unterschiedlich aufgebaut, aber grundsätzlich zweigeteilt. Zum einen enthält sie Widget-spezifische Information, zum anderen ist ein Zeiger auf den X-Event vorhanden, der den Aufruf der Callback-Routine ursprünglich initiiert hat. Abbildung 5.5 zeigt den schematischen Aufbau dieser Datenstruktur.

Die Deklaration des Datentyps *XmAnyCallbackStruct* führt – im Gegensatz zu den übrigen Datenstrukturen zur Beschreibung von Callback-Reasons – keine spezialisierten Datenfelder ein:

```
typedef struct {
  int reason;
  XEvent *event;
} XmAnyCallbackStruct;
```

Mit Hilfe der *XmAnyCallbackStruct* kann also lediglich festgestellt werden, welche Ursache der Aufruf der betreffenden Callback-Routine hat. Die Variable *reason* innerhalb

---

[2] Tatsächlich besitzt der Datentyp *XtPointer* in X11 noch einen anderen Namen: *Opaque* (zu deutsch: undurchsichtig).

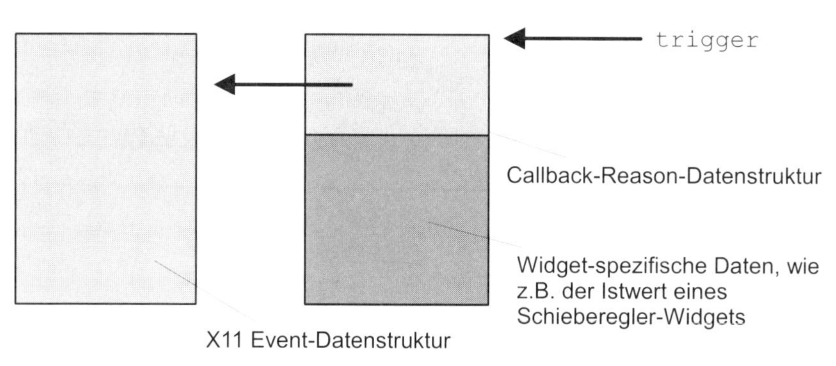

Abbildung 5.5: Schema der Callback-Reason-Datenstruktur

der Struktur enthält einen Code, der den Callback-Reason eindeutig beschreibt, weitere Information kann der durch *event* referenzierten X11-Ereignisbeschreibung entnommen werden.

Im allgemeinen dient die *XmAnyCallbackStruct* nur als Platzhalter; falls eine Callback-Routine den Grund ihres Aufrufs tatsächlich detailliert auswerten muß – was nicht allzu häufig der Fall ist –, so sollte der Anwendungsentwickler den entsprechenden Widget-spezifischen Datentyp verwenden (z.B. *XmPushButtonCallbackStruct* für Widgets der Klasse *XmPushButton*).

Verschiedene Strategien zur Verwendung von Callbacks sollen in dieser Einführung nicht behandelt werden, sie sind Thema späterer Abschnitte (siehe Kapitel 9.6).

Motif-Anwendungen wickeln den weitaus größten Teil ihrer Interaktion mit dem Benutzer über Callbacks ab. Zwar wird dadurch der Implementierungsaufwand gegenüber der Verwendung einer – auf sehr niedriger Ebene angesiedelten – X-Event-Verwaltung drastisch reduziert, allerdings löst der Callback-Mechanismus keinesfalls die eingangs angesprochenen Probleme bei der Ereignisverwaltung. Im Gegenteil: einige Komplikationen werden eher noch verschärft. Zusammenfassend lassen sich folgende Schwierigkeiten bei der Ereignisbehandlung (mit Callbacks) identifizieren:

- Die lineare, sequentielle Struktur von Programmen wird durch Callbacks zerstört. Zur Abwicklung der Ereignisverwaltung muß eine Applikation die Ablaufkontrolle an das Xtk abtreten, das wiederum die Callback-Routinen aufruft. Aus dem Programmtext kann der Ablauf des Programms also nicht mehr ohne weiteres ersehen werden. Diese Tatsache erschwert auch das Debugging nicht unerheblich.

- Da X11-Ereignisse asynchron eintreten – in Abhängigkeit der Benutzeraktionen – starten Callback-Routinen zu nicht vorhersehbaren Zeitpunkten. Ein Anwendungsprogramm muß somit zu nahezu jedem beliebigen Zeitpunkt auf den Aufruf einer Callback-Routine korrekt reagieren können.

- Eine Callback-Routine darf nicht beliebig lange rechnen, da während ihrer Laufzeit andere Ereignisse nicht bearbeitet werden. (Dazu müßte die Ereignisverwaltung des Xtk aktiv sein, die jedoch die Kontrolle an die Callback-Routine abgetreten hat.) So würde eine zeitintensive Callback-Routine die Bearbeitung anderer Ereignisse durch das Xtk verhindern und damit den Aufruf weiterer Callback-Routinen blockieren. Der Motif Style-Guide verbietet solche Szenarios explizit. Die Anwendungsstruktur muß so gestaltet sein, daß eine Callback-Routine schnell bearbeitet und die Ablaufkontrolle möglichst umgehend an das Xtk zurückgegeben wird. Siehe hierzu Kapitel 13.

- Notwendige rechenintensive Operationen müssen so implementiert werden, daß die Bedienoberfläche einer Anwendung nie für längere Zeit total blockiert ist. (Zumindest der Abbruch einer solchen Operation durch den Benutzer muß möglich sein. Der Anwendungsentwickler hat eine für diesen Zweck taugliche Funktion vorzusehen.) Siehe hierzu ebenfalls Kapitel 13.

- Die Bedienoberfläche muß zu jedem Zeitpunkt den aktuellen Status der Applikation reflektieren. Zur Verdeutlichung dieser Komplikation sei ein fiktives Adreßverwaltungsprogramm betrachtet: der *Address Library Manager* (ALM). In der syntaxgesteuerten Version könnte ein typischer Dialog mit ALM etwa folgendermaßen ablaufen (Benutzereingaben sind durch **Fettdruck** hervorgehoben):

```
$ ALM
ALM> add address
First name: Reinhard
Surname: Schmidt
Phone: ...
ALM> list
#   Name                Phone      ...
-------------------------------------
1   Gabi Müller         ...
2   Reinhard Schmidt    ...
ALM> delete address 1
ALM>
```

Der Dialogverlauf ist hier naturgemäß streng sequentiell: nach dem Absetzen des „*add address*“-Befehls müssen zunächst *alle* Daten des neuen Eintrags eingegeben werden, erst nach diesem Vorgang kann der neue Status der Kartei abgefragt („*list*“) und manipuliert („*delete address*“) werden. In einer ereignisgesteuerten Umgebung – etwa bei einer Callback-orientierten Anwendung – treten demgegenüber Synchronisationsprobleme durch die eventuell „asynchrone Arbeitsweise“ des Benutzers auf.

Beispiel: der Benutzer entschließt sich zunächst, eine neue Adresse einzugeben. ALM in der Fassung mit grafischer Bedienoberfläche bietet zu diesem Zweck ein „Tasten-Widget“ an, das nach Betätigung durch den Benutzer ein spezielles Dialogfenster mit Eingabefeldern zur Adressenerfassung zur Anzeige bringt (natürlich mit Hilfe einer Callback-Routine). Abbildung 5.6 verdeutlicht das Prinzip.

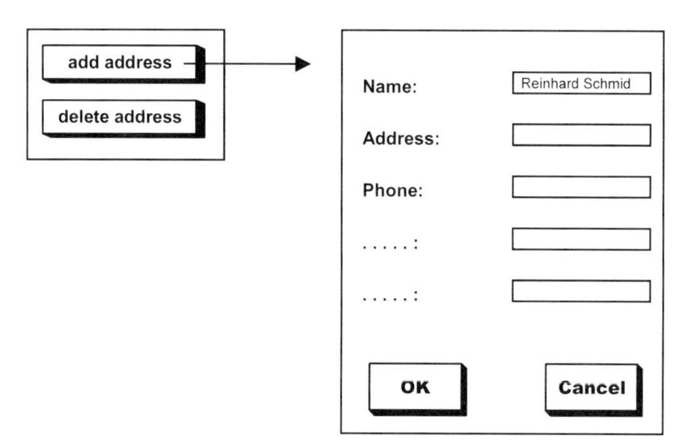

Abbildung 5.6: ALM mit grafischer Bedienoberfläche

Noch während der Benutzer die Daten des neuen Adresskartei-Eintrags eingibt, könnte ihm einfallen, zunächst den Eintrag „Gabi Müller" aus der Kartei zu entfernen. Er wählt dazu die Funktion „*Delete Address*" aus: Anstatt den gewünschten Eintrag zu löschen, wechselt der Benutzer nun allerdings zurück zum ersten – nach wie vor angezeigten – Dialogfenster zurück und komplettiert zunächst die noch fehlenden Daten. Sobald ALM den neu erstellten Eintrag in seine interne Datenhaltung übernimmt, *muß* es diesen Eintrag auch in dem bereits dargestellten Dialogfenster der Funktion „*Delete Address*" anzeigen, da die dort aufgelisteten Namen andernfalls nicht mehr vollständig mit dem internen Status des Programms übereinstimmen.

Selbstverständlich lassen sich Szenarios wie das oben geschilderte vermeiden, indem eine „One-Step-After-Another-Policy" verfolgt wird, d.h. ALM könnte die Ausführung der Funktion „*Delete Address*" solange verweigern, bis die Eingabe der neuen Daten abgeschlossen ist. Allerdings würde eine solche Vorgehensweise nicht der Philosophie von Direct Manipulation User Interfaces entsprechen. Von solchen Interfaces muß gefordert werden, daß sie dem Benutzer keine spezielle Vorgehensweise aufzwingen, sondern sich dessen persönlichen Arbeitsstil anpassen. Eine Anwendung muß demnach adäquat auf Änderungen ihres internen Zustands reagieren und diese Änderungen auf ihrer Bedienoberfläche reflektieren. Die entsprechenden „Interface-Update-Strategien" stellen ein Problem für sich dar; der Anwendungsentwickler muß beim Entwurf der Callback-Routinen einer Applikation entsprechend sorgfältig vorgehen und alle denkbaren Benutzeraktionen berücksichtigen.

6 Einfache Beispiele: die Implementierung

Das folgende Kapitel stellt zwei sehr einfache „Anwendungsprogramme“ und ihre Implementierung unter OSF/Motif vor. Einleitend müssen wir jedoch zunächst einige implementierungstechnische Fragen diskutieren, um den Aufbau der Beispielsoftware analysieren zu können. An dieser Stelle sei auch darauf hingewiesen, daß es *nicht* Ziel der Beispiele ist, die Verwendung von spezifischen Widget-Klassen und -Ressourcen zu erläutern (mit dieser Thematik beschäftigt sich Teil zwei dieses Buchs ausführlicher), sondern den allgemeinen Aufbau von Motif-Applikationen aufzuzeigen.

6.1 Compound Strings

Gängige Computersysteme realisieren Zeichenketten (*„Strings“*) als Folge von 8-Bit-Daten, die im ASCII-Code vorliegen. Für viele Anwendungen ist diese Form der Darstellung allerdings nicht mehr ausreichend: Länderspezifische Sonderzeichen, umfangreicher Zeichenvorrat (wie etwa von asiatischen Sprachen) und unterschiedliche Schreibrichtungen stellen Anforderungen an die Zeichendarstellung, die mit der „traditionellen“ ASCII-Code-basierten Realisierung nicht erfüllt werden können.

OSF/Motif ist bezüglich seiner Textdarstellungsfähigkeiten daher wesentlich flexibler. Textobjekte in OSF/Motif können z.B. mehrzeiligen Text enthalten, verschiedene Schrifttypen (*„Fonts“*), Farben und Hervorhebungen verwenden und unterschiedliche Schreibrichtungen benutzen[1]. Solche Textobjekte werden als *Compound Strings* (Compound = Verbindung, zusammengesetzt) bezeichnet.

Die aktuelle Version von OSF/Motif (mit der Bezeichnung 2.0) ist bezüglich der Verwaltung von Compound Strings gegenüber früheren Versionen erheblich erweitert worden. Nicht geändert hat sich allerdings der prinzipielle Aufbau von solchen Strings: Ein Compound String setzt sich aus einer Folge von sog. *Tag-Length-Values* (TLVs) zusammen, innerhalb eines solchen TLV sind stets die folgenden Daten zu finden:

- *Tag* — Ein Bezeichner, der die nachfolgende Information identifiziert, z.B. „zu verwendende Schreibrichtung“.
- *Length* — Die Länge des Datums im *Value*-Feld.
- *Value* — Die Information selbst.

---

[1] Schrifttypen werden allerdings nicht von Motif, sondern von X11 verwaltet. Welche Schrifttypen einer Anwendung tatsächlich zur Verfügung stehen, hängt dabei von der verwendeten X-Umgebung ab. Mit dieser Thematik befaßt sich Teil III dieses Buchs intensiver.

Betrachten wir z.B. den folgenden Compound String:

Die schematische Darstellung dieses String zeigt Abbildung 6.1.

Abbildung 6.1: Compound String: schematischer Aufbau (Beispiel)

Die Folge von Compound String-TLVs (auch „Komponenten" genannt) spezifiziert alle Attribute, die zur Textdarstellung notwendig sind, sowie den auszugebenden Text.

Die aktuelle Motif-Version besitzt die Fähigkeit, Text unter Anwendung von sog. *Renditions* darzustellen. Eine Rendition ist (analog zu den Ressourcen einer Widget-Klasse) prinzipiell ein Satz von Attributen, wobei diese Attribute die Darstellung von Zeichenfolgen beeinflussen (z.B. Schrifttyp, Farbe, Hervorhebungen, Schreibrichtung etc.) Eine Anwendung kann beliebige Renditions erzeugen und deren Attribute manipulieren. Um einen Text (bzw. einen Textteil) unter Anwendung einer bestimmten Rendition auszugeben, wird ein spezieller *Tag* (der sog. *Rendition Tag*) als Komponente in einen Compound String eingefügt. Dieser *Rendition Tag* bestimmt die zu verwendende Rendition und damit das visuelle Erscheinungsbild des Texts. (Abbildung 6.2 verdeutlicht das Prinzip.)

Renditions können zusätzlich zu sog. *Render Tables* zusammengefaßt werden, für eine Einführung in das Motif-System im Sinne dieses Buchs ist dieses zusätzliche Konzept jedoch belanglos.

Darüber hinaus bietet OSF/Motif die Möglichkeit, Texte in Abhängigkeit bestimmter „Sprachräume" zu gestalten. Auf diese Weise lassen sich „internationalisierbare Anwendungen" gestalten, deren Textausgabe an den Sprachraum (z.B. „Deutsch", „Hebräisch", „Arabisch" usw.) des Anwenders angepaßt werden kann. (Kapitel 9.7 geht auf diese Besonderheit ein.)

Motif stellt dem Anwendungsprogrammierer Routinen zur Verfügung, die Compound Strings erzeugen, löschen, auslesen, ausgeben sowie Daten über solche Strings zurückliefern. Ab Version 2.0 finden sich zusätzlich Funktionen zur Erzeugung und Manipulation von Renditions und Render Tables. Im Rahmen dieses Buchs werden wir uns auf den Einsatz der folgenden Routinen beschränken (für weitergehende Information über Compound String-Routinen sei auf die einschlägige Referenzliteratur verwiesen):

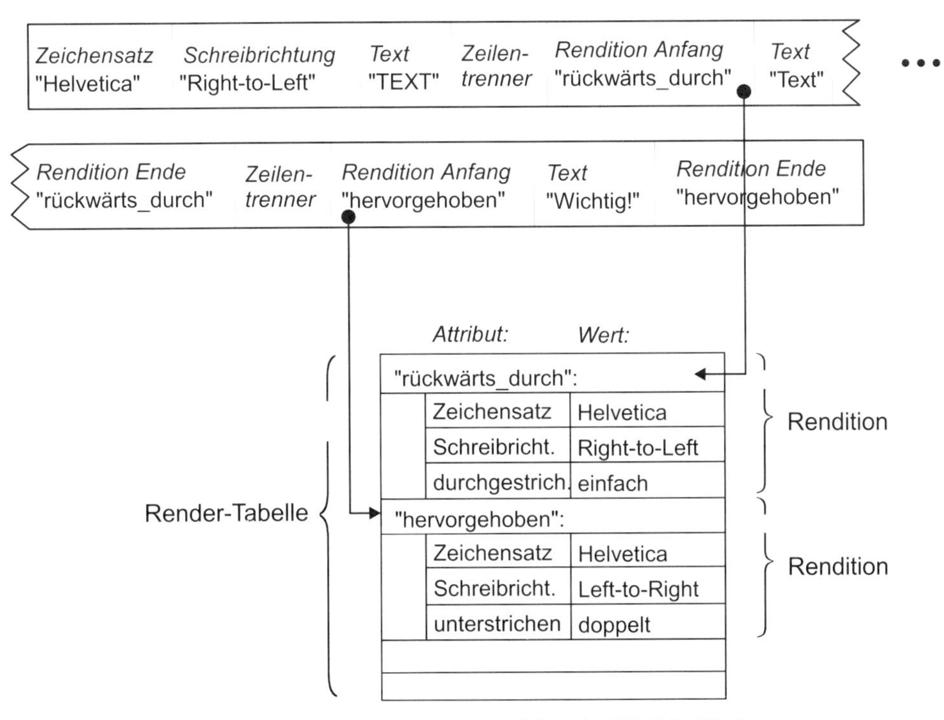

Abbildung 6.2: Prinzip der Renditions in OSF/Motif 2.0

- **Motif 2.0**
  - `XmStringGenerate` (erzeugt einen Compound String)
  - `XmStringFree` (gibt den Speicherplatz eines Compound Strings wieder frei)
- **Motif 1.2**
  - `XmStringCreateLtoR` (Compound String erzeugen)
  - `XmStringFree` (Speicherplatz freigeben)

Die in älteren Anwendungen (gemeint sind hier solche, die noch auf den Motif-Versionen 1.1 oder 1.0 basieren) relativ häufig eingesetzte Routine *XmStringCreateSim-*

ple wird an dieser Stelle nicht berücksichtigt, da die entsprechenden Motif-Versionen in der Praxis wohl kaum noch eine Rolle spielen dürften.

Eingesetzt werden die genannten Routinen (in der Sprache C) wie folgt:

```
XmString compound_string;

compound_string = XmStringGenerate("Text",
                                   NULL,
                                   XmCHARSET_TEXT,
                                   NULL);

XmStringFree(compound_string);
```

Wie im obigen Beispiel zu erkennen, erwartet die Routine *XmStringCreate* vier Parameter:

1. Der Text, den der Compound String enthalten soll. (Hierbei handelt es sich – im Sinne von C – prinzipiell um einen *Zeiger* auf den entsprechenden Text.)

2. Eine *Tag*-Komponente, die den zu verwendenden Schrifttyp bzw. die zu verwendende „Sprachumgebung" spezifiziert. Wird hier „NULL" angegeben, so verwendet Motif einen voreingestellten Schrifttyp bzw. eine voreingestellte „Sprachumgebung"[2].

3. Diese Konstante teilt Motif mit, wie der als Parameter 1 angegebene Text zu interpretieren ist. Der symbolische Name *XmCHARSET_TEXT* referenziert dabei eine Konstante, die den angegebenen Text als „einfache Zeichenfolge ohne zu interpretierende Merkmale" identifiziert.

4. Der letzte Parameter benennt die zur Textausgabe zu verwendende Rendition. Wird hier NULL spezifiziert, so setzt Motif keine spezifische Rendition ein, sondern verwendet die zuletzt aktive (also prinzipiell eine voreingestellte Rendition).

Details zu den Aspekten „Sprachumgebung" bzw. „Internationalisierung" finden sich in Kapitel 9.7.

```
XmString compound_string;

compound_string = XmStringCreateLtoR("Text",
                                     XmSTRING_ISO8859_1);

XmStringFree(compound_string);
```

Etwas einfacher gestaltet sich die Erzeugung eines Compound Strings mit Hilfe der Motif 1.2-Routine *XmStringCreateLtoR*. Diese Routine legt einen Compound String der

---

[2] Leider hängt die Interpretation dieses Parameters wesentlich vom Wert des dritten Arguments ab. Für Einzelheiten zu *XmStringGenerate* sei daher auf die Motif-Referenzliteratur hingewiesen.

Schreibrichtung „von links nach rechts" (*Left to Right*, oder kurz *L-to-R*) an. Neben dem Text des Compound Strings ist der Name des zu verwendenden Schrifttyps als Parameter anzugeben. Die Konstante *XmSTRING_ISO8859_1* bezieht sich auf einen voreingestellten Schrifttyp, der die sog. ISO 8859–1 Codierung (auch als „ISO Latin 1" bekannt) verwendet. Diese Codierung stellt sicher, daß gängige Sonderzeichen – wie etwa deutsche Umlaute – unabhängig vom verwendeten Computersystem korrekt dargestellt werden. Beim ASCII-Code ist dies bekanntlich nicht der Fall: Sonderzeichen wie Umlaute werden von Computersystem zu Computersystem unterschiedlich codiert und rufen daher häufig Probleme hervor.

6.2 X11, Motif, die Sprache C und Unix

X11 und Motif sind vollständig in der Programmiersprache C realisiert; insbesondere das Xtk lehnt sich zudem in Teilen stark an das Betriebssystem Unix an. Obwohl sowohl X als auch Motif konzeptionell plattformunabhängig sein sollen, ergeben sich aus der Orientierung der Systeme an C und Unix einige Komplikationen bei der Benutzung von anderen Betriebssystemen und/oder Programmiersprachen.

Ein Beispiel: Die Intrinsic-Routine *XtOpenDisplay* (von dieser Funktion wird später noch häufiger die Rede sein) erwartet unter anderem die Übergabe der C-Kommandozeilenparameter *argc* und *argv* bei ihrem Aufruf. Diese Parameter beschreiben die vom Benutzer zum Start einer Anwendung eingegebene (Unix–) Befehlszeile, wobei *argc* die Anzahl der spezifizierten Argumente und *argv* die Argumente im Klartext speichert:

```
main (int argc, char **argv) {

Display dpy;

dpy = XtOpenDisplay(... &argc, argv);
      .
      .
      .
```

Sinn der Weitergabe von *argc* und *argv* ist die standardisierte Behandlung spezieller Argumente durch das Xtk. So kann z.B. der von einer Applikation zu verwendende X-Server mit Hilfe der Kommandozeilen-Option „–display" spezifiziert werden, ohne daß ein Anwendungsprogramm diese Option selbst behandeln müßte. Entdeckt das X-Toolkit das Argument „–display" in der Kommandozeile (d.h. in der Variable *argv*), so wird es automatisch bearbeitet, anschließend aus *argv* entfernt, und *argc* entsprechend dekrementiert.

Die Rahmenbeschriftung des Haupt-Dialogfensters einer Anwendung entnimmt das Xtk u.U. auch dem *argv*-Parameter, da ohne Eingriff eines Programms dessen Name benutzt wird: Das Argument der Option „–name" spezifiziert den Applikationsnamen und damit ebenfalls die Beschriftung des Dialogfensters. Falls die Option in der Kommandozeile fehlt, verwendet das Xtk den ersten Eintrag in *argv* (der den vom Anwender zum Start der Applikation eingegebenen Befehl enthält).

Betrachten wir zur Verdeutlichung die folgende (fiktive) Kommandozeile:

```
# /usr/users/mueller/anwendung -display a:0.0 -zzz
```

Beim Start des Programms „anwendung" ergeben sich damit die folgenden Werte für *argc* und *argv*:

```
argv[0] = "/usr/users/mueller/anwendung"
argv[1] = "-display"
argv[2] = "a:0.0"
argv[3] = "-zzz"
```

`argc = 3` (Anmerkung: der Eintrag *argv[0]* wird nicht mitgezählt!)

Das Xtk entnimmt die Rahmenbeschriftung des Haupt-Dialogfensters dem Eintrag in *argv[0]* und lautet somit „/usr/users/mueller/anwendung". Die Routine *XtOpenDisplay* bearbeitet die Option „–display" und ihren Parameter „a:0.0" (Syntax und Semantik dieses Parameters werden im dritten Teil dieses Buchs behandelt. Wir verzichten hier auf eine nähere Betrachtung, um die Erläuterung des Beispiels nicht unnötig zu komplizieren.) und entfernt die betreffenden Einträge aus dem *argv*-Parameter, *argc* wird entsprechend um zwei vermindert:

```
argv[0] = "/usr/users/mueller/anwendung"
argv[1] = "-zzz"

argc = 1
```

Diese enge Bindung an die von der Programmiersprache C unterstützten *argc*- und *argv*-Parameter und die Verwendung der Unix-Kommandozeilen-Syntax (wie z.B. bei Optionen wie „–display" oder „–name") ist zumindest ärgerlich. Eine plattformunabhängige Anwendung sollte daher grundsätzlich auf die Ausnutzung solcher „Spezialitäten" verzichten, bzw. sie in geeigneterer Form selbst realisieren.

Das sicherlich größte Problem beim Einsatz einer „Fremdsprache" anstatt der Sprache C bei der Programmierung von Motif-Anwendungen liegt in der teils extrem unsauberen Deklaration von Datentypen – ein Phänomen, das nicht auf X11 und Motif beschränkt ist, sondern in vielen C-Programmen auftritt. Der Grund hierfür liegt vermutlich im „systemnahen" Charakter der Sprache C, die von ihren Entwicklern als Implementierungssprache für Betriebssysteme und hardwarenahe Systemprogramme konzipiert wurde (nicht aber für das Einsatzgebiet der „Hochsprachen"). Datentypdeklarationen werden von C-Programmierern daher häufig eher am Speicherplatzbedarf des Typs statt am Verwendungszweck ausgerichtet.

Beispiel: Das X-Toolkit arbeitet z.B. mit folgender Definition:

```
typedef long XtArgVal;
typedef char *XtString;

typedef struct {
  XtString name;
  XtArgVal value;
} Arg;
```

Probleme bereitet hier die Definition des Datentyps *XtArgVal*. Variablen dieses Typs müssen im Kontext des X-Toolkits auch Werte speichern, die nicht dem Datentyp *long* (meist ist damit eine 32-Bit-Ganzzahl gemeint) entsprechen – die Deklaration sieht dies allerdings nicht vor. Der Rückgriff auf den C-eigenen *type cast*-Operator ist damit unvermeidlich. Hinzu kommt noch, daß der Datentyp „*char* *“ (verwendet in der Deklaration des Typs *XtString*) in C meist nicht einen Zeiger auf ein *einzelnes* Zeichen meint, sondern einen Zeiger auf eine Zeichen*folge*. Verschärft wird diese syntaktische Ungenauigkeit noch durch die Bequemlichkeit vieler C-Programmierer, die diesen Datentyp als „Zeiger auf irgend etwas“ interpretieren. (Der Datentyp „*char* *“ hat auch im Rahmen der Programmierung von X11 bzw. Motif nicht immer die Bedeutung „Zeiger auf eine Zeichenkette“.)

Während die genannten Probleme bei der Programmierung von Anwendungen in der Sprache C nur Einfluß auf die Robustheit von Software haben (Ungenauigkeiten wie die oben angesprochenen führen leicht zu Fehlern), können die Auswirkungen auf andere Programmiersprachen durchaus größere Schwierigkeiten hervorrufen, wie wir im folgenden Abschnitt noch sehen werden.

6.3 X11, Motif, DEC Pascal und OpenVMS

Die Sprache C und das Unix-Betriebssystem sind für X11 bzw. Motif Standard; auch die Dokumentation beider Systeme ist mit der C/Unix-Umgebung eng verwoben. Die zusätzliche Betrachtung einer völlig anderen Plattform – DEC Pascal unter OpenVMS – scheint unter diesem Gesichtspunkt auf den ersten Blick weniger sinnvoll zu sein. Dennoch sprechen einige gute Gründe für diese Entscheidung:

- X11 und OSF/Motif sind für den Einsatz in einer „offenen“, heterogenen Rechnerkonfiguration gedacht. Die Beschränkung auf C und Unix als Entwicklungsumgebung in der Literatur ist insofern unbefriedigend.

- Etliche Mechanismen (und auch Schwächen!) der hier betrachteten Systeme offenbaren sich deutlicher, wenn die gängige Entwurfsumgebung außer acht gelassen wird.

- Die Sprache C dominiert die Unix-Welt in einer Weise, die wenig Spielraum für andere Programmiersprachen läßt, OpenVMS ist dagegen traditionell eher „multilingual“ ausgerichtet. Diese Aussage gilt auch für X11 und Motif: die Implementierung des X Window-Systems unter OpenVMS unterstützt neben der Sprache C auch Sprachen wie BASIC, FORTRAN, Pascal, Ada oder PL/I. OSF/Motif unter OpenVMS bietet immerhin noch Entwicklungsumgebungen für die Sprachen C, Pascal, FORTRAN und Ada an. Diese Vielfalt flexibilisiert die Anwendungsentwicklung erheblich, so kann z.B. X11 durchaus zur Datenvisualisierung in Programmen, die traditionell in FORTRAN geschrieben werden, herangezogen werden.

Natürlich lassen sich Systeme wie X11 und Motif nicht einsetzen, wenn ausschließlich die Sprachelemente einer Hochsprache verwendet werden. Zwar ist z.B. der Aufruf von Routinen, die in anderen Programmiersprachen geschrieben wurden, z.B. in DEC Pascal generell möglich. Um allerdings auf die Eigenschaften der Xlib, des X-Toolkits und des Motif-Systems eingehen zu können, müssen bestimmte Besonderheiten, d.h. einige Nicht-Standard-Fähigkeiten verwendet werden. (Gemeint sind hier Fähigkeiten, die weder im „unextented Pascal standard" ANSI/IEEE 770X3.97-1989 bzw. ISO 7185-1989, noch im „extended Pascal standard" ANSI/IEEE 770X3.160-1989 bzw. ISO 10206-1989 vorhanden sind. [7])

Ein Beispiel: die im vorangegangenen Abschnitt gezeigte „unsaubere" Definition der Datentypen *XtString* und *XtArgVal* haben z.B. einige unerwünschte Effekte beim Einsatz von Pascal. Die äquivalenten Deklarationen würden hier wie folgt lauten:

```
        type XtArgVal = Integer;
             XtString = ^Char;

             Arg = record
                     name : XtString;
                     value: XtArgVal;
                   end;
```

Da Pascal-Compiler eine strenge Typbindung implementieren, die etliche Überprüfungen der Benutzung von Datentypen zur Übersetzungszeit eines Programms ermöglicht, kommt es z.B. zu folgenden Problemen beim Einsatz des Datentyps *Arg*:.

```
/* C-Code */

char *a_name = "Arg_Name";
char *a_value = "x";
Arg  parameter;

parameter.name = a_name;
parameter.value = (XtArgVal)a_value; /* Cast-operator nötig! */

(* Pascal-Code *)

var
  a_name    : String(8) value ´Arg_Name´; { erweiterter Standard }
  a_value   : ^Char;
  parameter : Arg;

begin
  New(a_value);
  a_value^ := ´x´;
```

```
  parameter.name := a_name;    { Error -- nicht ^Char }
  parameter.value := a_value; { Error -- nicht Integer}
end.
```

Die beiden letzten Zuweisungen sind unzulässig, da in beiden Fällen die Datentypen von Quell- und Zieloperand nicht übereinstimmen. Hier bleibt zur Lösung des Problems – wie wir noch sehen werden – nur der Rückgriff auf den *type cast*-Operator von DEC Pascal, der allerdings bereits eine nicht-Standard-Fähigkeit darstellt.

Beim Aufruf von „fremden" Routinen (nicht-Pascal-Routinen werden – bei Verwendung von Pascal – auch als *foreign routines* bezeichnet) sind einige weitere Besonderheiten zu beachten. Bei Programmierung des X11/Motif-Systems gilt insbesondere:

- Zeichenketten (Strings) sind in der Sprache C Null-terminiert, d.h. jede Zeichenkette schließt mit dem ASCII-Zeichen „NUL" (Code 0) ab. Dieses Zeichen muß bei Verwendung von Pascal explizit an Zeichenketten angehängt werden, wenn eine Routine des Xtk oder des Motif-Systems die Übergabe eines solchen Strings erwartet:

```
      Xtk_Or_Motif_Routine('abc' + chr(0));
```

  Bei Aufruf von Xlib-Routinen tritt das oben erwähnte Problem unter OpenVMS nicht auf, da diese Routinen in zwei Fassungen vorliegen. Die im Rahmen dieses Buchs benutzte Fassung ist dabei sprachunabhängig implementiert und kommt bei der Verarbeitung von Zeichenketten ohne abschließendes „NUL"-Zeichen zurecht.

- Die Sprache C übergibt Parameter an aufzurufende Routinen stets mit Hilfe des *call-by-value* Mechanismus. Das heißt, ein Argument, das nicht größer als ein Speicherwort (z.B. 32 Bit) ist, wird direkt auf dem Anwendungs-Stack abgelegt. Pascal übergibt dagegen alle Parameter per Referenz, d.h. mit Hilfe eines Zeigers auf das zu übergebende Argument. Bei der Abspeicherung von Konstanten muß dann eventuell eine temporäre Kopie angelegt werden, die im Anschluß daran referenziert wird. Ein Beispiel für die genannten unterschiedlichen Übergabetechniken Abbildung 6.3.

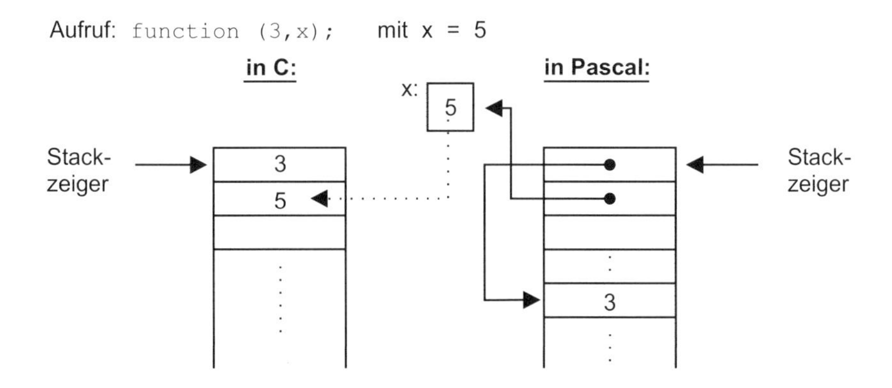

Abbildung 6.3: Parameterübergaben in C und Pascal

Unter Umständen muß beim Aufruf von X11- oder Motif-Routinen der von Pascal verwendete Übergabemechanismus abgeschaltet und durch den der Sprache C ersetzt werden. In DEC Pascal ist dies durch die Direktive „%IMMED“ möglich, die übergebenen Parametern beim Aufruf von „foreign routines“ vorangestellt werden darf. So ließe sich das Verhalten der Sprache C durch folgendes Pascal-Konstrukt erreichen:

```
        function(%IMMED 3, %IMMED x);
```

- Zwar werden in Pascal sämtliche Parameter mit Hilfe ihrer Adressen auf dem Stack übergeben, um aber die Adresse einer Routine beim Aufruf einer X11- oder Motif-Funktion C-konform angeben zu können, ist die Verwendung einer weiteren DEC Pascal-Erweiterung notwendig. Die Rede ist von der *Iaddress*-Funktion:

```
/* C-Code */

int xyz;
extern void private();

/* Übergebe Adresse von "xyz" und von "private" */
Xlib_Xtk_Or_Motif_Routine(&xyz, private);

(* Pascal-Code *)

var xyz: Integer;
procedure private; extern;

{ Übergebe Adresse von "xyz" und von "private" }
Xlib_Xtk_Or_Motif_Routine(xyz, Iaddress(private));
```

Das obige Beispiel zeigt zweierlei. Zum einen wird deutlich, daß die Benutzung des C-Adress-Operators „&“ in Pascal nicht unbedingt nachgebildet werden muß, da ohnehin die Adresse einer Variablen – im obigen Beispiel die der Variable *xyz* – übergeben wird. Zum anderen demonstrieren die Codefragmente den Einsatz der *Iaddress*-Funktion zur Übergabe der Adresse einer Routine.

Anmerkung: Das Beispiel ist nur bei entsprechender Deklaration der aufgerufenen Routine korrekt. Sämtliche Funktionen der Xlib, des Xtk und von Motif sind in der Pascal-Umgebung allerdings bereits C-konform definiert, so daß in dieser Hinsicht keine Probleme entstehen.

Die Funktion *Iaddress* kann im übrigen auch zur Ermittlung von Adressen anderer Objekte – etwa Variablen – herangezogen werden. Die neueren Versionen des DEC Pascal-Compilers erlauben die Anwendung der Funktion auch auf String-Konstante, also z.B.:

```
const the_constant = 'A string constant';

{ Übergebe Adresse einer Zeichenketten-Konstante }
The_Routine(Iaddress(the_constant));
```

Die Beispiele in diesem Buch setzen voraus, daß DEC Pascal in der Version V5.3 oder höher zur Verfügung steht. Beim Einsatz älterer Versionen sind Modifikationen der Quelltexte unumgänglich, da bestimmte Fähigkeiten des Compilers (wie etwa die Anwendbarkeit der Funktion *Iaddress* auf String-Konstante) nicht zur Verfügung stehen.

6.4 Ein einfaches Beispiel: „Hello World!“

Betrachten wir an dieser Stelle ein erstes „reales“ Motif-Programm. Dieses Programm zeigt in seinem Haupt-Dialogfenster lediglich den Text „Hello World!“ an und besitzt ansonsten keinerlei Funktion – und auch keine Bedienelemente. Somit stellt sich das „Programmfenster“ – bei aktivem Motif Window Manager – wie in Abbildung 6.4 gezeigt dar.

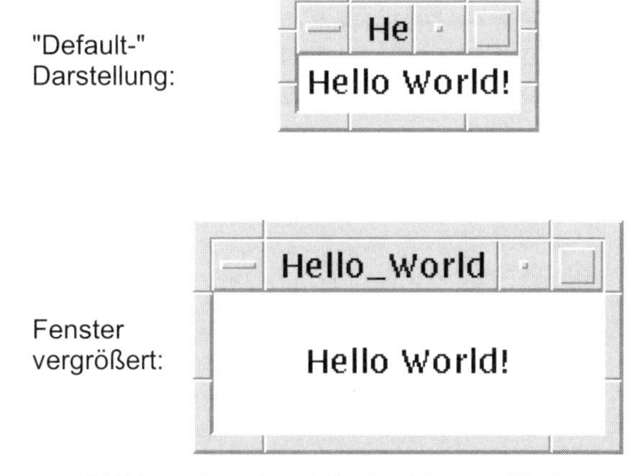

Abbildung 6.4: Die „Hello World!“-Applikation

Da das „Hello World!“-Programm keinerlei Bedienelemente besitzt, kann es nur mit Hilfe des Motif Window Managers beendet werden. (Der „Knopf“ in der linken oberen Ecke des „Fensterrahmens“ dient zur Darstellung eines Menüs, das den Eintrag *Close* enthält. Mit Hilfe dieses Menüpunkts läßt sich die Anwendung beenden.)

Für „Hello World!“ werden nur wenige Widgets benötigt: ein *Toplevel Widget* (Instanz einer Shell Widget-Klasse), ein Haupt-Dialogfenster und ein Widget zur Anzeige des Texts. Für das Haupt-Dialogfenster stellt Motif eine Widget-Klasse namens *XmMainWindow* zur Verfügung. Der Text „Hello World!“ läßt sich mit Hilfe einer Instanz der Widget-Klasse *XmLabel* darstellen (engl. *Label* = Etikett, Aufschrift). Label Widgets können Texte oder auch kleine Grafiken darstellen, besitzen aber keine Eingabefunktionalität.

Die resultierende Widget-Hierarchie zeigt Abbildung 6.5.

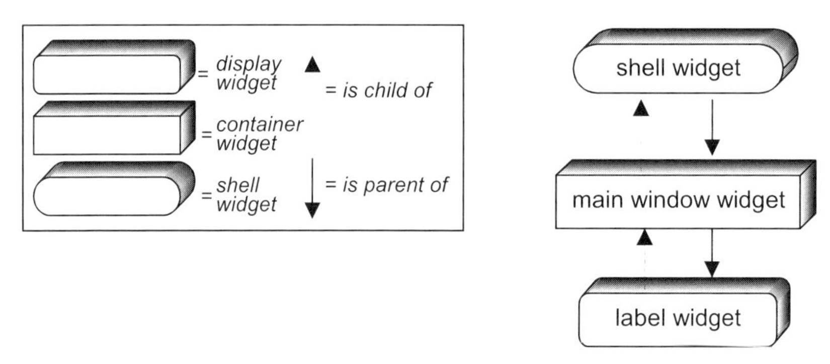

Abbildung 6.5: Widget-Hierarchie der „Hello World!"-Applikation

Das entsprechende Programm ist im folgenden schrittweise wiedergegeben:

Schritt 1

Bevor die Instanziierung von Widgets in Angriff genommen wird, müssen zunächst einige Initialisierungsarbeiten durchgeführt werden.

```
/* C-Code */

#include <stdio.h>        /* Nur für puts()-Funktion */
#include <Xm/Xm.h>
#include <Xm/Label.h>
#include <Xm/MainW.h>

XtAppContext application_context;
        .
        .
        .
XtToolkitInitialize();
application_context = XtCreateApplicationContext();

(* Pascal-Code *)

[inherit('SYS$LIBRARY:DECW$MOTIF.PEN')]
program Hello_World (output);

var
  application_context : XtAppContext;
        .
        .
        .
XtToolkitInitialize;
application_context := XtCreateApplicationContext;
```

Zunächst müssen die X-Toolkit- und Motif-spezifischen Konstanten, Datentypen und Routinen dem Compiler bekanntgemacht werden:

- In C erfolgt dies durch Einbinden der „Header-Files“ *Xm.h* (allgemeine Motif-spezifische Definitionen. Das Einbinden dieser Datei hat zusätzlich das Laden einiger X-Toolkit-spezifischer Definitionen zur Folge), *Label.h* (Definitionen, die sich auf Widgets der Klasse *XmLabel* beziehen) und *MainW.h* (Definitionen, die mit der Widget-Klasse *XmMainWindow* zusammenhängen). Die benötigten „Header-Files“ sind bei Verwendung von Unix normalerweise – wie gezeigt – im Verzeichnis „Xm“ abgelegt. Unter OpenVMS sorgen spezielle Vorkehrungen dafür, daß die im Beispiel verwendeten Dateispezifikationen ebenfalls gültig sind, obwohl die Dateien hier im Systemverzeichnis mit dem logischen Namen „SYS$LIBRARY“ liegen.

- In Pascal werden die spezifischen Deklarationen durch Angabe des *inherit*-Attributs zur Einbindung der Motif-Bibliotheksdatei *DECW$MOTIF.PEN* vorgenommen. Das Attribut und der dazugehörige Mechanismus stellen allerdings nicht-Standard-Fähigkeiten von DEC Pascal dar. (Die Motif- und X-Toolkit-Deklarationen befinden sich eigentlich in der Datei *DECW$MOTIF.PAS* im OpenVMS-Systemverzeichnis mit dem logischen Namen *SYS$LIBRARY*. Der Anwendungsentwickler verwendet diese Datei jedoch nicht direkt, sondern benutzt eine spezielle, vorübersetzte Fassung dieser Datei: *DECW$MOTIF.PEN*. Der Dateityp „PEN“ steht dabei für *Pascal Environment File*[3].)

Der Aufruf der Routine *XtToolkitInitialize* initialisiert einige Interna des Xtk, während *XtCreateApplicationContext* einen sog. „Applikationskontext“ erzeugt, dessen Identifizierung die Routine als Funktionswert zurückliefert. Dieser „Kontext“ wird von einer Anwendung nicht benötigt, er stellt vielmehr eine „private“ Datenstruktur des X-Toolkits dar, die dieses verwendet, um eine Anwendung zu identifizieren. Eine Reihe von Intrinsic-Routinen ist auf den Applikationskontext angewiesen, um feststellen zu können, welche Anwendung die entsprechende Routine aufgerufen hat. Sowohl die Routine *XtToolkitInitialize* als auch *XtCreateApplicationContext* gehören zu den Xt Intrinsics und sind daher durch das Präfix „Xt“ gekennzeichnet.

Schritt 2

Nachdem das Xtk initialisiert und ein Applikationskontext erzeugt worden ist, muß nun die Verbindung zu einem X-Server hergestellt werden:

```
/* C-Code */

Display *x_display;
int     dummy_argc = 0;
        .
        .
        .
```

[3] Einsatzmöglichkeiten, Struktur und Mechanismen des PEN-Konzepts sollen hier nicht weiter diskutiert werden. Ausführliche Erläuterungen zu diesem Themenkreis finden sich in [7] und [15].

```
x_display = XtOpenDisplay(application_context, /* a */
                          NULL,                /* b */
                          "helloWorld",        /* c */
                          "HelloWorld",        /* d */
                          NULL,                /* e */
                          0,                   /* f */
                          &dummy_argc,         /* g */
                          NULL);               /* h */

(* Pascal-Code *)

var
  x_display  : Display;
  dummy_argc : Integer value 0;
       .
       .
       .
x_display := XtOpenDisplay(application_context,     { a }
                           %IMMED XtNull,           { b }
                           'helloWorld' + Chr(0),   { c }
                           'HelloWorld' + Chr(0),   { d }
                           %IMMED XtNull,           { e }
                           %IMMED 0,                { f }
                           dummy_argc,              { g }
                           %IMMED XtNull);          { h }
```

Die Intrinsic-Routine *XtOpenDisplay* verbindet Anwendung und X-Server, vermerkt diese Verbindung im Applikationskontext der Anwendung und liefert zusätzlich einen die Verbindung identifizierenden Code als Funktionswert zurück (wir speichern diese Identifizierung in der Variablen *x_display*).

Die Funktion *XtOpenDisplay* erhält beim Aufruf etliche Argumente (im Codefragment oben durch die Kommentare „a“ - „h“ gekennzeichnet), die einer näheren Betrachtung bedürfen:

a) Der erste Parameter ist der zur Anwendung gehörende Applikationskontext, den *XtCreateApplicationContext* erzeugt hat.

b) An dieser Stelle kann der Programmierer eine Zeichenkette vorsehen, die den X-Server, zu dem die Verbindung aufgebaut werden soll, in einer speziellen Notation angibt. Wird statt eines Zeigers auf diese Zeichenkette eine Null spezifiziert, so benutzt das Xtk einen voreingestellten Server. (Entweder ist dies der Server der Workstation, auf dem die Anwendung läuft, oder aber ein vom Benutzer vorgewählter Server.) Wir benutzen hier den voreingestellten X-Server und übergeben daher eine Null – repräsentiert durch die vordefinierten symbolischen Namen *NULL* (C-Quellcode) bzw. *XtNull* (Pascal-Quellcode).

   Anmerkung: Obwohl zumindest in der Sprache C nicht zwingend notwendig, verwenden wir in allen Beispielen die Konstante *NULL* (bzw. in Pascal *XtNull*) für Zeigervariablen sowie bestimmte Parameter in Routinenaufrufen, und eine einfache „0“ im Falle von Ganz- bzw. Gleitkommazahlen.

Da das Xtk diesen Parameter C-konform als *call-by-value* Parameter erwartet – d.h. als Wert auf dem Stack –, muß in der Pascal-Variante die Direktive „%IMMED“ der Konstante vorangestellt werden, um den regulären Pascal-Übergabemechanismus abzuschalten.

c) Die hier spezifizierte Zeichenkette teilt dem Xtk den Namen der Anwendung mit (Null-terminierter String!). Dieser Name wird z.B. im Rahmen des Haupt-Dialogfensters angezeigt. In Unix-Umgebungen wird statt des Namens häufig eine Null spezifiziert, um das Xtk zur Verwendung eines voreingestellten Namens zu zwingen (siehe auch Abschnitt 6.2). Details zum Verhalten des Xtk bei der Namensbestimmung finden sich darüber hinaus in [1].

d) Diese Zeichenkette beschreibt den sog. „Klassennamen“ der Anwendung. Der Name wird vom X-System im wesentlichen zur Analyse der Bezeichnungen von anwenderspezifischen Ressource-Einstellungen verwendet (siehe auch Kapitel 9.5). Wir gehen an dieser Stelle nicht weiter auf diesen Parameter ein; für die Anwendungsentwicklung ist nur wichtig, daß die anzugebende Zeichenkette frei wählbar ist, aber wie ein Bezeichner behandelt werden sollte. (Anders ausgedrückt: die z.B. für C oder Pascal gültigen Regeln für die Namensgebung von Variablen, Routinen etc. sollten eingehalten werden.) Eine X-spezifische Konvention sieht für den Klassennamen allerdings zusätzlich vor, daß der erste Buchstabe stets ein Großbuchstabe ist.

e) An dieser Stelle läßt sich ein Feld spezifizieren, das spezielle Kommandozeilenoptionen und die gewünschte Bearbeitung durch das Xtk beschreibt. Wir haben in Abschnitt 6.2 bereits darauf hingewiesen, daß X11 die Möglichkeit bietet, Unix-typische Kommandozeilen zu analysieren und darauf zu reagieren. (Details dazu finden sich in [1].) Optionen, die bearbeitet werden sollen, obwohl ihre Analyse nicht standardseitig vom X-Toolkit geleistet wird, können mit Hilfe dieses Parameters spezifiziert werden. In OpenVMS-Umgebungen ist dieser Parameter im allgemeinen bedeutungslos, da die Kommandooptionen im Stil von Unix hier nicht üblich sind. Die Nichtbenutzung des Parameters wird durch Übergabe von „Null“ angezeigt, auch hier muß in Pascal die Direktive „%IMMED“ angewandt werden, um den Mechanismus der Parameterübergabe C-konform zu gestalten.

f) Dieser Parameter beschreibt die Anzahl der Einträge im vorangegangenen Feld. Da wir dieses Feld nicht spezifiziert haben, übergeben wir hier eine Null (für „keine Argumente im Feld“), wobei in Pascal wieder die „%IMMED“-Direktive zum Einsatz kommt.

g) An dieser Stelle erwartet das Xtk den Kommandozeilenparameter *argc*, der in C/Unix-Umgebungen die Anzahl der Parameter in der zugehörigen Variable *argv* beschreibt. Wir übergeben an dieser Stelle eine Null (für „keine Einträge in *argv*“), um möglichst unabhängig von Programmiersprache und Betriebssystemumgebung zu bleiben. Leider muß diese „Null“ in Form einer Variablen spezifiziert werden, da *XtOpenDisplay* diesen Parameter als *call-by-reference* Argument erwartet (d.h. in einer Form, die eine Änderung des übergebenen Wertes durch die aufgerufene Routine erlaubt).

h) Das hier zu spezifizierende Feld beschreibt den Kommandozeilenparameter *argv*. Da dieses Argument nicht benutzt wird, übergeben wir erneut eine Null. An dieser Stelle sei noch einmal angemerkt, daß plattformunabhängige Anwendungen auf die Angabe der Parameter „e" – „h" verzichten sollten, das gilt selbstverständlich auch für C-Programme. Die mit Hilfe dieser Parameter erreichbare Funktionalität ist ausschließlich unter dem Betriebssystem Unix sinnvoll einzusetzen – und selbst dort nicht zwingend notwendig.

Schritt 3

Im Anschluß an die Initialisierungsphase kann nun mit dem Aufbau der Widget-Hierarchie begonnen werden.

```
/* C-Code */

Widget toplevel_widget;
        .
        .
        .
if(x_display != NULL)
{
  toplevel_widget = XtAppCreateShell(
                             "helloWorld",                 /* a */
                             "HelloWorld",                 /* b */
                             applicationShellWidgetClass,  /* c */
                             x_display,                    /* d */
                             NULL,                         /* e */
                             0);                           /* f */

(* Pascal-Code *)

var
  toplevel_widget : Widget;
        .
        .
        .
if x_display <> 0 then
begin
  toplevel_widget := XtAppCreateShell(
                             'helloWorld' + Chr(0),        { a }
                             'HelloWorld' + Chr(0),        { b }
                             applicationShellWidgetClass,  { c }
                             x_display,                    { d }
                             %IMMED XtNull,                { e }
                             %IMMED 0);                    { f }
```

Zunächst benötigt die Anwendung ein Toplevel Widget, dieses Widget ist stets die Instanz einer der Shell Widget-Klassen (siehe Abschnitt 4.2). Bevor wir dieses Widget jedoch generieren, muß geprüft werden, ob die Verbindung mit dem voreingestellten X-Server zustande gekommen ist. Dies geschieht durch Testen der Variable *x_display* auf

Null. Enthält diese Variable eine Null, so ist keine Verbindung vorhanden und das Programm muß abgebrochen werden.

Zur Erzeugung der Shell Widget-Instanz benutzen wir anschließend die Intrinsic-Routine *XtAppCreateShell.* Diese Routine generiert die gewünschte Shell Widget-Instanz und liefert einen Code zur Identifizierung des erzeugten Widgets als Funktionswert zurück. (Die Identifikation wird in diesem Beispiel in der Variablen *toplevel_widget* für spätere Verwendung gespeichert.) Die Parameter der Routine – gekennzeichnet durch die Kommentare „a“ - „f“ – haben folgende Bedeutung:

a) Zunächst muß der Name der Applikation spezifiziert werden. Dieser Parameter entspricht dem Argument „c)“ beim Aufruf der Routine *XtOpenDisplay* und sollte daher hier identisch gewählt werden.

b) An dieser Stelle ist der Name der Applikationsklasse anzugeben. Auch dieser Parameter hat seine Entsprechung beim Aufruf von *XtOpenDisplay* (Parameter „d)“) und sollte daher nicht vom dort verwendeten Namen abweichen.

c) Anschließend folgt der Name der Shell Widget-Klasse, von der eine Instanz generiert werden soll. Der hier spezifizierte Parameter ist der Name einer externen Variable, die als „Referenz“ der Widget-Klasse fungiert. (Für alle Widget-Klassen existiert eine solche Variable.) Jedes Programm, das nur eine Widget-Hierarchie (nur einen Widget-Baum) benötigt – das ist in den weitaus meisten Fällen zutreffend –, sollte eine Instanz der Klasse *ApplicationShell* benutzen[4].

d) Dieses Argument beschreibt den X-Server, den eine Anwendung benutzt. Wir geben daher hier den Identifikationscode des Servers an, den *XtOpenDisplay* zurückgeliefert hat.

e) Parameter „e)“ beschreibt die Ressource-Werte des zu erzeugenden Widgets. In unserem ersten Beispiel benötigen wir keine speziellen Werte, sondern können die voreingestellten akzeptieren. Die Nichtbenutzung des Parameters wird durch Übergabe von „Null“ angezeigt.

f) Das letzte Argument der Routine spezifiziert die Anzahl der Ressource-Werte, die der Parameter „e)“ beschreibt. Da dort keine Werte angegeben worden sind, wird eine Null (für „keine Werte“) übergeben.

Schritt 4

Nach der Generierung des Toplevel Widgets wird das Haupt-Dialogfensters der „Hello World!“-Anwendung erzeugt, dabei handelt es sich um eine Instanz der Motif-Widget-Klasse *XmMainWindow*.

---

[4] Programme mit mehreren Widget-Trees werden hier nicht betrachtet, die Vorgehensweise in einem solchen Fall findet sich aber in [1].

Für alle von Motif bereitgestellten Widget-Klassen existiert eine sog. *Convenience Routine*, die auf recht einfache Weise die Instanziierung eines Widgets erlaubt, Widgets der Klasse *XmMainWindow* lassen sich durch die Routine *XmCreateMainWindow* erzeugen:

```
/* C-Code */

Widget main_window;
        .
        .
        .
main_window = XmCreateMainWindow(toplevel_widget,          /* a */
                                 "Hello_World_Window",     /* b */
                                 NULL,                     /* c */
                                 0);                       /* d */

(* Pascal-Code *)

var
  main_window : Widget;
        .
        .
        .
main_window := XmCreateMainWindow(
                                toplevel_widget,              {a}
                                'Hello_World_Window'+Chr(0),  {b}
                                %IMMED XtNull,                {c}
                                %IMMED 0);                    {d}
```

XmCreateMainWindow liefert den Identifikationscode des neu erzeugten Widgets zurück, den wir in der Variable *main_window* ablegen. Die Routine erwartet die folgenden Argumente:

a) Das zu verwendende Parent Widget (in diesem Fall also die Identifikation des zuvor erzeugten Shell Widgets),

b) den Widget-Namen (ein beliebiger Bezeichner, den die erzeugte Instanz erhält – auch dieser Name muß in Pascal C-konform Null-terminiert werden), sowie

c) die Widget Ressource-Werte und

d) die Anzahl der mit Hilfe des Parameters „c)“ spezifizierten Ressource-Werte. Für die beiden letztgenannten Argumente gilt: da auch in diesem Fall keine speziellen Werte benötigt werden, sind beide Parameter „Null“.

Das von *XmCreateMainWindow* generierte Widget befindet sich in seinem initialen Zustand *Created*, die Überführung in Folgezustände ist Aufgabe des Anwendungsentwicklers (siehe unten).

Schritt 5

Die „Hello World!“-Anwendung benötigt nun noch ein Widget der Klasse *XmLabel*, das die Ausgabe von Texten (präziser: Compound Strings) erlaubt.

Auch zur Instanziierung dieser Klasse stellt OSF/Motif eine *Convenience Routine* zur Verfügung, zur Demonstration der Fähigkeiten des X-Toolkits bedienen wir uns allerdings hier einer Intrinsic-Routine:

```
/* C-Code */

XmString hello_string;
Arg      resource_list[1];
Widget   label_widget;
        .
        .
        .
hello_string = XmStringGenerate("Hello World!",NULL,
                                XmCHARSET_TEXT,NULL);
resource_list[0].name  = XmNlabelString;
resource_list[0].value = (XtArgVal)hello_string;
label_widget = XtCreateManagedWidget("Hello_Label",       /* a */
                                     xmLabelWidgetClass, /* b */
                                     main_window,        /* c */
                                     resource_list,      /* d */
                                     1);                 /* e */
XmStringFree(hello_string);

(* Pascal-Code *)

var
  hello_string : XmString;
  resource_list: array [1..1] of Arg;
  label_widget : Widget;
        .
        .
        .
hello_string := XmStringCreateLtoR('Hello World!' + Chr(0),
                                   XmSTRING_ISO8859_1);
resource_list[1].name  := Iaddress(XmNlabelString);
resource_list[1].value := hello_string :: XtArgVal;
label_widget := XtCreateManagedWidget('Hello_Label' + Chr(0), {a}
                                      xmLabelWidgetClass,     {b}
                                      main_window,            {c}
                                      resource_list,          {d}
                                      %IMMED 1);              {e}
XmStringFree(hello_string);
```

Die Instanz des Label Widgets wird mit Hilfe der Routine *XtCreateManagedWidget* erzeugt. Diese Routine generiert Widgets beliebiger Klassen und überführt sie in den Zustand *Managed*. Da das Parent Widget des Labels allerdings hier noch nicht die *Realized*-Phase erreicht hat, wird das Label Widget nicht automatisch den *Realized*-Status erhalten und kann somit auch nicht korrekt in den *Managed*-Zustand übergehen. Das X-Toolkit wird diesen Vorgang automatisch nachholen: Sobald der Parent des Label Widgets die *Realized*-Phase erreicht, wird das Label Widget ebenfalls diesen Zustand einnehmen und anschließend sofort in den *Managed*-Zustand eintreten. Darüber hinaus wird das Label Widget unmittelbar danach die Phase *Mapped* erreichen, da wir die *Mapped When Managed*-Ressource nicht negiert haben (vgl. Abschnitt 4.5).

XtCreateManagedWidget benötigt die folgenden Parameter:

a) Die Argument-Liste beginnt mit dem (Null-terminierten) Namen des zu erzeugenden Widgets.

b) Anschließend folgt die Bezeichnung der Widget-Klasse, von der eine Instanz gebildet werden soll (in diesem Fall die Motif-Klasse *XmLabel*). Der hier anzugebende Bezeichner identifiziert stets eine Motif-interne Variable und besteht aus dem Namen der Widget-Klasse mit angehängtem „*WidgetClass*" (allerdings muß das „x" im Namen der Widget-Klasse klein geschrieben werden!)

c) An dieser Stelle ist das Parent Widget des neu zu erzeugenden Widgets anzugeben, hier also die Identifikation der zuvor generierten Instanz der *XmMainWindow*-Klasse.

d) Im Gegensatz zum zuvor erzeugten Shell- bzw. Main Window Widget benötigt die Instanz der Label-Klasse sinnvollerweise mindestens ein Argument: den auszugebenden Text. Dieser Text kann durch Spezifikation der Ressource *Label String* (Motif-Bezeichnung *XmNlabelString*) gesetzt werden und muß vom Typ „Compound String" sein. Zu diesem Zweck erzeugen wir zunächst einen solchen Compound String mit Hilfe der Routine *XmStringGenerate* (Motif 2.0-Funktion, in der C-Variante eingesetzt), bzw. *XmCreateStringLtoR* (Motif 1.2-Funktion, verwendet in der Pascal-Fassung). Beide Routinen generieren eine Compound String, der den Text „Hello World!" beinhaltet. Die Routinen liefern jeweils einen Identifikationscode zurück, der den erzeugten Compound String benennt. (Der von diesem String belegte Speicherplatz sollte – nachdem der Compound String nicht mehr benötigt wird – durch Aufruf der Motif-Routine *XmStringFree* wieder freigegeben werden!) Die Belegung der Ressource *XmNlabelString* erfolgt mit Hilfe einer sog. *Argument List*. Sämtliche Ressourcen eines Widgets, die bei seiner Erzeugung modifiziert werden sollen, müssen in einer solchen Liste zusammengefaßt und in dieser Form der Instanziierungsroutine mitgegeben werden. Da in diesem Fall nur eine Ressource benutzt werden soll, reicht eine *Argument List* mit einem Element (Variable *resource_list*, als Datentyp wird ein Feld verwendet, das die benötigte Anzahl von Ressource-Elementen aufnehmen kann – hier also nur ein Element). Der Datentyp *Arg* enthält zwei Felder: *name* (der Name der zu modifizierenden Ressource) und *value* (deren Wert)[5]. Der Name der Ressource wird durch die Konstante *XmNlabelString* repräsentiert, allerdings muß das Datenfeld *name* die Adresse der durch die Konstante repräsentierten Zeichenkette enthalten. Damit tritt in Pascal das Problem der Adreßbestimmung einer String-Konstanten auf. Wir lösen dieses Problem hier durch die Verwendung der DEC Pascal-Funktion *Iaddress*. Dem Datenfeld *value* wird die Identifikation des Compound Strings zugewiesen, zu diesem Zweck muß sowohl in C als auch in Pascal der *type cast*-Operator verwendet werden, da die Datentypen *XmString* (Motif Compound String) und *XtArgVal* nicht zuweisungskompatibel sind. Die so

---

[5] Vergleiche Abschnitt 6.2.

entstandene Ressource-Liste wird der Routine *XtCreateManagedWidget* zur Bearbeitung mitgegeben.

e) Dieser Parameter beschreibt die Anzahl der Ressourcen, die in der oben übergebenen Liste spezifiziert worden sind, hier also „1“ für „ein Eintrag in der Liste“.

Schritt 6

Damit ist die Widget-Hierarchie aufgebaut, wir vollziehen daher nun drei abschließende Schritte: Überführung des Main-Windows in die *Managed*-Phase, Generierung von X-Windows für den gesamten Widget-Baum und Übergabe der Programmablaufkontrolle an das X-Toolkit.

Der Programmcode lautet in C und Pascal übereinstimmend wie folgt:

```
XtManageChild(main_window);
XtRealizeWidget(toplevel_widget);
XtAppMainLoop(application_context);
```

Der Aufruf der Intrinsic-Routine *XtManageChild* überführt das Main Window Widget in den Zustand *Managed*, wobei das Widget diese Phase allerdings nicht korrekt einnehmen kann, da es sich noch nicht im Zustand *Realized* befindet. (Wiederum bedingt durch die Tatsache, daß sich der Parent, hier also das Toplevel Widget, noch nicht in diesem Zustand befindet.) Der Aufruf der Routine *XtRealizeWidget* erledigt die entsprechenden Zustandsübergänge: Durch die Anweisung: *XtRealizeWidget(toplevel_widget);* nimmt das Toplevel Widget zunächst den Zustand *Realized* ein, d.h. es verfügt über ein X-Window (Toplevel Widgets als Instanzen einer Shell Widget-Klasse müssen dann in diesem Zustand verweilen, d.h. sie können weder in die *Managed*– noch in die *Mapped*-Phase überführt werden.) Dadurch werden auch alle Children des Toplevel Widgets in den *Realized*-Zustand versetzt. Dies bewirkt auch den Übergang in die Phase *Managed* (durch den vorhergehenden Aufruf der Routine *XtManageChild* für das Main-Window, bzw. durch Benutzung der Routine *XtCreateManagedChild* für den Fall des Label Widgets) und letztlich den Übergang des Main Window Widgets und des Label Widgets in den Zustand *Mapped* (da die Ressource „Mapped When Managed“ – Motif-Bezeichnung *XmNmappedWhenManaged* – per Voreinstellung diesen Übergang erzwingt).

Der Aufruf der Routine *XtAppMainLoop* übergibt die Ablaufkontrolle des Programms schließlich an das X-Toolkit. Zu beachten ist dabei: Diese Routine wird nie beendet, d.h. sie realisiert eine Endlosschleife.

Damit ist das erste Beispiel-Programm komplett. Es fällt sicherlich auf, daß ein relativ großer Aufwand nötig ist, um eine triviale „Applikation“ aufzusetzen, die noch nicht einmal über eine „geordnete“ Abbruchmöglichkeit verfügt. Dieses Phänomen ist allerdings keine Besonderheit des X11/Motif-Systems. Die Erfahrung zeigt vielmehr, daß der Aufwand zur Implementierung einer grafischen Bedienoberfläche stets wesentlich größer ist als der zu betreibende Aufwand bei menü- oder syntaxgesteuerten Bedienoberflächen.

Die gezeigte Applikation läuft ab X11, Release 3. Ab X11 Release 4 kann die anfängliche Initialisierungsarbeit durch die neu hinzugekommene Routine *XtAppInitialize* etwas vereinfacht werden. Diese Funktion faßt prinzipiell die vorher benutzen Routinen *XtToolkitInitialize*, *XtCreateApplicationContext*, *XtOpenDisplay* und *XtAppCreateShell* zusammen und stellt zusätzlich die Funktionalität der Routine *XtAppSetFallbackResources* (im Beispiel nicht verwendet) zur Verfügung[6]. Wir haben diese Routine nicht eingesetzt, um die einzelnen, durch *XtAppInitialize* zusammengefaßten Initialisierungsschritte vorstellen zu können. Zudem ist die Angabe des Applikationsnamens bei Benutzung von *XtAppInitialize* nicht möglich, so daß keine korrekte Beschriftung des Rahmens des Main Window Widgets durch den Window Manager erfolgt, wenn – wie bei Einsatz der Programmiersprache Pascal der Fall – die Kommandozeilen-Parameter *argc* und *argv* nicht zur Verfügung stehen.

Der vollständige Pascal-Quelltext und das entsprechende C-Programm finden sich im Anhang A dieses Buchs.

6.5 „Hello World!" erweitert

Die „Hello World!"-Applikation soll nun um ein „Tasten-Widget" erweitert werden, das den Abbruch des Programms ermöglicht. Das Interface der Applikation zeigt Abbildung 6.6.

Für „Hello World II" benötigen wir zwei zusätzliche Widgets: ein Form Widget, das als Child des Main Window Widgets fungiert und das Label- sowie das „Tasten-Widget" aufnimmt, sowie das „Tasten-Widget" selbst. Das Form Widget ist eine Instanz der Klasse *XmForm* und gehört der Gruppe der Container an. Das Form Widget wird eingesetzt,

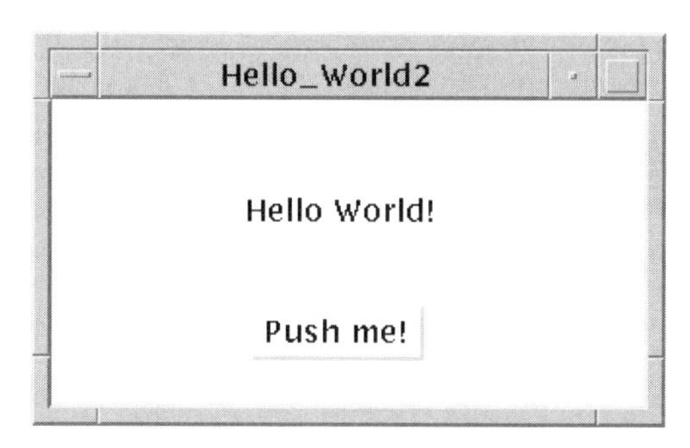

Abbildung 6.6: „Hello World II"-Applikation

[6] Ab X11 Release 6 sollte statt *XtAppInitialize* die Routine *XtOpenApplication* verwendet werden, die allerdings – bis auf einen zusätzlichen Parameter (der Name der Klasse des zu verwendenden Shell Widgets für das Toplevel-Widget) – identisch mit *XtAppInitialize* ist.

da es nicht möglich ist, mehr als ein Display Widget als Child des Main Window Widgets zu spezifizieren. Das „Tasten-Widget“ ist als Instanz der Klasse *XmPushButton* realisiert, die eine Unterklasse von *XmLabel* darstellt. Somit besitzt ein „Push Button“ eine Ausgabefunktion (äquivalent zu der des Label Widgets), hinzu kommt eine Eingabefunktion, d.h. das Betätigen des „Tasters“ kann eine Aktion – präziser: eine Callback-Routine – auslösen.

Die resultierende Widget-Hierarchie der Applikation zeigt Abbildung 6.7

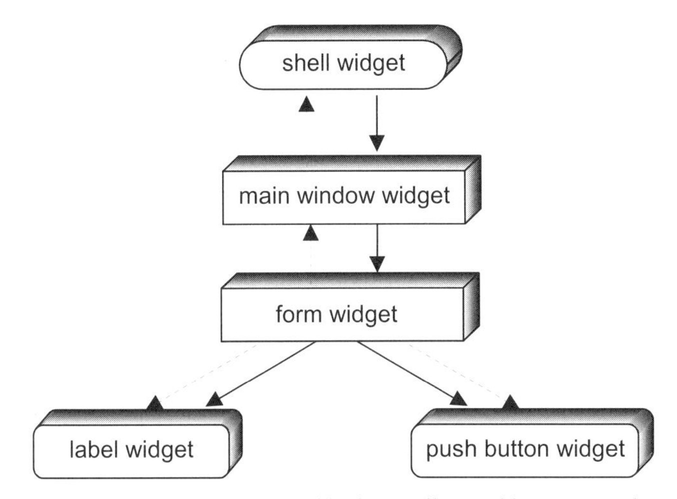

Abbildung 6.7: Widget-Hierarchie der „Hello World II“-Anwendung

Auch hier werden wir das benötigte Programm schrittweise entwickeln.

Schritt 1

Einleitend sind zunächst die bereits bekannten Initialisierungsarbeiten durchzuführen:

```
/* C-Code */

#include <Xm/Xm.h>
#include <Xm/Label.h>
#include <Xm/MainW.h>
#include <Xm/Form.h>
#include <Xm/PushB.h>

main ()
{
  XtAppContext    application_context;
  Display         *x_display;
  int             dummy_argc = 0;
  Widget          toplevel_widget;
      .
      .
      .
```

```
  XtToolkitInitialize();
  application_context = XtCreateApplicationContext();
  x_display = XtOpenDisplay(application_context,
                            NULL,
                            "helloWorld2",
                            "HelloWorld2",
                            NULL,
                            0,
                            &dummy_argc,
                            NULL);
  if(x_display != NULL)
  {
    toplevel_widget = XtAppCreateShell(
                                 "helloWorld2",
                                 "HelloWorld2",
                                 applicationShellWidgetClass,
                                 x_display,
                                 NULL,
                                 0);
```

Bis auf das Einbinden der zusätzlichen Header-Dateien *Form.h* und *PushB.h* (diese Dateien beinhalten Definitionen, die für den Einsatz von Widgets der Klassen *XmForm* bzw. *XmPushButton* benötigt werden), bleibt der „Initialisierungsteil" der Applikation gegenüber „Hello World!" unverändert.

```
(* Pascal-Code *)

[inherit('SYS$LIBRARY:DECW$MOTIF.PEN','SYS$LIBRARY:STARLET.PEN')]
program Hello_World_2 (output);

var
  application_context : XtAppContext;
  x_display           : Display;
  dummy_argc          : Integer value 0;
  toplevel_widget     : Widget;
      .
      .
  XtToolkitInitialize;
  application_context := XtCreateApplicationContext;
  x_display := XtOpenDisplay(application_context,
                             %IMMED XtNull,
                             'helloWorld2' + Chr(0),
                             'HelloWorld2' + Chr(0),
                             %IMMED XtNull,
                             %IMMED 0,
                             dummy_argc,
                             %IMMED XtNull);
  if x_display <> 0 then
  begin
    toplevel_widget := XtAppCreateShell(
                                 'helloWorld2' + Chr(0),
                                 'HelloWorld2' + Chr0),
                                 applicationShellWidgetClass,
                                 x_display,
                                 %IMMED XtNull,
                                 %IMMED 0);
```

Neben der Datei *DECW$MOTIF.PEN* bindet die Pascal-Variante nun zusätzlich *STARLET.PEN* in die Applikation ein (siehe *inherit*-Attribut). *STARLET.PEN* enthält die Deklaration von etlichen Konstanten, Typen und Routinen, die zur Benutzung von OpenVMS-Systemfunktionen benötigt werden. Eine solche Funktion wird zum Verlassen des Programms angewendet werden. (Die C-Fassung der Applikation beendet den Programmablauf mit Hilfe der Funktion *exit*, die in DEC Pascal nicht direkt unterstützt wird.)

Schritt 2

Die Instanziierung des Main Window Widgets erfolgt in diesem Fall ein wenig anders: um eine explizite Ausdehnung – d.h. eine von den enthaltenen Children unabhängige Ausdehnung – des Widgets spezifizieren zu können, benutzen wir die Ressourcen *XmNwidth* (Breite des Widgets, hier 305 Pixel) und *XmNheight* (Höhe des Widgets, in diesem Fall 153 Pixel). Zu diesem Zweck wird der bereits bekannte Mechanismus der *Argument List* verwendet:

```
/* C-Code */

Widget main_window;
Arg    resource_list[5];
         .
         .
         .
resource_list[0].name  = XmNwidth;
resource_list[0].value = 305;
resource_list[1].name  = XmNheight;
resource_list[1].value = 153;
main_window = XmCreateMainWindow(toplevel_widget,
                                 "Hello_World_Window",
                                 resource_list,
                                 2);

(* Pascal-Code *)

var
  resource_list : array [1..5] of Arg;
  main_window   : Widget;
         .
         .
         .
resource_list[1].name  := Iaddress(XmNwidth);
resource_list[1].value := 305;
resource_list[2].name  := Iaddress(XmNheight);
resource_list[2].value := 153;
main_window := XmCreateMainWindow(toplevel_widget,
                                  'Hello_World_Window' + Chr(0),
                                  resource_list,
                                  %IMMED 2);
```

Die verwendete *Argument List* darf laut der benutzten Deklaration maximal fünf Ressourcen aufnehmen – obwohl wir an dieser Stelle zunächst nur zwei Einträge benutzen –, da wir später in diesem Programm noch längere Listen benötigen. Die beiden verwendeten Einträge spezifizieren die Höhe und die Breite des Main Window Widgets. Die Belegung der *value*-Felder der Liste kommt in diesem Fall ohne Benutzung des *type cast*-Operators aus, da die angegebenen Werte (Ganzzahlen) der Deklaration des Datentyps *XtArgVal* entsprechen.

Schritt 3

Im Anschluß an die Erzeugung des Main Window Widgets wird nun eine Instanz der Klasse *XmForm* generiert:

```
/* C-Code */

Widget main_window;
       .
       .
       .
form_widget = XtCreateManagedWidget("Hello_Form",
                                    xmFormWidgetClass,
                                    main_window,
                                    NULL,
                                    0);

(* Pascal-Code *)

var
  form_widget : Widget;
       .
       .
       .
form_widget := XtCreateManagedWidget('Hello_Form' + Chr(0),
                                     xmFormWidgetClass,
                                     main_window,
                                     %IMMED XtNull,
                                     0);
```

Wir benutzen hier wiederum die Intrinsic-Funktion *XtCreateManagedWidget* zur Generierung des Form Widgets, die Anwendung einer entsprechenden Motif *Convenience Routine* wäre ebenfalls möglich. (Allerdings müßte das erzeugte Widget dann explizit – unter Verwendung der Routine *XtManageChild* in den Zustand *Managed* überführt werden.)

Schritt 4

Der nächste Schritt ist die Erzeugung des bereits bekannten Label Widgets. Allerdings spezifizieren wir nun nicht nur den anzuzeigenden Text, sondern auch die Position des Widgets, in dem wir den Abstand der linken oberen Ecke des Label Widgets zur linken oberen Ecke seines Parent angeben.

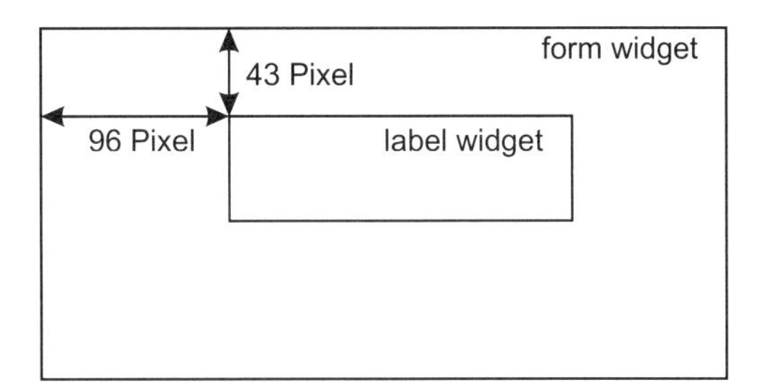

Abbildung 6.8: Positionierung des Label Widgets

Die zugehörigen Quelltexte lautet wie folgt:

```
/* C-Code */

Widget   label_widget;
XmString hello_string;
        .
        .
        .
hello_string = XmStringGenerate("Hello World!",NULL,
                               XmCHARSET_TEXT,NULL);
resource_list[0].name  = XmNlabelString;
resource_list[0].value = (XtArgVal)hello_string;
resource_list[1].name  = XmNx;
resource_list[1].value = 96;
resource_list[2].name  = XmNy;
resource_list[2].value = 43;
label_widget = XtCreateManagedWidget("Hello_Label",
                                    xmLabelWidgetClass,
                                    form_widget,
                                    resource_list,
                                    3);
XmStringFree(hello_string);



(* Pascal-Code *)


var
  label_widget : Widget;
  hello_string : XmString;
        .
        .
        .
hello_string := XmCreateStringLtoR('Hello World!' + Chr(0),
                                  XmSTRING_ISO8859_1);
resource_list[1].name  := Iaddress(XmNlabelString);
resource_list[1].value := hello_string :: XtArgVal;
resource_list[2].name  := Iaddress(XmNx);
resource_list[2].value := 96;
resource_list[3].name  := Iaddress(XmNy);
resource_list[3].value := 43;
```

```
label_widget := XtCreateManagedWidget('Hello_Label' + Chr(0),
                                      xmLabelWidgetClass,
                                      form_widget,
                                      resource_list,
                                      %IMMED 3);
XmStringFree(label_widget);
```

Zusätzlich zum Text des Label Widgets – spezifiziert durch die Ressource *XmNlabel-String* – ist in der Ressource-Liste auch die x- und y-Position des Widgets eingetragen (Ressource-Bezeichnungen *XmNx* und *XmNy*). Da es sich bei den letztgenannten Ressource-Werten um Ganzzahlen handelt, wird der *type cast*-Operator zur Realisierung der Zuweisung nicht benötigt.

Ein weiterer Unterschied zwischen der „Hello World!"-Applikation und diesem Programm ist der unterschiedliche Parent: „Hello World II" verwendet hier das zuvor erzeugte Form Widget.

Schritt 5

Die Erzeugung des Push Button Widgets gestaltet sich noch ein wenig komplexer, da hier eine Eingabe-Funktionalität realisiert werden muß. Zu diesem Zweck stellt die Motif-Widget-Klasse *XmPushButton* einige spezielle Ressourcen zur Verfügung. Das „Tasten-Widget" soll im Rahmen der „Hello World II"-Applikation den Abbruch des Programms bewirken, wenn der Benutzer das Push Button Widget „anklickt", d.h. den Cursor (Mauszeiger) auf die visuelle Repräsentation des Widgets positioniert, die entsprechende Maustaste drückt und anschließend losläßt. Erst nachdem sich die Maustaste wieder im Ruhezustand befindet, soll die Anwendung beendet werden[7].

Diese Funktionalität stellt die Callback-Ressource *Activate* bereit (Ressource-Name *XmNactivateCallback*). Die *XmNactivateCallback*-Ressource erwartet – wie alle Callback-Ressourcen – einen speziellen Wert: eine Liste mit Adressen von Routinen, die als Reaktion auf die Betätigung des „Tasten-Widgets" aufzurufen sind, sowie dazugehörige *tag*-Werte (vgl. Abschnitt 5.3). Von der Möglichkeit, mehr als nur eine Routine anzugeben, machen kaum Anwendungen Gebrauch, da die Ausführungsreihenfolge der Routinen nicht spezifiziert werden kann.

Betrachten wir zunächst den Aufbau der Callback-Liste:

```
/* C-Code */

XtCallbackRec callback_list[2];
           .
           .
           .
```

[7] Dies impliziert beim Einsatz von OSF/Motif: bewegt der Anwender den „Mauszeiger" bei gedrückter Maustaste von der Widget-Repräsentation weg und läßt die Taste anschließend los, so gilt das Push Button-Widget als nicht betätigt.

```
callback_list[0].callback = (XtCallbackProc)Push_Button_Activated;
callback_list[0].closure  = NULL;
callback_list[1].callback = NULL;
callback_list[1].closure  = NULL;

(* Pascal-Code *)

var
· callback_list : array [1..2] of XtCallbackRec;
        .
        .
        .
callback_list[1].callback := (Iaddress(Push_Button_Activated)
                             ) :: XtCallbackProc;
callback_list[1].closure  := nil;
callback_list[2].callback := nil;
callback_list[2].closure  := nil;
```

Die Callback-Liste enthält zwei Einträge vom Typ *XtCallbackRec*, dem Datentyp des X-Toolkits zur Callback-Spezifikation. Dieser Datentyp ist wie folgt deklariert:

```
   struct XtCallbackRec {
            XtCallbackProc callback;
            XtPointer      closure;
           };
```

Der Datentyp *XtCallbackProc* ist – analog zu dem in Kapitel 5.3 bereits angesprochenen (und in *XtCallbackRec* ebenfalls verwendeten) Datentyp *XtPointer* – äußerst „windig". Die Definition der Callback-Liste erfolgt, indem zunächst die Adresse der gewünschten Callback-Routine – im obigen Beispiel ist das die noch näher zu betrachtende Routine *Push_Button_Activated* – gebildet und das Ergebnis dem Datenfeld *callback* des ersten Elements der Callback-Liste zugewiesen wird. Leider benötigen wir an dieser Stelle erneut den *type cast*-Operator, da die Deklaration des Datentyps *XtCallbackProc* weder in C noch in Pascal die Zuweisung einer Routinenadresse erlaubt.

Das Datenfeld *closure* nimmt den Callback-*tag* auf und wird hier mit Null („NIL" in Pascal, da es sich sowohl bei *XtPointer* als auch bei *XtCallbackProc* prinzipiell um Zeigervariable handelt) belegt, da die noch zu schreibende Callback-Routine keinen *tag* benötigt. An dieser Stelle ist bei Verwendung von Pascal allerdings Vorsicht geboten! Das Xtk wird zur Laufzeit „NIL" als Wert auf dem Stack an die Callback-Routine weitergeben, was zu Problemen führt, wenn die Callback-Routine wie in Abschnitt 5.3 vorgestellt deklariert wird:

```
procedure Push_Button_Activated (wdgt:    Widget;
                                 tag:     XtPointer;
                             var trigger: XmAnyCallbackStruct);
```

Zur Laufzeit wird Pascal den übergebenen Wert „NIL" für den Parameter *tag* als Referenz auffassen und versuchen, eine Prozedur-lokale Kopie des Datums anzulegen, auf das diese Referenz verweist. Da „NIL" prinzipiell „Null" meint, wird demnach auf die Adresse Nr. 0 zugegriffen, um deren Inhalt kopieren zu können – ein Vorgang, auf den

OpenVMS unmittelbar mit einem Seitenzugriffsfehler (*Access Violation*) reagiert. (Lösung des Problems: siehe unter Schritt 7.)

Die Felder des zweiten Eintrags der oben gezeigten Callback-Liste werden beide mit Null (bzw. „NIL") belegt; ein solcher Eintrag zeigt dem X-Toolkit das Ende der Callback-Liste an.

Nachdem die Callback-Liste aufgebaut ist, können wir den „Rest" der Definition des Push Button Widgets vornehmen:

```
/* C-Code */

Widget   button_widget;
XmString button_string;
        .
        .
        .
button_string = XmStringGenerate("Push me!",NULL,
                                 XmCHARSET_TEXT,NULL);
resource_list[0].name  = XmNlabelString;
resource_list[0].value = (XtArgVal)button_string;
resource_list[1].name  = XmNx;
resource_list[1].value = 100;
resource_list[2].name  = XmNy;
resource_list[2].value = 100;
resource_list[3].name  = XmNwidth;
resource_list[3].value = 94;
resource_list[4].name  = XmNactivateCallback;
resource_list[4].value = (XtArgVal)callback_list;
button_widget = XtCreateManagedWidget("Hello_Button",
                                      xmPushButtonWidgetClass,
                                      form_widget,
                                      resource_list,
                                      5);
XmStringFree(button_string);



(* Pascal-Code *)

var
  button_widget : Widget;
  button_string : XmString;
        .
        .
        .
button_string := XmCreateStringLtoR('Push me!' + Chr(0),
                                    XmSTRING_ISO8859_1);
resource_list[1].name  := Iaddress(XmNlabelString);
resource_list[1].value := button_string :: XtArgVal;
resource_list[2].name  := Iaddress(XmNx);
resource_list[2].value := 100;
resource_list[3].name  := Iaddress(XmNy);
resource_list[3].value := 100;
resource_list[4].name  := Iaddress(XmNwidth);
resource_list[4].value := 94;
```

```
resource_list[5].name  := Iaddress(XmNactivateCallback);
resource_list[5].value := Iaddress(callback_list);
button_widget := XtCreateManagedWidget('Hello_Button' + Chr0),
                                      xmPushButtonWidgetClass,
                                      form_widget,
                                      resource_list,
                                      %IMMED 5);
XmStringFree(button_string);
```

Die bei der Erzeugung des Widgets benutzte Ressource-Liste enthält Einträge zur Spezifikation der Breite und der Position des Push Buttons, seiner Beschriftung („Push me!“) und der vom Xtk aufzurufenden Routine bei „Betätigung“ des Widgets. Wichtig: da die Klasse *XmPushButton* von der Klasse *XmLabel* abgeleitet wird, steht die Ressource *XmNlabelString* auch einem Push Button Widget zur Verfügung.

Zur Definition der Callback-Routine muß der Name der betreffenden Callback-Ressource (repräsentiert durch *XmNactivateCallback*) und die Adresse der zuvor definierten Callback-Liste angegeben werden. Für die Pascal-Variante gilt dabei: Da die Funktion *Iaddress* einen ganzzahligen Wert zurückliefert, kann dieser Wert dem Feld *value* im Ressource-Listen-Eintrag ohne Benutzung des *type cast*-Operators zugewiesen werden.

Schritt 6

Die Widget-Hierarchie der „Hello World II“-Anwendung ist nun vollständig, es bleiben die „Schlußaufgaben“: Überführen des Main Window Widgets in den Zustand *Managed*, im Anschluß daran das „Realizing“ des Shell Widgets (dieser Vorgang holt, wie bereits erwähnt, den *Realized*-Übergang aller dem Shell Widget nachgeordneten Children im Zustand *Managed* nach), sowie die Übergabe der Programmablaufkontrolle an das X-Toolkit.

Der notwendige Programmcode lautet für C und Pascal übereinstimmend:

```
XtManageChild(main_window);
XtRealizeWidget(toplevel_widget);
XtAppMainLoop(application_context);
```

Schritt 7

Neu hinzu kommt noch die dem Push Button Widget zugeordnete Callback-Routine. Wir spezifizieren diese wie folgt:

```
/* C-Code */

void Push_Button_Activated (Widget             wdgt,
                            XtPointer          tag,
                            XmAnyCallbackStruct *trigger)
{
  exit();
}
```

```
(* Pascal-Code *)

procedure Push_Button_Activated (wdgt:    Widget;
                             var tag:     XtPointer;
                             var trigger: XmAnyCallbackStruct);
begin
  $EXIT;
end; { of Push_Button_Activated }
```

Die Callback-Routine beendet das Programm durch Aufruf der C-Funktion *exit* bzw. der OpenVMS-System-Routine *$EXIT*. Die Deklaration des Arguments *tag* als VAR-Parameter im Fall von Pascal ist wichtig, um das in Schritt 5 geschilderte Problem zu vermeiden: Da Pascal bei Angabe des Schlüsselworts VAR keine lokale Kopie des betreffenden Parameters anlegt, gefährdet der hier auf dem Stack übergebene Wert „NIL“ die Konsistenz der Routine nicht. Zu beachten ist allerdings, daß die Variable *tag* nicht benutzt (z.B. deren Inhalt abgefragt) werden darf, da die in Schritt 5 erwähnte *Access Violation* sonst auch hier auftritt.

Zusammenhängende Quelltexte in C und Pascal finden sich im Anhang.

Die in diesem Kapitel besprochenen Beispiele sollten als Einführung in die Entwicklung von Motif-Programmen verstanden werden, wir werden im folgenden Kapitel noch einen effizienteren Ansatz zur Implementierung solcher Programme kennenlernen.

7 UIL und der Mrm

In den beiden vorangegangenen Programm-Beispielen wurden spezielle Instanziierungs-routinen des Motif-Toolkits bzw. des Xtk zur Erzeugung von Widgets verwendet. Diese Vorgehensweise hat allerdings einige Nachteile:

- Die Menge des Programmcodes nimmt mit der Komplexität des Benutzerinterfaces überproportional zu. (Vergleiche die Applikationen „Hello World!“ und „Hello World II“.)

- Zur Änderung des Interfaces muß das Programm stets neu übersetzt bzw. generiert werden. Beispiel: Um die Position eines Push Button Widgets innerhalb eines Dialogfensters geringfügig zu verändern, muß das komplette Programm (zumindest aber die betroffenen Programmodule) neu übersetzt werden, d.h. allein die Pflege der Anwenderschnittstelle ist mit erheblichem Aufwand verbunden.

- Der Entwurf der Bedienoberfläche einer Anwendung erfordert fundierte Kenntnisse bezüglich der Programmierung des X11- bzw. Motif-Systems (und natürlich fundierte Kenntnis einer Programmiersprache).

Aus den oben genannten Gründen verzichten professionelle Anwendungen häufig auf Programmcode, der entsprechend den Beispielen in Kapitel 6 aufgebaut ist, statt dessen wird ein spezielles Konzept angewandt, das Thema dieses Kapitels ist. Seitdem objektorientierte Programmiersprachen verstärkt zur Applikationsrealisierung eingesetzt werden tritt allerdings eine seltsame Rückbesinnung auf die wenig komfortable Programmierung mit Hilfe von Toolkit-Routinen auf [18]. Bei diesem Trend handelt es sich jedoch wohl nur um eine temporäre Erscheinung, da Leistungsfähigere Ansätze – wie der nachfolgend beschriebene – bislang noch nicht ausreichend in die objektorientierte „Welt“ integriert sind.

7.1 UIL/Mrm: Die Grundlagen

Im Gegensatz zu den vorangegangenen Beispielen verzichten kommerzielle Motif-Applikationen h‰ufig auf die Verwendung von Convenience- oder Intrinsic-Routinen zur Erzeugung der Bedienoberfläche und setzen statt dessen den sog. *Mrm* (*Motif Resource Manager*) ein. Mit Hilfe des Mrm lassen sich vom Applikationscode unabhängige Interface-Beschreibungen lesen und – auf der Basis solcher Beschreibungen – Widgets instanziieren.

Die Vorgehensweise bei der Programmierung einer Motif-Anwendung unterscheidet sich dabei drastisch von der bisher verwendeten; der Aufbau der Benutzerschnittstelle einer Anwendung wird nicht im Programmcode verankert, sondern mit Hilfe einer speziellen

Sprache bewerkstelligt: *UIL* (für *User Interface Language*). UIL erlaubt die Definition beliebiger Motif-basierter Bedienschnittstellen, stellt allerdings keine Programmiersprache dar – obwohl ein in UIL beschriebenes Interface mit Hilfe eines Compilers in ein spezielles binäres Format übersetzt werden muß –, sondern ist eine reine Spezifikationssprache.

Das binäre Pendant eines UIL-Quelltexts heißt *User Interface Description* (UID) und wird vom Motif Resource Manager zur Erzeugung konkreter Bedienelemente (Widgets) benutzt. Zur Laufzeit kann eine Applikation spezielle Routinen des Mrm benutzen, die eine UID-Datei öffnen und auf die Interface-Beschreibung darin zugreifen.

Prinzipiell sind UIL und UID „Erfindungen" der Firma Digital Equipment Corporation, die für das firmeneigene Widget-Set XUI benutzt wurden. Die OSF hat dieses Konzept adaptiert und an die Motif-spezifischen Besonderheiten angepaßt.

UIL erlaubt dem Anwendungsentwickler die textuelle Beschreibung einer Benutzerschnittstelle sowie die Spezifikation von deren initialem Zustand. Es lassen sich angeben:

- Zu verwendende Widgets und Gadgets,
- Widget– (und Gadget–) Ressourcen,
- aufzurufende Callback-Routinen,
- die Widget-Hierarchie (der Widget-Baum) und
- sog. *Literals*. Literals sind konstante Daten, die der Interface-Designer im Programmcode und/oder der Interface-Beschreibung benutzen möchte.

Die Spezifikation der Bedienschnittstelle einer Anwendung in UIL und ihre Bearbeitung mit Hilfe des Mrm bietet, verglichen mit den im vorausgegangenen Kapitel benutzten Xtk- oder Motif-Convenience-Routinen, einige Vorteile. Die wichtigsten sind:

- Die Bedienoberfläche läßt sich erheblich schneller spezifizieren, da eine Änderung des Interfaces keine Änderung des Programmcodes bedeutet. (Damit erübrigt sich auch das Übersetzen und Binden der Anwendung, wenn nur deren Bedienoberfläche geändert wird.)

- Der UIL-Compiler ermöglicht eine frühe Fehlererkennung, da er Information über alle Widget-Klassen besitzt. Versucht der Entwickler zum Beispiel, einem Push Button Widget ein Child Widget nachzuschalten, so meldet der UIL-Compiler einen Fehler, da das Push Button Widget ein Display Widget ist und somit keine Children unterstützt. Für den Anwendungsentwickler ist darüber hinaus wichtig, daß falsche Ressource-Parameter – z.B. von einem Widget-Typ nicht unterstützte Ressourcen – vom UIL-Compiler beanstandet werden. Im Gegensatz dazu meldet das Xtk solche Verstöße nicht, d.h. bei Benutzung von Convenience- oder Intrinsic-Routinen wird die fehlerhafte Verwendung von Ressourcen weder von Motif noch vom Xtk entdeckt.

- Beim Einsatz von UIL ist der Anwendungsentwickler in der Lage, die *Form* – z.B. Geometrie und Topologie der Bedienelemente – von der *Funktion* der Bedienoberfläche zu trennen: die Form legt der UIL-Code fest, die Funktion wird durch die Callback-Routinen in der Anwendung festgelegt. Das bedeutet auch, daß die Bedienoberfläche einer Applikation getrennt und unabhängig von der Entwicklung des „eigentlichen" Programmcodes erfolgen kann.

- Ein weiterer wichtiger Effekt bei Verwendung der User Interface Language ist die Austauschbarkeit der Bedienoberfläche (jedenfalls bis zu einem gewissen Grad). So lassen sich mit Hilfe von UIL z.B. auf einfache Weise „internationalisierbare" Anwendungen implementieren: Die Landessprachen-abhängigen Bestandteile der Bedienoberfläche (Beschriftungen, Namen usw.) liegen im UIL-Code isoliert vom Programmcode vor und können durch „Auswechseln" des UIL-Moduls an die gewünschten Landessprachen angepaßt werden – ohne den Programmcode ändern zu müssen (siehe Abbildung 7.1). Darüber hinaus bietet X11 bzw. OSF/Motif allerdings noch weitergehende Unterstützung für die „Internationalisierung" von Bedienoberflächen. Details hierzu behandelt Kapitel 9.7.

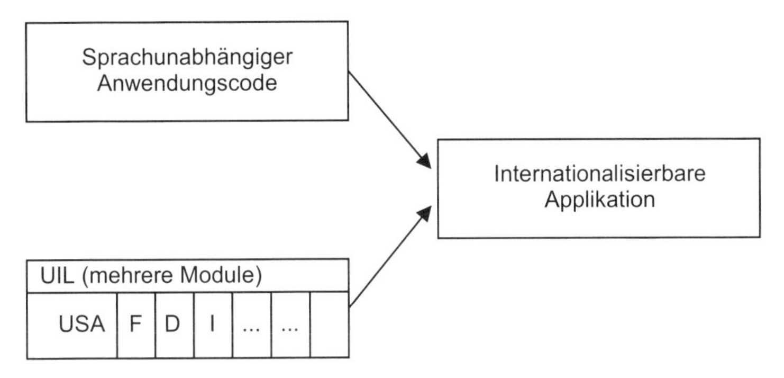

Abbildung 7.1: Internationalisierbare Applikation

- Einen ähnlich hohen Stellenwert wie die oben beschriebene Möglichkeit der Trennung von „Form" und „Funktion" nimmt die durch UIL realisierbare Methode des *Rapid Prototyping* (schnelle Prototypen-Erstellung) ein. Die von der Entwicklung des Programmcodes unabhängige Interface-Spezifikation erlaubt eine äußerst schnelle Entwicklung der Bedienoberfläche, die frühzeitig mit Kunden oder Endbenutzern abgestimmt und gemäß deren Wünschen modifiziert werden kann, wobei die Implementierung der Applikation parallel zu diesem Prozeß verläuft und davon unbeeinflußt bleibt.

- Das Interface kann auch von „Nicht-Programmierern" entwickelt werden. Neben dem *„Application Programmer"* können somit *„Interface Developers"* an der Softwareentwicklung beteiligt werden, die kaum Programmierkenntnisse benötigen, dafür aber über detailliertes Wissen im Bereich der Softwareergonomie verfügen.

Den immensen Vorteilen von UIL (und seiner Laufzeitunterstützung, dem Mrm) stehen kaum Nachteile gegenüber, hauptsächlich zwei negative Eigenschaften fallen in der Praxis auf:

1. Die Fehlermeldungen des UIL-Compilers sind schlecht bzw. unzureichend. Kleine Unzulänglichkeiten erzeugen häufig viele Fehlermeldungen durch Folgefehler, so kann z.B. ein vergessenes Semikolon in einem UIL-Quelltext u.U. Dutzende von Fehlermeldungen zur Folge haben.

2. Die UIL-Syntax ist teilweise unsystematisch.

An dieser Stelle muß außerdem angemerkt werden, daß mit Hilfe von UIL nur das statische Interface – eben dessen „Form" – beschrieben werden kann, das dynamische Verhalten (z.B. die Anzeige eines Dialogfensters als Reaktion auf die Benutzung eines Bedienelements) muß mit Hilfe von Callback-Routinen im Programmcode spezifiziert werden.

Mittlerweile existiert eine Reihe verschiedener Werkzeuge, mit denen die interaktive grafische Erstellung und die Simulation von Bedienoberflächen möglich ist. Solche Werkzeuge generieren den zur Realisierung des Interfaces benötigten UIL-Code aus der entsprechenden grafischen Beschreibung. Allerdings: Trotz häufig anders lautender Versprechungen der Hersteller solcher Werkzeuge sind detaillierte Kenntnisse über Widget-Klassen und der von ihnen bereitgestellten Ressourcen unverzichtbar.

7.2 Ein Beispielprogramm

Das folgende Programmbeispiel realisiert die bereits bekannte Applikation „Hello World II" mit Hilfe von UIL und dem Mrm. Gegenüber der unter Benutzung von Convenience- und Xtk-Routinen codierten Anwendung „Hello World II" aus Kapitel 6.5 sind folgende Unterschiede von Bedeutung:

- Die Initialisierung des X11/Motif-Systems wird um die Initialisierung des Mrm erweitert.

- Statt die benötigten Widgets „manuell" zu erzeugen, öffnet die UIL/Mrm-basierte Applikation lediglich die zum Programm gehörende UID-Datei mit Hilfe des Mrm; die komplette Interface-Beschreibung wird anschließend dieser Datei entnommen.

- UID-Dateien werden ausschließlich vom Mrm benutzt, die zugrundeliegenden UIL-Dateien sind dabei plattform- und architekturunabhängig. UID-Files sind allerdings keine *Object Files* im Sinne von Unix oder OpenVMS und können (müssen) daher auch nicht zusammen mit dem Objektcode der Anwendung gebunden werden. Mit

Hilfe von UIL spezifizierte Callbacks müssen daher vom Mrm *zur Laufzeit* der Anwendung mit konkreten Callback-Routinen innerhalb der Anwendung verbunden werden; dieses Prinzip wird als *Late Binding* bezeichnet. Beim UIL-basierten Late Binding wird zunächst jeder konkreten Callback-Routine ein spezieller Name zugeordnet, der in der UIL-Beschreibung Verwendung findet. Beispiel: das Push Button Widget „Hello_Button" (siehe Kapitel 6.5) benutzt einen *Activate Callback*, der die Routine *Push_Button_Activated* aufruft. In UIL läßt sich ein entsprechender Name „Push_Button_Activated" definieren, der als „Platzhalter" für die aufzurufende Routine steht. Zur Laufzeit muß die Anwendung mit Hilfe des Mrm die benutzten Namen mit konkreten Callback-Routinen (d.h. mit deren Adressen) verbinden, dieser Vorgang wird als *Callback Registrierung* bezeichnet. Aus Gründen der Übersichtlichkeit sollten der in UIL verwendete Name und der Identifier der Callback-Routine identisch sein.

Betrachten wir zunächst wieder die C- und Pascal-Quelltexte der Anwendung:

Schritt 1

Die Initialisierungsphase unterscheidet sich prinzipiell kaum von der bisher kennengelernten:

```
/* C-Code */

#include <stdio.h>
#include <Mrm/MrmAppl.h>

XtAppContext application_context;
Display      *x_display;
int          dummy_argc = 0;
Widget       toplevel_widget;
     .
     .
     .
main ()
{
  MrmInitialize();
  XtToolkitInitialize();
  application_context = XtCreateApplicationContext();
  x_display = XtOpenDisplay(application_context,
                            NULL,
                            "helloWorld2",
                            "HelloWorld2",
                            NULL,
                            0,
                            &dummy_argc,
                            NULL);

  if(x_display != 0)
  {
    toplevel_widget = XtAppCreateShell(
                                 "helloWorld2",
                                 "HelloWorld2",
                                 applicationShellWidgetClass,
```

```
                                                    x_display,
                                                    NULL,
                                                    0);

(* Pascal-Code *)

[inherit('SYS$LIBRARY:DECW$MOTIF.PEN','SYS$LIBRARY:STARLET.PEN')]
program Hello_World_UIL (output);
var
  application_context : XtAppContext;
  x_display           : Display;
  dummy_argc          : Integer value 0;
  toplevel_widget     : Widget;
      .
      .
      .
begin
  MrmInitialize;
  XtToolkitInitialize;
  application_context := XtCreateApplicationContext;
  x_display := XtOpenDisplay(application_context,
                             %IMMED XtNull,
                             'helloWorld2' + Chr(0),
                             'HelloWorld2' + Chr(0),
                             %IMMED XtNull,
                             %IMMED 0,
                             dummy_argc,
                             %IMMED XtNull);
  if x_display <> 0 then
  begin
    toplevel_widget := XtAppCreateShell(
                                      'helloWorld2' + Chr(0),
                                      'HelloWorld2' + Chr(0),
                                      applicationShellWidgetClass,
                                      x_display,
                                      %IMMED XtNull,
                                      %IMMED 0);
```

Bis auf den zusätzlichen Aufruf der Routine *MrmInitialize* zur Initialisierung des Mrm, sowie der Verwendung der Header-Datei *MrmAppl.h* in der C-Variante (statt *Xm.h*, *Label.h*, *MainW.h*, *Form.h* sowie *PushB.h*) ist der oben gezeigte Programmcode mit dem in Kapitel 6.5 verwendeten identisch. Nach Ausführung dieses Codes ist die Verbindung mit einem X-Server hergestellt und das benötigte Toplevel Widget erzeugt.

Schritt 2

Der nächste Schritt besteht im Öffnen der von der Anwendung zu benutzenden UID-Datei.

```
/* C-Code */

MrmHierarchy hierarchy = NULL;
char         *hierarchy_names[] = { "hello_world.uid" };
      .
      .
```

```
if(MrmOpenHierarchyPerDisplay(x_display,          /* a */
                              1,                  /* b */
                              hierarchy_names,    /* c */
                              0,                  /* d */
                              &hierarchy          /* e */
                              ) == MrmSUCCESS)
{  .
   .
   .

(* Pascal-Code *)

type
  Something      = [unsafe] ^Char;
  Unsafe_Pointer = [unsafe] ^Something;

var
  hierarchy_names : array [1..1] of Unsafe_Pointer;
  hierarchy       : MrmHierarchy value nil;
      .
      .
      .
hierarchy_names[1] := Iaddress('hello_world.uid' + Chr(0));
if MrmOpenHierarchyPerDisplay(x_display,        { a }
                              %IMMED 1,         { b }
                              hierarchy_names,  { c }
                              %IMMED 0,         { d }
                              hierarchy         { e }
                              ) = MrmSUCCESS then
begin
   .
   .
   .
```

Das Öffnen der UID-Datei besorgt die Funktion *MrmOpenHierarchyPerDisplay*[1], die folgende Parameter erwartet:

a) Die Kennung des verwendeten X-Servers,

b) die Anzahl der Einträge im Feld *hierarchy_names*, sowie

c) eine Liste mit den Adressen von (Null-terminierten) Namen. Diese Namen bezeichnen die zu öffnenden UID-Dateien. (Gemäß Deklaration der Variable *hierarchy_names* und dem oben angegebenen Argument enthält diese Liste nur einen Eintrag.)

   Die Routine *MrmOpenHierarchyPerDisplay* ist prinzipiell dazu in der Lage, mehrere UID-Dateien simultan zu öffnen und diese wie eine einzelne Datei zu behandeln (d.h.

[1] Diese Routine existiert erst ab OSF/Motif V1.2. Frühere Versionen bieten statt dessen die Routine *XmOpenHierarchy* an, die seit Motif V1.2 obsolet ist.

der Inhalt sämtlicher UID-Files wird quasi zu einer „virtuellen Datei“ zusammengefaßt). Diese Fähigkeit wird jedoch in der Praxis eher selten eingesetzt.

Während in der C-Variante die Liste mit den Namen der UID-Dateien durch das Konstrukt „`char *hierarchy_names[] = { "hello_world.uid" };`“ beschrieben werden kann, muß in Pascal eine andere Methode zum Einsatz kommen. Dies liegt an der mangelhaften Deklaration des hier beschriebenen Parameters, der prinzipiell einen Zeiger auf ein Datenfeld darstellt, dessen Inhalt eine Folge von nicht näher spezifizierten Zeigern (hier eigentlich: Zeiger auf Zeichenketten) ist. Diese Ungenauigkeit muß in Pascal berücksichtigt werden: Wir konstruieren zu diesem Zweck das Pascal-Äquivalent des C-Datentyps „*Void **“ (identisch mit *XtPointer*), wobei zunächst – unter Verwendung des DEC Pascal-Attributs *unsafe* – der Datentyp *Something* gebildet wird. Dieser Datentyp stellt prinzipiell einen Zeiger auf ein einzelnes Zeichen dar, wobei das Attribut *unsafe* die strikte Typprüfung von Pascal partiell aufhebt. Im zweiten Schritt wird der Datentyp *Unsafe_Pointer* als Zeiger auf eine Variable vom Typ *Something* spezifiziert, wobei das *unsafe*-Attribut wiederum zur Aussetzung der Typüberprüfung führt. Das Resultat ist ein äußerst „undurchsichtiger“ Datentyp, über den nichts ausgesagt werden kann, außer dem Speicherplatzbedarf seiner Ausprägungen: Dieser entspricht dem einer Zeigervariablen. Den von *MrmOpenHierarchyPerDisplay* erwarteten „Zeiger“ auf eine Zeichenkette wird durch Verwendung der Funktion *Iaddress* gebildet und in das Datenfeld eingetragen.

An dieser Stelle wird erneut deutlich, welche Konsequenzen die strikte Ausrichtung von OSF/Motif an der Sprache C zur Folge hat: Die Konstruktion eines einfachen Parameters ist in „höheren“ Programmiersprachen recht komplex, zumindest aber alles andere als elegant.

d) Dieses Argument beschreibt die sog. *Ancillary Control Structure*. Dabei handelt es sich um eine spezielle Datenstruktur, deren Verwendung vom unterlegten Betriebssystem abhängt. Weder unter Unix noch unter OpenVMS hat diese Datenstruktur eine besondere Bedeutung, wir spezifizieren daher eine Null (für „Parameter nicht verwendet“). Der Übergabemechanismus des *Ancillary-Control-Structure*-Parameters ist – C-konform – „by value“, daher muß in Pascal zur Spezifikation der „Null“ die „%IMMED“-Direktive verwendet werden.

e) Die hier übergebene Variable wird vom Mrm bei erfolgreich durchgeführter Operation mit der Identifikation der geöffneten UID-Datei(en) belegt. Diese Identifikation wird für jeden Zugriff auf die Interface-Beschreibung benötigt.

Nach erfolgreich durchgeführtem Öffnen der UID-Datei liefert die Routine *MrmOpenHierarchyPerDisplay* eine Konstante zurück, die durch den symbolischen Namen *MrmSUCCESS* beschrieben ist. Ein anderer Code bedeutet, daß die angeforderte UID-Datei nicht geöffnet werden konnte. Das Programm muß in einem solchen Fall (in aller Regel) beendet werden, da die in der UID-Datei abgelegte Bedienoberflächenbeschreibung nicht ladbar ist.

Schritt 3

An dieser Stelle wird nun die von „Hello World II“ zur Verfügung zu stellende Callback-Routine *Push_Button_Activated* mit dem sie in der Interface-Beschreibung repräsentierenden Namen verbunden.

```
/* C-Code */

MrmRegisterArg   reg_list[1];
         .
         .
         .
reg_list[0].name  = "Push_Button_Activated";
reg_list[0].value = (XtPointer)Push_Button_Activated;
MrmRegisterNames(reg_list,1);

(* Pascal-Code *)

var
  reglist : array [1..1] of MrmRegisterArg;
         .
         .
         .
reglist[1].name := Iaddress('Push_Button_Activated' + Chr(0));
reglist[1].value := Iaddress(Push _Button_Activated);
MrmRegisterNames(reglist,%IMMED 1);
```

Der in der Interface-Beschreibung verwendete Name für die im Programmcode definierte Routine *Push_Button_Activated* wird durch die Zeichenkette „Push_Button_Activated“ repräsentiert – in diesem Fall ist er also (von der Null-Terminierung abgesehen) mit dem Routinennamen identisch.

Die Routine *MrmRegisterNames* benötigt zur Durchführung ihrer Aufgabe ein Datenfeld, dessen einzelne Einträge vom Datentyp *MrmRegisterArg* sind. Jeder dieser Einträge besitzt die Datenfelder *name* und *value*, die jeweils im *name*-Teil den in UIL verwendeten Namen der Callback-Routine, und im *value*-Teil die Adresse der mit diesem Namen zu verknüpfenden konkreten Routine enthalten. Im obigen Beispiel ist der verwendete Name durch die Zeichenkette „Push_Button_Activated“ gegeben, deren Adresse im *name*-Feld eingetragen wird. Die Adresse der mit diesem Namen zu verknüpfenden Routine wird anschließend im *value*-Feld vermerkt. (Im Fall der C-Variante muß der *type cast*-Operator verwendet werden!)

Benutzt eine Anwendung mehrere Callbacks und Callback-Routinen, so muß dieser Vorgang für jede Routine – bzw. für jeden in der Interface-Beschreibung benutzten Namen – wiederholt werden.

Das *„Binding“*, also die Verbindung von UIL-Namen und konkreten Routinen übernimmt die Routine *MrmRegisterNames*, die als Parameter das beschriebene Datenfeld und die Anzahl der Einträge in diesem Feld (im obigen Beispiel nur einer) erwartet.

Schritt 4

Nachdem die aufzurufenden Callback-Routinen dem Mrm bekanntgemacht worden sind, kann nun die Bedienoberfläche der Anwendung aus der UID-Datei gelesen werden. Die Widget-Hierarchie ist dabei bereits in der Interface-Beschreibung vorhanden, d.h. die Parent-Child-Beziehungen der Widgets untereinander sind durch den Inhalt der UID-Datei definiert. Wir können uns daher darauf beschränken, das „Main Window“ der Applikation aus der UID-Datei zu lesen. Die diesem Widget nachgeschalteten Children werden vom Mrm automatisch mit ausgelesen und instanziiert.

```
/* C-Code */

MrmType class;
Widget  main_window;
        .
        .
        .
MrmFetchWidget(hierarchy,                    /* a */
               "Hello_World_Window",         /* b */
               toplevel_widget,              /* c */
               &main_window,                 /* d */
               &class);                      /* e */

(* Pascal-Code *)

var
  class       : MrmType;
  main_window : Widget;
      .
      .
      .
MrmFetchWidget(hierarchy,                          {a}
               'Hello_World_Window' + Chr(0),      {b}
               toplevel_widget,                    {c}
               main_window,                        {d}
               class);                             {e}
```

Die Routine *MrmFetchWidget* liest den Widget-Baum der „Hello World II“-Applikation aus der UID-Datei aus und instanziiert automatisch alle Widgets. Die der Routine zu übergebenden Parameter sind:

a) Der erste anzugebende Parameter ist die von *MrmOpenHierarchyPerDisplay* zurückgelieferte Identifikation der UID-Datei.

b) An dieser Stelle erwartet der Mrm den Namen des auszulesenden (und zu erzeugenden) Widgets. Dieser Name muß dem Namen des Widgets in der Interface-Beschreibung exakt entsprechen. (D.h. Groß- und Kleinschreibung werden unterschieden. Siehe auch UIL-Modul unten.) Die dem hier benannten Widget nachgeschalteten Children werden ohne weitere Nennung automatisch gelesen und erzeugt.

c) Anschließend muß das Parent Widget des zu erzeugenden Widgets spezifiziert werden, in diesem Fall also die als Toplevel Widget fungierende Shell-Instanz.

d) Die Routine *MrmFetchWidget* legt in dieser Variable die Identifikation des angeforderten Widgets („Hello_World_Window") nach seiner Instanziierung ab.

e) In der hier spezifizierten Variable speichert *MrmFetchWidget* einen speziellen Code, der die Widget-Klasse des angeforderten Widgets identifiziert. In der Regel wird dieser Code von der Anwendung nicht benötigt.

Schritt 5

Der Widget-Baum der Anwendung ist damit vollständig. Die hier noch notwendige „Schlußbearbeitung" sowie die Callback-Routine unterscheiden sich nicht vom bereits bekannten Programmcode:

```
/* C-Code */
     .
     .
     .
void Push_Button_Activated (Widget                  wdgt,
                            XtPointer               tag,
                            XmAnyCallbackStruct     *trigger)
{
  exit();
}
     .
     .
     .
XtManageChild(main_window);
XtRealizeWidget(toplevel_widget);
XtAppMainLoop(application_context);

(* Pascal-Code *)
     .
     .
     .
procedure Push_Button_Activated (wdgt:     Widget;
                            var tag:       XtPointer;
                            var trigger:   XmAnyCallbackStruct);
begin
  $EXIT;
end; { of Push_Button_Activated }
     .
     .
     .
XtManageChild(main_window);
XtRealizeWidget(toplevel_widget);
XtAppMainLoop(application_context);
```

Zusammenhängende Quelltexte (C, Pascal und UIL) finden sich im Anhang A.

Der UIL-Code des von „Hello World II“ verwendeten Interfaces ist wie folgt aufgebaut:

1. Das UIL-Modul beginnt mit einem „Kopf“:

```
module Hello_World_2
   names = case_sensitive
   objects = { XmLabel = gadget;
               XmPushButton = gadget;
             }
```

Der obige Code benennt zunächst das UIL-Modul („Hello_World_2“) und legt dann einige Voreinstellungen für den UIL-Compiler fest. Die Zeile *names = case_sensitive* zeigt an, daß Groß- und Kleinbuchstaben in Bezeichnern – z.B. Widget-Klassennamen – vom Compiler unterschieden werden sollen. Mit Hilfe des Schlüsselworts *objects* läßt sich festlegen, welche Objekte vom UIL-Compiler per Voreinstellung als Gadget anstatt als Widget definiert werden sollen. Die in den UIL-Blockklammern { und } eingeschlossenen Anweisungen *„XmLabel = gadget;“* und *„XmPushButton = gadget;“* weisen den Compiler an, alle nachfolgend deklarierten Objekte der Klassen *XmLabel* und *XmPushButton* – soweit nicht explizit anders bezeichnet – als Gadgets aufzufassen.

2. Das Push Button Widget der „Hello World II“-Applikation soll bei Betätigung den Aufruf der Routine *Push_Button_Activated* bewirken. Wir deklarieren einen entsprechenden Namen, mit dessen Hilfe der Mrm zur Laufzeit der Anwendung der Callback-Ressource eine konkrete Routine zuweisen kann (siehe Beschreibung der Quelltexte oben).

```
   procedure
      Push_Button_Activated ();
```

Die „Klammern ohne Inhalt“ hinter dem Callback-Namen zeigen an, daß der Callback-Routine kein Parameter („*tag*“) übergeben wird. Dies ändert jedoch keinesfalls die Deklaration der Callback-Routine im Quelltext der Anwendung, dort wird der *tag*-Parameter immer angegeben! Dem hier gezeigten Statement kann nur entnommen werden, daß der *tag* nicht benutzt wird und somit in der Callback-Routine ebenfalls nicht verwendet werden kann.

3. Der nächste Schritt besteht in der Definition des „Main Window“:

```
object
  Hello_World_Window : XmMainWindow
                       {
                         arguments
                         {
                           XmNwidth  = 305;
                           XmNheight = 153;
                         };
                         controls
                         {
                           XmForm Hello_Form;
                         };
                       };
```

Anmerkungen zur Syntax:

- Das Schlüsselwort *object* leitet die Deklaration eines Gadgets/Widgets ein, anschließend folgt der Name des Objekts und – durch einen Doppelpunkt getrennt – seine Klasse.

- In geschweiften Klammern folgen weitere Abschnitte, die gewünschte Ressourcen, Children (bei Container Widgets) und Callbacks spezifizieren:

  arguments — leitet Beschreibung der Ressourcen ein.

  controls — leitet Liste der Child Widgets ein.

  callbacks — leitet Spezifikation der gewünschten Callbacks ein.

- Kommentierenden Texten wird in UIL ein Ausrufezeichen („!") vorangestellt. Mehrzeilige Kommentare dürfen auch von den C-Kommentarkennern „/*" und „*/" begrenzt werden.

- Im allgemeinen schließt eine Anweisungszeile mit einem Semikolon ab.

4. Die Definition der Form- und Label Widgets ist ähnlich gestaltet:

```
object
  Hello_Form : XmForm
               {
                 controls
                 {
                   XmLabel      Hello_Label;
                   XmPushButton Hello_Button;
                 };
               };

  Hello_Label : XmLabel
                {
                  arguments
                  {
                    XmNx             = 96;
                    XmNy             = 43;
                    XmNlabelString =
                             compound_string("Hello World!");
                  };
                };
```

Die Deklaration des Form Widgets beinhaltet keinen *arguments*-Block, da für dieses Widget keine speziellen Ressource-Werte gesetzt werden sollen; der *controls*-Block spezifiziert ein Label- und ein Push Button Widget als Children.

Um den Text „Hello World!" für die Ressource *XmNlabelString* angeben zu können, wird ein spezieller UIL-Mechanismus verwendet: die Funktion *compound_string*. Mit

Hilfe dieser Funktion lassen sich auf einfache Weise Motif Compound Strings spezifizieren[2].

5. Das letzte noch zu deklarierende Widget ist das Push Button Widget.

```
object
  Hello_Button : XmPushButton
                 {
                   arguments
                   {
                     XmNx           = 100;
                     XmNy           = 100;
                     XmNwidth       = 94;
                     XmNlabelString = compound_string("Push me!");
                   };
                   callbacks
                   {
                     XmNactivateCallback = procedure

Push_Button_Activated();
                   };
                 };
```

Neben den bereits bekannten UIL-Elementen benötigen wir für die Definition des Push Button Widgets noch einen *callbacks*-Block. Innerhalb dieses Blocks werden die benötigten Callback-Ressourcen (und ihre Werte) eingetragen, im obigen Beispiel somit *XmNactivateCallback*. Der Ressource-Wert ist entweder eine einzelne *procedure* (wie im oben dargestellten Code) oder ein *procedures*-Block, der mehrere Namen spezifiziert:

```
callbacks
{
  XmNactivateCallback = procedures
                        {
                          Push_Button_Activated();
                          A_Second_Routine();
                        };
};
```

Im allgemeinen ruft ein Callback nur eine Routine auf und die Angabe einer einzelnen Callback-Prozedur ist ausreichend, das Xtk sieht allerdings die Möglichkeit vor, mehrere Routinen sequentiell als Reaktion auf ein Callback-auslösendes Ereignis zu aktivieren (siehe auch Kapitel 6.5).

6. Den Abschluß des UIL-Moduls bildet schließlich die Anweisung:

```
   end module;
```

[2] UIL für Motif 2.0 unterstützt auch die bereits erwähnten Renditions und Render Tables. Zu diesem Zweck wurden spezielle „object"-Typen, wie *XmRendition* oder *XmRenderTable* eingeführt.

Der oben dargestellte UIL-Modul beinhaltet die vollständige Beschreibung der „Hello World II"-Benutzerschnittstelle, der Applikationscode selbst ist völlig frei von der Definition benötigter Interface-Elemente und realisiert – mit Hilfe einer Callback-Routine – nur die Funktion der Anwendung. Sollen bestimmte Bereiche des Interfaces verändert werden (z.B. Vertauschen der Position von Label- und Push Button Widget), so wird nicht die Applikation, sondern nur der UIL-Code modifiziert und anschließend mit Hilfe des UIL-Compilers in ein UID-Modul übersetzt – die Applikation wird hingegen weder neu übersetzt, noch neu gebunden.

7.3 Über *Tags*

Callback-*tags* dienen zur Unterscheidung von Aktionen bei Benutzung gleicher Callback-Routinen. UIL bietet daher die Möglichkeit, den an eine Callback-Routine zu übergebenden *tag* zu spezifizieren.

Betrachten wir beispielsweise die folgende Pascal Callback-Routine:

```
procedure Callback_Routine (     wdgt    : Widget;
                                 tag     : Integer;
                             var trigger : XmAnyCallbackStruct);

begin
  Writeln('tag = ',tag);
end; { of Callback_Routine }
```

Die Prozedur *Callback_Routine* gibt lediglich den ihr übergebenen Callback-*tag* aus. Die Deklaration des mit dieser Routine assoziierten Namens in UIL müßte wie folgt vorgenommen werden:

```
   procedure Callback_Routine (integer);
```

Die dem Namen folgenden Klammern beinhalten das Schlüsselwort *integer*, das den Datentyp des Callback-*tags* festlegt. Bei der Spezifikation einer Widget-Callback-Ressource kann anschließend z.B. formuliert werden:

```
   XmNactivateCallback = procedure Callback_Routine(27);
```

Beim Aufruf der Routine *Callback_Routine* wird in diesem Fall eine 27 als Callback-*tag* übergeben.

UIL unterstützt neben ganzzahligen *tags* (Typ *integer*) eine Reihe weiterer Datentypen, darunter auch *float* (doppelt-präzise Fließkommazahlen), *boolean* (Boole'scher Wert, UIL-intern durch die Ganzzahlen 0 für „False" und 1 für „True" repräsentiert) und *compound_string*. Ausführliche Information bezüglich UIL-Struktur und -Fähigkeiten finden sich in [21, 2].

7.4 Registrierung von Widgets

Instanziiert eine Anwendung die von ihr benötigten Widgets mit Hilfe der Xt Intrinsics oder den Motif Convenience Routinen, so erhält sie für jedes erzeugte Widget einen speziellen Identifikationscode. Mit Hilfe dieses Codes (oft auch als *Widget ID* bezeichnet) können Routinen z.B. Ressourcewerte eines Widgets abfragen bzw. verändern oder den Zustand solcher Widgets manipulieren.

Beim Einsatz von UIL zur Beschreibung der Bedienschnittstelle einer Anwendung hat es der Entwickler mit einer veränderten Situation zu tun: der Widget-Baum ist im UIL-Modul codiert und die Mehrzahl der darin enthaltenen Bedienelemente wird automatisch vom Mrm instanziiert, wenn die Applikation mit Hilfe der Mrm-Routine *MrmFetchWidget* ein Parent Widget liest. Häufig benötigt eine Anwendung allerdings den Identifikationscode eines solchen implizit instanziierten Widgets – wie das Label Widget der Applikation „Hello World II" z.B. eines darstellt. Die einzige Widget ID, die „Hello World II" bekannt ist, wird durch die Routine *MrmFetchWidget* geliefert und bezieht sich auf das mit Hilfe dieser Routine gelesene Main Window Widget. Der Mrm erzeugt das Label Widget als Child des Form Widgets – und somit auch als Child des Main Window Widgets – automatisch, der Identifikationscode ist somit nicht bekannt.

Benötigt eine Anwendung den Code eines implizit erzeugten Widgets, so könnte der Programmierer das betreffende Widget aus dem Widget-Baum „herauslösen" und es separat (also „elternlos") deklarieren. Zur Laufzeit der Anwendung muß dann allerdings sichergestellt werden, daß mit Hilfe von *MrmFetchWidget* dieses Widget gelesen und einem Parent Widget zugeordnet wird.

Die beschriebene Lösung des Problems ist aufwendig und fehleranfällig, UIL sieht daher eine wesentlich elegantere Möglichkeit mit Hilfe eines „Pseudo-Callback" vor. Für jedes deklarierte Widget darf in UIL ein spezieller Callback angegeben werden, der über die Widget-Ressource *MrmNcreateCallback* spezifiziert wird. Diese Ressource – die einzige mit dem Präfix „Mrm" als zum Motif Resource Manager zugehörig gekennzeichnete – definiert einen Callback, der vom Mrm ausgelöst wird, wenn das zugehörige Widget den Zustand *Created* erreicht. Da jeder Callback-Routine der Identifikationscode des Widgets übergeben wird, das für das Callback-auslösende Ereignis verantwortlich ist, kann auf diese Weise der Code des implizit erzeugten Widgets in Erfahrung gebracht werden:

```
! UIL-Code

procedure Widget_Created ();

object
  Hello_Label : XmLabel
              { arguments
                { XmNx = 96;
                  XmNy = 43;
                  XmNlabelString =
                          compound_string("Hello World!");
                };
```

```
                    callbacks
                    {
                      MrmNcreateCallback =
                                   procedure Widget_Created();
                    };
                  };

/* C-Quelltext */

Widget global_widget_id;
     .
     .
     .

void Widget_Created (Widget              wdgt,
                     XtPointer           tag,
                     XmAnyCallbackStruct *trigger)

{
  global_widget_id = wdgt;
}

(* Pascal-Quelltext *)

var
  global_widget_id : Widget;
      .
      .
      .

procedure Widget_Created (wdgt:    Widget;
                          var tag:     XtPointer;
                          var trigger: XmAnyCallbackStruct);

begin
  global_widget_id := wdgt;
end; { of Widget_Created }
```

Die oben verwendete Callback-Routine *Widget_Created* kann – wie gezeigt – dazu verwendet werden, den nun bekannten Identifikationscode des implizit erzeugten Label Widgets in einer (globalen) Variable abzuspeichern – ein Vorgang, der häufig als *Widget-Registrierung* bezeichnet wird.

Um die Identifikation mehrerer Widgets in Erfahrung zu bringen, können Callback-*tags* zum Einsatz kommen: beim Aufruf der Widget-Registrierungs-Routine wird ein als Index fungierender Callback-*tag* übergeben.

Beispiel:

```
! UIL-Code

value
  c_Hello_Label  = 0; ! Konstantendeklaration: c_Hello_Label <- 0
  c_Second_Label = 1; ! Konstantendeklaration: c_second_Label <- 1
```

```
procedure Widget_Created (integer);

object
  Hello_Label : XmLabel
              {
                 .
                 .
                 .
                callbacks
                {
                  MrmNcreateCallback =
                        procedure Widget_Created(c_Hello_Label);
                };
              };

  Second_Label : XmLabel
               {
                  .
                  .
                  .
                 callbacks
                 {
                   MrmNcreateCallback =
                         procedure
Widget_Created(c_Second_Label);
                 };
               };
```

Der oben gegebene UIL-Code benutzt zur Spezifikation des *tag*-Parameters Konstante (sog. *Literals*), die im *value*-Abschnitt deklariert worden sind.

```
/* C-Code */

#define c_Hello_Label  0
#define c_Second_Label 1

#define c_Number_IDs 2

Widget global_widget_ids [c_Number_IDs];

void Widget_Created (Widget              wdgt,
                     int                 *tag,
                     XmAnyCallbackStruct *trigger)

{
  global_widget_ids[*tag] = wdgt;
}



(* Pascal-Code *)

const
  c_Hello_Label  = 0;
  c_Second_Label = 1;
```

```
var
  global_widget_ids : array [c_Hello_Label..c_Second_Label]
                      of Widget;

procedure Widget_Created (wdgt:         Widget;
                          tag:          Integer;
                          var trigger: XmAnyCallbackStruct);

begin
  global_widget_ids[tag] := wdgt;
end; { of Widget_Created }
```

Der oben wiedergegebene UIL-Code benutzt für zwei Label Widgets zwei verschiedene *tags*. Die Routine *Widget_Created* verwendet diesen Tag zur Speicherung des jeweiligen Widget-Identifikationscodes in einer Feldvariable. Ist dem Programm die Zuordnung von *tags* und Widgets bekannt (Konstante *c_Hello_Label* ist sowohl im UIL- als auch in C- und Pascal-Code gleich „0“ deklariert und steht für das Widget *Hello_Label*; äquivalent dazu steht *c_Second_Label* – gleich „1“ deklariert – für das Widget *Another_Label*), so kann der betreffende Widget-Code leicht abgefragt werden.

Bei Verwendung eines Aufzählungstyps fällt dieses Prinzip, wie hier am Beispiel von Pascal gezeigt, noch eleganter aus (UIL-Code unverändert):

```
type
  All_Labels = (c_Hello_Label, c_Second_Label);

var
  global_widget_ids : array [All_Labels] of Widget;


procedure Widget_Created (wdgt:         Widget;
                          tag:          All_Labels;
                          var trigger: XmAnyCallbackStruct);

begin
  global_widget_ids[tag] := wdgt;
end; { of Widget_Created }
```

Die in UIL spezifizierten *tag*-Parameter „0“ und „1“ (repräsentiert durch die UIL-Literale *c_Hello_Label* und *c_Second_Label*) werden nunmehr auf die Werte „c_Hello_Label“ und „c_Second_Label“ des Aufzählungstyps *All_Labels* abgebildet. Möglich wird diese Vorgehensweise durch die interne Repräsentation von Aufzählungstypen: Pascal vergibt für jeden Wert eines solchen Typs – beginnend mit Null – aufsteigende Indizes. Die durch UIL spezifizierten Zahlenwerte Null und Eins werden somit durch die Deklaration des *tag*-Parameters automatisch auf die Werte „c_Hello_Label“ und „c_Second_Label“ abgebildet.

Darüber hinaus lassen sich noch weitere Verfahren zur Identifikation eines implizit erzeugten Widgets einsetzen. Möglich ist etwa die Verwendung des Namens, der zur Deklaration eines Widgets verwendet wurde, wie das folgende C-Beispiel zeigt.

```
void Widget_Created (Widget               wdgt,
                     XtPointer            tag,
                     XmAnyCallbackStruct *trigger)

{
  char *name;

  /* Die Intrinsic-Funktion XtName liefert den Namen */
  name = XtName(wdgt);
  if(strcmp(name,"Hello_Label") == 0)
    /* Es ist das "Hello_Label" Widget */
      .
      .
      .
}
```

TEIL II Anwendungsentwicklung mit OSF/Motif

8 Das OSF/Motif Widget-Set

Die folgenden Abschnitte behandeln die Bedienelemente des OSF/Motif Widget-Sets, die von Anwendungsentwicklern eingesetzt werden können. Dabei soll eingangs zunächst die Gesamtstruktur des Sets und seine Einbettung in die Klassenhierarchie des X-Toolkits vorgestellt werden. Nach einem kurzen „Streifzug" durch die Welt der Shell Widgets folgt schließlich die Beschreibung der einzelnen Widget-Klassen sowie ihrer wichtigsten Ressourcen.

Da die Eigenschaften und Fähigkeiten der einzelnen Widget-Klassen recht umfangreich sind, besitzt dieses Kapitel lediglich einführenden Charakter. Für weitergehende Information sei daher auf die einschlägige Referenzliteratur verwiesen.

8.1 Struktur des OSF/Motif Widget-Sets

Die Klassenhierarchie des OSF/Motif Widget-Sets basiert auf der in Kapitel 4.1 bereits gezeigten Klassenhierarchie des X-Toolkits. Von den abstrakten Basisklassen des Xtk werden zunächst weitere abstrakte Klassen abgeleitet, die wiederum als Parent-Klassen für nachgeschaltete „konkrete" Widget-Klassen fungieren.

Abbildung 8.1 zeigt das Schema des OSF/Motif Widget-Sets.

Die in Abbildung 8.1 unterlegt dargestellten Widget-Klassen sind Bestandteile des X-Toolkits und gehören nicht zu OSF/Motif. Die gestrichelt dargestellten Klassen werden dagegen erst ab Motif Version 2.0 unterstützt.

Prinzipiell unterstützt Motif die folgenden Widget-Kategorien:

- Shell Widgets — Die von Motif bereitgestellten Shell Widgets sind für die Anwendungsentwicklung generell bedeutungslos (siehe unten).

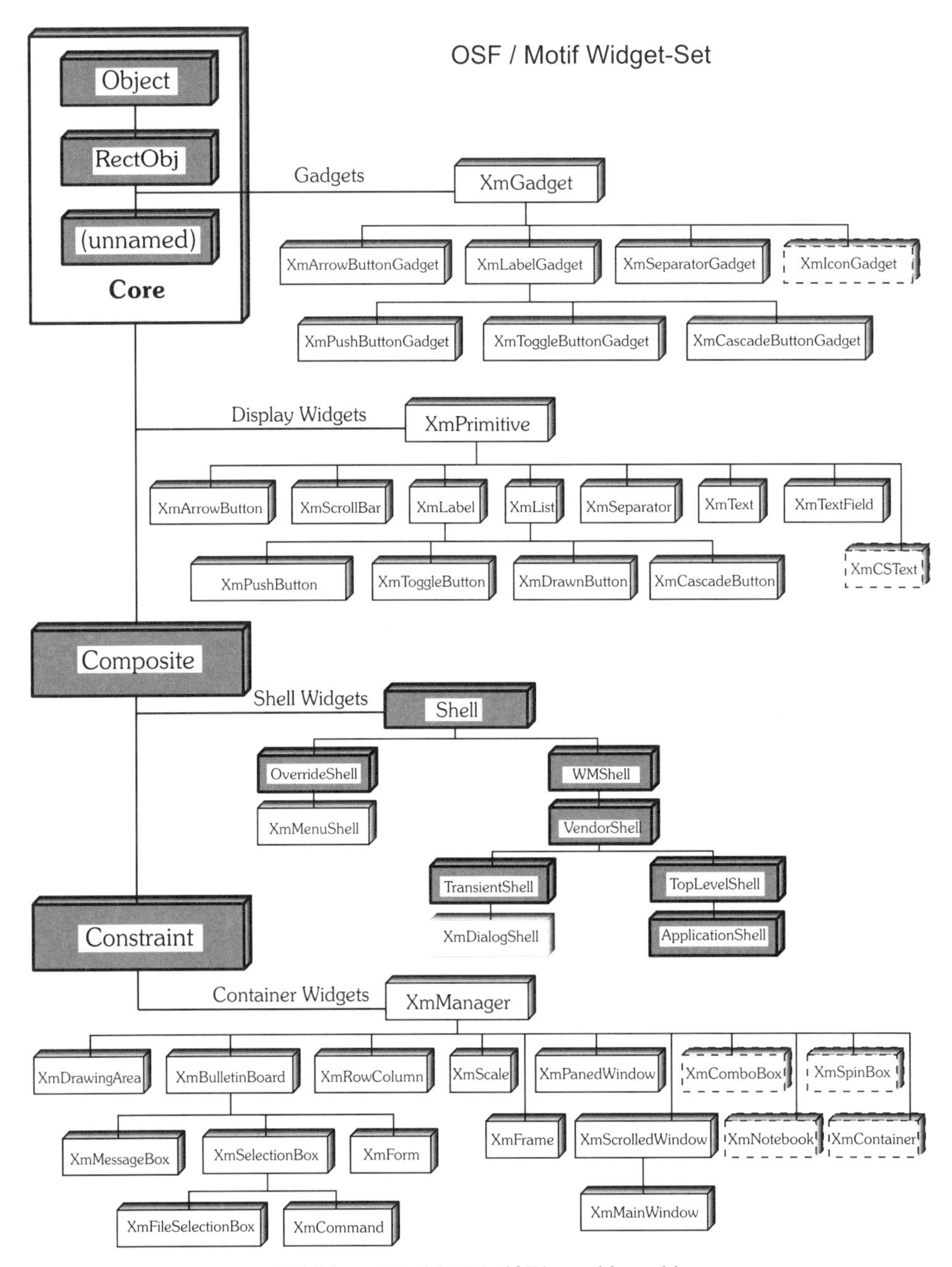

Abbildung 8.1: OSF/Motif Klassenhierarchie

- Behälter-Widgets (*Container Widgets*) — Die Motif-eigenen Behälter-Widgets sind ohne Ausnahme von der abstrakten Klasse *XmManager* abgeleitet, die wiederum auf der Xtk-Klasse *Constraint* basiert. In dieser Kategorie sind sowohl „allgemeine" Container angesiedelt (d.h. Widgets ohne eigene Funktion, die ausschließlich als Behälter für andere Widgets dienen), als auch spezialisierte, aus anderen Widgets zusammengesetzte Widget-Typen (wie etwa ein besonderes „Nachrichtenfenster", ein Widget zur Auswahl von Dateien usw.).

- Darstellungselemente (*Display Widgets*) — Diese Elemente erfüllen eine bestimmte Bedienfunktion, d.h. sie repräsentieren Schalter, Taster, Eingabefelder usw. Diese Widget-Klassen sind von der abstrakten Basisklasse *XmPrimitive* abgeleitet, die wiederum auf der Xtk-Klasse *Core* aufsetzt. In diese Kategorie fallen auch die unterstützten Gadgets, die von der – ebenfalls abstrakten – Basisklasse *XmGadget* abgeleitet sind. (Diese Klasse basiert, wie bei Gadgets üblich, auf der Subklasse *RectObj* innerhalb von Core.)

Darüber hinaus finden mittlerweile einige „Pseudo-Widgets" Verwendung, die in Abschnitt 8.7 näher untersucht werden.

Die in Abbildung 8.1 dargestellten Widget-Klassen sind vollzählig, d.h. Motif implementiert keine weiteren Elemente. Allerdings lassen sich beim Einsatz der UIL bzw. bestimmter OSF/Motif Convenience-Routinen diverse Widget-Typen erzeugen, deren Klassennamen man vergeblich in der obigen Abbildung sucht. Allerdings entsteht in solchen Fällen die „neue Klasse" entweder durch Belegung der Ressourcen einer Standardklasse mit spezifischen Werten (wie etwa beim *XmRadioBox*-Typ), oder durch Kombination mehrerer Widgets zu einem „neuen" Typ (wie etwa bei der Klasse *XmScrolledList* geschehen). Abschnitt 8.6 geht näher auf diese Besonderheiten ein.

Basisklasse aller weiterer Widget-Klassen ist *Core*. Core gehört (wie bereits erwähnt) zu den Intrinsic-Klassen, d.h. sie wird durch das X-Toolkit definiert. Die folgende Tabelle gibt die von der Klasse Core unterstützten Ressourcen, den Datentyp der einzelnen Ressourcen sowie den jeweils voreingestellten Wert[1] an. In der Spalte „Zugr." kann darüber hinaus abgelesen werden, auf welche Weise auf die Ressourcen zugegriffen werden kann. Es bedeuten:

- **C** („Creation") — Die Ressource kann bei Erzeugung des Widgets von der Anwendung belegt werden. Das heißt, die Ressource läßt sich mit Hilfe von UIL vorbelegen, bzw. bei Benutzung einer Widget-Creation-Routine setzen.

- **S** („Set") — Der Wert einer solchen Ressource ist auch zur Laufzeit (mit den in Abschnitt 9.4 beschriebenen Mechanismen) veränderbar.

---

[1] Von Core abgeleitete Widget-Klassen verwenden u.U. andere Voreinstellungen als die hier angegebenen.

- **G** („Get") — Der betreffende Ressourcewert läßt sich zur Laufzeit einer Anwendung auslesen (vgl. Abschnitt 9.4).

Tabelle 8.1: Ressourcen der Klasse Core

Name	Voreingestellter Wert	Typ	Zugr.
XmNaccelerators	NULL	XtAccelerators	CSG
XmNancestorSensitive	dynamisch	Bool	G
XmNbackground	dynamisch	Pixel	CSG
XmNbackgroundPixmap	XmUNSPECIFIED_PIXMAP	Pixmap	CSG
XmNborderColor	XtDefaultForeground	Pixel	CSG
XmNborderPixmap	XmUNSPECIFIED_PIXMAP	Pixmap	CSG
XmNborderWidth	1	Dimension	CSG
XmNcolormap	dynamisch	Colormap	CG
XmNdepth	dynamisch	Integer	CG
XmNdestroyCallback	NULL	XtCallbackList	C
XmNheight	dynamisch	Dimension	CSG
XmNinitialResourcesPersistent	True	Bool	C
XmNmappedWhenManaged	True	Bool	CSG
XmNscreen	dynamisch	Screen	CG
XmNsensitive	True	Bool	CSG
XmNtranslations	Null	Translation	CSG
XmNwidth	dynamisch	Dimension	CSG
XmNx	0	Position	CSG
XmNy	0	Position	CSG

Ressource-Namen sind grundsätzlich Zeichenketten wie z.B. „width" oder „height". Diese Zeichenketten werden jedoch nie direkt verwendet, sondern mit Hilfe symbolischer Namen spezifiziert. Im Kontext des X-Toolkits bestehen solche symbolischen Namen aus dem Präfix „Xt", gefolgt vom Buchstaben „N" (für *Name*), gefolgt vom „eigentlichen" Ressource-Namen. Motif-Widgets verwenden für ihre Ressourcen entsprechend das Präfix „Xm" .

Aus dem oben gesagten folgt, daß Ressourcen der Klasse Core eigentlich Namen wie *XtNwidth*, *XtNy* usw. tragen müßten. Die Ressourcen in Tabelle 8.1 benutzen jedoch das Präfix „Xm" an Stelle von „Xt". Der Grund dafür ist einfach: Alle Ressourcen, die zu Widget-Klassen des X-Toolkits gehören, werden unter Motif neu benannt, damit der Anwendungsentwickler bei der Verwendung einer Ressource nicht stets deren „Herkunft" nachschlagen muß, um den Namen spezifizieren zu können.

Sämtliche Ressourcen der Klasse Core stehen auch in jeder anderen Widget-Klasse zur Verfügung, da alle Klassen „Erben" von Core sind. Einige wenige dieser Ressourcen (*XmNx*, *XmNy*, *XmNwidth* sowie *XmNheight*) haben wir bereits in unseren Beispielprogrammen in Kapitel 6 verwendet, bzw. in Kapitel 4 diskutiert. (Zur Erinnerung: Im

Rahmen des Widget-Lebenszyklus spielt die Ressource *XmNmappedWhenManaged.* eine wichtige Rolle.) Die Ressource *XmNtranslations* ist eigentlich ebenfalls ein alter Bekannter: Die für ein Widget gültige Translation Table wird durch diese Ressource referenziert. (Translation Tables sind im Rahmen des Abschnitts 5.3 bereits vorgestellt worden.)

Natürlich sind nicht alle Ressourcen der Klasse Core für die Anwendungsentwicklung in jedem Fall von Bedeutung, die folgenden Eigenschaften werden jedoch häufig eingesetzt:

- *XmNbackground* und *XmNbackgroundPixmap*

  Diese Ressourcen bestimmen die Darstellung des „Widget-Hintergrunds“: Es lassen sich entweder eine Hintergrundfarbe oder ein spezielles Hintergrundbild (Pixelmuster) spezifizieren. (Die Themen „Farben“ und „Pixmap“ werden in Kapitel 12 aufgegriffen.)

- *XmNdestroyCallback*

  Diese Ressource definiert die Destroy-Callback-Routine eines Widgets. Die Destroy-Callback-Routine wird bei Auflösung eines Widgets aufgerufen („Auflösung“ meint hier die Rücknahme des Widgets-Zustands *Created*).

- Mit „XmNborder“ beginnende Ressource-Bezeichnungen

  Diese Ressourcen beeinflussen Farbe bzw. Pixelmuster sowie die Breite des Rahmens, der bei der Darstellung von Widgets verwendet wird.

- *XmNsensitive* und *XmNancestorSensitive*

  Mit Hilfe dieser Ressourcen läßt sich das Eingabeverhalten von Widgets steuern. „Nicht-sensitive“ Widgets werden „deaktiviert“ dargestellt und erfüllen keine Eingabefunktion mehr. (Im Falle eines Push Button Widgets bedeutet dies z.B., daß eine Betätigung nicht mehr möglich ist, d.h. das Widget reagiert nicht mehr auf „Mausklicks“. Zudem ändert sich die Darstellung des Push Buttons: So erscheint etwa die Beschriftung aufgrund der Auslassung von Pixeln verschwommen.) Anwendungen sollten diese Ressourcen allerdings nicht direkt – mit Hilfe der in Abschnitt 9.4 beschriebenen Mechanismen – manipulieren, sondern die X-Toolkit Routine *XtSetSensitive* verwenden!

Über die Bedeutung und Handhabung von „Accelerators“ (Ressource *XmNaccelerators*) soll an dieser Stelle nichts gesagt werden, sie sind Thema des Abschnitts 9.3.

8.2 Über Shell Widgets

Shell Widgets dienen der Kommunikation von Anwendung und „dem Rest der Welt", im allgemeinen also dem verwendeten Window Manager. Anwendungssoftware kommt mit Shell Widgets in der Regel kaum in Berührung, da benötigte Instanzen der Shell-Klassen meist automatisch als Teil einer „falschen" Widget-Klasse erzeugt werden können (siehe auch Abschnitt 8.6). Ein Beispiel: Damit ein Form Widget als eigenständiges Dialogfenster, das mit Hilfe des Window Managers verschoben oder in der Größe verändert werden kann, verwaltet wird, muß sein Parent ein Widget vom Typ *XmDialogShell* sein. Dieses Shell Widget wird aber selten explizit erzeugt, da bei Verwendung der „falschen" Widget-Klasse *XmFormDialog* die benötigte Shell-Instanz gleich mit entsteht.

Da Instanzen der Shell-Klassen Children besitzen, gehören sie zu den Container Widgets und sind somit von der Klasse *Composite* abgeleitet. Die Klasse Composite ist – wie Core – eine abstrakte Klasse. Sie besitzt die Eigenschaften von Core, unterstützt darüber hinaus allerdings die folgenden zusätzlichen Ressourcen:

Tabelle 8.2: Zusätzliche Ressourcen der Klasse Composite

Name	Voreingestellter Wert	Typ	Zugr.
XmNchildren	dynamisch	Widget array	G
XmNinsertPosition	InsertAtEnd	XtOrderProc	CSG
XmNnumChildren	dynamisch	Cardinal	G

Die drei zusätzlichen Ressourcen dienen der Verwaltung von Children und werden von Anwendungssoftware nur sehr selten verwendet.

Die meisten Shell Widget-Klassen werden vom X-Toolkit bereitgestellt, OSF/Motif fügt lediglich die Klasse *XmMenuShell* zur Verwaltung von Menüs und *XmDialogShell* zur Behandlung von Dialogfenstern hinzu.

Von den zur Verfügung stehenden Shell-Klassen benutzen wir im Rahmen dieses Buchs lediglich eine: *ApplicationShell*. Mit Hilfe dieser Klasse wird das Haupt-Dialogfenster einer Anwendung verwaltet, die Mehrzahl der unter OSF/Motif laufenden Programme benötigt über *ApplicationShell* hinaus auch keine weitere Shell-Klasse. Die von *ApplicationShell* bereitgestellten Ressourcen sind für die Anwendungsentwicklung durchaus interessant, da sich z.B. Charakteristika wie maximale Ausdehnung des Haupt-Dialogfensters (*XmNmaxWidth*, *XmNmaxHeight*), anzuzeigende Icon-Grafik der Anwendung (*XmNiconPixmap*) oder initialer Anzeigemodus des Haupt-Dialogfensters (*XmNinitialState*, unterstützte Modi sind „reguläres Fenster" und „Fenster wird als Icon dargestellt") darunter befinden. Für Details sei an dieser Stelle auf die Referenzliteratur verwiesen [23].

8.3 Die Behälter-Widgets

Behälter-Widgets (auch Container Widgets genannt) nehmen andere Widgets auf und bieten somit die Möglichkeit, Bedienelemente hierarchisch zu strukturieren. Die von OSF/Motif bereitgestellten Behälter-Widget-Klassen basieren dabei nicht auf der Klasse Composite des X-Toolkits (die ja auch eine Container-Klasse darstellt), sondern auf deren Ableitung *Constraint*. Constraint ist ebenso wie seine Superklassen Core und Composite ein abstrakter Widget-Typ und dient somit lediglich der Ableitung neuer Klassen. Im Gegensatz zu Composite erweitert Constraint die Ressourcen seiner Superklasse nicht, stellt aber intern zusätzliche Mechanismen bereit, die zur Realisierung von Geometrieabhängigkeiten herangezogen werden können. Von Constraint abgeleitete Container-Klassen bieten somit prinzipiell die Möglichkeit, Position und Ausdehnung der in ihnen enthaltenen Child Widgets gemäß bestimmten Regeln zu bestimmen (vgl. Abschnitt 4.2). Von dieser Option machen allerdings nicht alle Behälter-Widget-Klassen Gebrauch.

❑ XmManager

Basisklasse aller OSF/Motif Container Widgets ist *XmManager*. *XmManager* ist ebenfalls eine abstrakte Klasse und besitzt keine sinnvolle Instanz. Die von *XmManager* bereitgestellten zusätzlichen Ressourcen dienen im wesentlichen der Beeinflussung des optischen Erscheinungsbilds von Behälter-Widgets (etwa Attribute, die Parameter der

Tabelle 8.3: Zusätzliche Ressourcen der Klasse *XmManager*

Name	Voreingestellter Wert	Typ	Zugr.
XmNbottomShadowColor	dynamisch	Pixel	CSG
XmNbottomShadowPixmap	XmUNSPECIFIED_PIXMAP	Pixmap	CSG
XmNforeground	dynamisch	Pixel	CSG
XmNhelpCallback	NULL	XtCallbackList	C
XmNhighlightColor	dynamisch	Pixel	CSG
XmNhighlightPixmap	dynamisch	Pixmap	CSG
XmNinitialFocus	NULL	Widget	CSG
XmNlayoutDirection	dynamisch	XmDirection	CG
XmNnavigationType	XmTAB_GROUP	Byte	CSG
XmNpopupHandler	NULL	XtCallbackList	C
XmNshadowThickness	0	Dimension	CSG
XmNstringDirection	dynamisch	XmStringDirection	CG
XmNtopShadowColor	dynamisch	Pixel	CSG
XmNtopShadowPixmap	dynamisch	Pixmap	CSG
XmNtraversalOn	True	Bool	CSG
XmNunitType	dynamisch	Byte	CSG
XmNuserData	NULL	XtPointer	CSG

Die Ressourcen *XmNlayoutDirection* und *XmNpopupHandler* stehen erst ab OSF/Motif Version 2.0 zur Verfügung. Die Ressource *XmNinitialFocus* steht nicht vor OSF/Motif Version 1.2 zur Verfügung.

Motif-typischen 3D-Effekte definieren). Einige andere Ressourcen beschäftigen sich mit der Festlegung der voreingestellten Schreibrichtung von Texten, der Verwaltung des sog. „Eingabefokus", sowie der Beeinflussung von Widget-Funktionen, die auch mit Hilfe der Tastatur – ohne Verwendung der Maus – erreicht werden können. (Details zu diesen Themen findet sich in der Referenzliteratur, z.B. [22, 24].)

Eine besondere Rolle im Motif-System spielt die Ressource *XmNunitType*: Sie legt fest, in welcher Einheit Positions- und Dimensionsangaben angenommen werden. Zum Beispiel veranlaßt der durch den symbolischen Namen *XmPIXEL* repräsentierte Wert OSF/Motif, alle Angaben in der Einheit „Pixel" zu interpretieren. Die Konstante *Xm100TH_MILLIMETERS* erzwingt dagegen die Interpretation aller Größen- und Positionsangaben in der Einheit 1/100 Millimeter.

Übrigens: Mit der Einführung der Ressource *XmNlayoutDirection* ab Motif V2.0 ist *XmNstringDirection* obsolet geworden.

Tabelle 8.4: Zusätzliche Ressourcen der Klasse *XmBulletinBoard*

Name	Voreingestellter Wert	Typ	Zugr.
XmNallowOverlap	True	Bool	CSG
XmNautoUnmanage	True	Bool	CG
XmNbuttonFontList	dynamisch	XmFontList	CSG
XmNbuttonRenderTable	dynamisch	XmRenderTable	CSG
XmNcancelButton	NULL	Window	SG
XmNdefaultButton	NULL	Window	SG
XmNdefaultPosition	True	Bool	CSG
XmNdialogStyle	dynamisch	Byte	CSG
XmNdialogTitle	NULL	XmString	CSG
XmNfocusCallback	NULL	XtCallbackList	C
XmNlabelFontList	dynamisch	XmFontList	CSG
XmNlabelRenderTable	dynamisch	XmRenderTable	CSG
XmNmapCallback	NULL	XtCallbackList	C
XmNmarginHeight	10	Dimension	CSG
XmNmarginWidth	10	Dimension	CSG
XmNnoResize	False	Bool	CSG
XmNresizePolicy	XmRESIZE_ANY	Byte	CSG
XmNshadowType	XmSHADOW_OUT	Byte	CSG
XmNtextFontList	dynamisch	XmFontList	CSG
XmNtextRenderTable	dynamisch	XmRenderTable	CSG
XmNtextTranslation	NULL	XtTranslations	C
XmNunmapCallback	NULL	XtCallbackList	C

Die Ressourcen *XmNbuttonRenderTable*, *XmNlabelRenderTable* sowie *XmNtextRenderTable* stehen erst ab OSF/Motif Version 2.0 zur Verfügung, da in früheren Versionen das Konzept der Renditions noch nicht implementiert ist. Siehe auch Abschnitt 6.1.

❑ XmBulletinBoard

Die Klasse *XmBulletinBoard* ist eine einfache Container-Klasse ohne Verwaltung von Geometrieabhängigkeiten. Die von *XmBulletinBoard* bereitgestellten Ressourcen erleichtern im wesentlichen die Konstruktion von Dialogfenstern: So erlaubt z.B. *XmNdialogTitle* die Spezifikation einer „Überschrift", die vom Window Manager im Rahmen des Dialogfensters angezeigt wird (falls das *XmBulletinBoard* Widget mit einem entsprechenden Shell Widget unterlegt ist. Vgl. Abschnitt 8.6). Ebenso finden sich Ressourcen, mit denen sich ein „voreingestellter" Push Button spezifizieren läßt – ein solcher „Knopf" muß nicht explizit mit Hilfe der Maus „betätigt" werden, auch durch einfaches Drücken der „Return"-Taste wird die Funktion des Bedienelements ausgelöst – sowie ein Attribut zur Behandlung des Dialogmodus. (Dieser Modus legt fest, ob ein Dialogfenster vom Anwender z.B. durch „Betätigung" eines Push Buttons zunächst quittiert werden muß, bevor mit der betreffenden Applikation – oder gar der gesamten Bedienoberfläche des Rechners – weitergearbeitet werden kann. Ist dies der Fall, so wird das Dialogfenster als „*modal*" bezeichnet.)

❑ XmForm

XmForm ist eine Ableitung der Klasse *XmBulletinBoard* und verwendet die von der X-Toolkit-Klasse Constraint eingeführten Mechanismen zur Verwaltung von Geometrieabhängigkeiten. Das hat zur Folge, daß alle Child Widgets einer Instanz vom Typ *XmForm*

Tabelle 8.5: Zusätzliche Ressourcen der Klasse *XmForm*

Name	Voreingestellter Wert	Typ	Zugr.
XmNbottomAttachment	XmATTACH_NONE	Byte	CSG
XmNbottomOffset	0	Integer	CSG
XmNbottomPosition	0	Integer	CSG
XmNbottomWidget	NULL	Window	CSG
XmNleftAttachment	XmATTACH_NONE	Byte	CSG
XmNleftOffset	0	Integer	CSG
XmNleftPosition	0	Integer	CSG
XmNleftWidget	NULL	Window	CSG
XmNresizable	True	Bool	CSG
XmNrightAttachment	XmATTACH_NONE	Byte	CSG
XmNrightOffset	0	Integer	CSG
XmNrightPosition	0	Integer	CSG
XmNrightWidget	NULL	Window	CSG
XmNtopAttachment	XmATTACH_NONE	Byte	CSG
XmNtopOffset	0	Integer	CSG
XmNtopPosition	0	Integer	CSG
XmNtopWidget	NULL	Window	CSG

Die Verwendung der obigen Ressourcen und das Konzept der „Attachments" sind Thema des Kapitels 9.2.

automatisch über die in Tabelle 8.5 angegebenen zusätzlichen Ressourcen verfügen (obwohl sie nicht zwangsläufig „Erben“ der Klasse *XmForm* sind!). Diese spezielle Form von Widget-Ressourcen werden als *Constraint-Ressourcen* bezeichnet.

Die Klasse *XmForm* dürfte vermutlich die am häufigsten eingesetzte Container-Klasse sein, da die Verwaltbarkeit von Geometrieabhängigkeiten die Konstruktion von flexiblen Dialoganfragen ermöglicht. *XmForm* wird sowohl als einfaches Behälter-Widget, als auch – in einer speziellen Fassung – als „eigenständiges“ Dialogfenster eingesetzt (siehe auch Abschnitt 8.6).

❑ XmScrolledWindow

Die Klasse *XmScrolledWindow* implementiert ein Widget, das zur automatischen (oder halbautomatischen) Verwaltung eines „Arbeitsbereichs“ eingesetzt werden kann. Bei diesem „Arbeitsbereich“ handelt es sich um ein beliebiges Widget, das zur Informationsdarstellung genutzt wird, etwa ein Widget der Klasse *XmText* zur Anzeige und Eingabe von Text. Ein *XmScrolledWindow* Widget gestattet es, den „Arbeitsbereich“ mit Rollbalken (siehe Beschreibung der Klasse *XmScrolledBar*) zu versehen und mit Hilfe dieser zusätzlichen Widgets zu „navigieren“: Der Anwender kann den „Arbeitsbereich“ mit Hilfe der Rollbalken quasi verschieben, d.h. den vom Scrolled Window dargestellten Ausschnitt aus diesem Bereich bestimmen.

Tabelle 8.6: Zusätzliche Ressourcen der Klasse *XmScrolledWindow*

Name	Voreingestellter Wert	Typ	Zugr.
XmNautoDragModel	XmAUTO_DRAG_ENABLED	XtEnum	CSG
XmNclipWindow	NULL	Window	G
XmNhorizontalScrollBar	NULL	Window	CSG
XmNscrollBarDisplayPolicy	dynamisch	Byte	CSG
XmNscrollBarPlacement	XmBOTTOM_RIGHT	Byte	CSG
XmNscrolledWindowChildType	dynamisch	Byte	CSG
XmNscrolledWindowMarginHeight	0	Dimension	CSG
XmNscrolledWindowMarginWidth	0	Dimension	CSG
XmNscrollingPolicy	XmAPPLICATION_DEFINED	Byte	CG
XmNspacing	4	Dimension	CSG
XmNverticalScrollBar	NULL	Window	CSG
XmNvisualPolicy	dynamisch	Byte	CG
XmNworkWindow	NULL	Window	CSG

Die Ressourcen *XmNautoDragModel* und *XmNscrolledWindowChildType* stehen erst ab OSF/Motif Version 2.0 zur Verfügung.

Ähnlich wie die zuvor vorgestellte Klasse *XmForm* gibt auch das Scrolled Window Widget ein Attribut automatisch an das verwaltete Child Widget weiter: Die Ressource *XmNscrolledWindowChildType* steht stets bei Widgets zur Verfügung, die als Child eines Scrolled Windows verwendet werden, obwohl sie nicht notwendigerweise „Erbe“ der Klasse *XmNscrolledWindow* sind.

Die von der Klasse *XmScrolledWindow* bereitgestellten Ressourcen beeinflussen das Verhalten des Widgets bezüglich der Verwaltung des „Arbeitsbereichs“ (das Widget, das diesen Bereich realisiert, muß im übrigen von der Ressource *XmNworkWindow* referenziert werden): Die Applikation kann festlegen, wie weit die Unterstützung eines *XmScrolledWindow* bei der Verwaltung des „Arbeitsbereichs“ geht. Möglich ist z.B. die vollautomatische Verwaltung, d.h. das Scrolled Window übernimmt die Anpassung des dargestellten Ausschnitts nach Manipulation eines der Rollbalken. Ebenso ist es möglich, alle Anpassungsarbeiten sowie das Erzeugen der Rollbalken-Widgets anwendungsseitig vorzunehmen. Letztgenannte Option ist immer dann nötig, wenn der neu darzustellende Ausschnitt zunächst generiert werden muß. (Etwa bei einem Grafikprogramm, das den Ausschnitt aus einer Gesamtgrafik berechnet und anschließend darstellt.)

❑ XmMainWindow

Die Klasse *XmMainWindow* ist eine Ableitung des *XmScrolledWindow*-Typs und wird von sehr vielen Anwendungen als „Haupt-Dialogfenster“ – d.h. als Dialogfenster, das unmittelbar nach dem Start einer Anwendung dargestellt wird – verwendet. *XmMainWindow* bietet die automatische Anordnung und Dimensionierung einiger Child Widgets an, die – nach Meinung der OSF – als „typisch“ für Applikationssoftware anzusehen sind. Maximal vier Children werden unterstützt:

- Eine Menüleiste vom Typ *XmMenuBar* (eigentlich *XmRowColumn*, vergleiche Abschnitt 8.6), die am oberen Rand des Main Window Widgets angezeigt wird und dessen gesamte Breite einnimmt.
- Ein Widget vom Typ *XmCommand*, das zur Eingabe von Kommandos dient und unterhalb der Menüleiste dargestellt wird.
- Ein frei gestaltbarer „Arbeitsbereich“, d.h. ein Widget einer beliebigen Klasse.
- Ein Widget der Klasse *XmMessageBox* (oder eines verwandten Typs, siehe Abschnitt 8.6).

Alle genannten Widgets sind optional und werden von der Anwendung selbst erzeugt, wobei die Menüleiste, das Kommando-Widget sowie die Message Box von Ressourcen des Main Windows referenziert werden müssen.

Der „Arbeitsbereich“ läßt sich mit Rollbalken versehen und kann wie der „Inhalt“ eines Scrolled Window Widgets verwaltet werden. Für die dazu benötigten Ressourcen gilt dabei das in der vorangegangenen Beschreibung der Klasse *XmScrolledWindow* gesagte.

Tabelle 8.7: Zusätzliche Ressourcen der Klasse *XmMainWindow*

Name	Voreingestellter Wert	Typ	Zugr.
XmNcommandWindow	NULL	Window	CSG
XmNcommandWindowLocation	XmCOMMAND_ABOVE_ WORKSPACE	Byte	CG
XmNmainWindowMarginHeight	0	Dimension	CSG
XmNmainWindowMarginWidth	0	Dimension	CSG
XmNmenuBar	NULL	Window	CSG
XmNmessageWindow	NULL	Window	CSG
XmNshowSeparator	False	Bool	CSG

❑ XmPanedWindow

Widgets der Klasse *XmPanedWindow* eignen sich zur Unterbringung unterschiedlicher Bedienelemente, sofern diese nicht alle zur selben Zeit sichtbar sein müssen. Sie können ebenso eingesetzt werden, wenn der Anteil von Elementen am verfügbaren „Platz" in einem Dialogfenster vom Anwender veränderbar sein soll.

Ein *XmPanedWindow* Widget besitzt selbst kein spezielles Erscheinungsbild. Die ihm nachgeordneten Child Widgets werden in einem fester Raster untereinander – ab Motif Version 2.0 wahlweise auch nebeneinander – angeordnet und untereinander abgegrenzt. (Die „Grenze" wird in der Regel durch eine Trennlinie visualisiert, zu diesem Zweck muß die Ressource *XmNseparatorOn* den Wert „True" besitzen.) Diese „Grenze" zwischen zwei Child Widgets kann der Anwender mit Hilfe der Maus interaktiv verschieben, wobei die beteiligten Widgets proportional vergrößert bzw. verkleinert werden.

Tabelle 8.8: Zusätzliche Ressourcen der Klasse *XmPanedWindow*

Name	Voreingestellter Wert	Typ	Zugr.
XmNmarginHeight	3	Dimension	CSG
XmNmarginWidth	3	Dimension	CSG
XmNorientation	XmVERTICAL	Byte	CSG
XmNrefigureMode	False	Bool	CSG
XmNsashHeight	10	Dimension	CSG
XmNsashIndent	–10	Position	CSG
XmNsashShadowThickness	0	Integer	CSG
XmNsashWidth	10	Dimension	CSG
XmNseparatorOn	True	Bool	CSG
XmNspacing	8	Dimension	CSG

Die Ressource *XmNorientation* ist erst ab OSF/Motif V2.0 verfügbar.

Die Ressourcegruppe mit dem Namensbestandteil „sash" konfiguriert das Erscheinungsbild eines kleinen rechteckigen Bedienelements auf der „Grenze" zwischen zwei Child Widgets. Dieses Element wird mit Hilfe der Maus manipuliert und erlaubt somit das Verschieben der betreffenden Trennlinie.

Widgets vom Typ *XmPanedWindow* gehören – wie z.B. auch die vom Typ *XmForm* – zu der Gruppe von Constraint Widgets, die einige spezielle Ressourcen definieren. Diese Ressourcen dienen nicht der Manipulation einer Instanz der eigenen Klasse, sondern werden automatisch an Child Widgets weitergegeben. Somit stehen zur Laufzeit jedem Child Widget eines *XmPanedWindow* Widgets die folgenden zusätzlichen Ressourcen zur Verfügung:

Tabelle 8.9: Constraint-Ressourcen der Klasse *XmPanedWindow*

Name	Voreingestellter Wert	Typ	Zugr.
XmNallowResize	False	Bool	CSG
XmNpaneMaximum	1000	Dimension	CSG
XmNpaneMinimum	1	Dimension	CSG
XmNpositionIndex	XmLAST_POSITION	Word (16 Bit)	CSG
XmNskipAdjust	False	Bool	CSG

Die Ressource *XmNpositionIndex* ist erst ab OSF/Motif V1.2 verfügbar.

Auf die Beschreibung der Anwendungsgebiete dieser Ressourcen sei an dieser Stelle verzichtet.

❑ XmRowColumn

Die Klasse *XmRowColumn* ordnet Child Widgets in Form einer Zeile, einer Spalte, oder mehrerer Zeilen und Spalten (also in Matrix-Form) an, wobei alle Children identisch dimensioniert werden. Durch spezifische Belegung von Ressourcen läßt sich erreichen, daß Instanzen dieser Klasse als Pulldown- oder Popup-Menüs fungieren, Menüleisten darstellen usw. Diese „spezialisierten" Ausprägungen der *XmRowColumn*-Klasse finden in den meisten Motif-basierten Anwendungen vielfache Verwendung und besitzen sogar eigene Namen (siehe auch Abschnitt 8.6).

Die von *XmRowColumn* unterstützten Ressourcen sind zwar zahlreich, einige davon beziehen sich jedoch auf die spezialisierten Ausprägungen der Klasse. So sind z.B. die Ressourcen *XmNradioBehavior* und *XmNradioAlwaysOne* von Bedeutung, wenn ein Widget vom Typ *XmRowColumn* als sog. „Radio Box" fungiert. Dagegen werden die Ressourcen mit dem Namensbestandteil „*XmNmenu*" eingesetzt, falls das Widget eine Menü-orientierte Aufgabe besitzt. Grundsätzlich regelt die Ressource *XmNrowColumnType* welche der möglichen Ausprägungen der Klasse von einer Instanz repräsentiert wird.

An dieser Stelle sei auch darauf hingewiesen, daß die Klasse *XmRowColumn* zur Generierung einfacher Menü-Strukturen eine zusätzliche sog. „Simple Menu"-Variante besitzt. Diese Variante unterstützt ein völlig anders geartetes Ressourcen-Set auf das hier nicht näher eingegangen werden soll. (Insbesondere bei Verwendung der UIL bieten „Simple Menus" kaum Vorteile gegenüber „regulären" Menüs.)

Tabelle 8.10: Zusätzliche Ressourcen der Klasse *XmRowColumn*

Name	Voreingestellter Wert	Typ	Zugr.
XmNadjustLast	True	Bool	CSG
XmNadjustMargin	True	Bool	CSG
XmNentryAlignment	XmALIGNMENT_BEGINNING	Byte	CSG
XmNentryBorder	0	Dimension	CSG
XmNentryCallback	NULL	XtCallbackList	C
XmNentryClass	dynamisch	WidgetClass	CSG
XmNentryVerticalAlignment	XmALIGNMENT_CENTER	Byte	CSG
XmNisAligned	True	Bool	CSG
XmNisHomogeneous	dynamisch	Bool	CSG
XmNlabelString	NULL	XmString	C
XmNmapCallback	NULL	XtCallbackList	C
XmNmarginHeight	dynamisch	Dimension	CSG
XmNmarginWidth	dynamisch	Dimension	CSG
XmNmenuAccelerator	dynamisch	String	CSG
XmNmenuHelpWidget	NULL	Widget	CSG
XmNmenuHistory	NULL	Widget	CSG
XmNmenuPost	NULL	String	CSG
XmNmnemonic	NULL	KeySym	CSG
XmNmnemonicCharSet	dynamisch	String	CSG
XmNnumColumns	1	Word (16 Bit)	CSG
XmNorientation	dynamisch	Byte	CSG
XmNpacking	dynamisch	Byte	CSG
XmNpopupEnabled	True	Bool	CSG
XmNradioAlwaysOne	True	Bool	CSG
XmNradioBehavior	False	Bool	CSG
XmNresizeHeight	True	Bool	CSG
XmNresizeWidth	True	Bool	CSG
XmNrowColumnType	XmWORK_AREA	Byte	CG
XmNspacing	dynamisch	Dimension	CSG
XmNsubMenuId	NULL	Widget	CSG
XmNtearOffMenuActivate Callback	NULL	XtCallbackList	C
XmNtearOffMenuDeactivate Callback	NULL	XtCallbackList	C
XmNtearOffModel	XmTEAR_OFF_DISABLED	Byte	CSG
XmNtearOffTitle	NULL	XmSTRING	CSG
XmNunmapCallback	NULL	XtCallbackList	C
XmNwhichButton	dynamisch	Integer	CSG

Die Ressourcen *XmNentryVerticalAlignment*, *XmNtearOffMenuActivateCallback*, *XmNtear-OffDeactivateCallback* sowie *XmNtearOffModel* stehen erst ab OSF/Motif V1.2 zur Verfügung. Die Ressource *XmNtearOffTitle* wurde mit OSF/Motif V2.0 hinzugefügt.

Seit OSF/Motif V1.2 werden sog. „Tear-Off Menus“ unterstützt. Dabei handelt es sich um Menüs, die vom Anwender aus einer Menüleiste quasi „herausgelöst“ werden können und sich anschließend frei auf dem Bildschirm anordnen lassen. Da OSF/Motif keine speziellen Menü-Widget-Klassen besitzt, sondern ausschließlich spezielle Formen des *XmRowColumn*-Typs zur Realisierung von Menü-Funktionalität einsetzt, sind die zur Verwaltung des Tear-Off-Mechanismus benötigten Ressourcen auch Bestandteil der Klasse *XmRowColumn*.

Als Mitglied der Gruppe der Constraint Widgets verfügt *XmRowColumn* – wie andere Klassen dieser Gruppe teilweise auch – über eine spezielle Ressource, die automatisch an die Klassen von Child Widgets weitergereicht wird: *XmNpositionIndex* (Datentyp *Word (16 Bit)*, voreingestellter Wert *XmLAST_POSITION*). Mit Hilfe dieser Ressource kann festgelegt werden, in welcher Reihenfolge ein Row Column Widget die von ihm verwalteten Children anordnet. (Die voreingestellte Konstante mit dem symbolischen Namen *XmLAST_POSITION* legt dabei fest, daß Child Widgets in der Reihenfolge ihrer Spezifikation angeordnet werden.)

❑ XmDrawingArea

Die Klasse *XmDrawingArea* nimmt in mancher Beziehung einen Sonderstatus unter den Widgets ein. Ihr eigentlicher Zweck ist nicht im Umfeld von OSF/Motif angesiedelt, sondern in dem der X-Library: Neben der Klasse *XmDrawnButton* ist *XmDrawingArea* der einzige Widget-Typ, der die Darstellung beliebiger Grafiken mit Hilfe der Xlib erlaubt. Die Erzeugung und Verwaltung solcher Grafiken obliegt dabei ausschließlich der Applikation und wird von OSF/Motif in keiner Weise unterstützt. Während Motif Widgets in der Regel das ihnen unterlegte X-Window zur Realisierung ihres Erscheinungsbilds und zur Ereignisverwaltung benötigen, dient das Window im Fall der Klasse *XmDrawingArea* im wesentlichen als Ausgabemedium für anwendungsspezifische Grafik.

Tabelle 8.11: Zusätzliche Ressourcen der Klasse *XmDrawingArea*

Name	Voreingestellter Wert	Typ	Zugr.
XmNconvertCallback	NULL	XtCallbackList	C
XmNdestinationCallback	NULL	XtCallbackList	C
XmNexposeCallback	NULL	XtCallbackList	C
XmNinputCallback	NULL	XtCallbackList	C
XmNmarginHeight	10	Dimension	CSG
XmNmarginWidth	10	Dimension	CSG
XmNresizeCallback	NULL	XtCallbackList	C
XmNresizePolicy	XmRESIZE_ANY	Byte	CSG

Die Ressourcen *XmNconvertCallback* und *XmNdestinationCallback* stehen erst ab OSF/Motif V2.0 zur Verfügung.

Zwar gehört die Klasse *XmDrawingArea* zur Gruppe der Container, sie wird jedoch in aller Regel nicht zur Verwaltung von Child Widgets herangezogen, da zu deren Management keine spezielle Unterstützung vorgesehen ist.

Besondere Bedeutung kommt den Callback-Ressourcen *XmNexposeCallback*, *XmNinputCallback* sowie *XmNresizeCallback* zu. Diese Ressourcen erlauben es dem Anwendungsentwickler, Routinen zu implementieren, die Neudarstellungen des Widget-Inhalts initiieren, auf Eingaben (Tastatur- und Mausereignisse) reagieren, sowie Größenänderungen des Widgets verarbeiten. Die Reaktion auf solche Ereignisse übernimmt normalerweise OSF/Motif selbst, der spezielle Status der Klasse *XmDrawingArea* erlaubt dies jedoch nicht. (Nähere Information über sog. Expose Events" und Widgets der Klasse *XmDrawingArea* finden sich in den Kapiteln 10.6, 12.6, 14 und 15.)

❑ XmFrame

Widgets der Klasse *XmFrame* besitzen – der Name legt es bereits nahe – nur ein einziges Einsatzgebiet: Sie dienen als (visueller) „Rahmen" für andere Widgets. Da sie allerdings nur ein einzelnes Child Widget unterstützen (ab OSF/Motif V2.0 sind es zwei, siehe unten) eignen sie sich nicht zur logischen Gruppierung von Bedienelementen – Instanzen der Klasse *XmForm* sind dazu besser geeignet und erlauben ebenfalls die Darstellung eines „Rahmens". *XmFrame*-Widgets eignen sich daher eigentlich nur zum „Verschönern" einer Instanz, die selbst kein augenfälliges Erscheinungsbild besitzt und den für Motif typischen „3D-Look" erhalten soll.

Tabelle 8.12: Zusätzliche Ressourcen der Klasse *XmFrame*

Name	Voreingestellter Wert	Typ	Zugr.
XmNmarginWidth	0	Dimension	CSG
XmNmarginHeight	0	Dimension	CSG
XmNshadowType	dynamisch	Byte	CSG

Mit der Einführung von OSF/Motif V1.2 wurde *XmFrame* ein Mitglied der Gruppe der „echten" Constraint Widgets, d.h. auch diese Klasse definiert nun einige spezielle Res-

Tabelle 8.13: Constraint-Ressourcen der Klasse XmFrame

Name	Voreingestellter Wert	Typ	Zugr.
XmNchildType	XmFRAME_WORKAREA_CHILD	Byte	CSG
XmNchildHorizontalAlignment	XmALIGNMENT_BEGINNING	Byte	CSG
XmNchildHorizontalSpacing	dynamisch	Byte	CSG
XmNchildVerticalAlignment	XmALIGNMENT_CENTER	Byte	CSG
XmNframeChildType	XmFRAME_WORKAREA_CHILD	Byte	CSG

Die Ressource *XmNframeChildType* steht erst ab OSF/Motif V2.0 zur Verfügung.

sourcen, die dynamisch an Child Widgets weitergegeben werden. Tabelle 8.13 zeigt diese Ressourcen.

Ab OSF/Motif V2.0 unterstützen Widgets der Klasse *XmFrame* zwei Children: Neben dem eingerahmten Widget kann ein zweites im Rahmen selbst – quasi als Überschrift – dargestellt werden. Zu diesem Zweck wurde auch die Ressource *XmNframeChildType* eingeführt.

❑ XmScale

Mit Hilfe der Klasse *XmScale* lassen sich Skalen aller Art verwalten. *XmScale* Widgets fungieren dabei sowohl als Momentanwert-Anzeige als auch als Schieberegler. (Ab OSF/Motif V2.0 kann mit Hilfe der Ressourcen *XmNeditable* die Schieberegler-Funktion abgeschaltet werden. Das Widget arbeitet dann ausschließlich als Anzeigeskala.) Prinzi-

Tabelle 8.14: Zusätzliche Ressourcen der Klasse *XmScale*

Name	Voreingestellter Wert	Typ	Zugr.
XmNconvertCallback	NULL	XtCallbackList	C
XmNdecimalPoints	0	Word (16 Bit)	CSG
XmNdragCallback	NULL	XtCallbackList	C
XmNeditable	True	Bool	CSG
XmNfontList	dynamisch	XmFontList	CSG
XmNhighlightOnEnter	False	Bool	CSG
XmNhighlightThickness	2	Dimension	CSG
XmNmaximum	100	Integer	CSG
XmNminimum	0	Integer	CSG
XmNorientation	XmVERTICAL	Byte	CSG
XmNprocessingDirection	dynamisch	Byte	CSG
XmNrenderTable	dynamisch	XmRenderTable	CSG
XmNscaleHeight	0	Dimension	CSG
XmNscaleMultiple	dynamisch	Integer	CSG
XmNscaleWidth	0	Dimension	CSG
XmNshowArrows	XmNONE	XtEnum	CSG
XmNshowValue	XmNONE	XtEnum	CSG
XmNsliderMark	dynamisch	XtEnum	CSG
XmNsliderVisual	dynamisch	XtEnum	CSG
XmNslidingMode	XmSLIDER	XtEnum	CSG
XmNtitleString	NULL	XmString	CSG
XmNvalue	0	Integer	CSG
XmNvalueChangedCallback	NULL	XtCallbackList	C

Die Ressourcen *XmNconvertCallback*, *XmNeditable*, *XmNrederTable*, *XmNshowArrows*, *XmNsliderMark*, *XmNsliderVisual* sowie *XmNslidingMode* stehen erst ab Motif Version 2.0 zur Verfügung. Die Ressource *XmNshowValue* besitzt vor Motif V2.0 den Datentyp *Bool* und den voreingestellten Wert „False".

piell ähnelt die Funktion der Widget-Klasse *XmScale* der der Klasse *XmScrollBar* – Anzeigen bzw. Einstellen eines Ist-Werts aus einem Wertebereich –, insbesondere ab Motif V2.0 bietet *XmScale* allerdings wesentlich mehr Gestaltungsmöglichkeiten: Der augenblickliche Ist-Wert darf eine Ganz- oder auch eine Dezimalzahl sein und kann permanent angezeigt werden. Eine ganze Reihe von Beschriftungsoptionen erlaubt die Gestaltung einer Skala je nach Anwendungsfall. Auch der Anzeigemodus selbst läßt sich (ab OSF/Motif V2.0) flexibel einstellen – z.B. „Thermometer-artig" oder „Scroll Bar-artig".

Der Ist-Wert eines Widgets wird durch die Ressource *XmNvalue* spezifiziert, den Wertebereich bestimmen die Ressourcen *XmNminimum* und *XmNmaximum*. Veränderungen des Ist-Werts durch den Anwender teilt Motif einer Applikation per Funktionsaufruf mit, wobei die betreffende Routine von der Callback-Ressource *XmNvalueChangedCallback* bestimmt wird. Das Einstellen des Ist-Werts sowie dessen Abfrage läßt sich darüber hinaus – ähnlich wie bei *XmScrollBar* Widgets – elegant mit Hilfe zweier Convenience-Funktionen realisieren: *XmScaleSetValue* und *XmScaleGetValue* stehen zu diesem Zweck zur Verfügung.

Zwar gehört *XmScale* zur Gruppe der Behälter-Widgets, tatsächlich dürfte jedoch wohl kaum eine Anwendung versuchen, Child Widgets von Instanzen dieser Klasse verwalten zu lassen. Die Container-Eigenschaften von *XmScale* werden praktisch nur zum Management von „internen" Child Widgets benötigt, die ein Scale Widget selbst erzeugt.

Den nachfolgend beschriebenen Widget-Klassen ist gemeinsam, daß sie prinzipiell keine „eigenständigen" Typen darstellen, sondern zur Laufzeit Instanzen anderer Klassen erzeugen und diese zur Realisierung eines abstrakteren Verhaltens einsetzen. Prinzipiell ließe sich identisches Verhalten auch innerhalb einer Anwendung implementieren, wenn die entsprechenden Widgets zum Einsatz kommen – Motif stellt diese Klassen dennoch bereit, da die angebotene Funktionalität extrem häufig benötigt wird und ihre ständige Neurealisierung in Anwendungen als nicht tragbar erscheint.

❑ XmMessageBox

Widgets der Klasse *XmMessageBox* bieten die Möglichkeit, kurze Nachrichtentexte (z.B. Fehlermeldungen) anzuzeigen. In ihrer „Urform" sind sie jedoch keine eigenständigen Dialogfenster, die vom Benutzer manipuliert – also z.B. verschoben oder in der Größe verändert – werden können, da sie kein unterlegtes Shell Widget besitzen. Allerdings werden Instanzen der Klasse *XmMessageBox* so gut wie nie direkt verwendet, statt dessen kommen spezielle Varianten zum Einsatz, bei denen bestimmte Ressourcen bereits vorbelegt sind und automatisch erzeugte Shell Widgets als Parent verwendet werden (siehe hierzu Abschnitt 8.6).

Prinzipiell bestehen *XmMessageBox* Widgets aus Label Widgets zur Anzeige eines grafischen Symbols und eines Texts, sowie aus drei Push Button Widgets, die mit voreingestellten Beschriftungen (meist „OK", „Cancel" und „Help") versehen sind. Eine Anwendung kann zusätzliche Child Widgets hinzufügen, wobei ab OSF/Motif V1.2 auch weitere Push Buttons in die Button-Leiste eingefügt werden dürfen.

Ein besonderes Problem ergibt sich durch die Tatsache, daß *XmMessageBox* Widgets strenggenommen keine homogenen Elemente darstellen, sondern aus Instanzen anderer Widget-Klassen zusammengesetzt sind. Möchte der Anwendungsentwickler z.B. auf eins der drei per Voreinstellung vorhandenen Push Button Widgets verzichten, so stellt er zunächst fest, daß die Klasse *XmMessageBox* eine derartige Konfiguration nicht unterstützt – es existieren einfach keine Ressourcen zur Einstellung der Button-Anzahl. Abhilfe schafft hier nur ein etwas umständliches Verfahren: Mit Hilfe der Motif-Convenience-Routine *XmMessageBoxGetChild* kann der Widget-Identifikationscode eines jeden Elements einer Message Box abgefragt werden. Anschließend lassen sich die regulären X-Toolkit- oder Motif-Funktionen zur Manipulation des betreffenden Elements heranziehen. (Z.B. könnte eins der Push Button Widgets mit Hilfe der Xtk-Routine *XtDestroyWidget* entfernt werden.)

Tabelle 8.15: Zusätzliche Ressourcen der Klasse XmMessageBox

Name	Voreingestellter Wert	Typ	Zugr.
XmNcancelCallback	NULL	XtCallbackList	C
XmNcancelLabelString	„Cancel“	XmString	CSG
XmNdefaultButtonType	XmDIALOG_OK_BUTTON	Byte	CSG
XmNdialogType	XmDIALOG_MESSAGE	Byte	CSG
XmNhelpLabelString	„Help“	XmString	CSG
XmNmessageAlignment	XmALIGNMENT_BEGINNING	Byte	CSG
XmNmessageString	leerer String	XmString	CSG
XmNminimizeButtons	False	Bool	CSG
XmNokCallback	NULL	XtCallbackList	C
XmNokLabelString	„OK“	XmString	CSG
XmNsymbolPixmap	dynamisch	Pixmap	CSG

Die Ressource *XmNdialogType* legt fest, von welchem „Typ“ die erzeugte Message Box sein soll. Zur Verfügung stehen u.a. „Error Dialog“ oder „Information Dialog“. Eine Anwendung legt den Wert dieser Ressource – ebenso wie den Wert der Ressource *XmNsymbolPixmap*, die ein grafisches Symbol zur Verdeutlichung des Message Box-Typs spezifiziert – selten direkt fest. Statt dessen werden beide Ressourcen bei Verwendung einer der in Abschnitt 8.6 beschriebenen Varianten automatisch belegt.

❑ XmSelectionBox

Die Klasse *XmSelectionBox* faßt mehrere andere Widgets zu einem einzigen zusammen. Im wesentlichen werden ein Listen-Widget, ein Textfeld-Widget, sowie mehrere Instanzen der Klassen *XmLabel* und *XmPushButton* zu einer funktionalen Einheit kombiniert. Mit Hilfe eines *XmSelectionBox* Widgets können Applikationen eine Liste bereitstellen, aus der Anwender einen gewünschten Eintrag auswählen. Dies geschieht entweder durch „anklicken“ des gewünschten Eintrags im Listen-Widget (der dadurch automatisch in das Textfeld übernommen wird), oder durch direkte Eingabe des gewünschten Eintrags in das Textfeld. Die zusätzlich vorhandenen Label- und Push Button Widgets dienen zur

Beschriftung der List- sowie der Textfeld-Instanz, bzw. zur Bereitstellung der Motif-üblichen Bestätigungs-, Abbruchs- und Hilfefunktionen.

Ähnlich wie Widgets der Klasse *XmMessageBox* werden Instanzen des *XmSelectionBox*-Typs eher selten direkt verwendet, da sie – aufgrund eines fehlenden unterlegten Shell Widgets – keine „eigenständigen" Dialogfenster sind (obwohl ihr Layout die Verwendung als Dialogfenster zumindest nahelegt.) Daher greifen Anwendungen häufig auf die „falsche" Widget-Klasse *XmSelectionBoxDialog* (siehe Abschnitt 8.6) zurück.

Tabelle 8.16: Zusätzliche Ressourcen der Klasse *XmSelectionBox*

Name	Voreingestellter Wert	Typ	Zugr.
XmNapplyCallback	NULL	XtCallbackList	C
XmNapplyLabelString	„Apply"	XmString	CSG
XmNcancelCallback	NULL	XtCallbackList	C
XmNcancelLabelString	„Cancel"	XmString	CSG
XmNchildPlacement	XmPLACE_ABOVE_SELECTION	Byte	CSG
XmNdialogType	dynamisch	Byte	CG
XmNhelpLabelString	„Help"	XmString	CSG
XmNlistItemCount	0	Integer	CSG
XmNlistItems	NULL	XmStringTable	CSG
XmNlistLabelString	NULL	XmString	CSG
XmNlistVisibleItemCount	8	Integer	CSG
XmNminimizeButtons	False	Bool	CSG
XmNmustMatch	False	Bool	CSG
XmNnoMatchCallback	NULL	XtCallbackList	C
XmNokCallback	NULL	XtCallbackList	C
XmNokLabelString	„OK"	XmString	CSG
XmNselectionLabelString	„Selection"	XmString	CSG
XmNtextAccelerators	Voreingestellte Accelerators	XtAccelerators	C
XmNtextColumns	20	Word (16 Bit)	CSG
XmNtextString	leerer String	XmString	CSG

Die Ressource *XmNchildPlacement* steht erst ab OSF/Motif V1.2 zur Verfügung.

Die unterstützten Ressourcen beziehen sich nahezu ausschließlich auf die automatisch erzeugten Child Widgets, d.h. sie erlauben die Manipulation dieser Widgets, ohne sie direkt beeinflussen zu müssen. Von besonderer Bedeutung ist dabei die Ressource *XmNdialogType*: Der Wert dieses Attributs bestimmt, welche Child Widgets automatisch erzeugt und eventuell auch angezeigt werden.

Die Klasse *XmSelectionBox* erlaubt das Hinzufügen eines zusätzlichen Child Widgets. Wo dieses Widget relativ zu den automatisch erzeugten Children eingefügt wird, regelt die Ressource *XmNchildPlacement.*

Ähnlich wie bei der Klasse *XmMessageBox* läßt sich der Widget-Identifikationscode eines jeden Child Widgets abfragen, in dem die Routine *XmSelectionBoxGetChild* verwendet wird. Dieser Code läßt sich anschließend zur Manipulation des Child Widgets mit Hilfe von Motif- oder Xtk-Routinen einsetzen.

❑ **XmFileSelectionBox**

Die Klasse *XmFileSelectionBox* ist eine Ableitung des Typs *XmSelectionBox*. Instanzen dieser Klasse werden von nahezu jeder Anwendung eingesetzt, da sie eine der gängigsten Eingabeprozeduren unterstützen: Die interaktive Abfrage einer Dateispezifikation. Zu diesem Zweck besitzt ein File Selection Box Widget zwei Auswahllisten: Eine zeigt die im jeweils angewählten Dateiverzeichnis befindlichen Unterverzeichnisse, die zweite die in diesem Verzeichnis abgelegten Dateien. Durch „anklicken" eines Unterverzeichnisnamens wird in das betreffende „Directory" gewechselt und beide Listen entsprechend neu aufgebaut. Auf diese Weise kann in einem Verzeichnisbaum navigiert und jede gewünschte Datei erreicht werden.

Jede *XmFileSelectionBox*-Instanz besitzt zudem zwei Textfelder (d.h. je zwei Widgets vom Typ *XmTextField*). Eins der Textfelder zeigt die augenblicklich ausgewählte Verzeichnis- bzw. Dateispezifikation an. Mit Hilfe der Tastatur kann der Anwender die gewünschte Datei somit auch ohne Verwendung der Auswahllisten festlegen. Das zweite Textfeld dient zur „Maskierung" der angezeigten Dateinamen: Nur die Dateien, die nach Durchführung der „Maskierung" mit dem jeweiligen Feldinhalt übrigbleiben, werden in die Dateiauswahlliste übernommen. Dabei gelten die Betriebssystem-üblichen Konventionen. Beispiele:

- Die Maskierungsinformation „`/user1/koerber/*x11*`" hat unter Unix zur Folge, daß nur Dateien, die den Namensbestandteil „x11" besitzen und im Verzeichnis „koerber" des übergeordneten Verzeichnisses „user1" abgelegt sind in die Dateiauswahlliste übernommen werden.

- Die Dateimaske „`SYS$USERDEVICE:[KOERBER]*.EXE;*`" bewirkt unter dem Betriebssystem OpenVMS die Übernahme aller Dateinamen von ausführbaren Programmen (Dateityp „.EXE") im Verzeichnis „SYS$USERDEVICE:[KOERBER]" in die Dateiauswahlliste, wobei alle verfügbaren Dateiversionen berücksichtigt werden.

Je nach Betriebssystem variiert die Implementierung der Klasse *XmFileSelectionBox* somit ein wenig, da Besonderheiten bei Verzeichnis- und Dateispezifikationen berücksichtigt werden müssen. Die Struktur der File Selection Box setzt allerdings voraus, daß jedes unterlegte Betriebssystem eine hierarchisch aufgebaute Dateiverwaltung besitzt, also Verzeichnisbäume unterstützt.

Auch *XmFileSelectionBox* wird selten direkt verwendet, statt dessen kommt eine Variante mit unterlegtem Shell Widget zum Einsatz (vgl. Abschnitt 8.6).

Tabelle 8.17: Zusätzliche Ressourcen der Klasse *XmFileSelectionBox*

Name	Voreingestellter Wert	Typ	Zugr.
XmNdirectory	dynamisch	XmString	CSG
XmNdirectoryValid	dynamisch	Bool	CSG
XmNdirListItems	dynamisch	XmStringTable	CSG
XmNdirListItemCount	dynamisch	Integer	CSG
XmNdirListLabelString	„Directories"	XmString	CSG
XmNdirMask	dynamisch	XmString	CSG
XmNdirSearchProc	voreingestellte Prozedur	Funktionsaddr.[2]	CSG
XmNdirSpec	dynamisch	XmString	CSG
XmNdirTextLabelString	NULL	XmString	C
XmNfileListItems	dynamisch	XmStringTable	CSG
XmNfileListItemCount	dynamisch	Integer	CSG
XmNfileListLabelString	„Files"	XmString	CSG
XmNfileSearchProc	voreingestellte Prozedur	Funktionsaddr.[2]	CSG
XmNfileTypeMask	XmFILE_REGULAR	Byte	CSG
XmNfilterLabelString	„Filter"	XmString	CSG
XmNfilterStyle	XmFILTER_NONE	XtEnum	CSG
XmNlistUpdated	dynamisch	Bool	CSG
XmNnoMatchString	„[ ]"	XmString	CSG
XmNpathMode	XmPATH_MODE_FULL	XtEnum	CSG
XmNpattern	dynamisch	XmString	CSG
XmNqualifySearchDataProc	voreingestellte Prozedur	Funktionsaddr.[3]	CSG

Die Ressourcen *XmNdirTextLabelString*, *XmNfilterStyle* und *XmNpathMode* stehen erst ab OSF/Motif V2.0 zur Verfügung.

Einige der in der obigen Tabelle aufgeführten Ressourcen werden zur Verwaltung von Verzeichnis- bzw. Dateilisten benötigt und kommen somit anwendungsseitig seltener zum Einsatz. Wichtiger sind dagegen z.B. die Ressourcen zur Beschriftung von Listen bzw. Textfeldern. (Ressourcen: *XmNfileListLabelString*, *XmNdirListLabelString*, *XmNfilterLabelString*. Die Beschriftung des Auswahl-Textfelds erfolgt mit Hilfe der „geerbten" Ressource *XmNselectionLabelString*.) Die Ressource *XmNdirMask* legt den voreingestellten Inhalt des Dateimasken-Felds fest.

OSF/Motif verwendet voreingestellte Prozeduren zur Durchführung von Suchoperationen in Dateiverzeichnissen. Mit Hilfe der speziellen Ressourcen *XmNdirSearchProc* und *XmNfileSearchProc* können diese voreingestellten Prozeduren durch Anwendungs-eigene Routinen ersetzt werden. Die voreingestellten Routinen setzen übrigens die Res-

[2] Ab Motif V1.2 kann der Datentyp *XmSearchProc* verwendet werden.

[3] Ab Motif V1.2 kann der Datentyp *XmQualifyProc* verwendet werden.

source *XmNlistUpdated* auf den Wert „True“, falls eine der Auswahllisten als Resultat der Suchoperation modifiziert worden ist.

Die Ressource *XmNqualifySearchDataProc* spezifiziert ebenfalls eine – allerdings sehr spezielle und daher hier nicht näher erläuterte – Routine. Diese wird zur Konstruktion von diversen Parametern wie z.B. Dateimaske oder -suchmuster verwendet, die anschließend an die Suchroutinen weitergegeben werden.

Die Motif-Convenience-Routine *XmFileSelectionBoxGetChild* dient – ähnlich wie die Routinen *XmMessageBoxGetChild* und *XmSelectionBoxGetChild* – zur Abfrage des Widget-Identifikationscodes der (zahlreichen) Child Widgets einer File Selection Box. Nur mit Hilfe dieses Codes ist es möglich, die regulären Motif- oder Xtk-Routinen zur Manipulation der Teil-Widgets einer *XmFileSelectionBox*-Instanz einzusetzen.

❑ XmCommand

Prinzipiell stellt die Klasse *XmCommand* – ebenfalls eine Ableitung des *XmSelectionBox*-Typs – eine „Verbeugung“ vor den eingangs dieses Buches diskutierten syntaxgesteuerten Bedienoberflächen dar. Instanzen der *XmCommand*-Klasse besitzen ein Textfeld zur Eingabe beliebiger Kommandos, die (in Form der eingegebenen Zeichenkette) an die Anwendung weitergereicht werden. Gleichzeitig nehmen Command Widgets jedes eingegebene Kommando in eine sog. „History List“ auf, die oberhalb des Textfelds zur Kommandoregistrierung angezeigt wird.

Haupteinsatzbereich von Widgets der Klasse *XmCommand* sind somit ältere Anwendungen, die über eine syntaxgesteuerte Bedienoberfläche verfügen und die nicht vollständig (zumindest aber nicht unmittelbar) auf ein grafisches Bedienkonzept umgestellt werden können.

Im Gegensatz zu Klassen wie *XmSelectionBox*, *XmFileSelectionBox* oder *XmMessageBox* besitzt *XmCommand* keine Variante mit unterlegtem Shell Widget.

Tabelle 8.18: Zusätzliche Ressourcen der Klasse *XmCommand*

Name	Voreingestellter Wert	Typ	Zugr.
XmNcommand	leerer String	XmString	CSG
XmNcommandChangedCallback	NULL	XtCallbackList	C
XmNcommandEnteredCallback	NULL	XtCallbackList	C
XmNhistoryItems	NULL	XmStringTable	CSG
XmNhistoryItemCount	0	Integer	CSG
XmNhistoryMaxItems	100	Integer	CSG
XmNhistoryVisibleItemCount	8	Integer	CSG
XmNpromptString	dynamisch	XmString	CSG

Auch die Klasse *XmCommand* besitzt mit *XmCommandGetChild* eine dedizierte Convenience-Routine zur Abfrage des Identifikationscodes der verwendeten Child Widgets.

Die folgenden Widget-Klassen werden erst ab OSF/Motif Version 2.0 unterstützt:

❑ XmSpinBox

Die Klasse *XmSpinBox* erlaubt die Konstruktion von Eingabefeldern aus der Gruppe der Text Widgets (*XmText*, *XmTextField* oder *XmCSText*), die eine definierte Menge von numerischen oder alphanumerischen Daten zur Verfügung stellen. Mit Hilfe zweier „Pfeiltasten" (deren Positionierung sich bezogen auf die Eingabefelder flexibel konfigurieren läßt) kann diese Menge in aufsteigender oder absteigender Reihenfolge zyklisch durchlaufen werden.

Ein Beispiel für den Einsatzbereich der Klasse *XmSpinBox* ist z.B. ein Dialog zur Datumseingabe: Drei Child Widgets vom Typ *XmTextField* repräsentieren Tag, Monat und Jahr. Durch „anklicken" der Felder und Verwendung der „Pfeiltasten" kann der Anwender so ein gewünschtes Datum ohne Tastatureingaben einstellen.

Tabelle 8.19: Zusätzliche Ressourcen der Klasse *XmSpinBox*

Name	Voreingestellter Wert	Typ	Zugr.
XmNarrowLayout	XmARROWS_END	Byte	CSG
XmNarrowSize	16	Dimension	CSG
XmNdefaultArrowSensitivity	XmARROW_SENSITIVE	Byte	CSG
XmNdetailShadowThickness	2	Dimension	CSG
XmNinitialDelay	250	Integer	CSG
XmNmarginHeight	dynamisch	Dimension	CSG
XmNmarginWidth	dynamisch	Dimension	CSG
XmNmodifyVerifyCallback	NULL	XtCallbackList	C
XmNrepeatDelay	200	Unsigned Int.	CSG
XmNspacing	dynamisch	Dimension	CSG
XmNvalueChangedCallback	NULL	XtCallbackList	C

Auch die Klasse *XmSpinBox* definiert einige spezielle Ressourcen, die dynamisch an Child Widgets weitergegeben werden – also automatisch Bestandteil der Ressourcenmenge solcher Widgets werden, sobald sie als Children einer *XmSpinBox*-Instanz fungieren. Tabelle 8.20 zeigt diese Ressourcen.

Mit Hilfe der Ressource *XmNspinBoxChildType* kann festgelegt werden, welchen „Informationstyp" das betreffende Child (Text-) Widget repräsentiert. Der voreingestellte Wert *XmSTRING* definiert eine durch die Ressource *XmNvalues* festgelegte Menge von Zeichenketten als zu verwendende Daten. Wird statt dessen der Wert *XmNUMERIC* eingesetzt, so läßt sich mit Hilfe der Ressourcen *XmNminimumValue* und *XmNmaximumValue* ein Wertebereich spezifizieren, der mit Hilfe eines *XmSpinBox* Widgets durchlaufen werden kann. Die Schrittweite wird dabei von der Ressource *XmNincrementValue* bestimmt. *XmSpinBox* Widgets unterstützen auch Wertebereiche, die aus Dezimalzahlen bestehen: Mit Hilfe der Ressource *XmNdecimalPoints* kann die Interpre-

Tabelle 8.20: Constraint-Ressourcen der Klasse *XmSpinBox*

Name	Voreingestellter Wert	Typ	Zugr.
XmNarrowSensitivity	XmARROWS_DEFAULT_SENSITIVITY	Byte	CSG
XmNdecimalPoints	0	Word (16 Bit)	CSG
XmNincrementValue	1	Integer	CSG
XmNmaximumValue	10	Integer	CSG
XmNminimumValue	0	Integer	CSG
XmNnumValues	0	Integer	CSG
XmNposition	0	Integer	CSG
XmNspinBoxChildType	XmSTRING	Byte	CG
XmNvalues	NULL	XmStringTable	CSG

tation von *XmNminimumValue* und *XmNmaximumValue* verändert werden, so daß Nachkommastellen möglich sind.

❑ XmComboBox

Widgets vom Typ *XmComboBox* realisieren ein Bedienelement, das aus einer (entweder ständig angezeigten oder „aufklappbaren") Liste sowie einem einzeiligen Texteingabefeld besteht. Der Anwender kann daher Eingaben mit Hilfe der Tastatur und dem Textfeld vornehmen, oder aber einen der in der Liste befindlichen Einträge auswählen.

Prinzipiell bietet die Klasse *XmSelectionBox* (bzw. eine Kombination aus *XmOptionMenu* und *XmTextField*) die gleiche Funktionalität an, somit ist der *XmComboBox*-Typ strenggenommen redundant. Der Grund für die Einführung dieser Widget-Klasse mit OSF/Motif V2.0 liegt in einer gewünschten Annäherung an die Bedienoberflächensysteme im PC-Umfeld (MS-Windows bzw. MacOS), die sehr ähnliche Bedienelemente

Tabelle 8.21: Zusätzliche Ressourcen der Klasse *XmComboBox*

Name	Voreingestellter Wert	Typ	Zugr.
XmNarrowSize	dynamisch	Dimension	CSG
XmNarrowSpacing	dynamisch	Dimension	CSG
XmNcomboBoxType	XmCOMBO_BOX	Byte	CG
XmNfontList	NULL	XmFontList	CSG
XmNhighlightThickness	2	Dimension	CSG
XmNmarginHeight	2	Dimension	CSG
XmNmarginWidth	2	Dimension	CSG
XmNmatchBehavior	dynamisch	Byte	CSG
XmNrenderTable	NULL	XmRenderTable	CSG
XmNselectedItem	NULL	XmString	CSG
XmNselectedPosition	dynamisch	Integer	CSG
XmNselectedCallback	NULL	XtCallbackList	C

unterstützen. Prinzipiell gilt diese Aussage übrigens für Motif V2.0 insgesamt: Das „Zusammenwachsen" der gängigen Bedienoberflächensysteme und -umgebungen soll durch Motif V2.0 gefördert werden. Aus diesem Grund wurden nicht nur PC-typische Veränderungen am Widget-Set vorgenommen, sondern auch „Brücken" zu Systemumgebungen wie dem CDE (Common Desktop Environment) der Unix-Welt geschlagen, die u.a. erhebliche Veränderungen im Erscheinungsbild von Motif-Anwendungen und dem Verhalten des Motif Window Managers zur Folge haben.

Die zu realisierende Combo Box-Variante wird durch die Ressource *XmNcomboBoxType* bestimmt. Der voreingestellte Wert mit der symbolischen Bezeichnung *XmCOMBO_BOX* meint dabei ein Bedienelement mit ständig angezeigter Liste, während die Alternative *XmDROP_DOWN_COMBO_BOX* die Liste bei Bedarf „aufklappt". Die dritte Option *XmDROP_DOWN_LIST* entspricht der vorgenannten Variante, erlaubt aber keine Eingaben im Textfeld.

❑ XmContainer

Zusammen mit der nachfolgend beschriebenen Klasse *XmNotebook* stellt *XmContainer* wohl die funktional komplexeste Klasse im Motif-Widget-Set dar. Instanzen der Klasse *XmContainer* werden stets zusammen mit Gadgets vom Typ *XmIconGadget* (siehe auch Abschnitt 8.5) eingesetzt und bieten zusammen die Möglichkeit, strukturierte Information – z.B. hierarchische Beziehungen zwischen Datenobjekten – darzustellen. Die Gadgets der Klasse *XmIconGadget* fungieren hierbei als „Knoten" eines Graphs, der von einem *XmContainer* Widget verwaltet wird.

Die Einsatzmöglichkeiten sind vielfältig: Überall wo Information in Form von baumartigen Strukturen dargestellt werden soll, sind *XmContainer* Widgets hilfreich. Die von den Gadgets angezeigte Grafik- und Textinformation wird von der *XmContainer*-Instanz optional durch Linien verbunden und kann vom Anwender ein- und ausgeblendet werden. Auf diese Weise lassen sich z.B. Überblicksgraphen darstellen, deren „Äste" sich nach Bedarf „ausklappen" lassen.

Der unterstützte Ressourcen-Satz ist extrem umfangreich. Neben Ressourcen zur Konfiguration der Darstellungsoptionen (z.B. *XmNlayoutType*) existieren Attribute, mit denen das Verhalten des Widgets in Bezug auf Selektionsvorgänge festgelegt werden kann (z.B. *XmNselectionPolicy*, *XmNselectionTechnique* oder *XmNselectionCallback*). Weitere Ressourcen steuern die Anzeige von Button Widgets, die *XmIconGadget*-Instanzen zugeordnet sind und mit deren Hilfe sich Teilgraphen darstellen oder „einklappen" lassen (*XmNoutlineButtonPolicy*), bzw. vom Benutzer mit Hilfe dieser Widgets veranlaßte Änderungen in der Darstellung an die Anwendung weitergegeben werden (*XmNoutlineChangedCallback*).

Die Klasse *XmContainer* definiert drei Constraint-Ressourcen, die automatisch Bestandteil der Klasse *XmIconGadget* werden, sobald Instanzen dieser Klasse als Child-Elemente in einem *XmContainer* Widget verwendet werden:

Tabelle 8.22: Zusätzliche Ressourcen der Klasse *XmContainer*

Name	Voreingestellter Wert	Typ	Zugr.
XmNautomaticSelection	XmAUTO_SELECT	Byte	CSG
XmNcollapsedStatePixmap	dynamisch	Pixmap	CSG
XmNconvertCallback	NULL	XtCallbackList	C
XmNdefaultActionCallback	NULL	XtCallbackList	C
XmNdestinationCallback	NULL	XtCallbackList	C
XmNdetailColumnHeading	NULL	XmStringTable	CSG
XmNdetailColumnHeadingCount	0	Cardinal	CSG
XmNdetailOrder	NULL	Ptr. to Cardinal	CSG
XmNdetailOrderCount	dynamisch	Cardinal	CSG
XmNdetailTabList	NULL	XmTabList	CSG
XmNentryViewType	XmANY_ICON	Byte	CSG
XmNexpandedStatePixmap	dynamisch	Pixmap	CSG
XmNfontList	NULL	XmFontList	CSG
XmNlargeCellHeight	dynamisch	Dimension	CSG
XmNlargeCellWidth	dynamisch	Dimension	CSG
XmNlayoutType	XmSPATIAL	Byte	CSG
XmNmarginHeight	dynamisch	Dimension	CSG
XmNmarginWidth	dynamisch	Dimension	CSG
XmNoutlineButtonPolicy	XmOUTLINE_BUTTON_PRESENT	Byte	CSG
XmNoutlineChangedCallback	NULL	XtCallbackList	C
XmNoutlineColumnWidth	dynamisch	Dimension	CSG
XmNoutlineIndentation	40	Dimension	CSG
XmNoutlineLineStyle	XmSINGLE	Byte	CSG
XmNprimaryOwnership	XmOWN_POSSIBLE_MULTIPLE	Byte	CSG
XmNrenderTable	dynamisch	XmRenderTable	CSG
XmNselectColor	dynamisch	Pixel	CSG
XmNselectedObjects	NULL	WidgetList	CSG
XmNselectedObjectCount	0	Unsigned Int.	CSG
XmNselectionCallback	NULL	XtCallbackList	C
XmNselectionPolicy	XmEXTENDED_SELECT	Byte	CSG
XmNselectionTechnique	XmTOUCH_OVER	Byte	CSG
XmNsmallCellHeight	dynamisch	Dimension	CSG
XmNsmallCellWidth	dynamisch	Dimension	CSG
XmNspatialIncludeModel	XmAPPEND	Byte	CSG
XmNspatialResizeModel	XmGROW_MINOR	Byte	CSG
XmNspatialSnapModel	XmNONE	Byte	CSG
XmNspatialStyle	XmGRID	Byte	CSG

Tabelle 8.23: Constraint-Ressourcen der Klasse *XmContainer*

Name	Voreingestellter Wert	Typ	Zugr.
XmNentryParent	NULL	Widget	CSG
XmNoutlineState	XmCOLLAPSED	Byte	CSG
XmNpositionIndex	dynamisch	Integer	CSG

Die Ressource *XmNentryParent* dient zur Definition des hierarchisch übergeordneten Elements vom Typ *XmIconGadget*, also quasi des „Elternknotens" eines bestimmten Knotens im Graphen. Diese Ressource wird benötigt, wenn ein *XmContainer* Widget zur Darstellung von hierarchisch aufgebauter Information herangezogen wird. Die Ressource *XmNoutlineState* steuert die Darstellung von Teilgraphen (vergröberte Überblicksdarstellung oder vollständige Detailanzeige). Der voreingestellte Wert *XmCOLLAPSED* bezieht sich dabei auf die vergröberte Darstellung.

❑ XmNotebook

Widgets der Klasse *XmNotebook* realisieren komplexe Bedienelemente, die vielfältige Einsatzmöglichkeiten besitzen. Ihre visuelle Erscheinungsform ist die eines Notizbuches, dessen einzelne Seiten aus Widgets bestehen. Jede Seite wird durch je eine Child-Widget-Instanz einer beliebigen Klasse repräsentiert, wodurch sich praktisch unbe-

Tabelle 8.24: Zusätzliche Ressourcen der Klasse *XmNotebook*

Name	Voreingestellter Wert	Typ	Zugr.
XmNbackPageBackground	dynamisch	Pixel	CSG
XmNbackPageForeground	dynamisch	Pixel	CSG
XmNbackPageNumber	2	Cardinal	CSG
XmNbackPagePlacement	dynamisch	Byte	CSG
XmNbackPageSize	8	Dimension	CSG
XmNbindingPixmap	XmUNSPECIFIED_PIXMAP	Pixmap	CSG
XmNbindingType	XmSPIRAL	Byte	CSG
XmNbindingWidth	25	Dimension	CSG
XmNcurrentPageNumber	dynamisch	Integer	CSG
XmNfirstPageNumber	1	Integer	CSG
XmNframeBackground	dynamisch	Pixel	CSG
XmNframeShadowThickness	0	Dimension	CSG
XmNinnerMarginHeight	0	Dimension	CSG
XmNinnerMarginWidth	0	Dimension	CSG
XmNlastPageNumber	dynamisch	Integer	CSG
XmNminorTabSpacing	3	Dimension	CSG
XmNmajorTabSpacing	3	Dimension	CSG
XmNorientation	XmHORIZONTAL	Byte	CSG
XmNpageChangedCallback	NULL	XtCallbackList	C

grenzte Gestaltungsmöglichkeiten ergeben. Zusätzliche optionale Widgets (meist Push Buttons) dienen als vordefinierte „Lesezeichen“, deren Verwendung das gezielte Aufschlagen bestimmter Seiten des Notizbuches ermöglicht. Ein automatisch erzeugtes Widget vom Typ *XmSpinBox* erlaubt darüber hinaus das Vor- bzw. Rückwärtsblättern im Buch sowie die Auswahl einer bestimmten Seite durch Eingabe der zugeordneten Seitennummer.

Die Ressourcen der Klasse *XmNotebook* dienen im wesentlichen der visuellen Gestaltung des „Notizbuchs“. So legt etwa *XmNbindingType* die „Bindung“ des Notizbuchs – voreingestellt ist Spiralbindung – fest, während *XmNorientation* die Ausrichtung (Hoch- bzw. Querformat) bestimmt. Die Ressourcen mit dem Namensbestandteil *XmNbackPage* definieren das Erscheinungsbild des „Seitenstapels“, der sich „unterhalb“ der momentan angezeigten (= aufgeschlagenen) Seite befindet. Die einzige unterstützte Callback-Ressource erlaubt die Spezifikation von Routinen, die nach einem „Seitenwechsel“ aufzurufen sind.

XmNotebook definiert drei Constraint-Ressourcen, die automatisch Bestandteil der Widget-Ressourcen eines *XmNotebook*-Childs sind.

Tabelle 8.25: Constraint-Ressourcen der Klasse *XmNotebook*

Name	Voreingestellter Wert	Typ	Zugr.
XmNnotebookChildType	dynamisch	Byte	CG
XmNpageNumber	dynamisch	Integer	CSG
XmNresizable	True	Bool	CSG

Die Ressource *XmNnotebookChildType* legt den „Typ“ des Child Widgets fest. So kennzeichnet z.B. der symbolische Name *XmPAGE* einen Wert, der das betreffende Widget als „Seiteninhalt“ charakterisiert. Von besonderer Bedeutung ist *XmNpageNumber*: Mit Hilfe dieses Attributs wird die Seitennummer spezifiziert, der das jeweilige Child Widget zugeordnet werden soll.

8.4 Die Darstellungselemente

Die von OSF/Motif bereitgestellten Darstellungselemente (auch Display Widgets genannt) dienen der Anzeige und/oder Eingabe von Information. Alle Darstellungselemente basieren auf der abstrakten Klasse *XmPrimitive*, die wiederum von Core abgeleitet ist.

❑ XmPrimitive

XmPrimitive fügt den Ressourcen der Klasse Core im wesentlichen Grafikattribute hinzu, die das Motif-typische Erscheinungsbild eines Widgets steuern.

Tabelle 8.26: Zusätzliche Ressourcen der Klasse *XmPrimitive*

Name	Voreingestellter Wert	Typ	Zugr.
XmNbottomShadowColor	dynamisch	Pixel	CSG
XmNbottomShadowPixmap	XmUNSPECIFIED_PIXMAP	Pixmap	CSG
XmNconvertCallback	NULL	XtCallbackList	C
XmNforeground	dynamisch	Pixel	CSG
XmNhelpCallback	NULL	XtCallbackList	C
XmNhighlightColor	dynamisch	Pixel	CSG
XmNhighlightOnEnter	False	Bool	CSG
XmNhighlightPixmap	dynamisch	Pixel	CSG
XmNhighlightThickness	2	Dimension	CSG
XmNlayoutDirection	dynamisch	XmDirection	CG
XmNnavigationType	XmNONE	XmNavigationType	G
XmNpopupHandlerCallback	NULL	XtCallbackList	C
XmNshadowThickness	2	Dimension	CSG
XmNtopShadowColor	dynamisch	Pixel	CSG
XmNtopShadowPixmap	dynamisch	Pixel	CSG
XmNtraversalOn	True	Bool	CSG
XmNunitType	dynamisch	Byte	CSG
XmNuserData	NULL	XtPointer	CSG

Die Ressourcen *XmNconvertCallback*, *XmNlayoutDirection* sowie *XmNpopupHandlerCallback* stehen erst ab OSF/Motif V2.0 zur Verfügung.

Die Ressource *XmNshadowThickness*, die zur Definition der „Breite" des „Schattens" eines Widgets verwendet wird, besitzt zwar per Voreinstellung den Wert 2 (Pixel), tatsächlich verändern allerdings zahlreiche von *XmPrimitive* abgeleitete Klassen diesen Wert, um einen Klassen-typischen „Look" herzustellen. Die nachfolgend beschriebene Klasse *XmLabel* setzt die Ressource *XmNshadowThickness* z.B. auf den Wert 0 (= kein „Schatten").

Auf die Erläuterung der Möglichkeiten, die sich durch die Ressourcen *XmNnavigationType*, *XmNtraversalOn* und *XmNlayoutDirection* erschließen, sei an dieser Stelle verzichtet.

❑ XmLabel

Die Klasse *XmLabel* dient der Darstellung von Beschriftungen. Allerdings ist der Begriff „Beschriftung" großzügig aufzufassen: Neben Compound Strings lassen sich auch statische Grafiken (d.h. Grafiken, die von der Anwendung nicht stetig verändert werden, wie dies etwa bei animierten Bildern der Fall wäre) darstellen. Widgets dieser Klasse werden extrem häufig und zu verschiedensten Zwecken eingesetzt.

Tabelle 8.27: Zusätzliche Ressourcen der Klasse *XmLabel*

Name	Voreingestellter Wert	Typ	Zugr.
XmNaccelerator	NULL	String	CSG
XmNacceleratorText	NULL	XmString	CSG
XmNalignment	XmALIGNMENT_CENTER	Byte	CSG
XmNfontList	dynamisch	XmFontList	CSG
XmNlabelInsensitivePixmap	XmUNSPECIFIED_PIXMAP	Pixmap	CSG
XmNlabelPixmap	XmUNSPECIFIED_PIXMAP	Pixmap	CSG
XmNlabelString	dynamisch	XmString	CSG
XmNlabelType	XmSTRING	Byte	CSG
XmNmarginBottom	0	Dimension	CSG
XmNmarginHeight	2	Dimension	CSG
XmNmarginLeft	0	Dimension	CSG
XmNmarginRight	0	Dimension	CSG
XmNmarginTop	0	Dimension	CSG
XmNmarginWidth	2	Dimension	CSG
XmNmnemonic	NULL	KeySym	CSG
XmNmnemonicCharSet	dynamisch	String	CSG
XmNrecomputeSize	True	Bool	CSG
XmNrenderTable	dynamisch	XmRenderTable	CSG
XmNstringDirection	dynamisch	XmStringDirection	CSG

Die Ressource *XmNrenderTable* steht erst ab OSF/Motif V2.0 zur Verfügung.

Mit Hilfe der Ressource *XmNlabelType* kann festgelegt werden, ob ein Label Widget zur Anzeige eines Compound Strings herangezogen werden soll, oder aber eine Grafik darstellt. Wird die Ressource mit dem Wert der Konstante *XmSTRING* belegt, so bestimmt die Ressource *XmNlabelString* den auszugebenden Compound String. Die Belegung von *XmNlabelType* mit dem durch die Konstante *XmPIXMAP* bezeichneten Wert hat dagegen zur Folge, daß die durch *XmNlabelPixmap* referenzierte Grafik dargestellt wird. (Pixmaps sind Gegenstand des Kapitels 10.3.)

Zu *XmNlabelPixmap* gehört prinzipiell eine weitere Ressource: *XmNlabelInsensitive-Pixmap*. Mit Hilfe dieses Attributs läßt sich eine weitere Grafik bestimmen, die angezeigt wird, falls das Label Widget „deaktiviert“ ist (vgl. Abschnitt 8.1). Zwar erfüllen Label Widgets keinerlei „deaktivierbare“ Eingabefunktion, da sie allerdings häufig mit einem Eingabe-Widget assoziiert werden (und dieses im „deaktivierten“ Zustand eine andere Darstellung besitzt), ist diese Funktion dennoch nützlich. Zudem „vererbt“ die Klasse *XmLabel* ihre Ressourcen an die nachfolgend beschriebenen Button Widgets, die dadurch ebenfalls verschiedene Grafiken im „aktivierten“ bzw. „deaktivierten“ Zustand anzeigen können.

Wird ein Label Widget zur Ausgabe von Text verwendet, so verändert Motif dessen Darstellung im „abgeschaltetem“ Zustand übrigens automatisch: Durch Auslassung von Pixeln in den Zeichen des Texts erscheint dieser verschwommen.

Die Ressourcen *XmNaccelerator* und *XmNmnemonic* sind für Label Widgets bedeutungslos und sind nur Bestandteil der Klasse *XmLabel*, da sie eine wichtige Rolle für die Gruppe der Button Widgets spielen.

❑ XmPushButton

Widgets der Klasse *XmPushButton* dienen üblicherweise zum Auslösen von Vorgängen in einer Anwendung. Sie werden in Dialogfenstern als „Schaltknopf" visualisiert, dessen „Betätigung" durch den Anwender eine unmittelbare Reaktion des Programms auslöst, kommen aber mit leicht verändertem Erscheinungsbild auch als Eintrag in Pull-Down-Menüs zum Einsatz, wo sie dieselbe Aufgabe erfüllen (siehe auch Abschnitt 8.6).

Tabelle 8.28: Zusätzliche Ressourcen der Klasse *XmPushButton*

Name	Voreingestellter Wert	Typ	Zugr.
XmNactivateCallback	NULL	XtCallbackList	C
XmNarmCallback	NULL	XtCallbackList	C
XmNarmColor	dynamisch	Pixel	CSG
XmNarmPixmap	XmUNSPECIFIED_PIXMAP	Pixmap	CSG
XmNdefaultButtonShadowThickness	0	Dimension	CSG
XmNdisarmCallback	NULL	XtCallbackList	C
XmNfillOnArm	True	Bool	CSG
XmNmultiClick	dynamisch	Byte	CSG
XmNshowAsDefault	0	Dimension	CSG

Die Ressourcen der Klasse definieren die Optik-Details und das Verhalten einer Instanz. Z.B. legt die Ressource *XmNshowAsDefault* fest, ob ein Push Button Widget als sog. „Default Button" agieren soll. In diesem Fall erhält das Widget einen speziellen „Rahmen" (dessen „Breite" von der Ressource *XmNdefaultButtonShadowThickness* gesteuert wird) zur Kennzeichnung, darüber hinaus reicht dann die Betätigung der „Return"-Taste, um die dem Button zugeordnete Funktion auszulösen. Die Callback-Ressourcen spezifizieren Routinen, die in den verschiedenen Phasen einer „Betätigung" des Widgets durch den Anwender aufgerufen werden.

Da die Klasse *XmPushButton* von der zuvor beschriebenen Klasse *XmLabel* abgeleitet ist, stehen zur „Beschriftung" eines Push Button Widgets die Gestaltungsmöglichkeiten des Label Widgets zur Verfügung.

❑ XmDrawnButton

Die Klasse *XmDrawnButton* ähnelt in Funktion und Aufgaben der Klasse *XmPushButton*. Der Unterschied liegt in einer zusätzlichen Gestaltungsmöglichkeit: Widgets der Klasse *XmDrawnButton* können jede beliebige Grafik darstellen, die sich mit Hilfe der Funktionen der X-Library erzeugen läßt (siehe auch die Beschreibung der Klasse

XmDrawingArea sowie Kapitel 14), sie sind nicht auf die Verwendung von Compound Strings oder „statischen“ Pixmaps beschränkt.

Tabelle 8.29: Zusätzliche Ressourcen der Klasse *XmDrawnButton*

Name	Voreingestellter Wert	Typ	Zugr.
XmNactivateCallback	NULL	XtCallbackList	C
XmNarmCallback	NULL	XtCallbackList	C
XmNdisarmCallback	NULL	XtCallbackList	C
XmNexposeCallback	NULL	XtCallbackList	C
XmNmultiClick	dynamisch	Byte	CSG
XmNpushButtonEnabled	False	Bool	CSG
XmNresizeCallback	NULL	XtCallbackList	C
XmNshadowType	XmSHADOW_ETCHED_IN	Byte	CSG

Da *XmDrawnButton* Widgets als „Leinwand“ für reguläre Xlib-Grafik dienen können, tritt bei ihrer Verwendung u.U. die sog. *Exposure-Problematik* auf (vgl. Abschnitt 10.6). Zur Behandlung dieses Problemfelds können die Ressourcen *XmNexposeCallback* sowie *XmNresizeCallback* herangezogen werden (siehe auch Kapitel 14).

Tabelle 8.30: Zusätzliche Ressourcen der Klasse *XmToggleButton*

Name	Voreingestellter Wert	Typ	Zugr.
XmNarmCallback	NULL	XtCallbackList	C
XmNdetailShadowThickness	2	Dimension	CSG
XmNdisarmCallback	NULL	XtCallbackList	C
XmNfillOnSelect	True	Bool	CSG
XmNindicatorOn	dynamisch	Byte	CSG
XmNindicatorSize	XmINVALID_DIMENSION	Dimension	CSG
XmNindicatorType	dynamisch	Byte	CSG
XmNselectColor	dynamisch	Pixel	CSG
XmNselectInsensitivePixmap	XmUNSPECIFIED_PIXMAP	Pixmap	CSG
XmNselectPixmap	XmUNSPECIFIED_PIXMAP	Pixmap	CSG
XmNset	dynamisch	Byte	CSG
XmNspacing	4	Dimension	CSG
XmNtoggleMode	XmTOGGLE_BOOLEAN	Byte	CSG
XmNunselectColor	dynamisch	Pixel	CSG
XmNvalueChangedCallback	NULL	XtCallbackList	CSG
XmNvisibleWhenOff	dynamisch	Bool	CSG

Die Ressourcen *XmNdetailShadowThickness*, *XmNtoggleMode* und *XmNunselectColor* stehen erst ab OSF/Motif V2.0 zur Verfügung. Vor der Version 2.0 besaßen die Ressourcen *XmNindicatorOn* sowie *XmNset* zudem den Datentyp „Bool“ sowie die voreingestellten Werte „True“ (*XmNindicatorOn*) bzw. „False“ (*XmNset*).

❑ XmToggleButton

Im Gegensatz zu den zuvor beschriebenen Button-Klassen besitzt *XmToggleButton* eine andere Aufgabe: Die „Betätigung“ einer Instanz dieser Klasse soll keine unmittelbare Reaktion des Programms auslösen, sondern aktiviert bzw. deaktiviert eine Programmoption. Toggle Button Widgets erfüllen somit die Funktion eines Ein-Aus-Schalters, dessen Zustand bei jeder Betätigung wechselt. (Seit OSF/Motif V2.0 kann ein Toggle Button allerdings auch als Umschalter fungieren, der zwischen drei verschiedenen Zuständen zyklisch umschaltet.) Instanzen der Klasse *XmToggleButton* kommen sowohl in Dialogfenstern, als auch als Elemente von Pull-Down-Menüs zum Einsatz.

Die vielfältigen Ressourcen der Klasse *XmToggleButton* bieten zahlreiche Möglichkeiten zur visuellen Gestaltung von Instanzen. In vielen Fällen ist es jedoch ausreichend, mit Hilfe des Attributs *XmNset* festzulegen, welchen initialen Zustand das Widget einnehmen soll, und die Anwendung bei einen späteren Zustandswechsel zu informieren. (Zu diesem Zweck wird die Ressource *XmNvalueChangedCallback* mit der Adresse einer Callback-Routine belegt, die bei „Betätigung“ des Widgets durch den Anwender die Zustandsänderung registriert.) Der Status eines Toggle Button Widgets kann zur Laufzeit mit Hilfe von Motif-Convenience-Routinen abgefragt bzw. manipuliert werden, siehe hierzu Abschnitt 9.1.

❑ XmCascadeButton

Die Klasse *XmCascadeButton* unterstützt die von OSF/Motif verwendete Menütechnik: Bei „Betätigung“ eines Widgets der Klasse *XmCascadeButton* wird im allgemeinen ein Menü „aufgeklappt“, das weitere Bedienelemente enthält. Dabei lassen sich sowohl „Pull-Down-Menüs“ als auch „Popup-Menüs“ einsetzen (vgl. auch Abschnitt 8.6).

Tabelle 8.31: Zusätzliche Ressourcen der Klasse *XmCascadeButton*

Name	Voreingestellter Wert	Typ	Zugr.
XmNactivateCallback	NULL	XtCallbackList	C
XmNcascadePixmap	dynamisch	Pixmap	CSG
XmNcascadingCallback	NULL	XtCallbackList	C
XmNmappingDelay	180	Integer	CSG
XmNsubMenuId	NULL	Widget	CSG

Die wichtigste Ressource der Klasse ist *XmNsubMenuId*. Diese Ressource referenziert das Menü-Widget, das bei „Betätigung“ einer Instanz „aufgeklappt“ werden soll.

Obwohl *XmCascadeButton* keine Container Widget-Klasse ist, fungiert sie dennoch als „Träger“ von Menü-Widgets. Aus diesem Grund muß beim Einsatz der UIL die Ressource *XmNsubMenuId* nicht unbedingt verwendet werden, es darf auch auf das *„controls“*-Statement zurückgegriffen werden, das sonst ausschließlich zur Definition von Container Widgets verwendbar ist.

❑ XmArrowButton

Die Klasse *XmArrowButton* entspricht in wesentlichen Punkten der Klasse *XmPushButton*. Der wichtigste Unterschied: *XmArrowButton* ist (im Gegensatz zu allen anderen Button Widget-Klassen) keine Ableitung der Klasse *XmLabel* und besitzt daher auch nicht deren „Beschriftungsoptionen". Statt dessen zeigt eine Instanz von *XmArrowButton* lediglich einen dreieckigen Pfeil an, der – abhängig von der Ressource *XmNarrowDirection* – in vier verschiedene Richtungen (oben, unten, links oder rechts) weisen kann. Der Einsatzbereich von Widgets der Klasse *XmArrowButton* beschränkt sich auf Dialogfenster. Ähnlich wie Instanzen von *XmPushButton* sollte die „Betätigung" eines Arrow Button Widgets eine sofortige Reaktion des Programms zur Folge haben.

Tabelle 8.32: Zusätzliche Ressourcen der Klasse *XmArrowButton*

Name	Voreingestellter Wert	Typ	Zugr.
XmNactivateCallback	NULL	XtCallbackList	C
XmNarmCallback	NULL	XtCallbackList	C
XmNarrowDirection	XmARROW_UP	Byte	CSG
XmNdetailShadowThickness	2	Dimension	CSG
XmNdisarmCallback	NULL	XtCallbackList	C
XmNmultiClick	dynamisch	Byte	CSG

Die Ressource *XmNdetailShadowThickness* steht erst ab OSF/Motif V2.0 zur Verfügung.

❑ XmText

Die Klasse *XmText* dient der Ein- und Ausgabe von beliebiger Textinformation. *XmText* unterstützt ein- sowie mehrzeiligen Text und bietet verschiedene Eingabeüberprüfungen, Formatierungsoptionen und Editiermodi an.

Die Liste der von *XmText* unterstützten Ressourcen ist nicht eben kurz. Eine ganze Reihe von Attributen erlaubt die Konfiguration des Erscheinungsbilds und des Verhaltens eines Text Widgets: *XmNrows* und *XmNcolumns* beschreiben etwa die Anzahl der zur Verfügung stehenden Zeilen und Spalten, *XmNwordWrap* steuert den Zeilenumbruch auf Wortbasis bei mehrzeiligen Eingaben, *XmNmaxLength* legt die maximale Eingabelänge in Zeichen fest usw. Ein Satz Callback-Ressourcen ermöglicht es, Anwendungen über den jeweiligen Zustand eines Text Widgets detailliert zu informieren. Beispielsweise läßt sich jede Editieroperation mit Hilfe der Ressource *XmNmodifyVerifyCallback* an die Anwendung weitermelden. Im Rahmen einer Callback-Routine kann die Operation dann entweder gebilligt oder abgelehnt werden. (Diese Option ist zur Programmierung von Eingabemasken sinnvoll, für die nur bestimmte Zeichen – etwa Ziffern – als Eingabe zulässig sein sollen.) Auch das Bewegen der Eingabemarke („Input Cursor") kann mit Hilfe einer dedizierten Ressource (in diesem Fall XmNmotionVerifyCallback) überprüft und beeinflußt werden. Weitere Ressourcen dienen der Steuerung von Selektionsvorgängen, da Widgets der Klasse *XmText* das Kopieren von Text mit Hilfe eines „Copy/Paste"-Mechanismus unterstützen.

Tabelle 8.33: Zusätzliche Ressourcen der Klasse *XmText*

Name	Voreingestellter Wert	Typ	Zugr.
XmNactivateCallback	NULL	XtCallbackList	C
XmNautoShowCursorPosition	True	Bool	CSG
XmNblinkRate	500	Integer	CSG
XmNcolumns	dynamisch	Word (16 Bit)	CSG
XmNcursorPosition	0	XmTextPosition	CSG
XmNcursorPositionVisible	True	Bool	CSG
XmNdestinationCallback	NULL	XtCallbackList	C
XmNeditMode	XmSINGLE_LINE_EDIT	Integer	CSG
XmNeditable	True	Bool	CSG
XmNfocusCallback	NULL	XtCallbackList	C
XmNfontList	dynamisch	XmFontList	C
XmNgainPrimaryCallback	NULL	XtCallbackList	C
XmNlosePrimaryCallback	NULL	XtCallbackList	C
XmNlosingFocusCallback	NULL	XtCallbackList	C
XmNmarginHeight	5	Dimension	C
XmNmarginWidth	5	Dimension	C
XmNmaxLength	Max. Integer	Integer	CSG
XmNmodifyVerifyCallback	NULL	XtCallbackList	C
XmNmodifyVerifyCallbackWcs	NULL	XtCallbackList	C
XmNmotionVerifyCallback	NULL	XtCallbackList	C
XmNpendingDelete	True	Bool	CSG
XmNrenderTable	dynamisch	XmRenderTable	CSG
XmNresizeHeight	False	Bool	CSG
XmNresizeWidth	False	Bool	CSG
XmNrows	dynamisch	Word (16 Bit)	CSG
XmNscrollHorizontal	True	Bool	CG
XmNscrollLeftSide	dynamisch	Bool	CG
XmNscrollTopSide	False	Bool	CG
XmNscrollVertical	True	Bool	CG
XmNselectionArray	Default array	XtPointer	CSG
XmNselectionArrayCount	4	Integer	CSG
XmNselectThreshold	5	Integer	CSG
XmNsource	Default source	XmTextSource	CSG
XmNtopCharacter	0	XmTextPosition	CSG
XmNvalue	Empty	String	CSG
XmNvalueWcs	Empty	wchar_t	CSG
XmNvalueChangedCallback	NULL	XtCallbackList	C
XmNverifyBell	True	Bool	CSG
XmNwordWrap	False	Bool	CSG

Die Ressourcen *XmNdestinationCallback* sowie *XmNrenderTable* stehen erst ab OSF/Motif V2.0 zur Verfügung. Die Ressourcen *XmNmodifyVerifyCallbackWcs* und *XmNvalueWcs* stehen nicht vor OSF/Motif V1.2 zur Verfügung.

Der von einem Text Widget verwaltete Text wird in der Ressource *XmNvalue* bereitgestellt, allerdings ist das Arbeiten mit den in Kapitel 9.1 vorgestellten Convenience-Routinen einfacher als die direkte Verwendung von *XmNvalue*. Angemerkt sei an dieser Stelle noch, daß die Klasse *XmText* Zeichensätze unterstützt, in denen Zeichen durch mehr als ein Byte codiert sind. Solche „Wide character sets" werden für Sprachen wie etwa Chinesisch verwendet, da diese eine Vielzahl unterschiedlichster Zeichen kennen. Die Namen der Ressourcen zur Unterstützung von „Wide character sets" enden stets auf „Wcs": Die Ressource *XmNvalueWcs* stellt z.B. das „Wide character set"-Gegenstück zu *XmNvalue* dar (*XmNvalue* unterstützt nur Zeichensätze, deren Zeichen mit Hilfe eines einzelnen Bytes codiert werden können.)

Ab OSF/Motif V1.1 steht neben *XmText* auch eine „einzeilige Variante" zur Verfügung: *XmTextField*. Diese Klasse besitzt nicht alle Ressourcen von *XmText*, bietet aber prinzipiell die gleiche Funktionalität. (Einschränkung: Mehrzeiliger Text wird nicht unterstützt; die entsprechenden Ressourcen fehlen *XmTextField*.)

Seit OSF/Motif Version 2.0 wird zusätzlich ein weiterer Display-Widget-Typ zur Ein- und Ausgabe von Text unterstützt: Die nachfolgend beschriebene Klasse *XmCSText*.

❑ XmCSText

Während Widgets vom Typ *XmText* nur einfache Zeichenketten verwalten können (Zeichensatz und Schrifttyp dieser Zeichenketten sind allerdings wählbar), unterstützt die Klasse *XmCSText* die Darstellung von Compound Strings. Somit lassen sich Texte verwalten, die unterschiedliche Hervorhebungen, Schrifttypen etc. verwenden. Verglichen mit *XmText* besitzt die Klasse *XmCSText* die folgenden zusätzlichen Ressourcen:

Tabelle 8.34: Zusätzliche Ressourcen der Klasse *XmCSText* im Vergleich zu *XmText*

Name	Voreingestellter Wert	Typ	Zugr.
XmNcstextValue	Empty	XmString	CSG
XmNselectColor	dynamisch	Pixel	CSG

Die Ressourcen *XmNvalue* und *XmNvalueWcs* werden von der Klasse *XmCSText* nicht unterstützt.

❑ XmScrollBar

Widgets der Klasse *XmScrollBar* stellen einen sog. „Rollbalken" dar, mit dessen Hilfe sich das virtuelle Verschieben von Objekten realisieren läßt. Neben einem „Schieber", der die Größe des Objektes bezogen auf einen Wertebereich darstellt (und mit dem sich das Objekt zwischen einem Minimal- und einem Maximalwert hin- und herbewegen läßt), besitzt ein Rollbalken-Widget zwei „Pfeiltasten", deren „Betätigung" das Objekt um bestimmte diskrete Werte verschiebt.

Prinzipiell „bewegt" ein Widget der Klasse *XmScrollBar* allerdings nichts – es stellt lediglich ein Hilfsmittel dar, um eine Bewegung „bedienbar" zu machen. Z.B. werden Rollbalken von Widgets der Klasse *XmScrolledWindow* dazu verwendet, das Verschieben des jeweiligen „Window-Inhalts" (nämlich andere Widgets) zu ermöglichen.

Die Ressourcen der Klasse *XmScrollBar* verwalten im wesentlichen das Erscheinungsbild des Widgets. (So steuert *XmNorientation* die Ausrichtung – vertikal oder horizontal – des Rollbalkens, *XmNshowArrows* legt fest, ob und welche zusätzlichen „Pfeiltasten" dargestellt werden sollen usw.) Eine weitere Gruppe von Ressourcen konfiguriert den Wertebereich, der mit Hilfe eines Rollbalken-Widgets verwaltet werden kann: *XmNminimum* und *XmNmaximum* legen die untere bzw. obere Schranke des Wertebereichs fest, *XmNsliderSize* bestimmt den Ausschnitt aus dem Wertebereich, den das Widget mit Hilfe des „Schiebers" darstellen soll, *XmNvalue* legt den momentan ausgewählten Wert

Tabelle 8.35: Zusätzliche Ressourcen der Klasse *XmScrollBar*

Name	Voreingestellter Wert	Typ	Zugr.
XmNdecrementCallback	NULL	XtCallbackList	C
XmNdragCallback	NULL	XtCallbackList	C
XmNeditable	True	Bool	CSG
XmNincrement	1	Integer	CSG
XmNincrementCallback	NULL	XtCallbackList	C
XmNinitialDelay	250	Integer	CSG
XmNmaximum	100	Integer	CSG
XmNminimum	0	Integer	CSG
XmNorientation	XmVERTICAL	Byte	CSG
XmNpageDecrementCallback	NULL	XtCallbackList	C
XmNpageIncrement	10	Integer	CSG
XmNpageIncrementCallback	NULL	XtCallbackList	C
XmNprocessingDirection	dynamisch	Byte	CSG
XmNrepeatDelay	50	Integer	CSG
XmNshowArrows	XmEACH_SIDE	XtEnum	CSG
XmNsliderMark	dynamsich	XtEnum	
XmNsliderSize	dynamisch	Integer	CSG
XmNsliderVisual	XmSHADOWED	XtEnum	CSG
XmNslidingMode	XmSLIDER	XtEnum	CSG
XmNtoBottomCallback	NULL	XtCallbackList	C
XmNtoTopCallback	NULL	XtCallbackList	C
XmNtroughColor	dynamisch	Pixel	
XmNvalue	0	Integer	CSG
XmNvalueChangedCallback	NULL	XtCallbackList	C

Die Ressourcen *XmNeditable*, *XmNsliderMark*, *XmNsliderVisual* und *XmNslidingMode* stehen erst ab OSF/Motif V2.0 zur Verfügung. Die Ressource *XmNshowArrows* besitzt in allen Motif-Versionen vor V2.0 den Datentyp „Bool" und den voreingestellten Wert „True".

aus dem Bereich (= die „Position“ des Objekts) fest usw. Eine Reihe von Callback-Ressourcen erlaubt zudem die flexible Information einer Applikation, z.B. bei Änderungen des Momentanwerts nach Manipulation eines Rollbalkens durch den Anwender.

Im Rahmen des Kapitels 9.1 werden bestimmte Convenience-Routinen vorgestellt, die das Arbeiten mit Rollbalken-Widgets erleichtern.

❑ XmSeparator

Widgets der Klasse *XmSeparator* dienen der Darstellung von horizontalen oder vertikalen Trennlinien. Sie besitzen unterschiedliche Erscheinungsbilder – es stehen z.B. gestrichelte Muster und verschiedene 3-D-Effekte zur Verfügung – und helfen andere Widgets optisch voneinander zu trennen, um logische Gruppen bilden zu können. Ein häufiges Einsatzgebiet von *XmSeparator* Widgets sind daher Menüs: Sie dienen dort als visuelle Unterscheidungshilfe zwischen Menübereichen mit unterschiedlichen Aufgaben.

Tabelle 8.36: Zusätzliche Ressourcen der Klasse *XmSeparator*

Name	Voreingestellter Wert	Typ	Zugr.
XmNmargin	0	Dimension	CSG
XmNorientation	XmHORIZONTAL	Byte	CSG
XmNseparatorType	XmSHADOW_ETCHED_IN	Byte	CSG

❑ XmList

Die Klasse *XmList* dient zur Verwaltung von Auswahllisten. Jeder Eintrag in einer solchen Liste ist vom Typ *XmString* und stellt somit einen Compound String dar. Die einzelnen Einträge werden vertikal angeordnet dargestellt, mit Hilfe von Tastatur oder Maus kann der Anwender anschließend einen oder mehrere dieser Einträge auswählen. Prinzipiell bieten Widgets der Klasse *XmList* zunächst keine Funktion an, lange Listen mit Hilfe von Rollbalken zu verwalten. Dies stellt jedoch bei Kombination mit einem Container Widget der Klasse *XmScrolledWindow* kein Problem dar (siehe auch Abschnitt 8.6).

Die Ressourcen der Klasse *XmList* sind ähnlich vielfältig wie die der Klasse *XmText* und erlauben die flexible Konfiguration von Listen-Widgets. Erwähnt seien nur einige wenige wichtige Ressourcen:

- *XmNselectionPolicy* legt den Auswahlmodus fest: Im „Single Select“-Modus kann nur ein Eintrag zur selben Zeit ausgewählt sein. Der „Multiple Select“-Modus erlaubt dagegen das Auswählen mehrerer Einträge, wobei jeder einzelne Eintrag separat selektiert bzw. auch deselektiert werden kann. „Extended Select“ erlaubt ebenfalls das Auswählen mehrere Einträge, wobei allerdings auf einfache Weise ganze Bereiche eines List-Widgets durch „Ziehen“ des Mauszeigers (mit Hilfe von Maus oder Tastatur) ausgewählt werden können. Der „Browse Select“-Modus ähnelt schließlich dem „Single Select“-Modus: Nur ein Eintrag kann gleichzeitig ausgewählt sein, der

Tabelle 8.37: Zusätzliche Ressourcen der Klasse *XmList*

Name	Voreingestellter Wert	Typ	Zugr.
XmNautomaticSelection	False	Bool	CSG
XmNbrowseSelectionCallback	NULL	XtCallbackList	C
XmNdefaultActionCallback	NULL	XtCallbackList	C
XmNdestinationCallback	NULL	XtCallbackList	C
XmNdoubleClickInterval	dynamisch	Integer	CSG
XmNextendedSelectionCallback	NULL	XtCallbackList	C
XmNfontList	dynamisch	XmFontList	CSG
XmNitemCount	0	Integer	CSG
XmNitems	NULL	XmStringTable	CSG
XmNlistMarginHeight	0	Dimension	CSG
XmNlistrMarginWidth	0	Dimension	CSG
XmNlistSizePolicy	XmVARIABLE	Byte	CSG
XmNlistSpacing	0	Dimension	CSG
XmNmatchBehavior	XmQUICK_NAVIGATE	Byte	CSG
XmNmultipleSelectionCallback	NULL	XtCallbackList	C
XmNprimaryOwnership	XmOWN_NEVER	Byte	CSG
XmNrenderTable	dynamisch	XmRenderTable	CSG
XmNscrollBarDisplayPolicy	XmAS_NEEDED	Byte	CSG
XmNselectColor	XmREVERSED_ GROUND_COLORS	XmRSelectColor	CSG
XmNselectedItemCount	0	Integer	CSG
XmNselectedItems	NULL	XmStringTable	CSG
XmNselectedPositionCount	0	Integer	CSG
XmNselectedPositions	NULL	XtPointer	CSG
XmNselectionMode	dynamisch	Byte	CSG
XmNselectionPolicy	XmBROWSE_SELECT	Byte	CSG
XmNsingleSelectionCallback	NULL	XtCallbackList	C
XmNstringDirection	dynamisch	XmStringDirection	CSG
XmNtopItemPosition	1	Integer	CSG
XmNvisibleItemCount	1	Integer	CSG

Die folgenden Ressourcen stehen erst ab OSF/Motif V2.0 zur Verfügung: *XmNdestinationCallback*, *XmNmatchBehavior*, *XmNprimaryOwnership*, *XmNrenderTable*, *XmNselectColor*, *XmNselectedPositionCount*, *XmNselectedPositions* und *XmNselectionMode*.

ausgewählte Eintrag kann jedoch ebenfalls durch „Ziehen“ des Mauszeigers verändert werden.

- *XmNdefaultActionCallback* spezifiziert eine Routine (bzw. eine Liste von Routinen), die aufgerufen werden soll, wenn der Anwender einen Eintrag mittels eines „Maus-Doppelklicks“ auswählt. Die oben beschriebenen Selektions-Modi besitzen darüber hinaus ebenfalls ihnen zugeordnete Callback-Ressourcen.

- *XmNvisibleItemCount* legt die Anzahl der sichtbaren Einträge in einer Liste fest. Diese Anzahl bestimmt die Höhe des List Widgets.

- *XmNitemCount* gibt die Anzahl aller Einträge in der Liste an.

Die Ressource *XmNscrollBarDisplayPolicy* legt fest, ob bzw. wann ein vertikaler Rollbalken angezeigt werden soll, mit dem in einer Liste „navigiert" werden kann. Diese Ressource kann jedoch nur in Verbindung mit einem *XmScrolledList* Widget eingesetzt werden (vgl. Abschnitt 8.6).

OSF/Motif stellt eine ganze Reihe von Convenience-Routinen (z.B. *XmListAddItem* oder *XmListDeleteItem*) zur Verfügung, mit denen Listen-Widgets manipuliert und abgefragt werden können. Einzelheiten hierzu finden sich in der Referenzliteratur.

8.5 OSF/Motif Gadgets

Die von OSF/Motif bereitgestellten Gagdets sind Ableitungen der Klasse *XmGadget*, die wiederum von *RectObj* abgeleitet ist. RectObj ist ein Teil der X-Toolkit-Klasse *Core*, wobei die Funktionen zur Verwaltung eines X-Windows sowie Mechanismen zur Ereignisbehandlung noch fehlen (vgl. Kapitel 4.3).

Bis einschließlich OSF/Motif Version 1.2 galt die einfache Regel: Alle Gadgets besitzen eine Widget-Variante, d.h. sie stellen lediglich „vereinfachte" Fassungen ihrer Widget-Pendants dar. Für folgende Gadgets trifft diese Regel zu:

- *XmSeparatorGadget*
- *XmLabelGadget*
- *XmArrowButtonGadget*
- *XmPushButtonGadget*
- *XmToggleButtonGadget*
- *XmCascadeButtonGadget*

Mit der Einführung von OSF/Motif Version 2.0 existiert allerdings nunmehr eine Gadget-Klasse, die kein Widget-Äquivalent besitzt: *XmIconGadget*. Diese Klasse ermöglicht die Darstellung einer kleinen Grafik, ähnelt also den *XmLabel-* bzw. *XmLabelGadget-*Typen. Zusätzlich kann die Grafik jedoch mit einem Compound String kombiniert werden, der z.B. unterhalb der Grafik angezeigt wird. Auch die Darstellung zusätzlicher detaillierter (textueller) Information ist möglich.

Tabelle 8.38: Spezielle Ressourcen der Klasse *XmIconGadget*

Name	Voreingestellter Wert	Typ	Zugr.
XmNdetail	NULL	XmStringTable	CSG
XmNdetailCount	0	Cardinal	CSG
XmNfontList	NULL	XmFontList	CSG
XmNlabelString	dynamisch	XmString	CSG
XmNlargeIconMask	dynamisch	Pixmap	CSG
XmNlargeIconPixmap	XmUNSPECIFIED_PIXMAP	Pixmap	CSG
XmNsmallIconMask	dynamisch	XmRenderTable	CSG
XmNsmallIconPixmap	XmUNSPECIFIED_PIXMAP	Pixmap	CSG
XmNviewType	XmLARGE_ICON	Byte	CSG
XmNvisualEmphasis	XmNOT_SELECTED	Byte	CSG

Instanzen der Klasse *XmIconGadget* werden zusammen mit *XmContainer* Widgets eingesetzt. Diese Kombination ermöglicht die einfache Darstellung von strukturierter Information, z.B. von hierarchischen Beziehungen. Gadgets der Klasse *XmIconGadget* fungieren dann als „Knoten" eines Graphs, die miteinander verbunden sind (was bei Bedarf auch visuell dargestellt wird). Die „Knoten" können optional manipuliert, z.B. interaktiv selektiert werden.

Mit der Bereitstellung von *XmIconGadget* und *XmContainer* reagiert die OSF vermutlich auf die Vielzahl von Erweiterungen anderer Hersteller, die Widgets mit ähnlicher Funktionalität anbieten. (Digital Equipment stellt z.B. als Teil seiner Implementierung des Motif-Systems eine spezielle Widget-Klasse namens „Structural Visual Navigation" (SVN) zur Verfügung, die ähnliche Aufgaben wie *XmContainer* besitzt.)

8.6 „Falsche" Widget-Klassen

Neben den bislang angesprochenen „echten" Widget-Klassen existieren noch einige „falsche". „Falsche" Klassen sind nicht wirklich eigenständig, sondern basieren auf anderen Widget-Typen, wobei einige Ressourcen mit speziellen Werten vorbelegt sind. Dem Anwendungsentwickler werden auf diese Weise Lösungen für häufig benötigte Implementierungsaufgaben zur Verfügung gestellt, ohne daß die explizite Belegung einer größeren Anzahl von Ressourcen nötig wird, bzw. einzelne Widgets zu größeren Einheiten zusammengesetzt werden müssen. OSF/Motif unterstützt die folgenden „unechten" Widget-Klassen:

- *XmRadioBox*
  Diese Klasse konfiguriert Widgets vom Typ *XmRowColumn* für den Einsatz als sog. „Radio Box". Eine Radio Box dient als Container für Widgets der Klasse *XmToggleButton*, wobei diese wiederum automatisch als „Radio Buttons" konfiguriert werden. Das Resultat ist eine „Knopfleiste", die vertikal oder horizontal ausgerichtet werden kann, und zumeist ein „1–aus–*n*"-Bedienfeld implementiert.

- *XmPulldownMenu*
  Widgets der Klasse *XmPulldownMenu* ordnen die in ihnen enthaltenen Child-Widgets (Button- und eventuell Separator Widgets) vertikal an und realisieren ein „aufklappbares“ Menü. Beim Einsatz dieser Widget-Klasse werden automatisch ein *XmRowColumn* Widget sowie ein Shell Widget der Klasse *XmMenuShell* erzeugt, das als Parent Widget fungiert und für den „Aufklapp-Effekt“ zuständig ist. Pulldown Menu Widgets sind grundsätzlich Children eines Widgets der Klassen *XmCascade-Button* oder *XmOptionMenu* (siehe unten) und werden automatisch angezeigt, wenn der Anwender solche Widgets manipuliert.

- *XmPopupMenu*
  Die Klassen *XmPopupMenu* und *XmPulldownMenu* sind eng verwandt. Lediglich im Verhalten bestehen Unterschiede: Widgets der Klasse *XmPulldownMenu* besitzen ein Parent Widget, das im „betätigten“ Zustand automatisch die Darstellung des Menüs auslöst. *XmPopupMenu* Widgets müssen dagegen explizit (zumeist durch einen Aufruf der Intrinsic-Routine *XtManageChild*) angezeigt werden. Das hat auch zur Folge, daß die X-Ereignisse, die zur Darstellung des Menüs führen sollen, von der Anwendung selbst behandelt werden müssen und die sonst übliche automatische Ereignisbearbeitung durch X-Toolkit und OSF/Motif unterbleibt. (In der Regel kann diese Aufgabe mit Hilfe eines anwendungseigenen Xtk Event Handlers – siehe Kapitel 5.3 –, der auf die Betätigung einer bestimmten Maustaste reagiert, am vorteilhaftesten gelöst werden.) Widgets der Klasse *XmPopupMenu* müssen von der Anwendung explizit positioniert werden, da sie ab der aktuellen Position des Cursors („Mauszeigers“) angezeigt werden sollten. Um diese Forderung korrekt umsetzen zu können, ist die Verwendung der Motif-Routine *XmMenuPosition* sinnvoll. Voraussetzung für den Einsatz dieser Routine ist lediglich das Vorhandensein einer X Event-Datenstruktur, aus der *XmMenuPosition* die gegenwärtige Cursor-Position entnehmen kann. (Da jede Callback-Routine, aber auch jede Xtk Event Handler-Routine eine solche Datenstruktur als Formalparameter besitzt, stellt diese Voraussetzung allerdings kein Problem dar.)

- *XmOptionMenu*
  Ein Widget der Klasse *XmOptionMenu* wird stets zusammen mit einem Widget vom Typ *XmPulldownMenu* verwendet. Genau betrachtet besteht ein *XmOptionMenu* Widget aus zwei weiteren Objekten: Ein „Label“ sowie ein „Cascade Button“, wobei letzteres Objekt als Parent des (separat zu erzeugenden) *XmPulldownMenu* Widgets dient. Die Funktion eines „Option Menu“ ist recht einfach: Durch Betätigung des Cascade Buttons erscheint das nachgeschaltete Menü, aus dem der Anwender eine Auswahl trifft. Der gewählte Eintrag wird anschließend als Beschriftung des Cascade Buttons verwendet. (Auf diese Weise wird dem Anwender der zuletzt ausgewählte Menüpunkt kenntlich gemacht.) Das erwähnte Label dient zur Ausgabe einer Art „Überschrift“, die die im Menü enthaltenen Einträge charakterisiert.

- *XmMenuBar*
  Hinter der Klasse *XmMenuBar* verbirgt sich ebenfalls die Klasse *XmRowColumn*. *XmMenuBar* Widgets lassen nur Widgets vom Typ *XmCascadeButton* als Children

zu und realisieren die in nahezu jedem Motif-Programm vorhandene „Menüleiste“. Der Aufbau eines Menüs erfolgt demnach in mehreren Schritten:

1. Definition eines Widgets vom Typ *XmMenuBar*.
2. Anlegen eines oder mehrerer *XmCascadeButton* Widgets, die als Children der zuvor definierten Menüleiste fungieren.
3. Assoziierung von *XmPulldownMenu* Widgets mit den Cascade Buttons.
4. Einfügung von Bedienelementen (z.B. *XmPushButton*) in die *XmPulldownMenu* Widgets.

- *XmScrolledList*
  Instanzen der Klasse *XmScrolledList* bestehen prinzipiell aus einem *XmList* Widget, dessen Parent vom Typ *XmScrolledWindow* ist. Dem Anwender präsentiert sich ein solches Widget als Liste, in der mit Hilfe eines vertikalen Rollbalkens „geblättert“ werden kann. Ein horizontaler Rollbalken (für Einträge, die aufgrund der Breite des Widgets nicht vollständig angezeigt werden können) wird ebenfalls unterstützt.

- *XmScrolledText*
  Ähnlich wie Widgets vom vorgenannten Typ bestehen *XmScrolledText* Widgets aus einer Instanz der Klasse *XmScrolledWindow*, das jedoch hier ein Widget der Klasse *XmText* verwaltet. Das Resultat ist ein Widget zur Texteingabe, wobei im Text mit Hilfe von horizontalen und/oder vertikalen Rollbalken „navigiert“ werden kann.

Da die oben genannten Klassen nicht wirklich existieren, lassen sich von ihnen auch keine Instanzen mit Hilfe von Intrinsic-Routinen (z.B. *XtCreateManagedWidget*) erzeugen – Der Klassenname würde vom X-Toolkit nicht erkannt. Die Klassen werden aber in UIL auf die übliche Weise unterstützt, zudem existieren spezielle Motif-Convenience-Routinen (z.B. *XmCreateRadioBox*), mit denen sich entsprechende Instanzen erzeugen lassen.

Einige weitere „falsche“ Klassen basieren auf regulären Klassen, unterlegen diese aber mit eine zusätzlichen Shell Widget vom Typ *XmDialogShell*. Das Ergebnis sind Widgets, die „eigenständige“ Dialogfenster darstellen, d.h. vom Anwender unabhängig manipuliert (etwa verschoben oder in der Größe verändert) werden können. Diese Klassen erleichtern es dem Entwickler, Dialogfenster zu implementieren, die als Reaktion auf eine Anwenderaktion – z.B. die Betätigung eines Button Widgets – angezeigt werden sollen. Die in UIL verwendeten Namen für diese Klassen sind:

- *XmFormDialog*
  Basiert auf *XmForm*, die Motif-Covenience-Routine zur Erzeugung eines solchen Dialogfensters ist *XmCreateFormDialog*.

- *XmBulletinBoardDialog*
  Basis: *XmBulletinBoard*, Convenience-Routine: *XmCreateBulletinBoardDialog*

- *XmSelectionDialog*
  Basis: *XmSelectionBox*, Convenience-Routine: *XmCreateSelectionDialog.*

- *XmPromptDialog*
  Basis: *XmSelectionBox* (Unterschied zum vorgenannten *XmSelectionDialog*-Typ: Das in einer „Selection Box" übliche Listen-Widget fehlt. *XmPromptDialog* Widgets bestehen somit lediglich aus einem Texteingabefeld sowie drei Push Buttons.) Convenience-Routine: *XmCreatePromptDialog*

- *XmFileSelectionDialog*
  Basis: *XmFileSelectionBox*, Convenience-Routine: *XmCreateFileSelectionDialog*

- *XmMessageDialog*
  Basis: *XmMessageBox*, Convenience-Routine: *XmCreateMessageDialog*

- *XmTemplateDialog*
  Basis: *XmMessageBox*, Convenience Routine: *XmCreateTemplateDialog.* Dieses Widget kann zur Gestaltung von Dialogfenstern verwendet werden. Prinzipiell handelt es sich um ein „Nachrichtenfenster", bei dem alle Bedienelemente fehlen, d.h. per Voreinstellung werden weder Texte angezeigt, noch Push Button Widgets dargestellt. (Solche Elemente müssen von der Anwendung erzeugt und in das Widget eingefügt werden.)

Alle Dialog-Widgets müssen bei Verwendung von UIL „elternlos" deklariert werden, d.h. kein *controls*-Block eines anderen Widgets referenziert ein Dialog-Widget. Ähnlich wie das Haupt-Dialogfenster einer Anwendung werden Dialog-Widgets daher (bei Bedarf) mit Hilfe der Routine *MrmFetchWidget* aus einer UID-Datei gelesen und mit Hilfe der *XtManageChild*-Routine dargestellt. Beispiel:

```
/* C-Code */

if(dialog == NULL)
  MrmFetchWidget(hierarchy,"The_Dialog",main_widget,
                 &dialog,&class);
XtManageChild(dialog);

(* Pascal-Code *)

if dialog = nil then
  MrmFetchWidget(hierarchy,'The_Dialog' + Chr(0),main_widget,
                 dialog,class);
XtManageChild(dialog);
```

Die dem Aufruf von *MrmFetchWidget* vorgeschaltete Abfrage verhindert, daß eine bereits gelesene Widget-Definition bei wiederholter Ausführung des Code-Fragments erneut gelesen wird, da dies auch zur Erzeugung neuer Widget-Instanzen führen würde. (Voraussetzung ist natürlich, daß die Variable *dialog* bei Programmstart mit dem Wert *NULL* bzw. *NIL* vorbelegt worden ist.) Statt wiederholtem Aufruf von *MrmFetchWidget* wird bei bereits gelesenem Widget-Baum also lediglich die Routine *XtManageChild* ausgeführt.

Abschließend sei noch auf eine Reihe weiterer „falscher" Widget-Klassen hingewiesen, die auf dem *XmMessageBox*-Typ basieren. Zusätzlich wird bei Verwendung dieser Klassen ein Shell Widget (Klasse *XmDialogShell*) erzeugt, sowie die Ressource *XmNdialogType* mit spezifischen Werten belegt.

- *XmErrorDialog*
  Convenience-Routine: *XmCreateErrorDialog*
- *XmWarningDialog*
  Convenience-Routine: *XmCreateWarningDialog*
- *XmQuestionDialog*
  Convenience-Routine: *XmCreateQuestionDialog*
- *XmInformationDialog*
  Convenience-Routine: *XmCreateInformationDialog*
- *XmWorkingDialog*
  Convenience-Routine: *XmCreateWorkingDialog*

8.7 Pseudo-Widgets

In jüngerer Zeit verwendet OSF/Motif vermehrt sog. „Pseudo-Widgets". Solche „Widgets" sind keine Bedienelemente, sondern stellen prinzipiell einfache Datenstrukturen dar, die zur Speicherung von Information herangezogen werden. Diese (nicht eben elegante!) Methode wurde von der OSF vermutlich gewählt, um beliebige Daten mit Hilfe des regulären Widget-Ressourcemechanismus behandeln zu können.

Die wichtigsten von Motif gegenwärtig unterstützten Pseudo-Widget-Klassen sind *XmDisplay*, *XmScreen*, *XmDragContext*, *XmDragIcon*, *XmDropSite* und *XmDropTransfer*. Es gilt:

- Ein Pseudo-Widget der Klasse *XmDisplay* wird bei Aufruf der Convenience-Routine *XmGetXmDisplay* erzeugt. Die Ressourcen dieses „Widgets" speichern Information über Motif-Charakteristika, die vom verwendeten X-Display abhängen (Im Rahmen von Kapitel 10.2 wird das Display-Konzept des X Window-Systems noch diskutiert werden.)
- Pseudo-Widgets der Klasse *XmScreen* lassen sich durch Aufruf der Routine *XmGetXmScreen* generieren. Ähnlich wie bei *XmDisplay* speichert ein Widget der Klasse *XmScreen* Information über Motif-Eigenschaften, die vom verwendeten Screen abhängen („Screens" sind Thema des Kapitels 10.1).

Beide Pseudo-Widget-Klassen (*XmDisplay* und *XmScreen*) müssen von „normalen" Anwendungen selten eingesetzt werden, da die Daten, auf die durch solche Widgets zugegriffen werden kann, in der Regel nur für recht spezielle Applikationen interessant sind.

- Die Klassen *XmDragContext*, *XmDragIcon*, *XmDropSite* und *XmDropTransfer* werden zur Durchführung von Motif „Drag and Drop"-Operationen benötigt. Kapitel 9.8 umreißt das solchen Operationen zugrundeliegende Konzept.

Weitere Pseudo-Widgets finden im Umfeld von Text Renditions (siehe auch Kapitel 6.1) Verwendung: Jede Rendition stellt prinzipiell ein Pseudo-Widget dar.

9 Anmerkungen zur Anwendungsentwicklung

Dieses Kapitel diskutiert einige ausgewählte, für die Programmierung von Motif-basierten Anwendungen wichtige Aspekte. Im einzelnen werden behandelt:

- Häufig eingesetzte, vom Motif-Toolkit bereitgestellte Convenience Functions.
- Die Programmierung geometrischer Constraints („Attachments").
- Die Verwendung von sog. „Accelerators" und „Mnemonics".
- Das Konzept der „User Resource Files".
- Setzen und Abfragen von Widget-Ressource-Werten zur Laufzeit einer Anwendung.
- Strategien beim Einsatz von Callbacks.
- Die „Internationalisierung" von Anwendungen.
- Unterstützung von „Drag-and-Drop"-Funktionen.

9.1 Häufig benötigte Convenience-Routinen

Das Motif-System beinhaltet neben dem Widget-Set und dem Style Guide auch ein eigenes „Toolkit". Es handelt sich dabei um eine Routinenbibliothek, die im wesentlichen zwei Gruppen von Funktionen definiert:

1. Routinen zur Instanziierung von Widgets, wie beispielsweise *XmCreateMainWindow*. (Siehe z.B. Aufbau des Programms „Hello World!" in Abschnitt 6.4.)
2. Routinen zur Durchführung spezieller Operationen mit Widgets, z.B. die Abfrage des Ist-Werts bzw. Zustands bestimmter Widgets.

Die genannten Routinen werden häufig auch als *Convenience Functions* oder *Convenience Routines* bezeichnet.

An dieser Stelle soll eine kleine Auswahl von Routinen der zweiten Kategorie vorgestellt werden, d.h. Funktionen und Prozeduren, die Laufzeitunterstützung für die Handhabung von Widgets bieten. (Eine komplette Liste dieser Routinen ist in der Motif-Literatur [23] zu finden.)

❑ Convenience Routines für XmScrollBar Widgets

Widgets der Klasse *XmScrollBar* („Scroll bar": deutsch etwa „Rollbalken") besitzen eine Reihe von Parametern, die ihren Zustand und ihr Verhalten beschreiben:

- *Minimum* und *Maximum*: Minimal- und Maximalwert, den der Rollbalken repräsentieren soll.

- *Value*: Augenblicklich eingestellter Wert (Ist-Wert des Rollbalkens).

- *Page Size*: „Informationsmenge", die durch die Größe des *Slider* („Schiebers") des Rollbalkens repräsentiert wird.

- *Page Increment*: Der Wert, der zum Ist-Wert des Rollbalkens addiert (bzw. von diesem subtrahiert) werden soll, wenn der Anwender den freien Bereich unterhalb (bzw. oberhalb) des Sliders „anklickt".

  Anmerkung: Bei horizontal positionierten Rollbalken existiert natürlich kein „oberhalb" und „unterhalb". Das Page Increment wird daher hier bei „Anklicken" des rechten freien Bereichs neben dem Slider addiert, bei „Anklicken" des linken Bereichs dagegen subtrahiert.

- *Unit Increment*: Der Wert, der zum Ist-Wert des Rollbalkens addiert (bzw. von diesem subtrahiert) werden soll, wenn der Anwender einen der beiden *Stepper* am oberen (bei horizontalen Rollbalken: rechten) und unteren (linken) Ende des Rollbalkens betätigt.

Alle oben genannten Parameter sind in Form von Widget-Ressourcen implementiert.

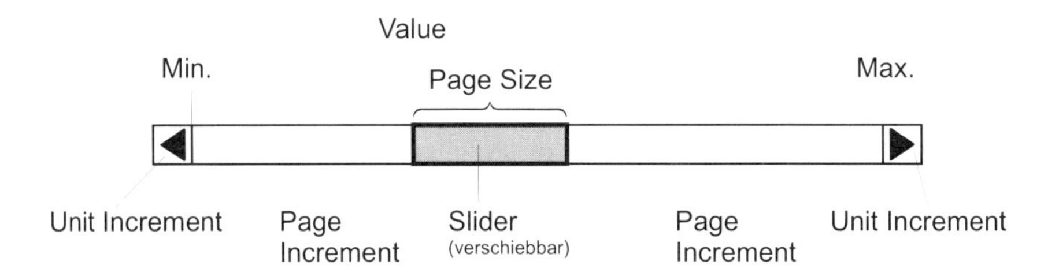

Abbildung 9.1: Scroll Bar-Organisation

Um die genannten Parameter eines Rollbalkens abzufragen bzw. zu modifizieren, stellt das Motif-Toolkit zwei Routinen zur Verfügung: *XmScrollBarGetValues* und *XmScrollBarSetValues*:

```
XmScrollBarGetValues(w,value,page_size,unit_incr,page_incr);

XmScrollBarSetValues(w,value,page_size,unit_incr,
                    page_incr,notify);
```

Dabei bezeichnet *w* den das betreffende Scroll Bar Widget identifizierenden Code (Widget ID), *value* den zu lesenden bzw. zu setzenden Ist-Wert, *page_size* die anteilige Größe des Sliders, *unit_incr* den Wert, der beim Betätigen eines Steppers addiert bzw. subtrahiert werden soll und *page_inc* das Inkrement (bzw. Dekrement), wenn „neben“ den Slider geklickt wird.

Bei Benutzung von *XmScrollBarSetValues* muß das zusätzliche Argument *notify* angegeben werden. Ist dieses Argument „True“, so löst die Modifikation eines Rollbalken-Parameters eventuell spezifizierte Callbacks (wie z.B. *„value changed“, „unit incremented“* oder *„page decremented“*) aus. Wird das Argument dagegen als „False“ spezifiziert, so werden zwar die Rollbalken-Parameter verändert, der Aufruf von dedizierten Callbacks unterbleibt jedoch.

Eine Anmerkung: Der Parameter *notify* ist als Variable des Typs „Integer“ deklariert, und nicht als „Boolean“-Wert (bedingt durch die Sprache C, die keinen boole'schen Datentypen kennt). Aus diesem Grund sollten beim Einsatz von DEC Pascal stets die Intrinsic-Konstanten *XtTrue* und *XtFalse* bei Angabe des Parameters verwendet werden.

❑ Convenience Routines für XmText- und XmTextField Widgets

Auch das Auslesen von Zeichenketten aus bzw. das Schreiben von Zeichenketten in Widgets der Klassen *XmText* und *XmTextField* wird durch zwei spezielle Motif-Routinen unterstützt: Auslesen einer Zeichenkette aus dem Text- bzw. Text Field Widget mit dem Identifikations-Code *w*:

```
/* C-Code */

char *text_string;

text_string = XmTextGetString(w);
text_string = XmTextFieldGetString(w);
```

Schreiben einer Zeichenkette in das Text- bzw. Text Field Widget *w*:

```
/* C-Code */

char *text_string = "Hallo";

XmTextSetString(w,text_string);
XmTextFieldSetString(w,text_string);
```

Eine Verwechslung der Routinen (z.B. Auslesen eines Widgets vom Typ *XmText* mit Hilfe der Routine *XmTextFieldGetString*) ist leicht möglich, muß aber vermieden werden, da das korrekte Verhalten von Motif in diesen Fällen nicht garantiert wird.

Der Inhalt der in den obigen Beispielen verwendeten Variable *text_string* wird von Motif als Null-terminierte Zeichenkette aufgefaßt und muß per Referenz übergeben werden. In DEC Pascal ergibt sich hier eine Komplikation: Die interne Repräsentation einer Variable vom Typ *String* (bei dem es sich um einen sogenannten „vordefinierten Schema-

Typ“ handelt [7]) beinhaltet nicht nur eine Zeichenkette, sondern auch Information über die Länge der Zeichenkette. Damit Pascal ausschließlich eine Referenz auf die Zeichenkette bildet (und nicht auf die „Gesamtdarstellung“ der Variable), muß das sog. *„Body field“* der Variable übergeben werden, das die Zeichenkette speichert:

```
(* Pascal-Code *)

var
  text_string : String(80); { Maximale Länge: 80 Zeichen }

begin
  text_string := 'Ich bin eine Zeichenkette' + Chr(0);
  XmTextFieldSetString(w,text_string.body);
end;
```

Das Auslesen eines *XmText*- bzw. *XmTextField* Widgets gestaltet sich in der Sprache C – wie oben gezeigt – recht einfach. Leider bringt die enge Anlehnung des Motif-Systems an C für Pascal-Programmierer (bzw. für alle Programmierer, die nicht die Sprache C benutzen) eine nicht unbedeutende Schwierigkeit mit sich. Der Datentyp *„char *“* müßte theoretisch als „Zeiger auf ein einzelnes Zeichen“ aufgefaßt werden, tatsächlich ist jedoch ein Zeiger auf eine Null-terminierte Zeichenfolge gemeint. Diese semantische Inkorrektheit muß bei Benutzung von anderen Programmiersprachen als C berücksichtigt werden. Bezogen auf Pascal bedeutet dies die Durchführung einer Typkonvertierung:

```
(* Pascal-Code *)

type
  Fixed_String      = packed array [1..80] of Char;
  Pointer_to_String = ^Fixed_String;

var
  text_string : String(80);
  raw_string  : XtString; { Repräsentiert "char *" }
  temp        : Pointer_to_String;

begin
  {1} raw_string := XmTextFieldGetString(w);
  {2} temp := raw_string :: Pointer_to_String;
  {3} text_string.body := temp^;
  {4} text_string.length := Index(temp^,Chr(0)) - 1;
end;
```

Prinzipiell steht nach Ausführung der Zeile {2} bereits ein „benutzbares“ Datum zur Verfügung, nämlich ein Zeiger auf die im Textfeld gespeicherte Zeichenkette. Um aber diese Zeichenkette in DEC Pascal bequem nutzen zu können, ist eine Überführung in einen entsprechenden String-Datentyp sinnvoll. Die Wahl fällt hier auf den Schema-Datentyp *String*. Dieser Datentyp benutzt die Felder „body“ und „length“ zur Beschreibung der Zeichenkette bzw. ihrer Länge, daher wird in Zeile {3} zunächst die Zeichenkette mit Hilfe des zuvor gewonnenen Zeigers in das „body“-Feld kopiert. Die Konvertierung ist allerdings mit dieser Operation noch nicht abgeschlossen, da durch die explizite Verwendung des Felds „body“ die Länge der Zeichenkette noch nicht bekannt ist. In

Zeile {4} wird die Belegung des Felds „length“ nachgeholt: Mit Hilfe der DEC Pascal Funktion *Index* wird die Position der „Null-Terminierung“ der Zeichenkette (die ja aus Gründen der C-Konformität des Motif-Toolkits stets vorhanden ist) ausfindig gemacht. Die so ermittelte Position wird um eins dekrementiert, da das Terminierungszeichen nicht mit in die Länge der Zeichenkette eingehen soll (siehe untenstehende Abbildung). Anschließend steht die im betreffenden Textfeld vorhandene Zeichenkette Pascal-konform in der Variable *text_string* zur Verfügung.

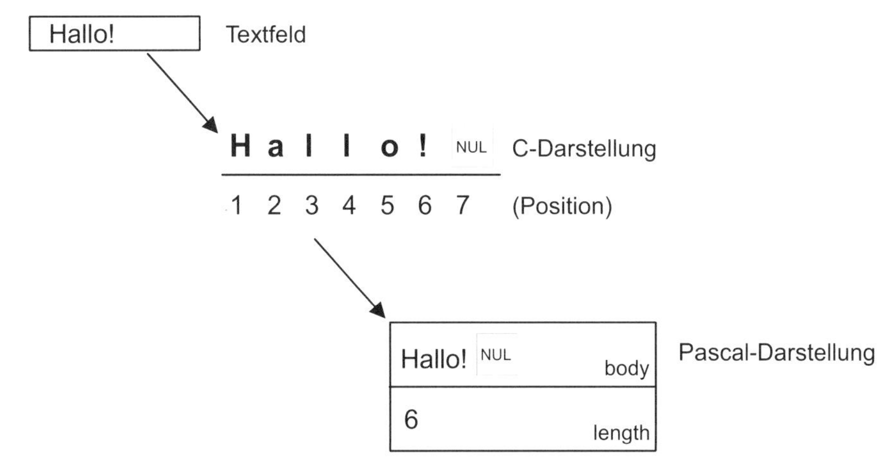

Abbildung 9.2: Ermittlung der Länge einer Zeichenkette

Aus Abbildung 9.2 ist auch ersichtlich, daß die „Null-Terminierung“ – bedingt durch die Kopieroperation in Zeile {3} unseres Beispiels – theoretisch Bestandteil des Inhalts vom „body“-Feld ist. Da die Länge der Zeichenkette allerdings mit sechs Zeichen eingetragen wurde, kann das Terminierungszeichen nicht mehr erreicht werden.

❑ Convenience Routines zur Manipulation von XmToggleButton Widgets

Die Zustände von Widgets, die der Klasse *XmToggleButton* angehören, werden ebenfalls durch Convenience-Routinen unterstützt. So kann der Status eines solchen Widgets durch folgenden Aufruf in Erfahrung gebracht werden (Identifikationscode des Toggle Button Widgets in der Variable *w* gespeichert):

```
/* C-Code */
state = XmToggleButtonGetState(w);
(* Pascal-Code *)
state := XmToggleButtonGetState(w);
```

Die Variable *state* kann als Boole'sches Datum angesehen werden und enthält nach Ausführung der Zeile den Wert „True“, falls der betreffende Toggle Button selektiert

(„eingeschaltet") war; bei de-selektiertem Button ist ihr Wert „False". Dies gilt allerdings nur, wenn das betreffende Toggle Button Widget als „traditioneller" Ein/Aus-Schalter eingesetzt wird. Da OSF/Motif V2.0 einen zusätzlichen dritten Zustand unterstützt, muß bei Einsatz dieser Option für *state* ein anderer Datentyp gewählt werden.

Der Status eines Toggle Button Widgets läßt sich durch folgenden Aufruf modifizieren:

```
XmToggleButtonSetState(w,state,notify);
```

Die Variable *state* kann zwei (ab OSF/Motif V2.0 drei) unterschiedliche Werte annehmen, je nachdem, wie der Zustand des Toggle Button Widgets (z.B. selektiert) gesetzt werden soll. Analog zum Scroll Bar Widget gibt die Variable *notify* an, ob ein Callback der Klasse *„value changed"* aufgerufen wird, wenn sich der Status des Toggle Button durch den Aufruf der Routine ändert. Sowohl *state* als auch *notify* sind wieder vom Typ „Integer" und akzeptieren daher in Pascal nicht die Werte „True" bzw. „False". Durch Verwendung der Intrinsic-Konstanten *XtTrue* und *XtFalse* kann dieses Problem umgangen werden.

Neben den bisher vorgestellten Convenience Functions existieren eine ganze Reihe zusätzlicher (hier nicht betrachteter) Routinen, die teilweise recht komplexe Operationen durchführen. Solche Funktionen sind z.B. für Widgets der Klassen *XmList*, *XmScale*, *XmSelectionBox* usw. verfügbar.

9.2 Die Verwendung von Attachments

Zwei häufig auftretende Probleme beim Entwurf Motif-basierter Bedienoberflächen sind die Verwaltung von Geometrieveränderungen (hervorgerufen durch Manipulation eines Dialogfensters durch den Benutzer der Oberfläche) und die Vermeidung von Hardware-Abhängigkeiten beim Layout der Oberfläche. (Hier vor allem: Abhängigkeit von der Bildschirmauflösung.) Eine Möglichkeit, beide Probleme zumindest zufriedenstellend lösen zu können, ist die Verwendung von sog. *Attachments*. Hinter diesem Begriff verbirgt sich ein Mechanismus, der eine „intelligente" Positionierung von Widgets in ihrem jeweiligen Container durch Bereitstellung einfacher grafischer „Constraints" ermöglicht. Unter „Constraints" werden dabei geometrische Bedingungen verstanden, denen ein bestimmtes Widget genügen muß. Das Geometrie-Management des Xtk stellt dabei sicher, daß diese Bedingungen stets eingehalten werden, auch wenn der Anwender den Container des betroffenen Widgets manipuliert. Die Spezifikation der Bedingungen erfolgt durch Verwendung spezieller *„Attachment Resources"*, die allerdings nur von Widgets der Klasse *XmForm* verwaltet werden. Mit anderen Worten: der Attachment-Mechanismus steht nur für Widgets zur Verfügung, die sich in Containern der Klasse *XmForm* befinden.

Durch Angabe von Attachments kann die explizite Angabe von Widget-Positionen (mit Hilfe der Ressourcen *XmNx* und *XmNy*) und in aller Regel auch von Widget-

Ausdehnungen (Ressourcen *XmNwidth* bzw. *XmNheight*) vermieden werden. Attachments ermöglichen dem Geometrie-Management des Xtk, Position und Ausdehnung eines Widgets in Abhängigkeit von anderen Widgets zu ermitteln. Zu diesem Zweck wird das zu positionierende Widget an einem anderen Widget „befestigt" (engl. *attached*). Für jede der vier Kanten eines Widgets (obere, untere, linke und rechte Kante) kann der Entwickler spezielle Bedingungen formulieren, die bei deren Positionierung beachtet werden müssen.

Die beiden Label Widgets aus Abbildung 9.3 lassen sich in ihrem Container positionieren, indem ihre linken bzw. rechten Kanten sowie ihre unteren Kanten am unterlegten Form Widget „befestigt" werden:

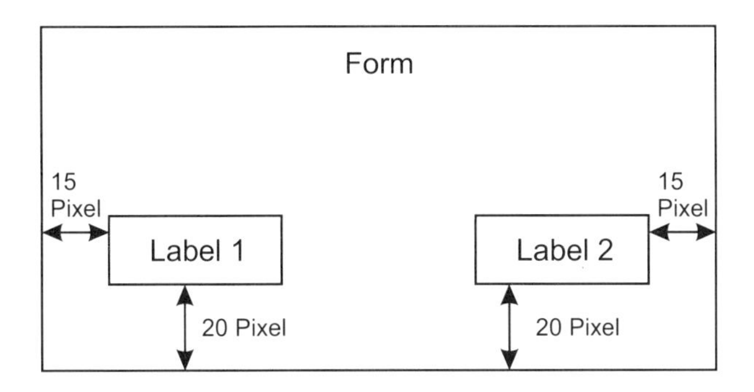

Abbildung 9.3: Form Widget mit zwei Label Widgets

Die untere Kanten von „Label 1" und „Label 2" werden am Form Widget „befestigt", indem jeweils die Ressource *XmNbottomAttachment* auf den Wert *XmATTACH_FORM* gesetzt wird. (Hierbei handelt es sich um eine ganzzahlige Konstante, die durch einen symbolischen Namen repräsentiert wird.) Der Abstand der unteren Kanten zur unteren Kante des Form Widgets wird durch Setzen der Ressource *XmNbottomOffset* auf einen bestimmten Wert, z.B. 20, festgelegt. Dabei ist die verwendete Einheit durch eine weitere Ressource (*XmNunitType*) definiert; die voreingestellte Einheit ist „Pixel".

Die linke Kante des Widgets „Label 1" wird ähnlich „befestigt", wobei die verwendeten Ressourcen allerdings die Namen *XmNleftAttachment* und *XmNleftOffset* besitzen. Ebenso wird mit dem Widget „Label 2" verfahren, wobei hier dessen rechte Kante befestigt werden soll. Die dazugehörigen Ressourcen tragen die Namen *XmNrightAttachment* bzw. *XmNrightOffset.*

Allgemein haben Attachments die folgende Form:

```
XmN<side>Attachment = <entity>
```

Hierbei gilt:

- *<side>* gibt an, wo (an welcher Kante) das Widget befestigt werden soll.
- *<entity>* spezifiziert, wie befestigt werden soll (siehe unten).

Für *<entity>* sind folgende Angaben möglich:

1. *XmATTACH_NONE*: Die betreffende Kante bleibt „ungebunden", d.h. sie ist nirgends befestigt. Diese Einstellung wird kaum explizit verwendet, ist aber die Default-Einstellung für alle Kanten.

2. *XmATTACH_FORM*: Die betreffende Kante wird an der entsprechenden Kante des übergeordneten Form Widgets „befestigt". Als zusätzliche Angabe wird in diesem Fall die Ressource *XmN<side>Offset* benötigt.

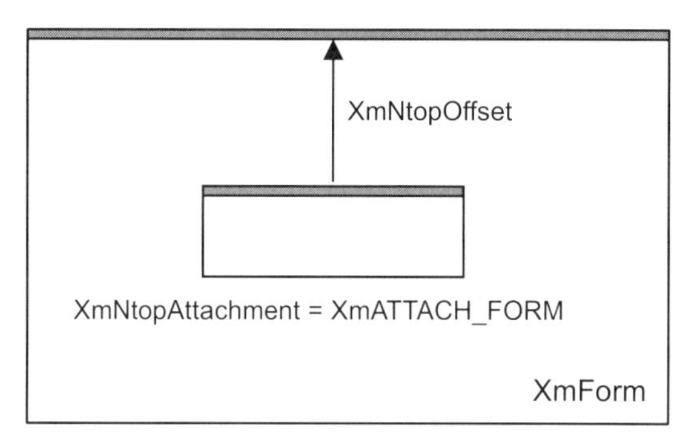

Abbildung 9.4: Die Verwendung von *XmATTACH_FORM*

3. *XmATTACH_OPPOSITE_FORM*: Die betreffende Kante wird an der jeweils gegenüberliegenden Kante des übergeordneten Form Widgets „befestigt". Als zusätzliche Angabe wird in diesem Fall ebenfalls die Ressource *XmN<side>Offset* benötigt.

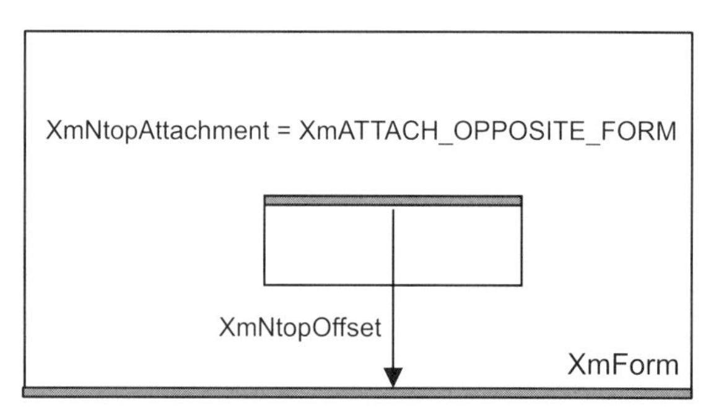

Abbildung 9.5: Die Verwendung von *XmATTACH_OPPOSITE_FORM*

4. *XmATTACH_WIDGET*: Die betreffende Kante wird an der jeweils gegenüberliegenden Kante eines Referenz-Widgets „befestigt". Als zusätzliche Angaben werden die Ressourcen *XmN<side>Offset* und *XmN<side>Widget* benötigt. Für das untenstehende Beispiel sieht der entsprechende UIL-Code z.B. wie folgt aus:

```
Label_Y : XmLabel
          {
            arguments
            {
              XmNleftAttachment = XmATTACH_WIDGET;
              XmNleftWidget = XmLabel Label_X;
              XmNleftOffset = 20;
            };
          };
```

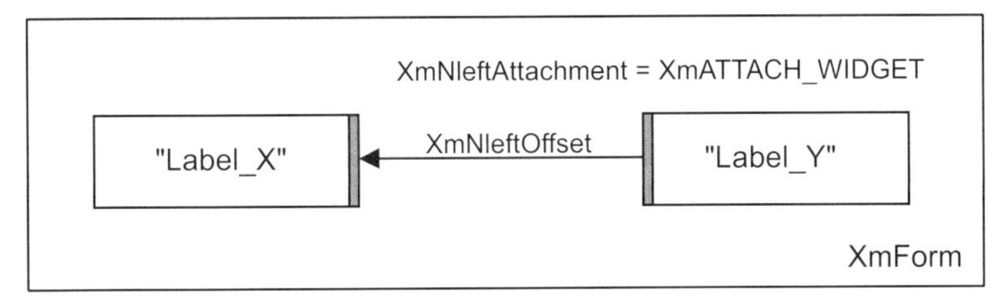

Abbildung 9.6: Die Verwendung von *XmATTACH_WIDGET*

5. *XmATTACH_OPPOSITE_WIDGET*: Diese Angabe kehrt das Verhalten von *XmATTACH_WIDGET* um, d.h. die betreffende Kante wird an der entsprechenden Kante des Referenz-Widgets „befestigt".

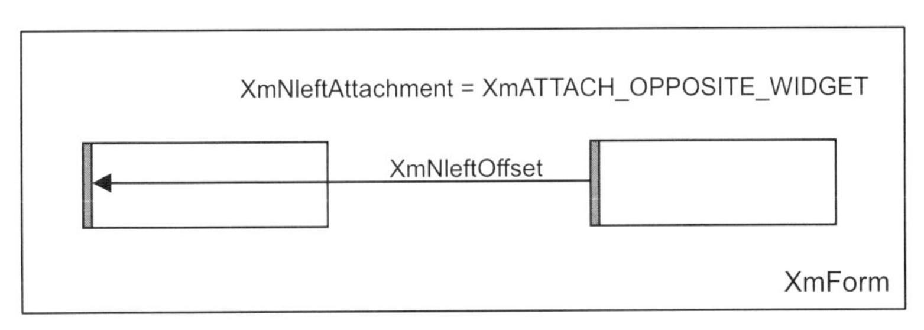

Abbildung 9.7: Die Verwendung von *XmATTACH_OPPOSITE_WIDGET*

6. *XmATTACH_POSITION*: Dieses Attachment orientiert sich an einer bestimmten relativen Position bezogen auf das übergeordnete Form Widget. Als zusätzliche Angabe wird die Ressource *XmN<side>Position* benötigt. (Zusätzlich spielt die Ressource mit dem logischen Namen *XmNfractionBase* des betreffenden Form Widgets eine Rolle.)

Im folgenden Beispiel wird die linke obere Ecke eines Label Widgets in der Mitte des Form Widgets plaziert. Zu diesem Zweck kann folgender UIL-Code spezifiziert werden:

```
Label_X : XmLabel
          {
            arguments
            {
              XmNleftAttachment = XmATTACH_POSITION;
              XmNleftPosition = 50;
              XmNtopAttachment = XmATTACH_POSITION;
              XmNtopPosition = 50;
            };
          };
```

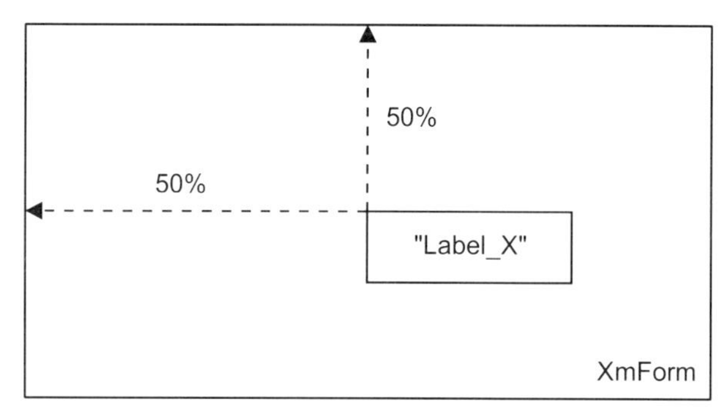

Abbildung 9.8: Die Verwendung von *XmATTACH_POSITION*

Die Angabe des Werts „50" im UIL-Code wird als „50%" interpretiert, da die Ressource *XmNfractionBase* eines Form Widgets per Voreinstellung den Wert 100 besitzt. Tatsächlich spezifiziert *XmNfractionBase* den Basiswert, auf den sich alle relativen Positionen der in einem Form Widget enthaltenen Children beziehen. Die Ressource kann somit dazu verwendet werden, andere Basiswerte festzulegen.

Angemerkt sei an dieser Stelle noch, daß durch Verwendung dieses Attachment-Typs die Hardware-Unabhängigkeit einer Anwendung am besten gewährleistet werden kann: Da die Topologie eines Widgets hier relativ zur Ausdehnung seines Containers bestimmt wird (und nicht etwa durch die Angabe einer festgelegten Anzahl von Pixeln o.ä.), erfolgt seine Positionierung und Dimensionierung unabhängig von der Bildschirmauflösung.

7. *XmATTACH_SELF*: Diese Attachment-Variante, ist die einzige, die nicht in UIL, sondern erst zur Laufzeit einer Anwendung spezifiziert werden kann. Bei Benutzung dieses Attachments wird die betreffende Kante des Widgets an seiner ursprünglichen Position (d.h. der Position, die es vor dem „Einschalten" des Attachments innehatte) festgehalten. Alle Geometrieänderungen des Parent verändern die Position des Widgets dann nicht mehr. Da diese Form der Widget-Positionierung – im Gegensatz zu

den vorgenannten – nicht allzu häufig verwendet wird, sei an dieser Stelle auf eine weitergehende Betrachtung verzichtet.

Bei der Benutzung von Attachments muß vor allem darauf geachtet werden, daß es nicht zur Bildung von „zirkulären Referenzen“ kommt. Solche Referenzen entstehen, wenn Widgets wechselseitig abhängig sind. Beispiel: Die linke Kante des Widgets „Label_Y“ aus Abbildung 9.6 kann zwar von der rechten Kante des Widgets „Label_X“ abhängen, dies schließt jedoch aus, daß die rechte Kante dieses Widgets an der linken Kante von „Label_Y“ „befestigt“ wird. (Ansonsten läge eine wechselseitige Abhängigkeit vor.) Zirkuläre Referenzen führen in jedem Fall zu Fehlermeldungen des X-Toolkits und zu falschem Layout von Dialogelementen.

Generell lassen sich mit Attachments Hardwareabhängigkeiten (hier vor allem: Probleme durch verschiedene Bildschirmauflösungen auf unterschiedlichen Workstations) vermeiden und Geometrieveränderungen von Parent Widgets intelligent verarbeiten. Der „richtige“ Einsatz von Attachments – welche Variante zu welchem Zweck – erfordert allerdings ein wenig Übung.

9.3 Accelerators und Mnemonics

Im allgemeinen arbeitet der Anwender mit einer Motif-Applikation unter Benutzung der Maus. Geübten Benutzern (d.h. solche, die eine spezifische Applikation bereits versiert anwenden), erscheint die Mausbedienung allerdings häufig umständlich – insbesondere, wenn oft benötigte Funktionen erst durch „Herunterklappen“ von Pull-Down-Menüs o.ä. verfügbar werden. Das X11/Motif-System sieht daher eine Alternative zur Mausbedienung vor: die Verknüpfung von Applikationsfunktionen mit Tastenkombinationen.

Eine häufig eingesetzte Möglichkeit zur „alternativen Programmbedienung“ sind sog. *Accelerators* (deutsch etwa: Beschleuniger), die vom Xtk verwaltet werden und prinzipiell einen Eingriff in die Ereignisverwaltung bedeuten. Ein Accelerator beschreibt ein Ereignis, das die „normale“ Funktion eines Widgets ebenfalls – alternativ zum „regulären“ Ereignis – auslöst.

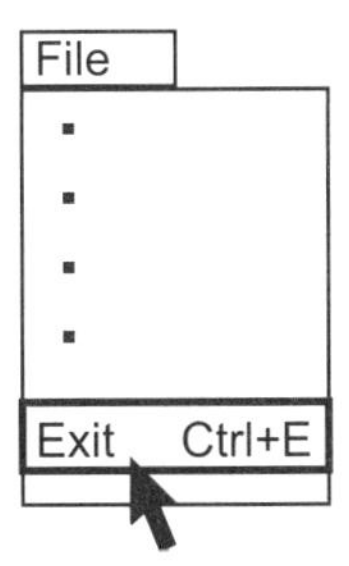

Abbildung 9.9: Pull-Down-Menü mit Accelerator

Das Beispiel in Abbildung 9.9 zeigt ein Pull-Down-Menü, das ein Push Button Widget „Exit“ inklusive eines Accelerators („Ctrl+E“) beinhaltet. Eine mit diesem Push Button verbundene Callback-Routine wird normalerweise beim „Anklicken“ des Push Buttons aufgerufen. Der Accelerator sorgt allerdings dafür, daß die Callback-Routine auch bei Betätigung der Tastenkombination CONTROL/E ausgelöst wird. Da das betreffende Pull-Down-Menü zu diesem Zweck nicht „aufgeklappt“ sein muß, ergibt sich so eine schnelle Option zum Auswählen der Funktion „Exit“.

Die UIL-Spezifikation des oben gezeigten Accelerators könnte wie folgt aussehen:

```
XmNacceleratorText = compound_string("Ctrl+E");
XmNaccelerator = "Ctrl<KeyPress>e:";
```

Die Ressource *XmNacceleratorText* legt lediglich den vom Push Button Widget zusätzlich angezeigten Text (hier: „Ctrl+E“) fest. Zwar lassen sich theoretisch beliebige Zeichenketten mit Hilfe dieser Ressource angeben, der OSF/Motif Style-Guide nennt allerdings einige – recht strenge – Richtlinien. (Auch die gültigen Tastenkombinationen für Accelerators werden vom Style-Guide festgelegt. So sind in aller Regel nur CONTROL- bzw. ALT-Tastenkombinationen zulässig. Darüber hinaus sind bestimmte Accelerators bereits für bestimmte Programmfunktionen reserviert, so z.B. CONTROL/E für „Exit“ oder CONTROL/S für „Save“. Für die verwendeten Texte gilt allgemein, daß entweder „Alt+“ oder bevorzugt „Ctrl+“ und ein Großbuchstabe angegeben werden soll.)

Um eine bestimmte Tastenkombination an eine entsprechende Funktion zu binden, dient die zweite Ressource des obigen Beispiels: *XmNaccelerator*. Der Parameter dieser Funktion muß dabei die Syntax eines sog. „*Translation Table Entries*“ besitzen Translation Tables werden vom Translation Manager des Xtk verwendet, um X11-Ereignisse mit Aktionsroutinen (Action Procedures) des Widget-Sets zu verbinden (siehe hierzu auch Kapitel 5.3). Die Zeichenkette „Ctrl<KeyPress>e:“ in unserem Beispiel bedeutet, daß bei Betätigung (= X11-Event „KeyPress“) der Taste „e“ die Widget-Funktion auszulösen ist, falls gleichzeitig die „Modifier-Taste“ CONTROL (abgekürzt „Ctrl“) gedrückt wurde.

Allgemein ist ein „Translation Table Entry“ wie folgt aufgebaut:

```
[Qualifier]<Event>[Option]:
```

Hierbei steht *Qualifier* für spezielle Tasten, die nur in Kombination mit anderen Bedeutung haben, also z.B. CONTROL („Ctrl“) oder SHIFT („Shift“). *Event* bezeichnet ein spezielles Ereignis im Sinne von X11: „KeyPress“ (Taste gedrückt), „KeyRelease“ (Taste losgelassen), „Btn1Down“ (Maustaste 1 gedrückt) usw. Für das Auslösen von Funktionen, die durch Push Button Widgets in Menüs repräsentiert werden, sind ausschließlich Tastaturereignisse zulässig. Das Feld *Option* hat je nach Ereignis-Typ eine unterschiedliche (oder auch keine) Bedeutung, an dieser Stelle sei daher wieder auf die einschlägige (Referenz-) Literatur verwiesen.

Nach dem Doppelpunkt-Symbol „:“ kann prinzipiell der Name einer sog. *Action Procedure* (siehe Kapitel 5.3) angegeben werden, die nach Auftreten des zuvor spezifizierten Ereignisses aufzurufen ist. Für Accelerators unterbleibt diese Angabe allerdings, da das Xtk die Bindung an den betreffenden Widget-Callback in diesem Fall selbst herstellt.

Näheres zum Thema „Translation Tables“ findet sich in der X-Toolkit Literatur [1].

Statt der Ressource *XmNaccelerator* kann alternativ auch *XmNaccelerators* (Mehrzahl) verwendet werden. Letztgenannte Ressource erlaubt die Angabe einer kompletten „Translation Table“, in der mehr als ein Ereignis spezifiziert werden kann, falls das betreffende Widget über mehr als einen Accelerator verfügen soll.

Im Gegensatz zu den vom Xtk verwalteten Accelerators sind *Mnemonics* eine Motif-spezifische Funktionalität, die vor allem eine vereinfachte Menübedienung erlaubt. Ein Mnemonic ist prinzipiell ein Ein-Zeichen-Code, der eine bestimmte Funktion eines Programms repräsentiert.

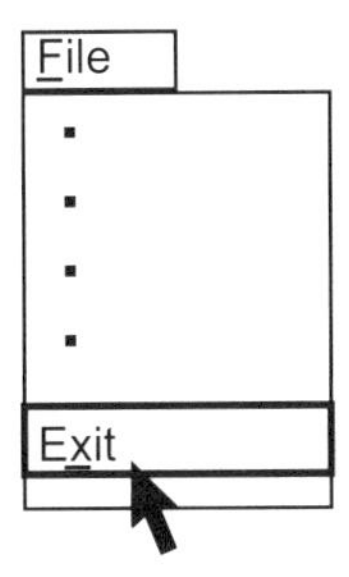

Abbildung 9.10: Mnemonic in einem Pull-Down-Menü

Im obigen Beispiel besitzt die Funktion „Exit“ das Mnemonic „x“. (Das betreffende Zeichen wird, falls es Bestandteil der angezeigten Zeichenkette – hier „Exit“ – ist, vom Motif-System unterstrichen dargestellt.) Der Anwender kann in diesem Fall die durch den Menüpunkt repräsentierte Funktion auch durch Betätigen der Taste „x“ aufrufen. Voraussetzung ist allerdings, daß der Anwender das betreffende Menü (im obigen Beispiel „File“) bereits „aufgeklappt“ hat. Da Mnemonics – im Gegensatz zu Accelerators – quasi nur lokal (bei bereits „aufgeklapptem“ Menü) funktionieren, müssen sie nur innerhalb eines Menüs eindeutig sein. Ein identisches Mnemonic kann in zwei verschiedenen Menüs durchaus zwei unterschiedliche Funktionen repräsentieren.

Motif erlaubt neben Mnemonics *in* Menüs auch Mnemonics *für* Menüs: Im Beispiel aus Abbildung 9.10 besitzt das Menü „File“ das Mnemonic „f“. (Groß- und Kleinschreibung werden im Fall von Mnemonics nicht unterschieden.) Um z.B. die Funktion „Exit“ auszulösen, könnte der Anwender – neben der Benutzung der Maus – zunächst die Tastenkombination ALT/f betätigen. Das OSF/Motif-System reagiert darauf mit dem „Aufklappen“ des Menüs „File“. Durch anschließendes Drücken der Taste „x“ ließe sich dann die „Exit“-Funktion aufrufen.

Mnemonics werden mit Hilfe einer speziellen Ressource namens *XmNmnemonic* dem gewünschten Widget zugeordnet. Für die Funktion „Exit" aus dem Beispiel in Abbildung 9.10 läßt sich z.B. folgender UIL-Code spezifizieren:

```
exit_button : XmPushButton
              {
                arguments
                {
                  XmNlabel_string = compound_string("Exit");
                  XmNmnemonic = keysym("x");
                };
                callbacks
                {
                  XmNactivateCallback = procedure exit_program();
                };
              };
```

Bei der Funktion *keysym* im obigen UIL-Fragment handelt es sich – ähnlich wie bei *compound_string* – um eine vordefinierte UIL-Funktion, die zur Belegung der Ressource *XmNmnemonic* benötigt wird.

In der Regel machen größere Applikationen von beiden zusätzlichen (in diesem Kapitel beschriebenen) Bedienoptionen Gebrauch. Dabei sind Mnemonics meist für jeden Menüpunkt und jedes Menü definiert, während Accelerators nur für häufig benutzte Programmfunktionen vorgesehen werden.

9.4 Zugriff auf Widget-Ressourcen zur Laufzeit

Widget-Ressourcen haben wir bislang nahezu ausschließlich als „statische" Parameter betrachtet – sie werden bei Erzeugung des Widgets mit Werten belegt (entweder mit voreingestellten, oder mit anwendungsspezifischen) und anschließend nicht mehr verändert. Die eingangs dieses Kapitels vorgestellten Convenience Routines haben allerdings bereits eine Methode aufgezeigt, wie bestimmte Ressourcen von ausgewählten Widget-Klassen zur Laufzeit abgefragt und auch verändert werden können.

Prinzipiell läßt sich die Mehrheit der Widget-Ressourcen zur Laufzeit auslesen und manipulieren, wobei der Einsatz von dedizierten Convenience-Routinen nicht notwendig ist. (In Kapitel 8 sind Einschränkungen bezüglich „Lesbarkeit" und „Veränderbarkeit" von Ressourcen zur Laufzeit einer Anwendung jeweils vermerkt.) Sowohl zur Abfrage als auch zur Veränderung von Widget-Ressource-Werten kommen dabei die aus Kapitel 6 bereits bekannten *Argument Lists* zum Einsatz. Zusätzlich benötigen wir noch die beiden X-Toolkit-Routinen *XtGetValues* und *XtSetValues.*

Beispiel: Nehmen wir an, eine fiktive Applikation benötigt zur Laufzeit den aktuellen Wert der Ressource *XmNwordWrap* eines Text Widgets. Diese Ressource legt fest, ob das Text Widget bei längeren Eingaben am Zeilenende automatisch auf Wortbasis umbricht; d.h. ob Wörter, die nicht mehr vollständig in die Zeile „passen" in die nächste Zeile umgebrochen werden.

```
/* C-Code */

Arg resource_list[1];
unsigned char word_wrap;

resource_list[0].name  = XmNwordWrap;
resource_list[0].value = (XtArgVal)(&word_wrap);
XtGetValues(the_text_widget,resource_list,1);

/* Alternativ: */

XtSetArg(resource_list[0],XmNwordWrap,&word_wrap);
XtGetValues(the_text_widget,resource_list,1);
```

Das C-Makro *XtSetArg* kann statt der expliziten Belegung der Felder *name* und *value* verwendet werden.

```
(* Pascal-Code *)

var
  resource_list : array [1..1] of Arg;
  word_wrap     : Boolean;

arglist[1].name  := Iaddress(XmNwordWrap);
arglist[1].value := (Iaddress(word_wrap)) :: XtArgVal;
XtGetValues(the_text_widget,resource_list,1);
```

Nach Ausführung der oben gezeigten Code-Fragmente enthält die Variable *word_wrap* den aktuellen Wert der Ressource *XmNwordWrap*: Im Falle des C-Fragments ist dies entweder der Wert „1" (Word wrap eingeschaltet), oder „0" (nicht eingeschaltet). Bedingt durch die Verwendung des Datentyps *Boolean* ist der Wert in Pascal entweder „True" oder „False".

In ähnlicher Weise läßt sich der Wert manipulieren:

```
/* C-Code */

Arg resource_list[1];

resource_list[0].name  = XmNwordWrap;
resource_list[0].value = (XtArgVal)1;
XtSetValues(the_text_widget,resource_list,1);

/* Alternativ: */

XtSetArg(resource_list[0],XmNwordWrap,1);
XtSetValues(the_text_widget,resource_list,1);
```

```
(* Pascal-Code *)

var
  resource_list : array [1..1] of Arg;

arglist[1].name  := Iaddress(XmNwordWrap);
arglist[1].value := (True) :: XtArgVal;
XtSetValues(the_text_widget,resource_list,1);
```

Die oben gezeigten Beispielfragmente weisen der Ressource *XmNwordWrap* den Wert „eingeschaltet" („1" oder „True") zu.

Neben *XtGetValues* und *XtSetValues* stehen dem Anwendungsentwickler noch die Routinen *XtVaGetValues* und *XtVaSetValues* zur Verfügung. Diese Prozeduren bieten identische Funktionalität an, arbeiten jedoch anstelle von *Argument Lists* mit variablen Parameterlisten. Beispiel:

```
/* C-Code */

unsigned short x, y;

XtVaGetValues(the_widget,XmNx,&x,XmNy,&y,NULL);
```

Die Parameterliste darf hierbei beliebig lang werden, der Wert „NULL" kennzeichnet das Ende der Liste. Zu beachten ist allerdings, daß Routinen mit variabel langer Parameterliste nicht von jeder Programmiersprache unterstützt werden.

Bei der Arbeit mit den vorgestellten Routinen ist vor allem an zwei Stellen Vorsicht geboten:

- Versucht die Anwendung mit Ressourcen zu arbeiten, die vom Ziel-Widget nicht unterstützt werden, so liefert das X-Toolkit kein entsprechendes „Feedback". Besonders bei der Abfrage von Ressource-Werten kann dies tückisch sein, da das Xtk die Anfrage schlicht ignoriert und den Inhalt der angegebenen Variable nicht modifiziert. Beispiel:

```
/* C-Code */

Arg resource_list[1];
unsigned char word_wrap;

word_wrap = 5;
XtSetArg(resource_list[0],XmNwordWrap,&word_wrap);
XtGetValues(the_widget,resource_list,1);
```

  Referenziert die Variable *the_widget* im obigen Beispiel z.B. ein Widget der Klasse *XmDrawingArea*, das die Ressource *XmNwordWrap* naturgemäß nicht unterstützt, so ist der Wert der Variablen *word_wrap* nach Durchführung der Abfrage nach wie vor 5.

- Datentypen müssen mit großer Sorgfalt gewählt werden, da ansonsten leicht größere Probleme auftreten. Das X-Toolkit setzt voraus, daß die Datentypen von Ressource-Werten der Anwendung bekannt sind und entsprechend verwendet werden. Beispiel:

```
/* C-Code */

unsigned long x, y;

x = 0xffffffff;
y = 0xffffffff;
XtVaGetValues(the_widget,XmNx,&x,XmNy,&y,NULL);
```

  Im obigen Beispiel entspricht der Datentyp *unsigned long* (32 Bit) nicht dem vom Widget-System verwendeten Datentyp für die Ressourcen *XmNx* bzw. *XmNy* (dieser ist nur 16 Bit breit). Die Folge: Nur die niederwertigen 16 Bit der Variablen *x* und *y* werden vom Xtk modifiziert – die höherwertigen Bits bleiben unverändert. Waren diese Bits zuvor nicht gleich Null (wie im obigen Beispiel bewußt erzwungen), so ist der resultierende Variableninhalt fehlerhaft.

Generell gilt: die vorgestellten Methoden zur Abfrage und Modifikation von Ressource-Werten sollten nur dann angewendet werden, wenn kein Toolkit (weder Xtk noch Motif) eine Convenience-Routine für die Verarbeitung der betreffenden Ressourcen zur Verfügung stellt. Darüber hinaus sollte stets geprüft werden, ob eine Ressource zur Laufzeit der Anwendung überhaupt ausgelesen bzw. verändert werden kann.

9.5 Ressource-Dateien

Bislang haben wir zwei Methoden zur Beeinflussung von Widget-Ressourcen diskutiert: Die Festlegung von Ressource-Werten beim Erzeugen des Widgets (meist mit Hilfe der Sprachmittel der UIL) sowie die Veränderung solcher Werte zur Laufzeit. Tatsächlich gibt es eine dritte Variante, die das Manipulieren von Ressourcen *außerhalb* des eigentlichen Programmkontexts erlauben: der Einsatz von sog. *Ressource-Dateien* (engl. *Resource Files*).

Ressource-Dateien erlauben es dem *Anwender* eines Programms, Widget-Ressourcen mit Werten zu versehen – wobei allerdings nur Ressourcen verändert werden können, die vom Programm nicht explizit (beim Erzeugen des Widgets) mit Werten vorbelegt werden.

Da Ressource-Dateien einfache Textdateien sind, lassen sie sich leicht manipulieren und stellen so auch ein bevorzugtes Mittel zur Festlegung benutzerspezifischer Anpassungen einer (Motif-basierten) Bedienoberfläche dar. Tatsächlich lassen sich Ressource-Dateien sogar als zentrales Steuerungsinstrument für das Erscheinungsbild solcher Bedienoberflächen bezeichnen, da von diesen Dateien unter vielen Betriebssystemen extensiv Gebrauch gemacht wird.

Das Thema „Ressource-Dateien“ ist vielschichtig und besitzt leider auch Facetten, die von Betriebssystem zu Betriebssystem unterschiedlich ausfallen. Wir werden uns mit diesen Dateien daher nur allgemein (und recht oberflächlich) auseinandersetzen – für Details sei auf die einschlägige Referenzliteratur verwiesen [1].

Jede Zeile einer Ressource-Datei bestimmt den Wert der Ressource einer Widget-Klasse oder eines (bzw. mehrerer) konkreter Widgets. Dabei muß der „Weg“ durch den Widget-Baum einer Anwendung angegeben werden, der zu dem zu manipulierenden Widget führt.

Ein Beispiel: Das Push Button Widget *Hello_Button* des „Hello World II“-Programms in Kapitel 7.2 benutzt für die Ressource *XmNheight* einen voreingestellten Wert, da *XmNheight* vom Programm nicht explizit belegt wird – somit läßt sich dieses Attribut auch per Ressource-Datei verändern. Der „Pfad“ zur Widget-Ressource lautet:

```
helloWorld2.Hello_World_Window.Hello_Form.Hello_Button.height
```

Der „Pfad“ beginnt mit dem Namen des Programms, so wie er beim Aufruf der Routine *XtOpenDisplay* (als dritter Parameter) spezifiziert worden ist. Dieser Name repräsentiert somit das Toplevel Widget. Durch Punkte getrennt folgen dann die Children dieses Widgets: Main Window, Form Widget und schließlich das Push Button Widget. Der Name der zu manipulierenden Ressource entspricht der auch in UIL oder in *Argument Lists* benutzten Bezeichnung, allerdings ohne das Präfix „XmN“.

Durch einen Doppelpunkt von der Pfadangabe getrennt wird der Wert der Ressource spezifiziert, so daß die vollständige Zeile der Ressource-Datei wie folgt lautet:

```
helloWorld2.Hello_World_Window.Hello_Form.Hello_Button.height: 20
```

Alternativ dazu kann auch mit Klassenbezeichnungen gearbeitet werden:

```
HelloWorld2.XmMainWindow.XmForm.XmPushButton.Height: 20
```

Der „Klassenname“ des Programms entspricht bei dieser Schreibweise dem vierten Parameter bei Aufruf der Routine *XtOpenDisplay*; der Name der Ressource beginnt dann mit einem Großbuchstaben. Bei Verwendung von Klassenbezeichnungen ist zu beachten, daß u.U. kein eindeutiger Pfad mehr vorliegt – sollte das Form Widget mehr als nur einen Push Button enthalten, so werden die *XmNheight*-Ressourcen *aller* dieser Widgets (falls nicht bereits vorbelegt) manipuliert.

Ein ähnliches Verhalten kann auch durch die Verwendung von *Wildcard*-Zeichen erreicht werden. Beispiel:

```
helloWorld2.Hello_World_Window.Hello_Form*height: 20
```

Im obigen Fall werden sämtliche Children des Widgets *Hello_Form* manipuliert. Sollte dieses Widget weitere Container enthalten, so setzt sich die Belegung der Ressource *XmNheight* sogar rekursiv fort.

X11 bietet darüber hinaus weitere Mechanismen für die Flexibilisierung von Ressource-Dateien an, darunter das Einbinden von zusätzlichen Dateien, weitere Wildcard-Zeichen, Zuweisungsprioritäten und ähnliches.

Für viele Anwendungen ist eine weitere Option beim Einsatz von Ressource-Dateien interessant: Es besteht die Möglichkeit, Ressourcen zu verwenden, die gar nicht existieren. Zum Beispiel:

```
helloWorld2.gruenflaeche: True
```

Der nicht existenten Ressource *gruenflaeche* wird der Wert „True" zugewiesen, wobei dies nicht etwa zu einer Fehlermeldung führt. X11 nimmt diese Zuweisung als Name-Wert-Paar tatsächlich in seine Datenhaltung auf und erlaubt dessen Abfrage mit Hilfe spezieller X11-Routinen. Applikationen nutzen dieses Verhalten des Systems für anwendungsspezifische Parameter, die der Benutzer eventuell an seine Bedürfnisse anpassen möchte, die aber nichts mit dem Widget-System zu tun haben.

Natürlich stellt sich zu diesem Zeitpunkt die Frage, wie X11 Ressource-Dateien behandelt, wie diese also z.B. eingelesen werden können. Leider läßt sich diese Frage nicht eindeutig beantworten, da das Verhalten des Systems in hohem Maße vom unterlegten Betriebssystem und zugleich von der eingesetzten X11-Version abhängt. Grundsätzlich gilt jedoch, daß Ressource-Dateien automatisch gelesen werden, und zwar geschieht dies bei Aufruf diverser Initialisierungsroutinen des X-Toolkits (so z.B. bei Verwendung von *XtOpenDisplay*).

Unter Unix ist die Datei *„.Xdefaults"* (der Punkt vor dem Bezeichner „Xdefaults" darf nicht vergessen werden!) eine beliebte Stelle, um anwendungsspezifische Ressourcen für verwendete Programme einzutragen. Beim Einsatz von OpenVMS besitzt dagegen jede Anwendung meist eine spezifische Ressource-Datei, die sich im Verzeichnis mit dem logischen Namen *„DECW$USER_DEFAULTS"* befinden muß. Darüber hinaus existieren zusätzliche Mechanismen, die es erlauben, Ressource-Dateien systemweit zu installieren. Solche Dateien legen dann Ressourcen fest, die nicht durch anwenderspezifische Ressource-Dateien belegt werden.

Schon dieser kurze Abriß des Konzepts der Ressource-Dateien zeigt, daß es sich um einen sehr flexiblen, aber auch recht komplizierten Ansatz handelt (wobei verschiedene damit zusammenhängende Einrichtungen – etwa die sog. Ressource-Konverter – noch nicht einmal angesprochen worden sind). Der interessierte Leser sei daher an dieser Stelle noch einmal auf die Referenzliteratur hingewiesen.

9.6 Anmerkungen zum Callback-Design

Das Design von Callback-Routinen ist kein technischer Aspekt, der in unmittelbarem Zusammenhang mit OSF/Motif oder X11 steht, sondern eine Frage des „guten" Enturfsstils. Da gerade Neueinsteiger häufig dazu tendieren, eine Anwendung mit Callback-

Routinen zu überfrachten, sollen an dieser Stelle einige kurze Überlegungen zum „Umgang“ mit dem Callback-Mechanismus angestellt werden.

Wie in Kapitel 5.3 bereits kurz angesprochen, bringt die Verwendung von Callback-Routinen generell einige nachteilige Auswirkungen auf die Programmstruktur mit sich. Insbesondere die Lesbarkeit des Quelltexts leidet erheblich, da nicht mehr erkennbar ist, welches Ereignis zum Aufruf einer Callback-Routine führt. Die Folge ist, daß der Programmablauf nicht mehr ohne weiteres nachvollzogen werden kann. Im Extremfall – jedes Callback-auslösende Widget besitzt eine eigene ihm zugeordnete Routine – sind Lesbarkeit, Erweiterbarkeit und Wartbarkeit des Quelltexts stark in Frage gestellt.

Das Problem läßt sich allerdings etwas abmildern, indem Ereignisse sinnvoll gruppiert werden, so daß sie gemeinsam von einer Callback-Routine bearbeitbar sind. Die Entscheidung über das zu bearbeitende Ereignis erfolgt in diesem Fall innerhalb der Routine mit Hilfe des übergebenen *tag*-Parameters.

Ein „Patentrezept“ für die Gruppierung von Ereignissen kann leider nicht formuliert werden, allerdings helfen häufig Anleihen aus der Objektorientierung weiter. Betrachtet man z.B. ein Dialogfenster, das aus einem Textfeld zur Eingabe einer Zeichenkette und zwei Push Button Widgets (zur Bestätigung der Eingabe und zum Abbruch der Operation) besteht, so läßt sich das Fenster insgesamt auch als „Eingabeobjekt“ auffassen. Die von diesem Objekt angebotenen Funktionen lauten demnach:

1. Eingabe einer Zeichenkette, wobei diese nach Betätigung eines dedizierten Push Button Widgets im Dialogfenster verarbeitet wird.

2. Abbruch der Eingabeoperation nach Betätigung des anderen Push Button Widgets.

Dem „Eingabeobjekt“ wird genau eine Callback-Routine zugeordnet, die diese beiden Operationen realisiert. Auf Widget-Ebene werden also beide Push Buttons mit derselben Callback-Routine assoziiert, wobei sich deren Aufruf jeweils durch einen eindeutigen *tag* unterscheidet. Diesen *tag* verwendet die Routine zur Entscheidung über die durchzuführende Operation. Der Vorteil dieser Vorgehensweise liegt in der direkten Zuordnung von Dialogfenster (das sich als „zusammengehörendes Objekt“ darstellt) und Software-Routine, die alle von diesem Fenster angebotenen Funktionen verwaltet.

In der Praxis werden häufig Varianten des angesprochenen Konzepts genutzt, wobei zum Teil auch extreme Lösungen zur Anwendung kommen. So existieren z.B. Applikationen mit nur einer Callback-Routine, die sämtliche Programmfunktionen steuert.

9.7 „Internationalisierung“ von Anwendungen

Die Anpassung von Bedienoberflächen an unterschiedliche Sprachräume – im englischen als *„Internationalization“* bezeichnet[1] – ist eine wichtige Aufgabe für die Anwendungsentwicklung. Dabei geht es nicht nur um das Übersetzen aller verwendeten Texte und Beschriftungen – auch Datums- und Zeitformate, Währungssymbole und ähnliches mehr müssen in der Regel an landesspezifische Besonderheiten angepaßt werden. Hinzu kommen eventuell noch spezielle Verfahrensweisen zur Eingabe von Text, da verschiedene Sprachen (insbesondere im asiatischen Raum) wesentlich mehr Zeichen verwenden, als von Computertastaturen unmittelbar unterstützt werden.

In erster Linie eignen sich natürlich UIL-Module zur Bereitstellung von flexiblen Bedienoberflächen. Die zur Ausgabe von Text zu verwendende Sprache, Schreibrichtung sowie die einzusetzenden Schrifttypen und Zeichensatzcodierungen lassen sich leicht mit Hilfe von Ressourcen spezifizieren und an unterschiedliche Erfordernisse anpassen. Allerdings müssen in diesem Fall auch Daten, mit denen eine Anwendung intern arbeitet (etwa das landesübliche Datumsformat) als Konstante im UIL-Code abgelegt sein und dann in den Anwendungscode importiert werden (UIL bietet zu diesem Zweck den Mechanismus der *„exported literals“* an. Diese *„literals“* unterscheiden sich von den bereits vorgestellten nur insofern, als daß ihre Werte mit Hilfe der Mrm-Routine *MrmFetchLiteral* in ein Programm übernommen werden können.) Das Problem von spezifischen Eingabeverfahren kann UIL allerdings nicht lösen.

Das X Window-System selbst bietet (ab Release 5) Funktionen an, mit denen sich „internationalisierbare“ Applikationen realisieren lassen. Auf diesen Funktionen setzen z.T. wiederum Routinen des Motif-Toolkits auf. Grundsätzlich arbeiten X11 und Motif allerdings nicht mit einer proprietären Methode zur Definition des Sprachumgebung, sondern sie verwenden die sog. *locale*-Mechanismen, die von POSIX- bzw. XPG-konformen Betriebssystemen zur Verfügung gestellt werden. Die Auswahl der Sprachumgebung erfolgt in diesem Fall z.B. durch die C-Funktion *setlocale*; der ausgewählte Sprachraum beeinflußt sowohl das Verhalten von bestimmten C-Routinen (etwa *printf*, das bei Ausgabe von Fließkommawerten landesabhängige Darstellungen verwendet), als auch das von X11 und OSF/Motif (bei denen z.B. die Zeichensatzcodierung, Schreibrichtung von Zeichenketten u.ä. beeinflußbar sind.) Auch die Eingabeverwaltung läßt sich manipulieren (X11 stellt dafür Funktionen bereit), so daß Anwendungen Mechanismen zur Eingabe beliebiger Zeichen – etwa japanischer Ideogramme – definieren können.

Allerdings: die Motif- und X11-Funktionen zur Behandlung von sprachraumabhängigen Besonderheiten sind relativ „sperrig“, d.h. ihr Einsatz ist oft recht mühsam. Kann auf

[1] In ihrem Hang zu kryptischen Abkürzungen sprechen Softwaretechniker auch gerne von „I18N“, da sich im Wort „Internationalization“ 18 Zeichen zwischen den Anfangs- bzw. Endbuchstaben „I“ und „n“ befinden.

eine besondere Eingabebehandlung verzichtet werden, so bietet sich häufig die Verwendung unterschiedlicher, sprachraumspezifischer UIL-Module an. Zusätzlich kann mit Hilfe des *locale*-Mechanismus das Verhalten diverser Systemroutinen beeinflußt werden, so daß z.B. die spezifische Behandlung von Fließkomma- oder Datumsdarstellungen vereinfacht wird.

9.8 „Drag and Drop"-Unterstützung

Direct Manipulation User Interfaces, so haben wir im ersten Kapitel formuliert, repräsentieren Objekte visuell und erlauben das Ausführen von Operationen durch Manipulation solcher Darstellungen. Ab Version 1.2 bietet OSF/Motif Funktionen, mit denen die genannten Eigenschaften leichter realisiert werden können – die sog. *Drag and Drop*-Unterstützung. Ziel ist dabei die Austauschbarkeit von Information mit Hilfe von Operationen, die sich dem Anwender als Manipulation grafischer Objekte darstellen.

Grundsätzlich stellt die Drag and Drop-Unterstützung Mechanismen bereit, die es erlauben, Daten (die durch ein bzw. mehrere grafische Objekte repräsentiert sind) zu kopieren, zu verschieben oder zu verbinden (indem die Daten mit Hilfe der Maus zu einem anderen grafischen Objekt quasi „bewegt" werden). Dabei ist es unerheblich, ob auf diese Weise Daten von nur einem Programm manipuliert, oder aber zwischen verschiedenen Applikationen ausgetauscht werden. (Mehr noch: Wird Information zwischen zwei Anwendungen transportiert, so ist es unerheblich, ob die Programme auf demselben Computersystem ablaufen oder nicht.) Der Begriff „Drag and Drop" wird heute allgemein zur Charakterisierung dieser Form des Datenaustauschs angewendet: Information wird aus einem Objekt „herausgezogen" (*dragged*) und in ein anderes „abgeworfen" (*dropped*).

Natürlich sind die auftretenden Probleme alles andere als trivial. Zwar bietet das X Window-System (wie in Kapitel 12.7 kurz umrissen) durch die Mechanismen der sog. *Inter-Client Communication* eine gewisse Basisfunktionalität für den Austausch von Information mit Hilfe des X-Servers, die Aufbereitung von Daten, deren Darstellung und Umwandlung muß allerdings stets von einer Anwendung – mit Hilfe von Motif-Routinen – geleistet werden. Wir beschränken uns daher auch hier wieder auf einen Abriß der angebotenen Funktionalität. (Details finden sich in der Motif-Literatur [3].)

Grundsätzlich müssen alle Widgets, die als Empfänger von Information fungieren sollen, beim Motif-System angemeldet werden. Dies geschieht mit Hilfe einer speziellen Routine namens *XmDropSiteRegister*. Durch Aufruf dieser Routine kann ein Widget als sog. „Drop site" markiert werden, d.h. es kann zukünftig das Ziel einer Drag and Drop-Operation sein. Die Formalparameter der Routine entsprechen dabei der von diversen Widget-Manipulationsroutinen des X-Toolkits, wie z.B. *XtSetValues*: Neben dem zu markierenden Widget ist eine *Argument List* sowie die Anzahl der Einträge in dieser Liste anzugeben. Die *Argument List* benutzt Pseudo-Widget-Ressourcen zur Festlegung der Drag and Drop-Eigenschaften eines Widgets. Mit Hilfe dieser Ressourcen kann z.B.

definiert werden, welche Datentypen das betreffende Widget unterstützen soll – d.h. von welchem Typ die Information sein darf, die mit Hilfe einer Drag and Drop-Operation zu diesem Widget übertragen wird – oder welche der möglichen Operationen das Widget überhaupt realisiert. Eine der wichtigen Ressourcen trägt dabei den symbolischen Namen *XmNdropProc* und spezifiziert die Anwendungsroutine, die aufgerufen werden soll, wenn ein Programmbenutzer Daten mit Hilfe einer Drag and Drop-Operation mit einem bestimmten Widget assoziiert. (Ein Vergleich mit regulären Callback-Routinen ist durchaus angebracht, da die „Drop Procedure" – ähnlich wie eine Callback-Routine – nach dem Auftreten einer bestimmten „externen" Manipulation aufgerufen wird.) Diese von der Anwendung bereitzustellende Routine ist für die Abwicklung des „Kommunikationsprotokolls" zwischen dem Quell- und dem Ziel-Widget von Bedeutung.

Eingeleitet wird jede Drag and Drop-Operation allerdings auf der Seite der Datenquelle, der sog. „Drag source", die natürlich ebenfalls mit einem Widget verbunden ist. Im Regelfall wird dazu zunächst die Liste der von diesem Widget verarbeitbaren X11-Ereignisse durch spezielle Events ergänzt: Mit Hilfe des in Abschnitt 5.3 bereits kurz angesprochenen Translation Managers oder durch dedizierte Event Handler, die mit Hilfe des Xtk installiert werden (ebenfalls in Abschnitt 5.3 besprochen), kann z.B. erreicht werden, daß eine bestimmte Anwendungsroutine bei Betätigung einer speziellen Maustaste aufgerufen wird. Diese Routine leitet dann die „eigentliche" Drag and Drop-Operation ein.

Das „Kommunikationsprotokoll" der Drag and Drop-Operationen läuft wie folgt ab:

1. Die zur Einleitung der Drag and Drop-Operation benötigte Routine verwendet die Motif-Funktion *XmDragStart* zur Initiierung des Protokolls. Ähnlich wie bei *XmDropSiteRegister* findet auch hier eine *Argument List* zur Parametrisierung der Operation Verwendung. (Insgesamt stehen dem Entwickler beachtliche 25 Pseudo-Ressourcen zur Verfügung, mit denen der genaue Ablauf einer Operation aus Sicht der Datenquelle definiert werden kann.) Wichtig ist natürlich auch hier die Angabe der durchzuführenden Operation sowie der unterstützten Datenformate.

2. Nachdem der Anwender die gewünschten Daten zum Ziel-Widget „bewegt" hat, prüft Motif mit Hilfe der *Argument Lists*, die beim Aufruf von *XmDragStart* und *XmDropSiteRegister* verwendet wurden, ob der Datenaustausch überhaupt stattfinden kann. (Dazu ist z.B. notwendig, daß die gewünschte Operation vom Ziel-Widget unterstützt wird.) Ist dies der Fall, so wird die „Drop Procedure" des Ziel-Widgets aufgerufen.

3. Die „Drop Procedure" führt u.U. einige Tests durch, um die Zulässigkeit der Operation festzustellen und meldet das Ergebnis dieser Prüfung mit Hilfe der Routine *XmDropTransferStart* an das Motif-System zurück. Im positiven Fall wird bei Aufruf dieser Routine – wiederum per *Argument List* – eine Transferfunktion (Ressource-Name: *XmNtransferProc*) spezifiziert, die zur eigentlichen Durchführung der Operation notwendig ist. Die Entscheidung, welcher der von Quell- und Zielseite

unterstützten Datentypen zum Informationsaustausch verwendet wird, fällt ebenfalls die „Drop Procedure" in Rahmen dieses Schritts.

4. Nachdem die Randbedingungen für den Informationsaustausch nunmehr abgeklärt sind, aktiviert Motif auf der Seite der Datenquelle eine spezielle Konvertierungsroutine, die bereits bei Aufruf der Funktion *XmDragStart* spezifiziert wurde. Diese Routine konvertiert die Quelldaten in das gewünschte Format (welches dem Motif-System von der „Drop Procedure" mitgeteilt wurde und von diesem an die Konvertierungsfunktion weitergegeben wird) und stellt sie anschließend dem System zur Verfügung. Die Konvertierungsroutine muß dabei den Konventionen für „inkrementelle Selektions-Konvertierungsprozeduren" des X-Toolkit genügen (Siehe u.a. Beschreibung des Datentyps *XtConvertSelectionIncrProc* in [1].)

5. Die Transferfunktion auf der Zielseite wird aktiviert. Sie erhält dabei die von der Konvertierungsroutine bereitgestellte Information in Form von Übergabeparametern und muß nun dafür Sorge tragen, daß die Daten der Anwendung in geeigneter Form zur Verfügung gestellt – eventuell also vom Transferformat in ein weiteres Datenformat konvertiert – werden.

Das skizzierte Protokoll verwendet zwar die Drag and Drop-Funktionalität von OSF/Motif, diese basiert jedoch auf den Selektions- und Datenaustauschmechanismen des X-Toolkits, denen wiederum die X-Selektionsfunktionen zugrunde liegen. Zum tieferen Verständnis sowohl dieser Mechanismen als auch der Drag and Drop-Funktionalität, ist eine Beschäftigung mit X11 *Atoms,* den damit verknüpften Funktionen sowie dem Xtk sinnvoll.

Angemerkt sei noch, daß bestimmte Widget-Klassen bereits mit Drag and Drop-Unterstützung ausgestattet sind:

- Die Klassen *XmLabel* (sowie alle Erben dieser Klasse) und *XmList* können als „Drag sources" fungieren.

- Instanzen der Klassen *XmText* sowie *XmTextField* können sowohl Quell- als auch Ziel-Widget einer Drag and Drop-Operation sein.

Somit können z.B. die Elemente eines Listen-Widgets mit Hilfe der Maus in Text Widgets kopiert werden, ohne daß eine Anwendung solche Operationen explizit vorsehen muß.

TEIL III
Anwendungsentwicklung mit X11

10 X Window-System: Eigenheiten und Begriffe

Bislang haben wir uns im Rahmen dieses Buchs ausschließlich mit der Entwicklung von OSF/Motif-basierten Applikationen auseinandergesetzt. Bei der Implementierung konkreter Anwendungen fanden daher – neben Routinen des Motif-Toolkits – nur Xt Intrinsic-Aufrufe Verwendung. Andere Komponenten des X11-Systems, wie die X-Library (Xlib), sind bisher nicht explizit benutzt worden.

Bestimmte Aufgaben erfordern jedoch eine differenzierte Vorgehensweise: benötigt ein Programm z.B. neben seiner Bedienoberfläche zusätzliche Visualisierungsfunktionen, um etwa grafische Darstellungen interner Daten zu produzieren (vielleicht sogar um interaktive Manipulationen solcher Daten im Sinne von Direct Manipulation User Interfaces möglich zu machen), so reichen die Fähigkeiten von Motif und Xtk nicht mehr aus. OSF/Motif selbst bietet keinerlei „direkte" Grafikfunktionen – z.B. zum Zeichnen von Grafikprimitiven –, da das System ausschließlich zur Realisierung von Bedienoberflächen konzipiert ist, auch das X-Toolkit dient solchen Zwecken. Eine Anwendung, die grafische Operationen durchzuführen hat (Grafikelemente zeichnen, Grafikattribute verändern usw.), kann diese Aufgaben allerdings mit Hilfe der Xlib, also der Kommunikationsschnittstelle für das X-Protocol, lösen.

Die Xlib stellt dem Programmierer relativ umfangreiche Dienste zur Verfügung, von denen wir im Rahmen dieses Buchs primär nur einige Grafik-bezogene verwenden werden. Services, die sich mit z.B. mit Event- oder Ressource-Management beschäftigen, spielen lediglich eine untergeordnete Rolle, da wir in der Regel die abstrakteren – und einfacher anzuwendenden – Xtk- oder Motif-Dienste anwenden.

Zur Betrachtung der X-Library im Detail sind Kenntnisse bestimmter Begriffe und Eigenheiten des X11-Systems notwendig, die im Rahmen dieses Kapitels diskutiert werden sollen. Im einzelnen werden behandelt:

- Die Begriffe *Display*, *Screen*, *Drawable*, *Pixmap* (bzw. *Bitmap*) und *Window*
- Spezialisierte Ereignisbehandlung (besonders sog. *Exposure Events*)
- Der *Graphics Context*

10.1 Der Screen

Unter dem Begriff *Screen* (deutsch Bildschirm) versteht X11 allgemein eine „Anzeigeeinheit", typischerweise einen Grafikbildschirm. Ein X-Server unterstützt mindestens einen Screen, die voneinander unabhängige Ansteuerung mehrerer Grafikbildschirme wird ausdrücklich unterstützt.

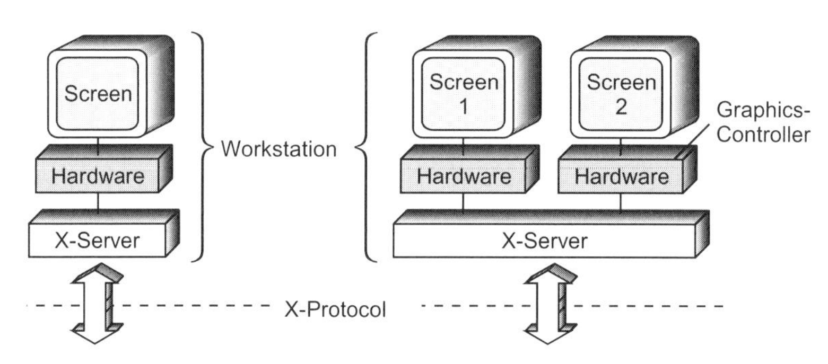

Abbildung 10.1: Single- und Multi-Screen-Umgebung von Workstations

Eine Workstation mit einer Tastatur und Maus kann durchaus über mehrere angeschlossene Screens verfügen, d.h. die Anzahl der Eingabegeräte hängt nicht mit der Anzahl der Screens zusammen. Die C-Header-Dateien der Xlib definieren die Datenstruktur *Screen*, die für X11 relevante Information über physikalische und logische Struktur[1] eines Grafikbildschirms speichert. Unter OpenVMS ist diese Datenstruktur auch für andere Programmiersprachen (z.B. Ada, FORTRAN, Pascal usw.) definiert, trägt dort allerdings den Namen *X$Screen* und entspricht somit den regulären OpenVMS Namenskonventionen. Die Xlib stellt Routinen zur Verfügung, mit denen Information über angeschlossene Screens abgerufen werden kann, solche Daten werden mit Hilfe der *Screen-* (bzw. *X$Screen-*) Datenstruktur zurück geliefert.

10.2 Das Display

Der Begriff *Display* subsumiert im Kontext von X11 den X-Server, sowie die von ihm verwalteten Screens und Eingabegeräte (Tastatur, Maus). Obwohl Display primär mit „Anzeige" assoziiert wird, umfaßt der Terminus in seiner X11-Bedeutung die komplette einem X-Server zugeordnete Hardware – und den Server selbst (siehe auch Abbildung 10.2).

[1] Die „physikalischen" Eigenschaften eines Screen sind z.B. die Höhe und Breite der benutzbaren Fläche in Pixeln. Eine „logische" Eigenschaft ist hingegen beispielsweise die Belegung der X11 Farbtabellen bei farbfähigen Grafikbildschirmen.

X11 definiert eine Datenstruktur namens *Display* (oder – bei Einsatz von OpenVMS – auch *X$Display*), die wiederum Information über das verwendete Display speichert. Im Rahmen von X11/Motif-Applikationen beschreibt eine Variable dieses Datentyps die Verbindung zu einem bestimmten X-Server (siehe z.B. „Hello World!" Applikation in Kapitel 6.4).

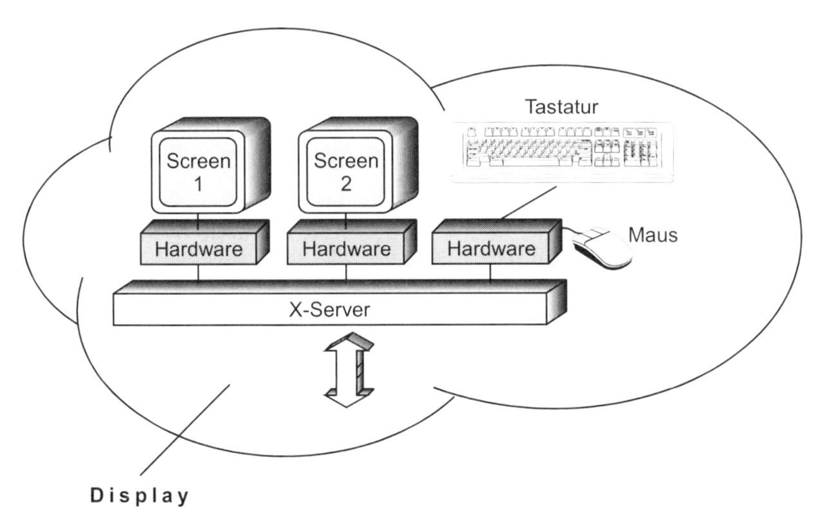

Abbildung 10.2: X11 Display-Prinzip

Damit eine Anwendung mit dem X Window-System arbeiten kann, muß also in jedem Fall:

1. die Verbindung des Client mit einem X-Server hergestellt, und
2. ein Screen zur Benutzung ausgewählt werden.

Diese Vorgänge werden auch als *„To open a display"* bezeichnet; die zu diesem Zweck von der Xlib (und auch vom Xtk) bereitgestellten Routinen enden daher stets auf *„...OpenDisplay"*. (Genau betrachtet ist der Begriff *„to open"* unscharf, da nichts „geöffnet" wird. Exakter wäre die Charakterisierung der erwähnten Vorgänge durch die Formulierung *„to connect to a server"*.)

Um ein Display „öffnen" zu können, muß spezifische Information vorliegen:

1. Welche Maschine (Workstation, Window Terminal) repräsentiert das gewünschte Display?
2. Welcher Transportmechanismus kommt zum Einsatz? (D.h. welches Netzwerkprotokoll wird verwendet bzw. wird ein betriebssysteminterner Kommunikationskanal benutzt?)
3. Wie heißt das Display?
4. Welcher Screen wird benutzt?

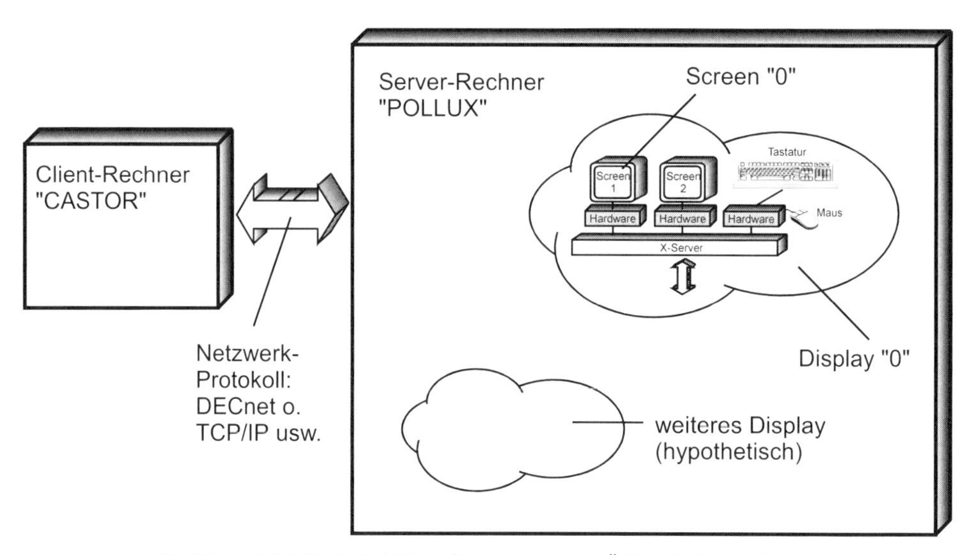

Abbildung 10.3: Beispiel für Information zum „Öffnen" eines Displays

Abbildung 10.3 stellt die benötigte Information beispielhaft dar:

1. Die Server-Maschine wird innerhalb des Netzwerks unter dem Namen „POLLUX" angesprochen.

2. Als Transportmechanismus wird ein Netzwerk mit dem Protokoll „TCP/IP" verwendet.

3. Das auf der Server-Maschine zu benutzende Display ist Display Nr. 0.

   Das X Window-System sieht prinzipiell vor, daß ein einzelnes Computersystem mehr als nur ein Display unterstützen kann, die zu ihrer Identifikation – mit Null beginnend – in aufsteigender Reihenfolge numeriert werden. Da heutige Workstation-Architekturen zumeist allerdings nur über eine Tastatur bzw. Maus verfügen, wird auch nur ein Display (Nr. 0) realisiert.

4. Der zu verwendende Screen ist Screen Nr. 0.

   Da ein Display durchaus mehrere Screens verwalten kann, muß der zu verwendende Screen benannt werden. Äquivalent zu Displays werden Screens in aufsteigender Reihenfolge numeriert, wobei die Zählung ebenfalls mit Null beginnt. Systeme mit nur einem Screen (wie in obigem Beispiel) verfügen daher nur über Screen Nr. 0.

Zum „Öffnen" des Displays werden die oben genannten Daten in Form einer Zeichenkette codiert und beim Aufruf einer Initialisierungsroutine (z.B. den Intrinsic-Funktionen *XtOpenDisplay* oder *XtOpenApplication*) übergeben. Die Zeichenkette für die Daten der Konfiguration in Abbildung 10.3 müßte z.B. wie unten dargestellt codiert sein:

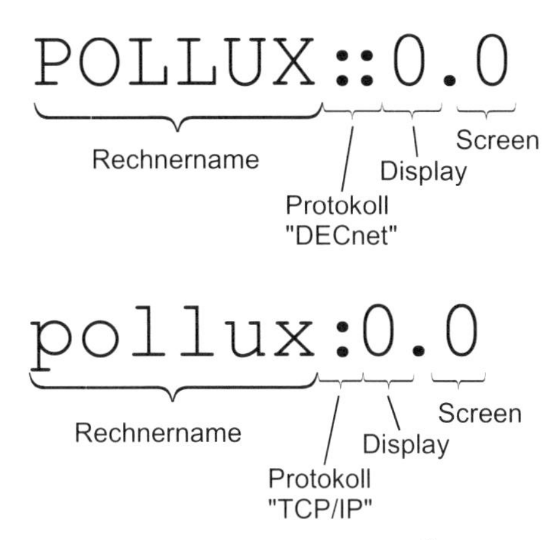

Abbildung 10.4: Informationscodierung zum „Öffnen“ eines Displays

Wie Abbildung 10.4 zeigt, können statt einem Doppelpunkt auch zwei Doppelpunkte spezifiziert werden; in diesem Fall verwendet das System als Transportmechanismus DECnet-Protokolle anstelle von TCP/IP. Die Unterstützung anderer Protokolle sieht die Konvention nicht vor.

Bestimmte Bestandteile der oben dargestellten Zeichenkette können auch weggelassen werden (z.B. die Screen-Nummer), in einem solchen Fall werden spezifische Voreinstellungen verwendet.

Wird die Rechner/Transport/Display/Screen-Information beim „Öffnen“ des Displays nicht angegeben – wie z.B. in den Programmbeispielen in Kapitel 6 der Fall –, so kommt ein voreingestelltes Display und ein voreingestellter Screen zum Einsatz, der verwendete Transportmechanismus wird als *„local inter-process protocol“* bezeichnet, ist also ein betriebssysteminterner Kommunikationspfad. Aber: Eine solche Voreinstellung existiert nur, wenn das Anwendungsprogramm Zugriff auf die Grafikhardware des verwendeten Rechners besitzt und dieser Rechner zudem über einen X-Server verfügt. Auf nicht-grafikfähigen Server-Computern (z.B. einem Mainframe-System) oder fehlendem Zugriffsmöglichkeiten auf die Grafikhardware (bedingt z.B. durch die Tatsache, daß das Anwendungsprogramm von einem externen Computer aus „ferngesteuert“ – engl. *remote* – gestartet wurde), muß das Display mit Hilfe einer der im folgenden beschriebenen Mechanismen explizit eingestellt werden.

In der Unix-Welt können die zum „Öffnen“ eines Displays notwendigen Daten mit Hilfe einer sog. *Environment Variable* namens „DISPLAY“ voreingestellt werden. Beispiel:

```
castor> DISPLAY=pollux:0.0
castor> export DISPLAY
```

Je nach verwendeter Unix-Shell bzw. je nach Hersteller des verwendeten Unix-Systems können die oben gezeigten Kommandos verschieden ausfallen.

Das OpenVMS-Betriebssystem stellt hingegen ein spezielles Kommando zur Verfügung, mit dem die Rechner/Transport/Display/Screen-Information voreingestellt wird. Beispiel:

```
$ SET DISPLAY/CREATE/NODE=POLLUX/SERVER=0/SCREEN=0/TRANSPORT=TCPIP
```

Rechnername, Display-Nummer, Screen-Nummer und zu verwendender Transportmechanismus werden hier mit „Qualifiern" spezifiziert

- /NODE — Name des Rechners, der den X-Server bereitstellt
- /SERVER — Nummer des zu verwendenden Displays
- /SCREEN — Nummer des zu verwendenden Screens
- /TRANSPORT — Name des Transportmechanismus

Mit Hilfe des /TRANSPORT-Qualifiers lassen sich neben TCP/IP und DECnet auch andere Netzwerkprotokolle spezifizieren, so daß dieser Mechanismus flexibler als die zuvor vorgestellte „Doppelpunkt-Notation" ist. Das folgende Kommando spezifiziert beispielsweise einen X-Server, der unter Benutzung des sog. LAT-Protokolls (als Transportmechanismus für das X-Protokoll) angesprochen wird:

```
$ SET DISPLAY/CREATE/NODE=LAT_08002B29DE1A/TRANSPORT=LAT
```

Da die Qualifier /SCREEN und /DISPLAY hier nicht benutzt werden, nimmt das Betriebssystem /SCREEN=0 und /DISPLAY=0 an.

An dieser Stelle sei noch erwähnt, daß trotz korrekt spezifizierter Information über zu verwendenden Rechner, Display, Screen und Transportmechanismus ein X-Server die Herstellung einer Verbindung zum X-Client verweigern kann. Dies ist immer dann der Fall, wenn der anfragende Client nicht „autorisiert" worden ist. Die zugrundeliegende Idee ist hier, ein „sicheres" Client/Server-Modell zu realisieren, das „fremden" Clients nicht auf einfache Weise unerwünschten Zugang zu Displays verschafft. Die Spezifikation von „legalen" Verbindungen ist dabei allerdings systemabhängig: Die Unix-Welt kennt das Programm *xhost*, mit dem sich Rechner spezifizieren lassen, deren Programme als „sichere" X-Clients gelten. Der folgende Aufruf erlaubt z.B. dem Rechner mit dem Namen „pollux" Zugriff auf den X-Server der lokalen Workstation (die z.B. den Namen „castor" trägt):

```
castor> xhost +pollux
```

Das OpenVMS-Betriebssystem bietet statt *xhost* einen speziellen Menüpunkt in seiner Session-Manager-Software an, mit dessen Hilfe die Client-Autorisierung durchgeführt werden kann. Auf diese Weise lassen sich nicht nur komplette Rechner für den Zugriff auf den lokalen X-Server autorisieren, sondern z.B. bestimmte Anwender. Auch die zulässigen Transportmechanismen (wie etwa die für den Zugriff erlaubten Netzwerkprotokolle) können spezifiziert werden.

10.3 Bitmaps und Pixmaps

Unter einer *Bitmap* versteht X11 ein zweidimensionales Feld, in dem jedes Feldelement den Wert „0“ oder „1“ annehmen kann. Jedes dieser Feldelemente repräsentiert dabei ein „Pixel“, d.h. einen Rasterpunkt auf dem Bildschirm. Eine *Pixmap* ist dagegen ein dreidimensionales Feld, allerdings ist die gängige Sichtweise einer Pixmap die eines zweidimensionalen Bereichs, in dem jedes Feldelement Werte von 0 bis 2^{n-1} (wobei n die „Tiefe“ der Pixmap angibt) annehmen kann. Eine andere Vorstellung von Pixmaps ist die eines „Stapels“ von n Bitmaps.

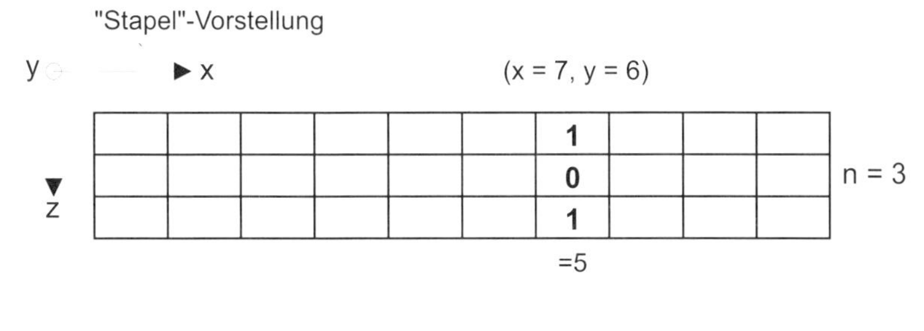

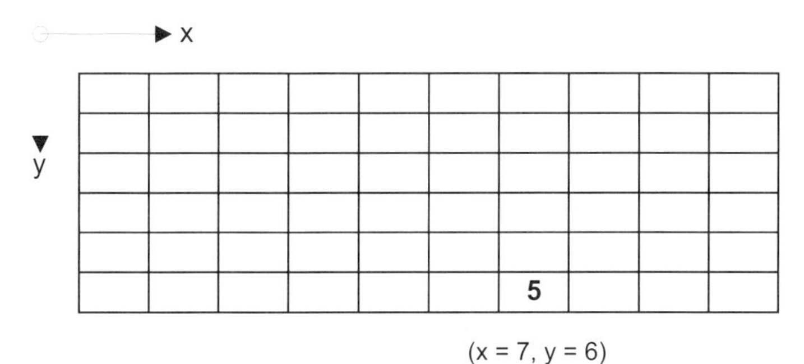

Abbildung 10.5: Modelle einer Pixmap

Bitmaps werden in X11 zur Speicherung von Schwarz/Weiß-Grafiken, Pixmaps zur Darstellung von Farb- oder Grauwert-Bildern benutzt. Die Darstellung von „Farbe“ wird dabei durch Codierung mit Hilfe von Farbindizes erreicht, wie in Abbildung 10.6 dargestellt.

Farbige Grafiken werden uns in späteren Abschnitten noch beschäftigen.

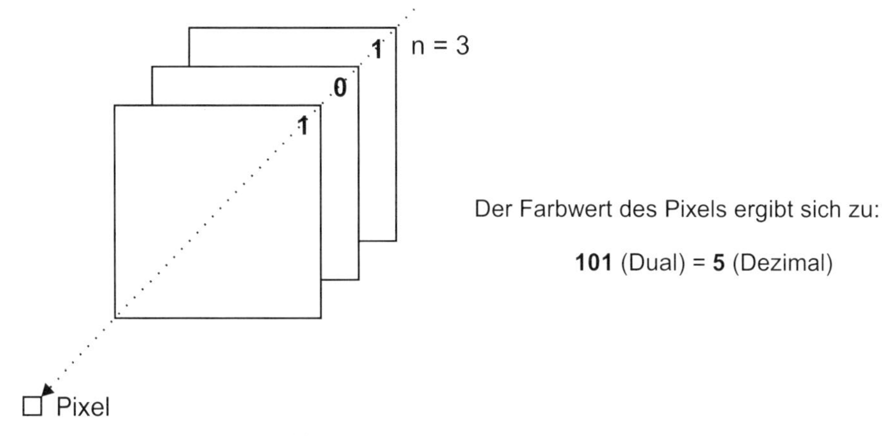

Abbildung 10.6: Farbcodierung (Prinzip)

10.4 Das Window

Ein *Window* ist ein rechteckiger Bereich, der durch eine Matrix eng beieinander liegender bzw. sich teilweise überlappender Rasterpunkte (Pixel, Dots) gebildet wird. Windows werden jeweils einem bestimmten Screen zugeordnet und dienen der Darstellung von Grafiken. (Prinzipiell besitzt jedes Window eine „eingebaute" Bit- bzw. Pixmap.) Ein Window kann Eingabeereignisse empfangen, d.h. das „Ziel" von Tastatur- oder Maus-Events darstellen.

X11 ordnet Windows hierarchisch an; es existieren sog. *„toplevel windows"* denen *„child windows"* nachgeschaltet werden. Damit entspricht das Ordnungsschema der Windows dem Strukturprinzip von Widgets[2].

Genau betrachtet ist ein Window ein „leerer" Bereich ohne eigene visuelle Erscheinung. Falls ein Window Manager aktiv ist, so werden allerdings „toplevel windows" mit einem Rahmen, einer Titelzeile usw. versehen, d.h. sie unterscheiden sich rein optisch zunächst nicht von Motif-Dialogfenstern. Ebenso kann der Anwender die vom Window Manager hinzugefügten Elemente wie üblich zur Manipulation des Windows einsetzen.

Windows und Pixmaps werden unter dem Sammelbegriff *Drawable* zusammengefaßt. Ein Drawable ist ein „Behälter" für Grafiken, wobei folgende Besonderheiten zu beachten sind:

---

[2] Genau betrachtet entspricht das Prinzip der Widget-Hierarchie dem der Window-Hierarchie, da jedes Widget auf einem X-Window basiert – und nicht umgekehrt.

- Ist das Drawable ein Window, so führen Zeichenoperationen sofort zur Darstellung von Grafik, da Windows auf solche Operationen unmittelbar reagieren.

- Ist das Drawable dagegen eine Pixmap, so führen Zeichenoperationen lediglich zur Speicherung der gewonnenen Grafik. Um eine solche Grafik anzuzeigen, muß sie – mit Hilfe entsprechender Xlib-Funktionen – in ein Window kopiert werden. Für eine Bitmap gilt entsprechendes, da Bitmaps von der Xlib prinzipiell als „Pixmap mit der Tiefe $n = 1$“ behandelt werden.

Alle Zeichenfunktionen der Xlib akzeptieren grundsätzlich Drawables, d.h. wahlweise eine Pixmap (Bitmap) oder ein Window. Der für ein Drawable benötigte Speicherplatz wird dabei immer auf der Server-Seite belegt, nicht auf dem Client-System.

10.5 Der Graphics Context

Der *Graphics Context* (oder kürzer als *GContext* bzw. noch kürzer als *GC* bezeichnet) ist eine zentrale Datenstruktur zur Speicherung grafischer Attribute. Jede Zeichenfunktion der Xlib benötigt einen solchen Graphics Context, um die Ausführung der betroffenen Operation(en) näher zu qualifizieren.

Ein Graphics Context enthält u.a. stets die folgenden Daten (eine vertiefende Diskussion erfolgt an anderer Stelle):

- Die zu verwendende Zeichenfunktion – X11 kennt verschiedene logische Operatoren (OR, AND, XOR usw.), die bei Zeichenoperationen verwendet werden können
- Die Zeichenfarben (Vorder- und Hintergrundfarbe)
- Zu verwendende Linienbreite und spezielle Linienattribute (Strichelungen u.ä.)
- Füllmusterdefinition und zu benutzende Füllregeln
- Der zur Darstellung von Text zu verwendende Zeichensatz/Schrifttyp
- Einen sog. Clip-Pfad zur Begrenzung des Zeichenbereichs

Der Graphics Context speichert stets die komplette Steuerungsinformation, wobei eine Anwendung zumeist nur einige wenige Daten modifiziert. Anders ausgedrückt: beim Anlegen eines Graphics Context spezifiziert der Programmierer nur die ihn interessierende Information, die übrigen Daten werden von der Xlib voreingestellt.

Ein X-Client ist bezüglich der von ihm gleichzeitig benutzten Graphics Contexts nicht eingeschränkt (vom Speicherplatz auf der Server-Seite einmal abgesehen – auch Graphics Contexts werden vom Server verwaltet!), d.h. eine Anwendung kann mehrere GCs erzeugen und nebeneinander benutzen. Dies ist insbesondere deshalb sinnvoll, da Änderungen eines bereits bestehenden Graphics Contexts (z.B. Modifikation von Zeichenfarben) rechenintensive Operationen nach sich ziehen, und so das Laufzeitverhalten einer

Applikation negativ beeinflußt wird. Vorteilhafter ist in jedem Fall das Anlegen mehrerer GCs, die unterschiedliche Attributwerte speichern.

10.6 Spezielle Ereignisse

Die bislang vorgestellten Programme haben die Verwaltung und Bearbeitung von Ereignissen weitgehend dem X-Toolkit überlassen und lediglich den Callback-Mechanismus verwendet. Dieser Ansatz erleichtert zwar die Implementierung von Motif-Anwendungen erheblich, greift aber beim Einsatz der Xlib nicht immer vollständig. Grafikanwendungen – hier also Applikationen, die ihre Grafikfunktionen mit Hilfe der Xlib realisieren – müssen zwei zusätzliche Gruppen von Ereignisklassen gesondert behandeln:

- Bewegungen der Maus und Betätigung der Maustasten (*Pointer Motion Events* und *Button Press/Release Evtents*) müssen berücksichtigt werden, wenn die Funktionalität eines Direct Manipulation User Interface implementiert werden soll. Leider bietet X11 hier bislang keine „höheren" Funktionen an, die den Anwendungsentwickler bei der Programmierung solcher Schnittstellen unterstützt, so daß die Realisierung des Direct Manipulation-Prinzips (Stichwort *Drag-and-Drop*-Techniken) eine sehr anspruchsvolle Aufgabe darstellt.

- Sogenannte *Exposure Events* müssen bearbeitet werden, wenn eine bislang z.B. von einem weiteren Dialogfenster (teilweise) abgedeckte Grafik „aufgedeckt" wird (siehe unten).

Das wichtigste – und in jedem Fall zu berücksichtigende – Ereignis stellt dabei der Exposure (oder Expose) Event dar. Ein solcher Event wird immer dann generiert, wenn eine Grafik wiederhergestellt werden muß, da sie zwischenzeitlich von einem anderen Window überlagert war. In einem solchen Fall ist die Anwendung dafür verantwortlich, den bislang abgedeckten Teil korrekt zu restaurieren.

Die aktuellen X11-Server Implementierungen bieten zwar durchaus die Möglichkeit, abgedeckte Grafiken selbsttätig zu „retten" und bei Wiederaufdeckung automatisch wiederherzustellen, allerdings ist der angebotene Mechanismus für viele Anwendungsfälle nicht flexibel genug. Insbesondere bei Manipulationen eines Fensters mit Hilfe des Window Managers (etwa mehrfache Veränderung der Fenstergröße) ist der X-Server überfordert.

Bislang stellten von X11 generierte Expose Events kein Problem dar, da sie von OSF/Motif automatisch bearbeitet worden sind. Dazu ein Beispiel: In der in Abbildung 10.7 dargestellten Situation muß sowohl ein Teil der Parent Widget-Grafik, als auch ein Teilbereich der Grafik von einem der beiden Gadgets restauriert werden. Diese Aufgabe erledigt das Widget-Set ohne besonderen Eingriff des Anwendungsentwicklers.

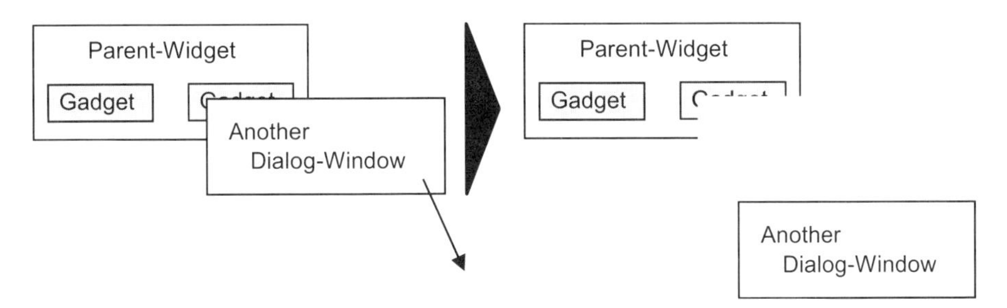

Abbildung 10.7: Zur Exposure-Problematik

Im Fall von „Anwendungsgrafik", die mit Hilfe spezifischer Xlib-Funktionen erzeugt worden ist, stellt sich die Situation anders dar. Solche „Bilder" stehen nicht unter Verwaltung von Motif, bei „Aufdeckung" einer (Teil-) Grafik muß die Applikation u.U. selbst auf einen Expose Event reagieren und die notwendigen Restaurations-Operationen durchführen. Bei Auftreten eines solchen Events wird der betroffenen Anwendung mitgeteilt, welcher Bereich eines X-Windows zerstört worden ist, oder anders ausgedrückt, welcher Bereich des Window vor seiner Abdeckung hätte gerettet werden müssen. Die Applikation hat somit die Möglichkeit, die Wiederherstellung des „aufgedeckten" Bereichs zu optimieren.

Welche Mechanismen und Möglichkeiten dem Anwendungsentwickler zur Bearbeitung von Expose Events zur Verfügung stehen, ist Thema späterer Abschnitte.

11 Die Routinen der X-Library

Dieses Kapitel beschreibt – grob gegliedert – die in der Xlib vorhandenen bzw. einsetzbaren Routinen.

11.1 Die Xlib unter Unix und OpenVMS

Wie bereits erwähnt, umfaßt die Xlib derzeit ca. 500 nutzbare Routinen, die sich in mehrere Kategorien unterteilen lassen. Die Routinen sind dabei prinzipiell plattformunabhängig, die Implementierung der Xlib in der OpenVMS-Umgebung unterscheidet sich aber durch eine Besonderheit von der in Unix-Umgebungen: Jede Routine besitzt zwei verschiedene Aufrufformate, nämlich

1. MIT C-Binding und
2. OpenVMS Calling Standard (OpenVMS-Binding).

Die beiden Formate unterscheiden sich äußerlich durch die unterschiedliche Schreibweise der Routinen-Namen, seltener auch durch unterschiedliche Formalparameterlisten. Ein Beispiel:

➡ Xlib-Routine

SET ARC MODE (spezifiziert den Füllmuster-Modus für Kreisbögen)

➡ MIT C-Binding

```
XSetArcMode(display,gc,ArcPieSlice);
```

➡ OpenVMS Calling Standard

```
X$Set_Arc_Mode(display,gc,X$C_ARC_PIE_SLICE);
```

Wie aus obigem Beispiel ersichtlich folgen im OpenVMS Calling Standard sowohl die Schreibweise des Routinen-Namens (*X$Set_Arc_Mode*), als auch die Schreibweise des symbolischen Namens der übergebenen Konstante (*X$C_ARC_PIE_SLICE*) den üblichen Namenskonventionen des Betriebssystems OpenVMS.

Darüber hinaus existieren einige wenige Routinen, die nur im MIT C-Format vorliegen und einige zusätzliche spezielle Routinen, die nur den OpenVMS Calling Standard unterstützen. Der Grund dafür ist, daß eine unmittelbare Abbildung der betroffenen Routinen aufeinander – aufgrund der unterschiedlichen Philosophien der unterlegten Betriebssysteme – nur schwer möglich ist; die von den zusätzlichen Routinen durchgeführten Operationen sind jedoch in aller Regel eng miteinander verwandt. Generell besitzen die

Xlib-Routinen mit OpenVMS Calling Standard zusätzliche Rückgabewerte, z.B. OpenVMS-konforme Fehlercodes.

Während sich das MIT C-Binding zur Entwicklung von Programmen in der Programmiersprache C eignet, bietet sich die Verwendung des OpenVMS Calling Standard für „alle anderen" im OpenVMS-Umfeld unterstützten Programmiersprachen (also auch DEC Pascal) an. Auch hier treten u.U. allerdings die in Kapitel 6 gezeigten Probleme auf: Parameterübergaben an Xlib-Routinen bei Verwendung einer anderen Programmiersprache als C sind nicht immer unproblematisch – allerdings wesentlich unkritischer als im Fall von X-Toolkit und Motif-Toolkit, da die im OpenVMS-Binding vorliegenden Routinen keine C-spezifischen Besonderheiten aufweisen. So können z.B. Zeichenketten ohne die C-übliche Nullterminierung übergeben werden.

11.2 Routinen-Kategorien

Die von der Xlib bereitgestellte Funktionalität läßt sich gemäß ihrer Struktur in etwa wie folgt kategorisieren:

- Routinen, die eine *Schnittstelle zum X-Protocol* darstellen, d.h. X-Server-Funktionen zur Verfügung stellen.
- *Convenience Functions*, d.h. Hilfsroutinen zur Erleichterung der Programmierarbeit.
- Sog. *Macros* (besser: *Jacket Routines*), die mehrere Xlib-Aufrufe zusammenfassen und eventuell zusätzliche Funktionalität bieten.

Das X-Protocol ist von seiner Konzeption her auf einer relativ niedrigen Ebene angesiedelt, d.h. die Schnittstelle zum X-Server ist semantisch nicht besonders mächtig. Aus diesem Grund enthält die Xlib neben Routinen, die prinzipiell Protokollaufrufe abbilden, sog. Convenience Functions, die die Handhabung des Protokolls vereinfachen (Nach einer groben Abschätzung kommen auf jede Protokollsequenz mindestens drei zugehörige Xlib-Routinen.)

Kategorisiert man die Xlib-Routinen gemäß ihrer Funktion, so läßt sich folgendes Ordnungsschema definieren:

- *Display Routines*

  Diese Routinen etablieren Client-Server-Verbindungen bzw. lösen solche Verbindungen. Ebenso existieren Funktionen zur Übermittlung von Information an den X-Server bzw. Abfrage von Server-, Screen- und Display-Daten.

- *Window Routines*
  Diese Kategorie umfaßt Funktionen zum Erzeugen, Auflösen, Bewegen und Verändern von X-Windows. Darüber hinaus stehen Routinen zur Abfrage von Window-Information zur Verfügung.

- *Event/Error Handling Routines*
  Die Funktionen dieser Kategorie dienen der Selektion, Prüfung und Behandlung von Ereignissen und zur Handhabung von Fehlerbedingungen (z.B. Fehlermeldungen des X-Servers).

- *Graphics Context Routines*
  Mit Hilfe der in diesem Bereich verfügbaren Routinen können Graphics Contexts erzeugt, gelöscht sowie deren Attribute manipuliert werden.

- *Graphics Routines*
  Diese Funktionen dienen der Darstellung, dem Füllen oder Löschen von Punkten, Linienzügen, Polygonen und Kreisbögen sowie der Behandlung sog. *Images* (komplexere Pixel-orientierte Grafikelemente). Es stehen allerdings nur Operationen zur Verfügung, die Pixel-Grafik erzeugen, „höhere" – z.B. Objekt-bezogene Grafikfunktionen – sind nicht implementiert.

- *Text Routines*
  Die dieser Kategorie zuzuordnenden Routinen dienen der Darstellung und Manipulation von Text.

- *Property Routines*
  Die sog. Property Routines erzeugen, löschen bzw. verarbeiten „Window Properties" (spezielle Eigenschaften eines Windows).

- *Region Routines*
  Die Funktionen dieser Kategorie erzeugen, löschen und verarbeiten sog. „Regions" (spezielle Bereiche innerhalb eines Drawable), die zur Ausgabebegrenzung (Clipping) verwendet werden können.

- *Window/Session Management Routines*
  Die Routinen in dieser Kategorie werden in der Regel nur von einem Window Manager oder von einem sog. „Session Manager" (dient der Verwaltung einer „Anwendersitzung") verwendet.

- *Pixmap/Bitmap Routines*
  Mit Hilfe dieser Funktionen lassen sich Pixmaps und Bitmaps erzeugen und löschen.

- *Color Management Routines*
  Diese Routinen manipulieren Farbtabellen bzw. vergeben Speicherplatz für solche Tabellen. Ebenso stehen Funktionen zur Definition von – und zum Arbeiten mit – „Farben" zur Verfügung. Darüber hinaus existieren Routinen, die Daten über Farbfähigkeit des Displays und ähnliche Information vom X-Server erfragen können.

- *Text Management Routines*
  Die Routinen dieser Kategorie spezifizieren, laden, löschen und manipulieren die von X11 unterstützten Zeichensätze und Schrifttypen. In diese Kategorie fallen auch Routinen zur Behandlung von „internationalisiertem" Text, der Definition von speziellen Eingabemethoden usw.

- *Cursor Routines*
  In diese Kategorie fallen alle Funktionen, die spezielle Cursor-Zeichen zur Verwendung als „Mauszeiger" erzeugen, löschen oder manipulieren. Solche Routinen werden z.B. benötigt, wenn der Mauszeiger während zeitintensiver Operationen ein anderes Aussehen – z.B. die Form einer „Armbanduhr" – annehmen soll.

- *Resource Manager Routines*
  Diese Funktionen dienen vor allem dem Speichern und Laden von Widget-Ressourcen (siehe auch Kapitel 9.5). Einmal abgespeicherte Ressourcen können beim nächsten Start der betroffenen Anwendung automatisch geladen werden.

Aus der Fülle der Routinen werden wir im Rahmen dieses Buchs nur einige wenige einsetzen, vor allem Funktionen zur Erzeugung und Manipulation von Graphics Contexts und zur Darstellung grafischer Objekte werden Verwendung finden.

12 Xlib: Konzepte und Fähigkeiten

Im Rahmen dieses Kapitels werden einige wichtige Konzepte und Fähigkeiten der X-Library diskutiert, insbesondere die grafikbezogenen Operationen stehen dabei im Vordergrund. (Zusätzliche Information zur Xlib findet sich in [29, 30, 5, 6, 26, 27, 37].)

12.1 Der Graphics Context im Detail

Der Graphics Context dient prinzipiell der Steuerung von Darstellungsoperationen, d.h. er beeinflußt – in entscheidender Weise – die visuelle Erscheinung von Grafikelementen. Der Graphics Context (im folgenden auch kurz als GC bezeichnet) ist primär eine Sammlung von Attributen, die Ausgabeoperationen näher qualifizieren – wobei nicht jedes Attribut bei der Darstellung aller von X11 unterstützten Grafikelemente Verwendung findet[1].

Ein Graphics Context läßt sich mit Hilfe der Xlib-Routine *CREATE GC* (MIT C-Binding *XCreateGC*, OpenVMS Calling Standard *X$Create_GC*) erzeugen, wobei sich die gewünschten Werte von GC-Attributen angeben lassen. Vom Programmierer nicht spezifizierte Attribute werden dabei mit voreingestellten Werten belegt. Die Routine *CREATE GC* liefert einen den erzeugten Graphics Context identifizierenden Code zurück, der zur Verwendung oder Modifikation des GC verwendet werden muß; eine „direkte" Manipulation von Graphics Contexts – etwa mit Hilfe von Zeigern und Offsets – ist nicht möglich, da der GC vom X-Server verwaltet wird. Einmal erzeugt, läßt sich ein GC für beliebige Zeichenoperationen heranziehen und mit Hilfe der Routine *MODIFY GC* (MIT C-Binding *XModifyGC*, OpenVMS Calling Standard *X$Modify_GC*) auch modifizieren.

Neben *MODIFY GC* steht eine Reihe von Routinen zur Verfügung, die einzelne Attributwerte eines GC verändern können: so modifiziert die Routine *SET FONT* (MIT C-Binding *XSetFont*, OpenVMS Calling Standard *X$Set_Font*) das Schrifttypattribut eines Graphics Context, die Routine *SET FILL RULE* (MIT C-Binding *XSetFillRule*, OpenVMS Calling Standard *X$Set_Fill_Rule*) die benutzte Füllregel für flächige Grafikelemente usw. Bei der Veränderung eines existierenden Graphics Context sollte allerdings beachtet werden, daß mehrere zu ändernde Attribute mit nur einem Aufruf der *MODIFY GC*-Routine modifiziert werden können. Da die Änderung von einzelnen GC-Attributen recht zeitaufwendig sein kann (jede Modifikation zwingt den X-Server zur Validierung des gesamten Graphics Context), lassen sich durch die Angabe mehrerer neuer Attributwerte und die Benutzung der Funktion *MODIFY GC* teilweise deutliche

---

[1] So benötigt man z.B. für die Darstellung von Rechtecken natürlich keine Information über Schriftarten.

Performance-Vorteile gegenüber der Verwendung aufeinanderfolgender *SET*-Routinen erzielen.

Die durch den GC definierten Attribute sollen im folgenden kurz vorgestellt werden, wobei wir auf eine ausführliche Betrachtung verzichten. (Details finden sich in [29, 30, 5, 6]. Tabelle 12.1 stellt darüber hinaus die Namen der Attribute eines GC im MIT C-Binding und bei Verwendung des OpenVMS Calling Standard gegenüber, Tabelle 12.2 benennt für jedes Attribut den jeweils voreingestellten Wert.)

- *Function*

  X11 kennt 16 verschiedene Operatoren, die das Zeichnen von Grafikelementen beeinflussen. Mit Hilfe dieser Operatoren kann festgelegt werden, wie ein darzustellendes Pixel mit einem Pixel im Ziel-Drawable verknüpft wird. Die Voreinstellung des Attributs weist X11 an, ein Grafikelement in das Ziel-Drawable zu kopieren, d.h. dessen alten Inhalt zu überlagern.

- *Plane Mask*

  Dieser Parameter legt fest, welche der zur Verfügung stehenden „Ebenen" einer Pixmap von Zeichenoperationen beeinflußt werden. Voreingestellt ist hier „*all planes*", d.h. die gesamte „Tiefe" einer Pixmap wird ausgenutzt (siehe auch Kapitel 10.3).

- *Foreground*

  Dieses Attribut beschreibt die Vordergrundfarbe für Zeichenoperationen. Voreingestellt ist der Farbindex 0 (siehe auch Kapitel 12.2).

- *Background*

  Der Parameter „Background" beschreibt die Hintergrundfarbe für Zeichenoperationen. Voreingestellt ist der Farbindex 1 (siehe auch Kapitel 12.2).

- *Line Width*

  „Line Width" gibt die Breite (in Pixeln) von Linien bzw. Berandungen von Grafikelementen an. Voreingestellt ist der Wert 0. (Dieser Wert wird vom X-Server als „benutze die dünnste Linie, die möglich ist" interpretiert.)

- *Line Style*

  Dieses Attribut beschreibt den „Typ" von Linien bzw. Berandungen, z.B. gestrichelte Linien oder Strichpunktberandungen. Voreingestellt sind in diesem Fall „*solid lines*", d.h. „durchgezogene" Linien.

- *Cap Style*
  Mit Hilfe des „Cap Style"-Attributs läßt sich die Form von Linienenden festlegen. X11 bietet insgesamt vier Optionen (z.B. runde Linienenden), voreingestellt sind „quadratische" Linienenden ohne Verlängerung über den Linienendpunkt hinaus.

- *Join Style*
  Der Parameter „Join Style" definiert den Linienverbindungstyp. Drei verschiedene Typen stehen zur Auswahl (Voreinstellung: Gehrung):

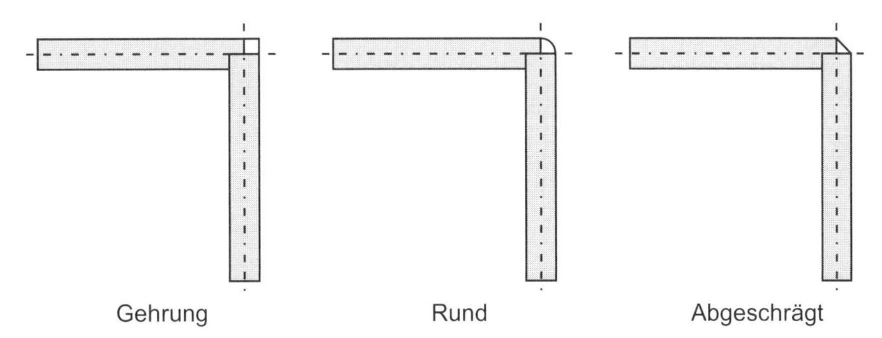

Abbildung 12.1: Linienverbindungstypen

Das Join Style-Attribut hat keine Auswirkungen bei Linien der Breite 0 oder 1.

- *Fill Style*
  Dieser Parameter beschreibt das bei Ausfülloperationen zu benutzende Füllmuster. X11 unterstützt sog. „*tile fills*", „*stipple fills*" und „*solid fills*" wobei „*solid*" die Voreinstellung ist (solid filled = vollständig mit einer Farbe ausgefüllt).

- *Fill Rule*
  Das „Fill Rule"-Attribut definiert den Füllalgorithmus für Polygone. X11 bietet zwei verschiedene Algorithmen – „*Winding*" und „*Even/Odd*" – an. Wenn nicht anders angegeben, benutzt X11 die *Even/Odd*-Regel.

- *Arc Mode*
  Mit Hilfe dieses Attributs kann der Programmierer festlegen, welche von zwei möglichen Methoden beim Ausfüllen von Kreisbögen zur Anwendung kommen: „*Chord mode*" oder „*Pie slice mode*" (Voreinstellung: *Pie slice mode*).

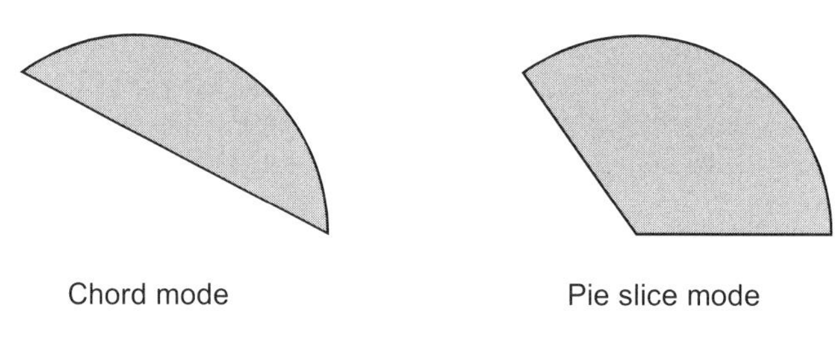

Abbildung 12.2: Füllmodi für Kreisbögen

Während im „*Chord mode*“ Anfangs- und Endpunkt eines Kreisbogens durch eine gerade Linie verbunden werden, betrachtet X11 im „*Pie slice mode*“ den Kreisbogen als Teil eines imaginären Kreises (bzw. einer imaginären Ellipse). Anfangs- und Endpunkt des Bogens werden mit dem Mittelpunkt dieses imaginären Kreises verbunden und das resultierende Segment gefüllt.

- *Tile*

  Dieses Attribut beschreibt eine Pixmap, die bei „*tile fill*“-Ausfülloperationen als Füllmuster zu benutzen ist (engl. *Tile* = Kachel). Die Pixmap wird – falls sie kleiner als das auszufüllende Grafikobjekt ist – zu diesem Zweck in horizontaler und vertikaler Richtung wiederholt.

- *Stipple*

  Eine Bitmap (= Pixmap der Tiefe 1), die für „*stipple fill*“-Operationen benötigt wird. Die Bitmap wird zur „Maskierung“ der aktuellen Vordergrundfarbe benutzt, was zu einer „Punktierung“ (engl. *stipple*) bei Fülloperationen führt. Beispiel: der Hintergrund des auszufüllenden Grafikobjekts bleibt unverändert, falls die Bitmap an der entsprechenden Bitposition den Wert 0 besitzt, und erhält die aktuelle Vordergrundfarbe, falls der Wert 1 beträgt. Wie bei „*tile fill*“-Operationen wird die *stipple*-Bitmap in horizontaler und vertikaler Richtung wiederholt, wenn sie kleiner als das zu füllende Grafikobjekt ist.

- *Fill offsets*

  Der GC definiert zwei Parameter, die den Ursprung des Füllmusters bei Fülloperationen festlegen. Die Ursprungskoordinaten (x und y) werden relativ zur Ursprung des Drawable spezifiziert.

- *Font*

  Das „Font“-Attribut beschreibt den für die Ausgabe von Texten zu benutzenden Schrifttyp. Der jeweils voreingestellte Schrifttyp ist architekturabhängig, d.h. er kann von Plattform zu Plattform variieren.

- *Subwindow Mode*

  Mit Hilfe dieses Parameters läßt sich festlegen, ob Child Windows Grafikelemente ihres Parent Window „abschneiden“ oder nicht. Voreingestellt ist der Modus „*clip by children*“ (Child Windows führen „Clip-Operationen“ durch).

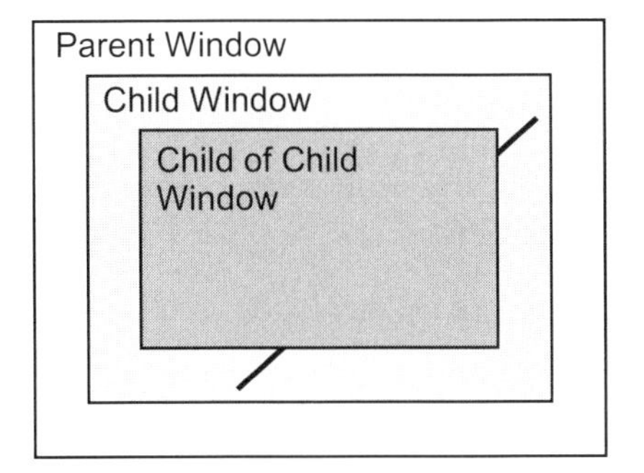

clip by children
(Child-of-Child-Window "schneidet")

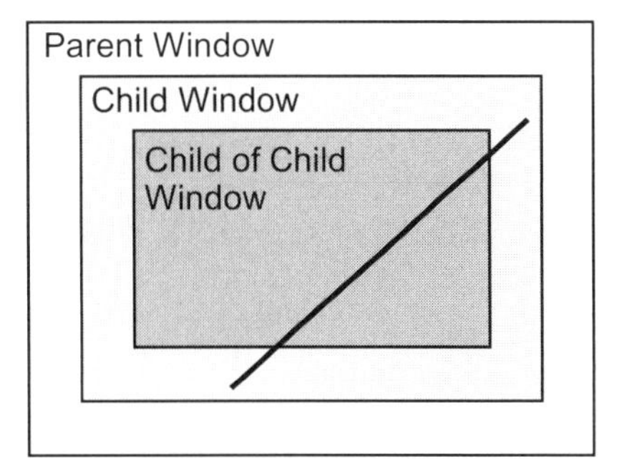

include interiors
("Window-Begrenzung" wird nicht beachtet)

Abbildung 12.3: Zur Bedeutung des „Subwindow mode“

- *Graphics Exposures*

  Dieses Attribut legt fest, ob der X-Server seinen Client bei Kopieroperationen zwischen zwei Drawables informiert (d.h. ein Ereignis generiert), wenn ein Teil des Quell-Windows abgedeckt ist und somit nicht kopiert werden kann. Voreingestellt ist *True* (informiere Client).

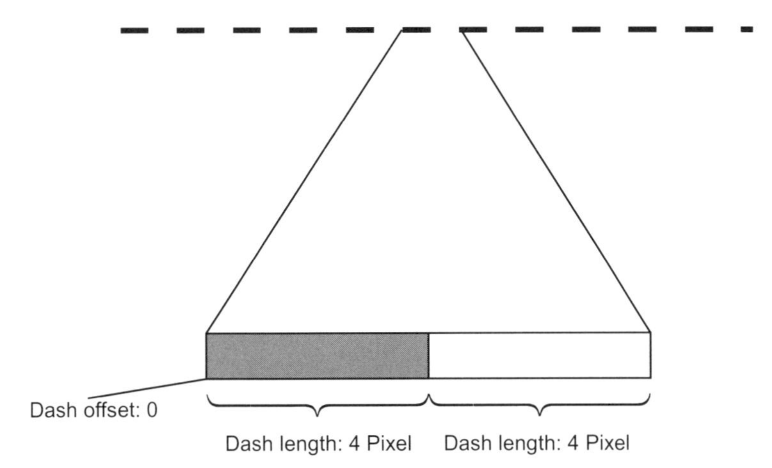

Abbildung 12.4: Beschreibung von Linienmustern

- *Clip Parameters*

  Dieser Parameter ist dreigeteilt: er spezifiziert die Ursprungskoordinaten der sog. Clip-Region, und die Clip-Region selbst. Die Clip-Region ist prinzipiell eine Bitmap, die durch ihren Inhalt festlegt, ob (und wo) Grafikelemente „abgeschnitten" (clipped) werden. Die Ursprungskoordinaten müssen relativ zum Ursprung des Drawable angegeben werden.

- *Dash Offset*

  Das „Dash Offset"-Attribut spezifiziert das „Anfangspixel" eines Linienmusters (siehe auch Abbildung 12.4). Voreingestellt ist der Wert 0.

Tabelle 12.1: Graphics Context-Attribute

Attribut	**C-Binding**	**OpenVMS-Binding**
Function	GCFunction	x$m_gc_function
Plane Mask	GCPlaneMask	x$m_gc_plane_mask
Foreground	GCForeground	x$m_gc_foreground
Background	GCBackground	x$m_gc_background
Line Width	GCLineWidth	x$m_gc_line_width
Line Style	GCLineStyle	x$m_gc_line_style
Cap Style	GCCapStyle	x$m_gc_cap_style
Join Style	GCJoinStyle	x$m_gc_join_style
Fill Style	GCFillStyle	x$m_gc_fill_style
Fill Rule	GCFillRule	x$m_gc_fill_rule
Arc Mode	GCArcMode	x$m_gc_arc_mode
Tile	GCTile	x$m_gc_tile
Stipple	GCStipple	x$m_gc_stipple
Fill offsets	GCTileStipXOrigin GCTileStipYOrigin	x$m_gc_tile_stip_x_origin x$m_gc_tile_stip_y_origin
Font	GCFont	x$m_gc_font
Subwindow Mode	GCSubwindowMode	x$m_gc_subwindow_mode
Graphics Exposures	GCGraphicsExposures	x$m_gc_graphics_exposures
Clip Parameters	GCClipXOrigin GCClipYOrigin	x$m_gc_clip_x_origin x$m_gc_clip_y_origin
Dash Offset	GCDashOffset	x$m_gc_dash_offset
Dashes	GCDashList	x$m_gc_dash_list

- *Dashes*
  Dieses Attribut beschreibt die Länge (in Pixeln) eines jeden „Dash“ innerhalb eines Linienmusters (siehe auch Abbildung 12.4). Voreingestellt ist der Wert 4.

Abschließend fassen wir die voreingestellten Attributwerte noch einmal zusammen:

Tabelle 12.2: Voreingestellte Werte der Graphics Context-Attribute

Attribut	**Typ**	**Voreinstellung**
Function	Konstante	`GXCopy/X$C_GC_COPY`
Plane Mask	Bitmask	(Alle unterstützten Ebenen)
Foreground	Color Index	0 (z.B. „Schwarz“)
Background	Color Index	1 (z.B. „Weiß“)
Line Width	Pixel	0
Line Style	Konstante	`LineSolid/X$C_LINE_SOLID`
Cap Style	Konstante	`CapButt/X$C_CAP_BUTT`
Join Style	Konstante	`JoinMitre/X$C_JOIN_MITRE`
Fill Style	Konstante	`FillSolid/X$C_FILL_SOLID`
Fill Rule	Konstante	`EvenOddRule/X$C_EVEN_ODD_RULE`
Arc Mode	Konstante	`ArcPieSlice/X$C_ARC_PIE_SLICE`
Tile	Pixmap	(imaginäre Pixmap, ausgefüllt mit Vordergrundfarbe)
Stipple	Pixmap	(imaginäre Pixmap, alle Bits haben der Wert „1“)
Fill Offsets	Koordinaten	x = 0, y = 0
Font	Font	Implementierungsabhängig
Subwindow Mode	Konstante	`ClipByChildren/ X$C_CLIP_BY_CHILDREN`
Graphics Exposures	Boolean	True
Clip Parameters	Koord./Pixmap	x = 0, y = 0, Keine Clip-Region definiert
Dash Offset	Pixel	0
Dashes	Pixel	4

12.2 Farbmodelle

Eine Pixmap kann als „Stapel“ von Bitmaps aufgefaßt werden, wobei jede Bitmap eine sog. *Plane* (Ebene) darstellt. Der „Gesamtwert“ eines Pixels in einer Pixmap ergibt sich aus den Werten des Pixels in den einzelnen Ebenen und wird als Index in eine Farbtabelle interpretiert.

Abbildung 12.5 soll das Prinzip der Farbindizierung verdeutlichen: der „Gesamtwert“ eines Pixels (im Beispiel aus Abbildung 12.5 der Wert 5) ergibt sich durch seine „Einzelwerte“ in den einzelnen Planes (1 – 0 – 1). Dieser Wert wird als Index in eine Farbtabelle benutzt, der dort beschriebene Farbwert wird zur Einfärbung des Pixels verwendet.

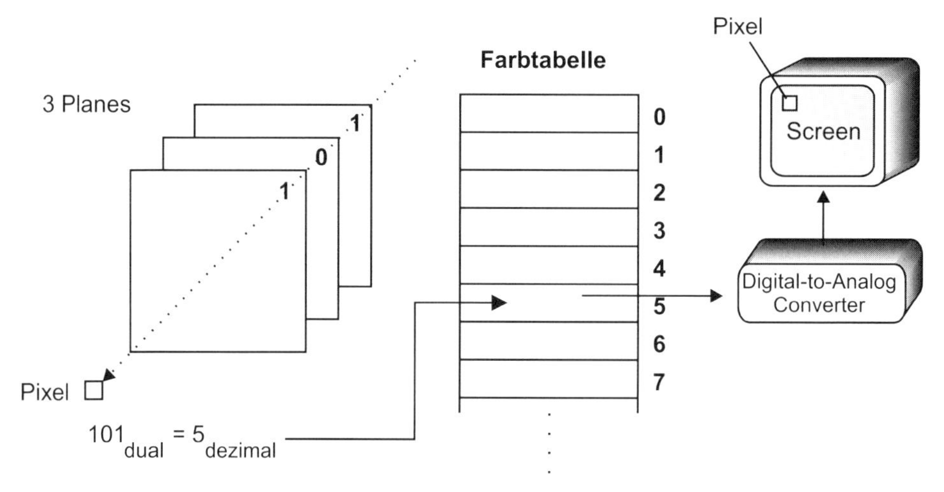

Abbildung 12.5: Prinzip des Farbindex

Ein X11 Display besitzt stets eine sog. *Default Color Map*, d.h. eine Farbtabelle, die von den X-Clients dieses Displays verwendet wird. Um die Einträge in dieser Farbtabelle verändern zu können, bietet X11 seinen Clients die folgenden Optionen:

1. Einträge in der Default Color Map lassen sich reservieren, so daß sie nur von einer bestimmten Anwendung exklusiv benutzt werden dürfen. Der Inhalt eines solchen festgelegten Eintrags – ein Farbwert – darf von dieser Anwendung beliebig modifiziert werden.

2. Einträge in der Default Color Map lassen sich ebenfalls für gemeinsame Nutzung durch verschiedene Clients reservieren. Zwar darf der Client, der die Reservierung vornimmt, den Farbwert des Eintrags festlegen, nachträglich kann dieser Wert allerdings nicht mehr verändert werden, da andere Clients den entsprechenden Eintrag eventuell „mitbenutzen“.

Sollte die Anzahl der Einträge in der Default Color Map nicht ausreichen, da z.B. zu viele Einträge bereits exklusiv oder für gemeinsame Nutzung reserviert sind, so können Clients auch komplette neue Farbtabellen anlegen. Solche „privaten" Color Maps dürfen beliebig modifiziert werden, haben allerdings einen gravierenden Nachteil: da eine spezifische Hardwareumgebung nicht beliebig viele Farben gleichzeitig darstellen kann, muß für jeden Client mit privater Color Map die X11-eigene Farbtabelle „umgeladen" werden. Die Folgen können verwirrend sein: aktiviert der Benutzer ein Window einer Applikation mit „privater" Color Map, so wechseln plötzlich die Bildschirmfarben aller momentan sichtbaren Anwendungen. Erschwerend kommt hinzu, daß in vielen Fällen die „Lesbarkeit" des Inhalts von Dialogfenstern anderer Clients erheblich beeinträchtigt werden kann. Grund dafür ist, daß diese Clients nach wie vor dieselben Indizes in die Farbtabelle verwenden, die Farbwerte der Einträge sich aber verändert haben. Um den Inhalt eines solchen Dialogfensters wieder erkennbar zu machen, müßte der Benutzer das betreffende Fenster zunächst aktivieren. X11 lädt die „alten" Farbwerte in diesem Fall zurück, was allerdings die Darstellung der Windows des Client mit „privater" Color Map negativ beeinflußt.

Aus den oben genannten Gründen legen Applikationen häufig keine eigenen Farbtabellen an, sondern belegen Einträge in der Default Color Map.

Die X-Architektur sieht mehrere unterschiedliche sog. *Visual Types* vor. Der Visual Type gehört zum Screen und legt fest, wie aus einem Drawable gewonnene Farbindizes interpretiert werden. (Prinzipiell hängt der von einer Screen unterstützte Visual Type von der verwendeten Grafikhardware ab.) Beispiele:

- Visual Type *Pseudo Color*

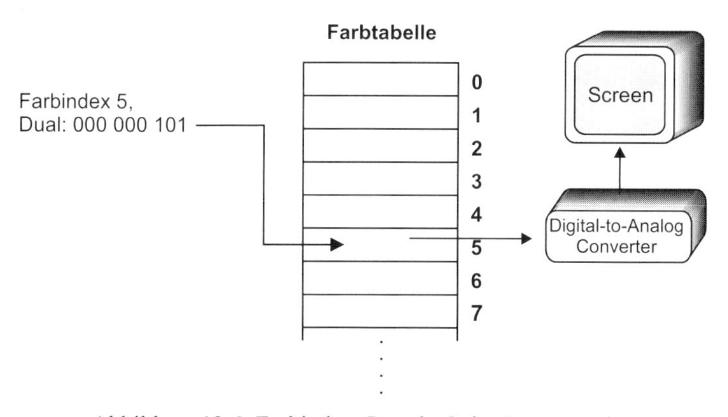

Abbildung 12.6: Farbindex: Pseudo Color Interpretation

Der Pseudo Color-Typ interpretiert einen Farbindex „direkt", d.h. jeder Index kennzeichnet einen Eintrag in der Farbtabelle, dessen Inhalt (Farbwert) für die Darstellung eines oder mehrerer Pixel verwendet wird.

- Visual Type *Direct Color*

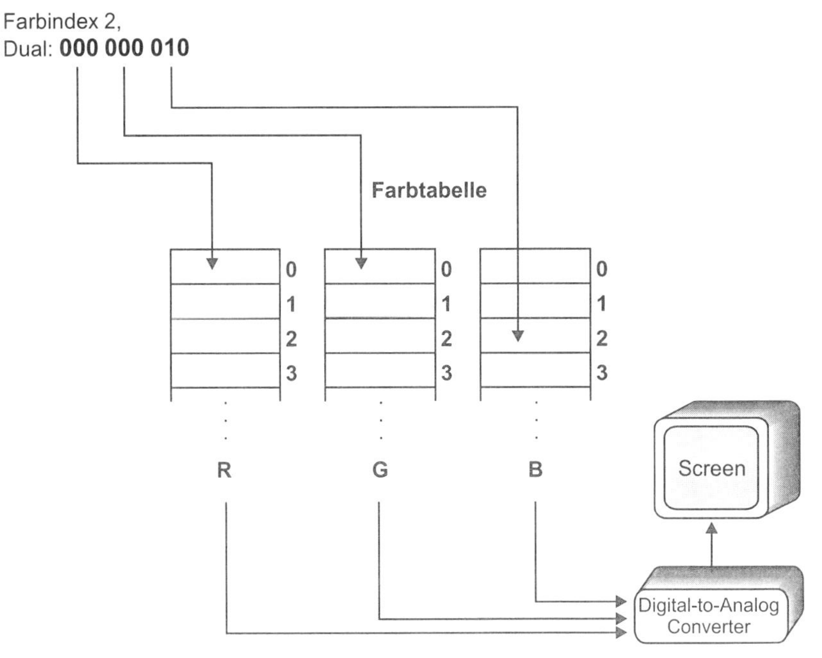

Abbildung 12.7: Farbindex: Direct Color Interpretation

Die Direct Color-Interpretation des Farbindex teilt dessen Wert in drei Sub-Indizes, die jeweils einen Rot-, Grün- und Blauanteil der zu verwendenden Farbe in der Farbtabelle (prinzipiell handelt es sich um drei Tabellen) identifizieren. Gegenüber dem Pseudo Color-Typ ist Direct Color flexibler, da sich durch entsprechende Farbindizes die Rot-, Grün- und Blauanteile der gewünschten Farbe direkt ansprechen lassen.

Anmerkung: In Abbildung 12.6 und Abbildung 12.7 sind für die Farbindizes je neun Bit vorgesehen, beim Direct Color-Typ jeweils drei für den Index der entsprechenden Farbanteile. Wie viele Bits tatsächlich zur Identifizierung der einzelnen Direct Color-Sub-Indizes verwendet werden, ist implementierungsabhängig und kann vom X-Server erfragt werden[2]. Üblicherweise ist dieses Detail jedoch für den Anwendungsentwickler ohne Belang: Farbwerte werden grundsätzlich im Wertebereich 0 ... 65535 (16 Bit) spezifiziert und vom X-System automatisch auf die tatsächlich unterstützte Bit-Anzahl skaliert.

---

[2] Die Xlib-Routine *GET VISUAL INFO* liefert eine Datenstruktur vom Typ *XVisualInfo* (OpenVMS-Bezeichnung: *X$Visual_Info*) zurück, die unter anderem ein Feld *bits_per_rgb* (OpenVMS: *x$l_visl_bits_per_rgb*) enthält. Dieses Feld beschreibt die Anzahl der tatsächlich verwendeten Bits für einen RGB-Wert.

In aller Regel sehen X11-Implementierungen neben den Typen Pseudo Color und Direct Color auch *True Color*, *Static Color*, *Static Grey* und *Grey Scale* vor (für Details sei hier auf [5, 6, 29] verwiesen).

Die Definition von Farbwerten kann mit Hilfe von mehreren verschiedenen Methoden erfolgen. X11 erlaubt die Angabe von „exakten" Farbwerten, d.h. die Spezifikation des zu benutzenden Rot-, Grün- und Blauanteils (RGB-Anteils) einer Farbe, die Angabe von Farbnamen (Identifizierung einer Farbe durch einen ihr zugewiesenen Namen), sowie die Verwendung diverser geräteunabhängiger Farbmodelle.

Zur Angabe eines „exakten" Farbwerts dient die Routine *ALLOC COLOR* (MIT C-Binding *XAllocColor*, OpenVMS Calling Standard *X$Alloc_Color*). *ALLOC COLOR* reserviert einen Eintrag in der Default Color Map des Displays für gemeinsame Benutzung durch verschiedene Clients und weist den durch seinen Rot-, Grün- und Blauanteil definierten Farbwert dem reservierten Eintrag zu. Der Farbindex des Eintrags wird von der Routine zurückgeliefert.

Die Xlib-Routine *ALLOC NAMED COLOR* (MIT C-Binding *XAllocNamedColor*, OpenVMS Calling Standard *X$Alloc_Named_Color*) dient der Reservierung von Einträgen in der Default Color Map bei Verwendung von Farbnamen (*named colors*), wobei diese Routine einen Eintrag ebenfalls für gemeinsame Nutzung durch mehrere Clients reserviert. *ALLOC NAMED COLOR* akzeptiert einen Farbnamen – wie z.B. „CornflowerBlue", „SandyBrown" oder „MidnightBlue"[3] – und liefert den Farbindex des reservierten Eintrags zurück (falls der spezifizierte Farbname vom verwendeten X11-System unterstützt wird.)

Welche der beiden oben genannten Methoden zur Spezifikation von Farbwerten verwendet werden sollte, hängt von der benötigten „Präzision" der Farbe ab. In vielen Fällen reicht die Angabe einer „named color" aus, da eine Anwendung häufig nur eine Farbe benötigt, die der gewünschten Schattierung möglichst nahe kommt – so könnte z.B. ein Programm zur Darstellung von Schaubildern die Farben „Red", „Blue" und „Yellow" reservieren, ohne auf exakte Rot-, Grün- und Blauanteile der einzelnen Farbwerte angewiesen zu sein. Anders z.B. bei einem Programm zur Wiedergabe von digitalisierten Bildern: hier spielen Farbnuancen eine wichtige Rolle, so daß „named colors" zu unpräzise sind und daher „exakte" Farbwerte spezifiziert werden müssen.

Allerdings gilt auch beim Einsatz von solchen „exakten" Farben, daß der gewünschte Farbton u.U. nicht genau „getroffen" wird, da die Grafikhardware die spezifizierte Schattierung eventuell nicht darstellen kann. Generell sind bei Verwendung von Rot-, Grün- und Blauanteilen Hardwareeinflüsse bei der Farbdarstellung niemals auszuschließen, aus diesem Grund stellt X11 seit Release 5 das sog. *X Color Management System* (Xcms) bereit, das eine geräteunabhängige Definition von Farben erlaubt.

---

[3] Vollständige Listen der unterstützten Farbnamen müssen der Dokumentation des jeweiligen Systemherstellers entnommen werden.

Zwar arbeitet der X-Server auch in der Release 5-Version nach wie vor ausschließlich mit Farbwerten auf RGB-Basis, die Xlib stellt allerdings Routinen bereit, die geräteunabhängige Farbdefinitionen automatisch in hardwarespezifische RGB-Farbwerte umrechnen. Die Umrechnung erfolgt dabei unter Berücksichtigung diverser Gerätecharakteristika, die Xlib-seitig durch einen sog. *Color Conversion Context* (CCC) repräsentiert werden.

Definiert der Anwendungsentwickler eine Zeichenfarbe etwa mit Hilfe des von der Firma Tektronix entwickelten *Hue-Value-Chroma*-Modells (HVC), so muß statt der bereits erwähnten Routine *ALLOC COLOR* die Funktion *CMS ALLOC COLOR* (MIT C-Binding *XcmsAllocColor*, der Name der OpenVMS-Fassung der Routine ist den Autoren derzeit nicht bekannt) verwendet werden. Diese Routine rechnet die bereitgestellten HVC-Daten unter Berücksichtigung von Gerätecharakteristika in RGB-Information um und führt anschließend die Funktionen der *ALLOC COLOR*-Routine durch.

Auch die oben besprochene Routine *ALLOC NAMED COLOR* besitzt ein „geräteunabhängiges Gegenstück“: *CMS ALLOC NAMED COLOR* (MIT C-Binding *XcmsAllocNamedColor*, Name der OpenVMS-Fassung nicht bekannt). Diese Routine erlaubt die textuelle Spezifikation eines Farbwerts in geräteunabhängiger Form. Die Zeichenkette „TekHVC:65.3/10.0/25.7“ etwa definiert einen Farbwert unter Verwendung des bereits erwähnten Tektronix HVC-Modells. Der Wert für den Farbwinkel (*Hue*) beträgt in diesem Beispiel 65.3°, der *Value*-Parameter ist mit 10.0 angegeben, während als Farbsättigungswert (*Chroma*) 25.7 spezifiziert wurde.

Geräteunabhängige Farbmodelle, die gegenwärtig von X11 unterstützt werden, sind – neben dem Tektronix HVC-Ansatz – die Standards der CIE[4] (*C*ommision *I*nternationale de l'*E*clairage = Internationale Kommission für Beleuchtungsfragen).

Details bezüglich der angesprochenen Farbmodelle finden sich z.B. in [14], Einzelheiten zur geräteunabhängigen Farbdefinition mit Hilfe der Xlib-Funktionalität kann der X11-Referenzliteratur (siehe z.B. [30]) entnommen werden. Die Reservierung von Einträgen in eine Farbtabelle für exklusive Nutzung durch einen einzelnen Client sowie das Anlegen Client-eigener Farbtabellen soll hier nicht weiter betrachtet werden. Diesbezügliche Information kann wiederum der Xlib-Dokumentation (z.B. [5] oder [6]) entnommen werden.

Zum Abschluß unserer Farbmodell-Betrachtungen soll noch ein häufig zu beobachtendes Problem bei Benutzung von verschiedenen Zeichenfarben in Zusammenhang mit den von X11 zur Grafikdarstellung benutzten Operatoren angesprochen werden. Beispiel: Eine Pixmap mit der „Tiefe“ $n = 3$ ist mit der voreingestellten Hintergrundfarbe „gefüllt“, d.h. der Farbwert jedes Pixels ergibt sich zu 1 (siehe Abbildung 12.8).

---

[4] Zu diesen Standards gehören die Modelle *XYZ* und *LUV*, sowie einige ihrer Varianten, wie etwa *uvY*, *Luv* oder *xyY*.

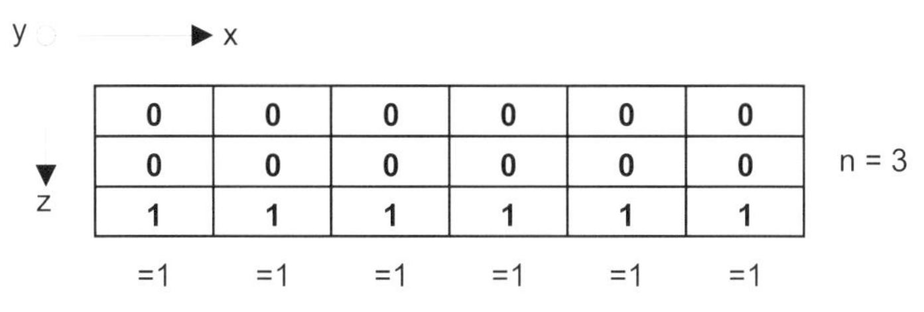

Abbildung 12.8: Beispiel: Ausgangssituation

Wird die voreingestellte Zeichenfarbe (Vordergrundfarbe bzw. *Foreground Color*) benutzt – d.h. also der Farbwert des Eintrags Nr. 0 in der Farbtabelle – so treten bei Verwendung des – ebenfalls voreingestellten – Operators „copy" (Attribut-Wert *GXCopy* bzw. *X$C_GC_COPY*) zunächst keine Probleme auf, da das „Setzen" eines Pixels den Farbindex in die Pixmap „kopiert", ohne den ursprünglichen „Wert" des Pixels zu berücksichtigen:

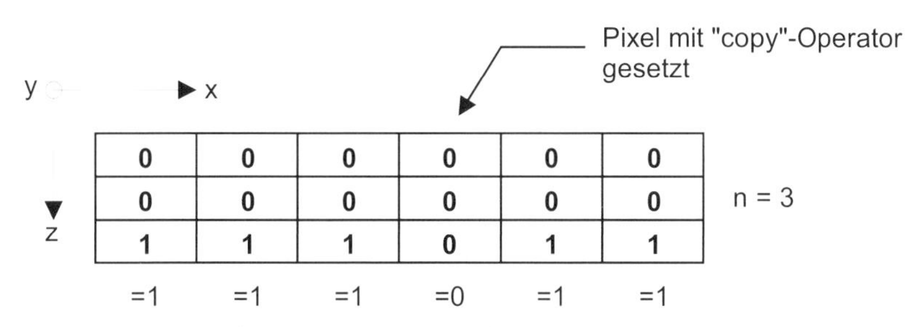

Abbildung 12.9: Resultat der „Copy"-Operation

Wird der Zeichenoperator jedoch verändert – z.B. auf „logisches Oder" (Attribut-Wert *GXOr* bzw. *X$C_GC_OR*) –, so wird der Vordergrund-Farbindex mit dem bereits vorhandenen Farbindex des Zielpixels durch eine entsprechende Operation verknüpft und das Resultat dieser Verknüpfung in der Pixmap abgelegt:

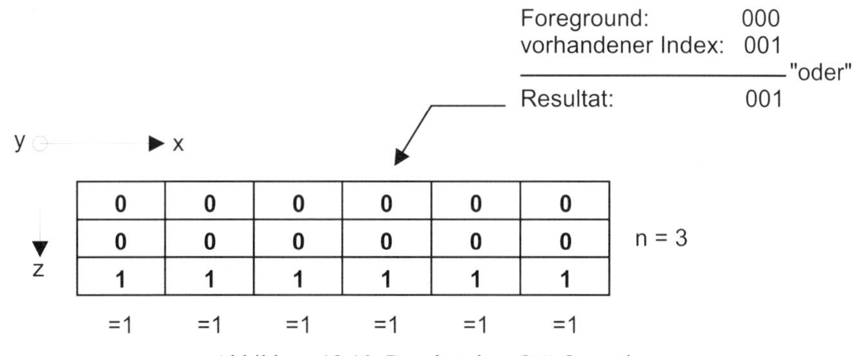

Abbildung 12.10: Resultat der „Or"-Operation

Es ist leicht zu sehen, daß die in Abbildung 12.10 dargestellte Zeichenoperation scheinbar keine Wirkung hat, da das Resultat der „Oder"-Verknüpfung den Farbindex der Hintergrundfarbe ergibt und somit keine Änderung des Pixel-Farbwerts erfolgt. In der Praxis erfordern dieses und ähnlich gelagerte Probleme daher besondere Sorgfalt bei der Wahl des Zeichenoperators bzw. des Vordergrund-Farbindex.

12.3 Output Buffering

Das X-Protocol arbeitet häufig über ein Netzwerk. Damit nicht jede von einem X-Client (mit Hilfe der Xlib) initiierte Protokollanfrage unmittelbar an den Server übertragen werden muß, benutzt das System einen sog. *Ausgabepuffer* (engl. *Output Buffer*). X11 „sammelt" die Anfragen eines spezifischen Client in einem solchen Puffer und überträgt dessen Inhalt komplett an den Server, wenn der Puffer vollständig belegt ist. Diese Vorgehensweise entlastet das Netz – durch Vermeidung von wiederholter „Kleinarbeit" zugunsten der Übertragung größerer Datenblöcke – und führt zu einer deutlich verbesserten Performance von Clients.

Die Pufferung der Protokollanfragen hat allerdings (wie in Abschnitt 2.2 bereits angedeutet) auch Auswirkungen auf die Anwendungsentwicklung. Soll z.B. eine Linie mit Hilfe der Xlib in ein X-Window gezeichnet werden, so führt der Aufruf der entsprechenden Routine zu einer mit der Operation verbundenen Protokollsequenz. Da die Sequenz zunächst gepuffert und nicht unmittelbar an den Server übertragen wird, erscheint die Linie aber nicht sofort im Window – dies ist erst dann der Fall, wenn der Pufferinhalt dem Server übermittelt wird.

Falls Grafikelemente direkt dargestellt werden sollen, so muß der Puffer „vorzeitig" geleert werden; dies ist vorzugsweise mit Hilfe der Xlib-Routine *FLUSH* (MIT C-Binding *XFlush*, OpenVMS Calling Standard *X$Flush*) möglich. Beim Einsatz von *FLUSH* ist jedoch wiederum zu beachten, daß sich die Client-Performance – bedingt durch die größere Netzlast – teilweise erheblich verschlechtert, so daß die erzwungene Übertragung des Pufferinhalts auf das absolut notwendige Maß eingeschränkt werden sollte.

12.4 Grafiken erstellen

X unterstützt, wie bereits erwähnt, ausschließlich Rastergrafiken; objektbezogene Grafik kann nicht erzeugt bzw. verwaltet werden. X11 stellt allerdings Routinen bereit, mit denen einfache grafische Elemente (sog. *Grafikprimitive*) spezifiziert werden können – solche Grafikprimitive werden dann allerdings in Form einer Rastergrafik ausgegeben und verwaltet, d.h. sie können anschließend nicht mehr als Objekt angesprochen werden.

Im einzelnen unterstützt X folgende grafikbezogenen Operationen:

- Punkte, Linien, Rechtecke, Polygone und Kreisbögen zeichnen.
- Rechtecke, Polygone und Kreisbögen mit einem Füllmuster ausfüllen.
- Grafiken von einem Drawable in ein anderes kopieren.
- Grafiken (komplett) löschen.
- Cursor-Grafik anwenden (spezielle Grafiksymbole als „Mauszeiger“ definieren).

Das von X11 benutzte Koordinatensystem hat seinen Ursprung in der linken oberen Ecke des jeweils verwendeten Drawable und unterstützt ausschließlich die Einheit „Pixel“. Koordinaten werden bei Grafikoperationen entweder relativ zum Ursprung des Koordinatensystems oder relativ zu einem anderen Grafikobjekt spezifiziert.

Der Anwendungsentwickler kann bei Zeichenoperationen eine Effizienzsteigerung erzielen, wenn mehrere zu zeichnende Punkte, Linien, Kreisbögen bzw. Rechtecke durch eine einzige Protokollanfrage an den Server übertragen werden. Ermöglicht wird dieses Verfahren durch spezielle Routinen, denen Punkt-Listen, Linien-Listen, Kreisbogen-Listen bzw. Rechteck-Listen als Parameter mitgegeben werden und die entsprechende Zeichenoperationen für die komplette Liste initiieren. Für die Grafikprimitive „Rechteck“ und „Kreisbogen“ existieren zusätzliche Routinen, die – ähnlich wie die vorgenannten Zeichenroutinen für Grafikelement-Listen – die Angabe einer Liste von Kreisbögen bzw. Rechtecken erlauben und die so spezifizierten Elemente durch Ausfüllen mit dem im Graphics Context spezifizierten Füllmuster darstellen.

Beachtung verdient auch die Tatsache, daß „Clipping“ – also das „Abschneiden“ von Grafikelementen an einer Drawable-Begrenzung – die Performance der Client-Applikation negativ beeinflußt. Der Anwendungsentwickler sollte daher Zeichenoperationen, die mit Koordinaten außerhalb des Drawable arbeiten, vermeiden („*Drawing outside the window or pixmap decreases performance.*“ [6]).

X11 spezifiziert Grafikprimitive wie folgt:

- *Punkte* werden durch Angabe ihrer x/y-Koordinate beschrieben.
- *Linien* werden durch Start- und Endpunkt, Linienzüge (sog. *Segments*) durch einen Startpunkt und eine Liste von sich daran anschließenden Endpunkten angegeben.
- *Rechtecke* lassen sich durch Angabe ihrer linken oberen Ecke sowie durch ihre Höhe und Breite beschreiben.

Die Spezifikation von *Kreisbögen* ist ein wenig gewöhnungsbedürftig: Kreise und Kreisbögen werden durch Angabe der linken oberen Ecke des (imaginären) den Kreisbogen genau umschließenden Rechtecks (der sog. *Bounding Box*), durch Höhe und Breite dieses Rechtecks, sowie durch den Startwinkel (relativ zur „3-Uhr-Position“) und den überstrichenen Winkel (relativ zum Startwinkel) beschrieben.

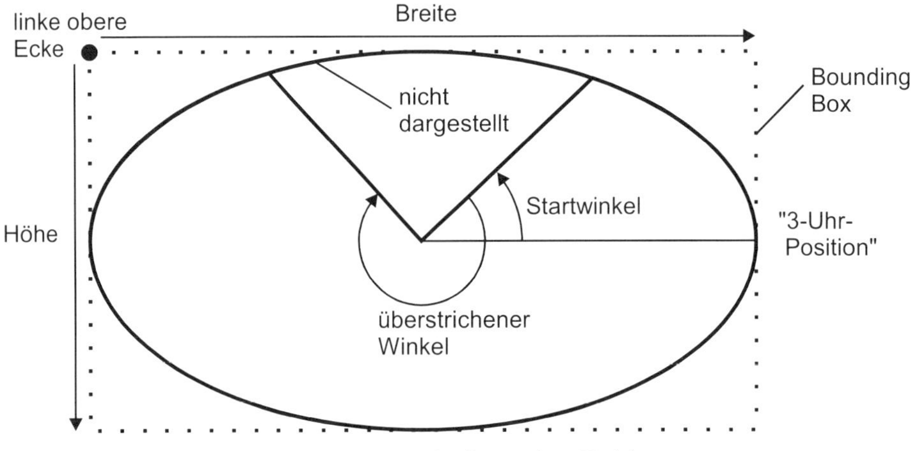

Abbildung 12.11: Beschreibung eines Kreisbogens

Zusätzlich muß beachtet werden, daß:

1. Startwinkel und überstrichener Winkel mit dem Wert 64 skaliert sind (d.h. der Wert „1" meint 1/64°, bezogen auf einen 360°-Kreisbogen). Daher muß z.B. ein 90°-Winkel als $90 \cdot 64 = 5760$ spezifiziert werden,

2. Winkel im mathematischen Sinn interpretiert werden, d.h. positive Winkelwerte sind gegen den Uhrzeigersinn gerichtet.

Polygonale Strukturen (flächig oder berandet) werden mit Hilfe einer Punktliste beschrieben, die den Polygonpfad definiert. Die einzelnen Punkte der Liste werden in der Reihenfolge ihrer Spezifikation vom X-Server automatisch zu einem Polygon verbunden. Da X11 nur geschlossene Polygone unterstützt, verbindet der Server den letzten Punkt der Liste mit dem Startpunkt des Polygons, falls die Lage dieser Punkte differiert.

Bedingt durch die ausschließliche Unterstützung von Rastergrafik ist das Löschen einzelner Grafikelemente in X11 nicht vorgesehen, es lassen sich nur rechteckige Bereiche in Drawables löschen. Zwei Routinen sind zu diesem Zweck verfügbar:

- *CLEAR WINDOW* (*XClearWindow* bzw. *X$Clear_Window*) – nur für Windows geeignete Routine.

- *FILL RECTANGLE* (*XFillRectangle* bzw. *X$Fill_Rectangle*)

Sollen mehrere Bereiche innerhalb eines Drawable gelöscht werden, so stellt die Routine *FILL RECTANGLES* zum Ausfüllen mehrerer Rechtecke die effizienteste Methode dar.

Abschließend seien noch zwei zusätzliche Grafikoperationen kurz betrachtet: die Definition von sog. *Regions* und die Benutzung von Cursor-Grafiken.

Mit Hilfe einer Region läßt sich ein beliebiger Clip-Pfad anlegen, der den gültigen Zeichenbereich innerhalb eines Drawable beschränkt. Zeichenoperationen, die Grafik außerhalb der definierten Region darzustellen versuchen, werden nicht durchgeführt.

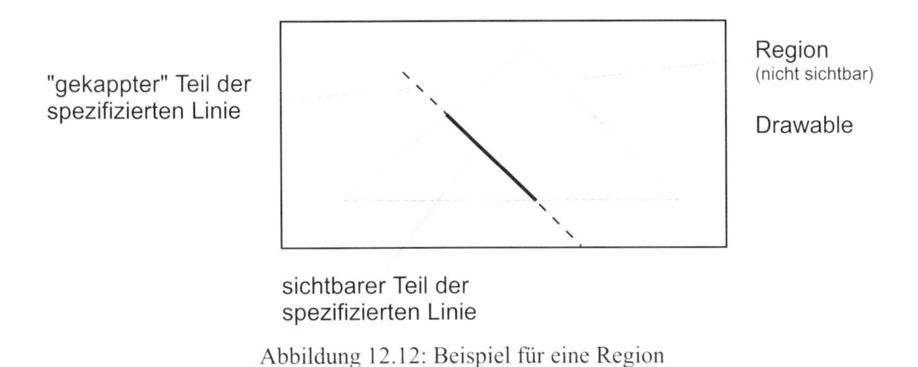

Abbildung 12.12: Beispiel für eine Region

X11 sieht Funktionen vor, die verschiedene Clip-Regions miteinander schneiden, vereinigen o.ä. Operationen durchführen. Weitere Information zu Regions kann der X-Literatur (z.B. [29, 5, 6]) entnommen werden.

In einigen Anwendungsfällen ist es wünschenswert, den voreingestellten „Mauszeiger" zu verändern. Eine solche Veränderung kann z.B. bestimmte Applikationszustände reflektieren: Ist die Anwendung z.B. mit einer länger andauernden Operation beschäftigt (wie etwa dem Laden einer größeren Datei), so wird der „Mauszeiger" meist in Form einer stilisierten Armbanduhr dargestellt. X11 sieht zur Veränderung des Zeigers prinzipiell zwei Möglichkeiten vor:

1. Die von einem speziellen Schrifttyp (sog. *Cursor Font*) zur Verfügung gestellten Grafiken können statt der voreingestellten „Mauszeiger-Grafik" angezeigt werden. X bietet hier einen Zeichensatz an, der 77 verschiedene Symbole – von einer stilisierten Armbanduhr bis hin zum „Totenkopf" – enthält. Die herstellerspezifischen Implementierungen des X11/Motif-Systems können darüber hinaus spezielle weitere Cursor Fonts beinhalten, die zusätzliche Grafiken bereitstellen.

2. Jede anwendungsspezifische Pixmap kann als „Mauszeiger-Grafik" benutzt werden.

Die zur Darstellung von Grafikelementen bzw. zur Handhabung der in diesem Abschnitt beschriebenen Optionen notwendigen Routinen werden in der X11 Dokumentation ausführlich diskutiert [29, 30, 5, 6].

12.5 Die Verwendung von Pixmaps und Images

Drawables, so wurde in Abschnitt 0 definiert, können Grafik darstellen bzw. speichern und sind entweder vom Typ „Window“ oder „Pixmap“. Während X-Windows in Motif-basierten Anwendungen im allgemeinen nicht direkt (d.h. mit Hilfe der Xlib) erzeugt werden – statt dessen kommen Widgets zum Einsatz – müssen Pixmaps mit Hilfe von Xlib-Funktionen erzeugt und verwaltet werden.

Zum Anlegen einer Pixmap dient die Routine *CREATE PIXMAP* (*XCreatePixmap* bzw. *X$Create_Pixmap*), die einen Identifikationscode zurückliefert, mit dessen Hilfe die angelegte Pixmap referenziert werden kann[5]. Hierzu eine technische Anmerkung: Der Inhalt der Pixmap wird von X11 nicht initialisiert. Um eine „leere“ Pixmap zu erhalten, muß der Anwendungsprogrammierer eine zuvor erzeugte Pixmap explizit – mit Hilfe der Xlib – löschen!

X11 bietet darüber hinaus einige weitere Funktionen an, die Pixmaps manipulieren bzw. verwalten; so kann z.B. der Inhalt einer existierenden Pixmap mit Hilfe der Routine *WRITE BITMAP FILE* in eine Datei ausgelagert werden u.ä.

Mit Pixmaps verknüpft sind sog. *Images*. Ein Image speichert eine Pixel-Matrix (Bitmap oder Pixmap) und läßt sich beliebig in Pixmaps einfügen oder auch aus Pixmap-Bereichen gewinnen. Auf den ersten Blick ist nicht unbedingt einzusehen, warum X11 diese Strukturen anbietet. Pixmaps stellen die (primäre) Image-Funktionalität ebenfalls bereit und sind darüber hinaus vom Typ „Drawable“, d.h. sie können Ziel beliebiger X11 Zeichenoperationen sein – im Gegensatz zu Images. Tatsächlich lassen sich nicht sehr viele Vorteile von Images ausmachen:

- Da die Pixel-Daten eines Images lokal – d.h. in der Applikation selbst – gespeichert sind, läßt sich die Grafik leicht mit den Mitteln der eingesetzten Programmiersprache manipulieren. (Bei Pixmap-Inhalten ist dies nicht der Fall, da sie vom X-Server verwaltet werden und somit nur mit den Routinen der Xlib veränderbar sind.)

- Ein Image wird stets „komplett“ an den X-Server übertragen, während bei einzelnen Zeichenoperationen die resultierende Grafik nach und nach übermittelt wird. Dadurch ergeben sich Performance-Vorteile.

Images können allerdings auch anderen Zwecken dienen: „typische“ Image-Strukturen könnten von Herstellern des X11-Systems in spezifischen X-Servern verankert werden, so daß die Darstellung solcher Strukturen effizienter als bei „regulärer“ Grafik implementierbar wäre. Ein Client, der derartig vordefinierte Image-Strukturen verwendet, gewinnt so einen Performance-Vorteil.

---

[5] An dieser Stelle sei daran erinnert, daß Pixmaps nicht lokal (d.h. Client-seitig), sondern vom X-Server gespeichert und verwaltet werden.

Insgesamt läßt sich feststellen, daß die Verwendbarkeit von Images stark von der spezifischen Applikation abhängt.

12.6 Verwaltung von Expose-Ereignissen

Unter einem „Expose Event" (oder: Exposure Event) wird innerhalb des X11-Systems ein Ereignis verstanden, das nach der „Aufdeckung" eines Window-Bereichs auftritt, der zuvor verdeckt war (z.B. von einem anderen X-Window überlagert wurde). Ein solcher Event wird also immer dann generiert, wenn eine Grafik wiederhergestellt werden muß.

Moderne Implementierungen von X11 stellen X-Server bereit, die solche Wiederherstellungsoperationen automatisch durchführen können. Abgedeckte Fensterbereiche werden zu diesem Zweck vom Server in einen sog. *„Backing Store"* kopiert und bei Bedarf von diesem wieder in das Window zurücktransferiert. Unglücklicherweise kann sich der Anwendungsentwickler unter Umständen nicht auf die Backing-Store-Funktionalität des X-Servers verlassen: Zum einen ist die Implementierung dieser Funktion nicht bindend, d.h. nicht jeder X-Server stellt einen Backing Store bereit[6]. Zum anderen greift der Mechanismus nicht in allen denkbaren Fällen; z.B. bleiben Bereiche, die durch Veränderung der Größe eines Fensters ab- und wiederaufgedeckt werden, unberücksichtigt.

Aus den genannten Gründen muß eine Anwendung daher unter Umständen selbst für die Wiederherstellung von abgedeckter Grafik sorgen. Dem Anwendungsentwickler stehen dazu primär zwei verschiedene Ansätze zur Verfügung:

1. Verwendung der applikationsinternen Datenhaltung zum (Neu-) Aufbau des aufgedeckten Bereichs.

2. Implementierung eines privaten „Hintergrundspeichers" (Backing Store).

Beide Ansätze nutzen jeweils ereignisspezifische Information: In der zum Expose Event gehörenden Datenstruktur vermerkt der X-Server die Koordinate des aufgedeckten Bereichs – relativ zum Ursprung des Window –, sowie die Höhe und Breite dieses Bereichs (siehe Abbildung 12.15). Sollte dieser Bereich kein Rechteck sein, so wird er von X11 durch eine Folge von Rechtecken beschrieben; für jedes dieser Rechtecke wird dann ein separater Expose Event generiert.

Ansatz Nr. 1 verwendet die Information in der Event-Datenstruktur, um aus der applikationsinternen Datenhaltung die im Window darzustellende Grafik zu gewinnen:

---

[6] Kapitel 14 zeigt, wie eine Anwendung erfragen kann, ob der verwendete X-Server einen Backing Store unterstützt und wie sich dieser aktivieren läßt.

Abbildung 12.13: Restauration mit Hilfe der Anwendungsdatenhaltung

Die Applikation im obigen Beispiel stellt den „aufgedeckten" Teil des Windows wieder her, in dem sie die von X11 übermittelte Rechteckbeschreibung zur Ermittlung der darzustellenden Information in der eigenen Datenhaltung benutzt. Diese Methode ist immer dann effizient einzusetzen, wenn die bislang abgedeckte Grafik schnell zu erzeugen ist – wie etwa bei den einfachen Textzeichenfolgen in Abbildung 12.13. Problematisch ist bei diesem Ansatz die u.U. komplizierte Abbildung der X11-Koordinaten auf die applikationsinterne Datenhaltung: zu diesem Zweck muß eine Anwendung exakte Information über den im Window dargestellten „Ausschnitt" der Datenhaltung besitzen – nicht unbedingt eine triviale Implementierungsaufgabe. Zudem darf der (Neu-) Aufbau der Grafik nicht zu langen Antwortzeiten führen; der Benutzer einer Anwendung dürfte wenig Verständnis dafür zeigen, wenn das einfache Arrangieren von Windows (ein Vorgang, bei dem ständig einzelne Window-Bereiche ab- und wiederaufgedeckt werden) die Anwendung für Minuten blockiert.

Applikationen, deren Eigenschaften die Verwendung des beschriebenen Ansatzes ausschließen – etwa weil die Neudarstellung von Grafiken zu zeitintensiv wäre –, können einen eigenen „Hintergrundspeicher" implementieren. Dieser Ansatz beruht primär auf einer duplizierten Speicherung des Window-Inhalts, wobei wiederum zwei verschiedene Optionen denkbar sind:

1. Jede Zeichenoperation wird zweimal mit unterschiedlichem Ziel-Drawable durchgeführt: dem zur Darstellung benötigten Window und einer Referenz-Pixmap mit identischen Eigenschaften (dem Hintergrundspeicher).

2. Die Zeichenoperationen werden zunächst mit einer Referenz-Pixmap (Hintergrundspeicher) durchgeführt, anschließend wird der Inhalt der Pixmap in das Window kopiert.

In beiden Fällen besitzt die Referenz-Pixmap exakt die Eigenschaften des Windows (Ausdehnung und Anzahl der Ebenen) und speichert identische Information. Bei Auftreten eines Expose-Ereignisses können die Koordinaten des „aufgedeckten" Bereichs dazu benutzt werden, den entsprechenden Bereich aus dem Backing Store in das betroffene Window zu kopieren (Abbildung 12.14).

Der Hintergrundspeicher-Ansatz ist in der Regel wesentlich einfacher zu implementieren und eignet sich auch für komplexere Grafik, da die zur Wiederherstellung „beschädigter" Bereiche notwendigen Kopieroperationen mit Hilfe der Xlib schnell durchgeführt wer-

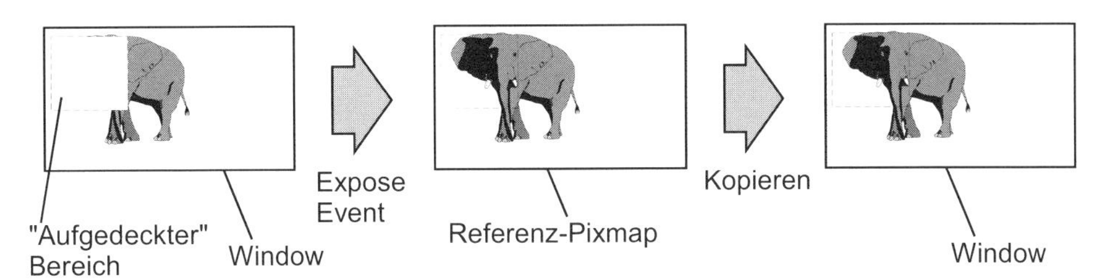

Abbildung 12.14: Restauration mit Hilfe eines Hintergrundspeichers

den können. Problematisch ist allerdings die duplizierte Informationsdarstellung: Durch das Anlegen einer zusätzlichen Referenz-Pixmap als Hintergrundspeicher benötigt der X-Server mehr Speicherplatz; abhängig von der Ausdehnung und „Tiefe" der Pixmap kann dieser Mehrbedarf an Speicher sehr groß ausfallen.

In der Regel müssen Applikationsentwickler anhand der Charakteristika der zu entwikkelnden Software von Fall zu Fall entscheiden, welcher Ansatz zur Behandlung von Expose-Ereignissen zu wählen ist.

Zur Wiederherstellung eines abgedeckten Window-Bereichs müssen dessen Position und Ausdehnung bekannt sein. Wie bereits erwähnt ist diese Information in der Datenstruktur des Expose Events vorhanden und kann somit von einer Applikation ausgewertet werden. Abbildung 12.15 stellt den prinzipiellen Aufbau dieser Datenstruktur dar und benennt die wichtigsten Einträge.

Da auf OSF/Motif basierende Anwendungen in der Regel ihre Ereignisbehandlung mit Hilfe des X-Toolkits auf der relativ abstrakten Callback-Ebene abwickeln, stehen X-Event-Datenstrukturen (wie die oben gezeigte) nicht unmittelbar zur Verfügung. Motif bietet daher die Möglichkeit, Expose-Ereignisse auf einen speziellen Callback abzubilden, wenn zur Darstellung von X11-Grafik ein besonderer Widget-Typ zum Einsatz

Bit: 31 … 0
event type (X$C_EXPOSE)
⋮
x$1_exev_x
x$1_exev_y
x$1_exev_width
x$1_exev_height

Open VMS Binding

Bit: 31 … 0
event type (Expose)
⋮
x
y
width
height

MIT C-Binding

Abbildung 12.15: Format der Datenstruktur „Expose Event"

kommt[7]. Mit diesem „Interface" zwischen der Xlib und Motif werden wir uns im Rahmen von Kapitel 14 noch näher beschäftigen.

12.7 Inter-Client-Kommunikation

Im Rahmen der vorangegangenen Kapitel wurde bereits mehrfach betont, daß X11 konzeptionell „policy free" ist: Das System spezifiziert stets nur Mechanismen und keine Methoden. Unmittelbare Folge davon ist, daß unter X keine Vorschriften bezüglich Form und Funktion von Clients existieren.

Hier tritt nun allerdings ein generelles Problem auf: Clients, die denselben Server benutzen, müssen unter Umständen miteinander kommunizieren, obwohl keine durch X exakt definierten Kommunikationsprotokolle bereitstehen. (Das System ist „policy free", d.h. es ist auch „offen" für beliebige Arten von Datenaustausch zwischen zwei Clients. Tatsächlich spezifiziert X11 lediglich den Kommunikationsmechanismus zwischen Client und Server, nämlich das X-Protocol.) Hierzu zwei Beispiele:

1. Zwei Clients sollen Daten mit Hilfe eines *„cut/paste"*-Mechanismus austauschen. (D.h. der Anwender kann Daten wie z.B. Grafiken oder Texte in einem Dialogfenster des ersten Client „ausschneiden" – *cut* – und anschließend in eine zweite Anwendung übertragen – *paste*.) Diese Forderung bedingt, daß sich die beiden beteiligten Anwendungen sowohl über das für den Austausch zu verwendende Datenformat, als auch über das zu anzuwendende Protokoll „einig sind".

2. Ein Client möchte dem Window Manager die für sein Sinnbild (engl. *Icon*) zu verwendende Grafik mitteilen. Da auch der Window Manager nur ein Client ist (und beliebig durch einen anderen ersetzt werden kann), muß wiederum ein Konsens über das zu verwendende Datenformat und Kommunikationsprotokoll bestehen.

In beiden genannten Fällen müssen zwei Clients Daten miteinander austauschen: es findet *Inter-Client*-Kommunikation statt, während wir bislang lediglich die *Client-Server*-Kommunikation betrachtet haben.

Damit der Datenaustausch zwischen verschiedenen Clients geordnet vorgenommen werden kann, existiert das sog. *ICCCM* (Inter-Client Communication Conventions Manual). Dieses Regelwerk definiert einen rudimentären Satz von Konventionen, die ein X-Client einhalten muß, um sich mit anderen X-Clients „verständigen" zu können. Anwendungen, die diese Konventionen nicht implementieren, können somit auch nicht mit ICCCM-

---

[7] Da die den auslösenden X-Event beschreibende Datenstruktur innerhalb der Reason-Datenstruktur, die beim Aufruf einer Callback-Funktion stets übergeben wird, referenziert ist, kann der Zugriff auf die in Abbildung 12.15 gezeigten Datenfelder somit auf einfache Weise erfolgen.

konformen Clients kommunizieren. Während Motif-Applikationen vor allem die Regeln des Style Guide beachten müssen, um sich in die „Welt der Motif-Anwendungen" homogen einzufügen, haben Programme, die zusätzlich Inter-Client-Kommunikation betreiben, also auch den Konventionen des ICCCM zu folgen (um in das Umfeld von miteinander kommunizierenden Clients eingereiht werden zu können).

Die durch das ICCCM festgelegten Regeln und Konventionen sollen hier nicht näher betrachtet werden (ein solches Unterfangen würde den Rahmen dieses Buchs sprengen, Details zum Thema ICCCM finden sich aber in [29]); wir beschränken uns statt dessen auf eine kurze Betrachtung einiger primärer Mechanismen.

Um die Kommunikation zwischen Clients zu ermöglichen, benutzt X11 sog. *Atoms* und *Properties*. Atoms sind prinzipiell einfache Zeichenfolgen (genauer: Byte-Folgen), die bestimmten Konventionen genügen und mit Hilfe des X-Servers zwischen Clients transportiert werden. Ein Property „gehört" einem X-Window und besteht primär aus „Namen tragenden Daten" inklusive der verwendeten Datentypen, wobei das Property selbst ebenfalls einen Namen besitzt. X11 kennt einige vordefinierte Properties, die zur Realisierung von „cut/paste"-Operationen oder zum Austausch von Information zwischen Anwendung und Window Manager herangezogen werden können. Jedes Property wird mit einem eindeutigen Atom assoziiert, auch der Datentyp des Properties besteht aus einem solchen Atom.

Die oben umrissene Konstruktion ist zwar recht kompliziert, aber sehr flexibel:

- Da ein Property zu einem spezifischen Window gehört, kann mit seiner Hilfe beliebige Information mit diesem Window assoziiert werden.
- Vordefinierte Properties erlauben dabei die Speicherung von häufig benötigten Daten (z.B. von im Window selektiertem Text oder Grafik zur Realisierung von „cut/copy/paste") oder spezifischer Information für den jeweiligen Window Manager.
- Jede Anwendung kann beliebige neue Properties definieren und mit Windows verbinden, um applikationsspezifische Information zu speichern.
- Anwendungen können ebenfalls neue Atoms definieren und diese zur Identifikation von zusätzlichen Datentypen für Properties verwenden.
- Da das X-Protocol keine Property-Semantik kennt, kann prinzipiell beliebige Information gespeichert und transportiert werden (die Semantik wird nur durch die Konventionen des ICCCM bestimmt).

Die X-Library stellt verschiedene Routinen bereit, mit deren Hilfe sich Atoms und Properties verwalten lassen, in der Regel abstrahieren diese Routinen die Komplexität des vorgestellten Konzepts in einer Weise, die Detailkenntnisse über Properties/Atoms überflüssig machen.

12.8 Schriftarten (Fonts)

Eines der wichtigsten Ziele des X11-Systems ist es, die auf ihm basierenden Clients unabhängig von einem spezifischen X-Server, einem bestimmten Betriebssystem bzw. der verwendeten Hardwareplattform zu halten – also die Client-Portabilität sicherzustellen. Bezogen auf Schrifttypen ist das X-Protocol allerdings wenig flexibel, insbesondere die Namensgebung von Schriftarten hängt stark mit dem verwendeten Dateisystem zusammen.

Abhilfe schafft hier die sog. *X Logical Font Description* (XLFD), die Zeichensätze und ihre Eigenschaften in einer von Datei- bzw. Betriebssystem unabhängigen Syntax beschreibt und Konventionen für spezielle „Font Properties" definiert. Auch an dieser Stelle verzichten wir auf eine ausführliche Beschreibung des Konzepts und beschränken uns auf die Vorstellung der Notation für Schrifttypnamen. (Details der XLFD finden sich wiederum in [29].)

Um in einer spezifischen X-Umgebung vorhandene Schrifttypen benutzen zu können, werden logische Namen verwendet. Diese Namen sind unabhängig vom verwendeten Dateisystem (d.h. sie stellen keine Dateispezifikationen wie etwa „/usr/local/koerber" dar) und codieren alle typographischen Eigenschaften eines Schrifttyps. Aus diesem Grund sind solche Namen auf den ersten Blick nicht unbedingt verständlich, da die Bandbreite der in ihnen enthaltenen Information die Lesbarkeit stark vermindert.

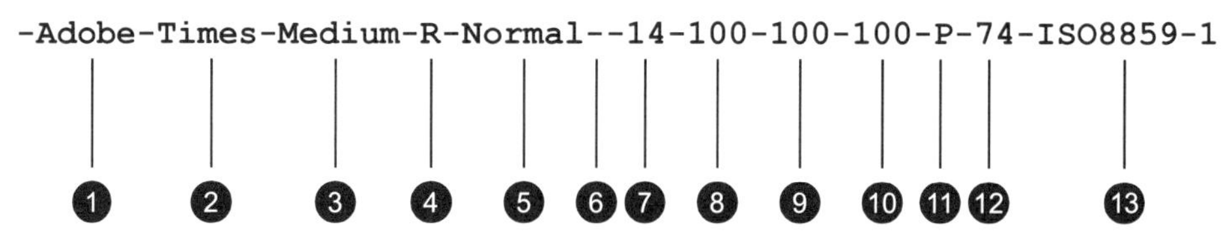

Abbildung 12.16: Beispiel für die Spezifikation eines Schrifttyps

Es bedeuten:

1. *Foundry* — Der Name einer Firma oder einer Organisation, die den Schrifttyp entworfen bzw. hergestellt hat. Der an dieser Stelle angegebene „Identifier" muß beim X Consortium angemeldet sein.

2. *Family Name* — Der Name des Schrifttyps (z.B. „Helvetica", „New Century Schoolbook" etc.).

3. *Weight Name* — Das typographische „Gewicht" des Schrifttyps (z.B. „light" oder „bold"). Welche Namen an dieser Stelle spezifiziert werden können (und welches visuelle Erscheinungsbild das betreffende „Gewicht" hat), hängt vom Hersteller des Schrifttyps ab.

4. *Slant* — Die vertikale Ausrichtung der Textzeichen des Schrifttyps. Möglich sind:
   - R (Roman): „Aufrecht stehende“ Textzeichen.
   - I (Italic): Kursive Textzeichen (Neigung im Uhrzeigersinn).
   - O (Oblique): Geneigte Textzeichen (Neigung im Uhrzeigersinn).
   - RI (Reverse Italic): Wie „Italic“, jedoch entgegen dem Uhrzeigersinn geneigt.
   - RO (Reverse Oblique): Wie „Oblique“, jedoch entgegen dem Uhrzeigersinn geneigt.
   - OT (Other): Andere Ausrichtung.
5. *Setwidth Name* — Der Name der Schrift-Proportion (wie z.B. „normal“, „condensed“ oder „narrow“), d.h. die nominale Breite des Schrifttyps. Welche Namen an dieser Stelle angegeben werden können und wie sich diese auf das visuelle Erscheinungsbild des Schrifttyps auswirken, ist dem Hersteller überlassen.
6. *Add Style Name* — Zusätzliche typographische Information (z.B. „sans serif“).
7. *Pixel Size* — Die Größe eines Textzeichens des Schrifttyps in Pixeln.
8. *Point Size* — Die Größe eines Textzeichens des Schrifttyps in „Dezi-Point“ (geräteunabhängige Einheit, 1 cm = 28,45 Point).
9. *Resolution X* — Die horizontale Auflösung des Geräts, für das der Schrifttyp entworfen wurde, in „Dots per inch“ (dpi).
10. *Resolution Y* — Wie oben, jedoch vertikale Auflösung.
11. *Spacing* — Zeichenabstandsklasse des Schrifttyps. Möglich sind:
    - P (Proportional): Jedes Zeichen besitzt einen individuellen Abstand zu seinem Nachfolger.
    - M (Monospaced): Alle Zeichen besitzen identische Abstände zu ihren Nachfolgern.
    - C (CharCell): Wie Monospaced, allerdings muß jedes Zeichen in einer sog. „Character Cell“ untergebracht werden, die für alle Zeichen die gleiche Ausdehnung besitzt. Kein Element eines Zeichens darf sich außerhalb dieser Character Cell befinden, bei der Darstellung von Textzeichen dieses Typs erfolgt die Plazierung durch einfache Aneinanderreihung der einzelnen Cells ohne zusätzliche Abstände.
12. *Average Width* — Ein typographisches Maß für den arithmetischen Mittelwert der Summe aller Textzeichenbreiten des Schrifttyps (gemessen in 1/10 Pixeln).
13. *Charset Registry/Charset Encoding* — Zwei Bezeichner, die die Codierung der Textzeichen des Schrifttyps beschreiben. Im obigen Beispiel lautet das „Charset Re-

gistry"/„Charset Encoding"-Paar ISO8859–1 (d.h. die Textzeichen sind gemäß der ISO-Norm 8859–1 codiert, was dem sog. „ISO Latin-1" Zeichensatz entspricht).

X11 erlaubt die Auslassung einzelner Bestandteile von Font-Namen, im obigen Beispiel fehlt z.B. das „Add Style Name"-Feld, da der Zeichensatz auch ohne Angabe dieser Information eindeutig identifiziert werden kann. Ebenso darf der Inhalt eines Namensfelds vom Client durch einen „Asterisk" („*") ersetzt werden, was als „Wildcard" interpretiert wird. (Z.B. könnte eine Anwendung, die einen bestimmten Schrifttyp benötigt, den Inhalt des „Foundry Name"-Felds durch eine solche „Wildcard" ersetzen, da der Hersteller des Schrifttyps für sie nicht von Bedeutung ist.) Die Angabe von „Wildcards" veranlaßt X11, bei Schrifttyp-Anforderungen den ersten „Font" zu selektieren, auf den die angegebene Information „paßt".

Beispiel:

```
-*-Times-Medium-R-*--*-100-*-*-*-*-ISO8859-1
```

Der oben spezifizierte Font-Name erlaubt X11, jeden Schrifttyp zu wählen, der den Schrifttyp „Times" benutzt, das typographische „Gewicht" Medium besitzt, „aufrecht stehende", 100 Point große Textzeichen definiert und gemäß ISO 8859–1 codiert ist.

Ein plattformspezifischer X-Server wandelt logische Font-Namen wie die vorgestellten in konkrete Datei-Spezifikationen um, mit deren Hilfe anschließend die gewünschten Dateien gefunden (und/oder geladen) werden können.

X11 kennt neben einzelnen Schrifttypen den Mechanismus des *Font Sets*. Ein Font Set unterstützt die „Internationalisierung" von Anwendungen, d.h. die Anpassung von Bedienoberflächen an unterschiedliche Sprachräume. Grundsätzlich besteht ein Font Set aus einer Menge von Fonts, von denen nur jeweils einer zur Anwendung kommt, und zwar unter Berücksichtigung des gewählten Sprachraums. Ein (sehr einfaches) Beispiel wäre z.B. die folgende Schrifttyp-Spezifikation:

```
-*-Times-Medium-R-*--*-100-*-*-*-*-*
```

In der obigen Spezifikation fehlt die Angabe des *Charset Registry/Charset Encoding*-Felds. Arbeitet die betreffende Anwendung mit einem Font Set, so kann die Zeichensatzcodierung – je nach Sprachraum – anders ausfallen.

Prinzipiell definiert der Anwendungsentwickler ein Font Set, um die „harte" Angabe eines spezifischen Schrifttyps zu vermeiden. Statt dessen wird eine Reihe von verschiedenen Typen vorgegeben, aus denen X11 zur Laufzeit den zum ausgewählten Sprachraum passenden auswählen kann. (Weitere Details bezüglich der Internationalisierung von Anwendungen, Sprachräumen und verwandten Themen finden sich in Kapitel 9.7.)

13 Ereignisse und Ereignisbehandlung II

Im Rahmen von Kapitel 5 haben wir die grundlegenden Mechanismen der Ereignisbehandlung für X11- bzw. Motif-Anwendungen bereits vorgestellt. Dieses Kapitel ist als Fortführung und Vertiefung gedacht. Insbesondere ein Aspekt der Ereignisbearbeitung soll dabei im Vordergrund stehen: die Vermeidung von Situationen, in denen eine Bedienschnittstelle – bedingt durch rechenintensive Operationen seitens der Anwendung – blockiert erscheint.

Folgt man den Hinweisen in diversen Begleithandbüchern zu OSF/Motif Implementierungen, so wird einer Callback-Routine in der Regel eine Ausführungszeit von maximal 0,25 Sekunden zugestanden. Der Grund dafür ist einfach: Während der Abarbeitung einer Callback-Routine erscheint die Bedienschnittstelle für den Anwender blockiert; erst nach Beendigung der Routine reagiert die Schnittstelle (aus Anwendersicht) wieder wie gewohnt.

Diese „Blockade“ entsteht durch den Aufruf einer Callback-Routine durch das X-Toolkit. Während diese Routine rechnet, kommt die Abarbeitung weiterer Ereignisse natürlicherweise zum Stillstand (die Ereignisbehandlung durch die „Application Main Loop“ des X-Toolkits wurde verlassen – statt dessen wird die Callback-Routine abgearbeitet), daher scheint das Interface quasi „zu hängen“. Nach Abarbeitung der Callback-Routine geht die Ablaufkontrolle an die Ereignisbehandlung des X-Toolkits zurück und das Interface „erwacht zum Leben“.

Rechnet eine Callback-Routine (subjektiv betrachtet) zu lang, so ergeben sich die folgenden Komplikationen:

- Bedienelemente und eventuell durch die Anwendung angezeigte Grafik werden während der Laufzeit der Routine nicht erneut dargestellt, wenn der Anwender sie (mit Hilfe eines weiteren Fensters und des Window Managers) ab- und anschließend wiederaufdeckt, da die vom X-Server generierten Expose Events vom X-Toolkit nicht abgearbeitet werden können.

- Vom Anwender vorgenommene Manipulationen (z.B. das Anklicken von Bedienelementen) haben zunächst keine Wirkung. Unmittelbar nach Beendigung der Callback-Routine werden diese Aktionen dennoch – mit entsprechender Verzögerung – bearbeitet, da die damit verbundenen Ereignisse in der Event Queue der Anwendung gespeichert worden sind. Erschrockene („Das Interface ist blockiert! Ist das Programm jetzt abgestürzt?“) oder ungeduldige Anwender erleben so häufig eine böse Überraschung, wenn sie die scheinbar „hängende“ Anwendung mit „Mausklicks“ traktieren, um ihr dennoch eine Reaktion zu entlocken.

- Das Abbrechen einer rechenintensiven Operation wird unmöglich, da jedes Eingabeereignis (gleichgültig ob durch die Tastatur oder die Maus) nicht bearbeitet werden kann.

Natürlich lassen sich rechenintensive Operationen nicht grundsätzlich vermeiden. Aus diesem Grund sollte eine Anwendung zumindest die Bearbeitung „dringender" Ereignisse während länger andauernder Operationen ermöglichen.

Theoretisch führt die genannte Forderung zu folgender Callback-Struktur:

```
1) Daten initialisieren;
2) Schleife:
       Dringende Ereignisse bearbeiten,
       „Ein wenig rechnen",
   bis Operation beendet;
3) Callback beenden;
```

„Dringende" Ereignisse im Sinne der obigen Struktur sind zumindest:

- Eingabeereignisse, die der Anwendung den Abbruch der rechenintensiven Operation signalisieren und
- Expose Events

Leider läßt sich die gezeigte Schleife in dieser Form nicht direkt realisieren. Die folgenden Abschnitte diskutieren daher vier unterschiedliche Lösungsmöglichkeiten des Problems mit Hilfe der folgenden Mechanismen:

1. Heranziehen von X-Toolkit Unterstützung: Einsatz von sog. *Work Procedures*
2. „Privates" Ereignismanagement durch die Anwendung
3. Prozeßseparation mit Hilfe des Betriebssystems
4. Verwendung von sog. *Threads*

13.1 Die Work Procedures des X-Toolkits

Eine Möglichkeit, rechenintensive Operationen ohne negative Folgen für die Ereignisbearbeitung durchzuführen, ist der Einsatz von *Work Procedures*. Der Work Procedure-Mechanismus wird vom X-Toolkit bereitgestellt und arbeitet mit dessen Ereignisverwaltung transparent zusammen.

Eine Work Procedure ist prinzipiell eine reguläre Programmroutine (genauer: eine Funktion), die vom Xtk (nach Maßgabe des Anwendungsentwicklers auch periodisch) aktiviert wird – und zwar nur, falls keine Ereignisse in der Event Queue der Anwendung zur

Bearbeitung anliegen. Somit ließe sich eine rechenintensive Operation in Form einer Work Procedure realisieren, die periodisch aufgerufen wird. Die „eigentliche" Callback-Routine rechnet also nicht mehr selbst (und blockiert somit die Ereignisbearbeitung), sondern ist lediglich für die „Anmeldung" der Work Procedure beim X-Toolkit zuständig. Die Ablaufkontrolle geht so sehr schnell zurück an das Event Management des Xtk (sprich: die „Application Main Loop"), das die Work Procedure erst nach Abarbeitung aller anstehender Ereignisse aufrufen wird. Nachdem die Work Procedure beendet worden ist, erfolgt eine erneute Aktivierung erst bei „leerer" Event Queue. Auf diese Weise ist sichergestellt, das eine Applikation zügig auf auftretende Ereignisse reagiert und dem Anwender keine Wartezeiten aufgebürdet werden. Die oben aufgestellte Forderung nach Bearbeitung von „dringenden" Ereignissen ist somit ebenfalls erfüllt, da der Einsatz von Work Procedures die Bearbeitung *aller* auftretenden Events prinzipiell nicht unterbindet. Das Ablaufschema einer „normalen" Callback-Routine und einer Work Procedure zeigt Abbildung 13.1.

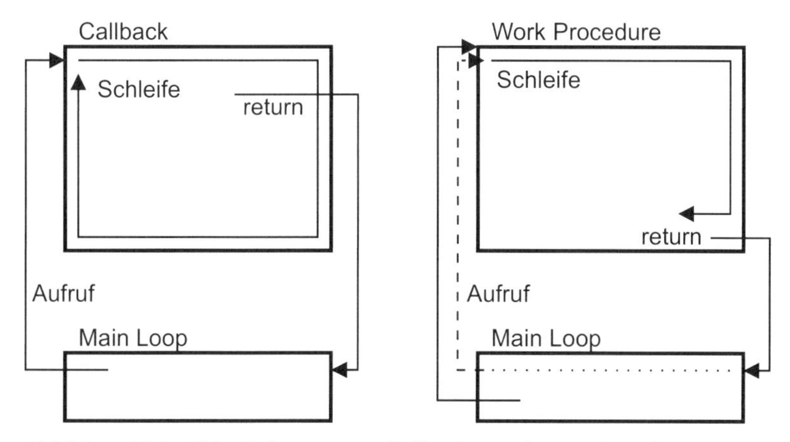

Abbildung 13.1: Ablaufschemata von Callback-Routinen und Work Procedures

Ein Beispiel (Verwendung der Routine *My_Routine* als Work Procedure):

```
/* C-Code */

unsigned int My_Routine (void)
{
  return 1; /* Oder: 0 */
}
    .
    .
    .
XtAppAddWorkProc(app_context,
                 (XtWorkProc)My_Routine,
                 NULL);
    .
    .
    .
```

```
(* Pascal-Code *)

function My_Routine : Boolean;
begin
  My_Routine := True; /* Oder: False */
end;
    .
    .
    .
XtAppAddWorkProc(app_context,
                 (Iaddress(my_routine)) :: XtWorkProc,
                 nil);
    .
    .
    .
```

Angemeldet werden Work Procedures, wie aus obigem Beispiel ersichtlich, mit Hilfe der Routine *XtAppAddWorkProc*. Der letzte Parameter dieser Routine kann ein Zeiger auf eine Datenstruktur sein, der vom X-Toolkit beim Aufruf an die Work Procedure übergeben wird. Der Wert NULL (in Pascal NIL) an dieser Stelle bedeutet, daß die Routine als parameterlos anzusehen ist. Die im obigen Beispiel verwendete Variable *app_context* referenziert den bereits bekannten Applikationskontext (siehe auch Kapitel 6.4).

Jede Work Procedure ist – trotz ihres Namens! – eine Funktion, die als Ergebnis 0 (bzw. „False"), oder 1 (bzw. „True") liefern kann. Der Wert 0 hat zur Folge, daß das Xtk die Work Procedure bei nächster Gelegenheit erneut starten wird. Ein Rückgabewert von 1 hat dagegen die automatische Abmeldung der Routine als Work Procedure zur Folge und ein erneuter Aufruf unterbleibt somit. Nähere Informationen zum Thema finden sich in [1].

Leider besitzt der beschriebene Mechanismus auch Nachteile: ebenso wie eine Callback-Routine sollte die Abarbeitung einer Work Procedure nur kurze Zeit in Anspruch nehmen, da zur ihrer Laufzeit natürlich ebenfalls keine Ereignisse bearbeitet werden können. Zur Realisierung als Work Procedure kommen somit praktisch nur Operationen in Frage, die sich iterativ durchführen lassen. Die Implementierung der Operation muß dabei so erfolgen, daß eine schrittweise Abarbeitung (jeder Aufruf der Work Procedure ist ein Schritt) möglich ist. Für die korrekte Abspeicherung des Arbeitszustands bei Beendigung der Work Procedure und die korrekte Wiederherstellung von Daten bei erneutem Aufruf muß zudem der Anwendungsentwickler Rechnung tragen. Bereits bestehende Bibliotheksfunktionen, die ihre Aufgabe „in einem Zug" erledigen, oder rekursiv angelegte Algorithmen können keinesfalls als Work Procedure realisiert werden, da ihre iterative Aufspaltung meist nicht möglich ist.

Zudem ist zu beachten, daß Work Procedures zwar periodisch aufgerufen werden, allerdings erst nach der Bearbeitung sämtlicher Ereignisse in der Event Queue. Je nach Anzahl und Typ der Ereignisse nimmt deren Bearbeitung natürlich unterschiedliche Zeitspannen in Anspruch, so daß eine Work Procedure in unregelmäßigen Zeitabständen aktiv wird. Auch diese Einschränkung kann bei bestimmten Operationen unerwünscht sein.

13.2 Privates Ereignismanagement

Eine andersgeartete Lösung des Problems versucht, das Blockieren der Anwenderschnittstelle durch Verlagerung der Ereignisverwaltung in die Applikation zu umgehen. Genauer: Da die Bearbeitung von Events durch die „Application Main Loop" des X-Toolkits nicht mehr möglich ist, wenn diese eine rechenintensive Callback-Routine aufgerufen hat, übernimmt die Callback-Routine selbst das Erkennen und Verarbeiten von Ereignissen.

Möglich wird dieses Verfahren durch die Verwendung von Verwaltungsroutinen des X-Toolkits[1], mit deren Hilfe sich das Verhalten der „Application Main Loop" nachbilden läßt:

```
/* C-Code */

XEvent event;
    .
    .
    .
while(XtAppPending(app_context) != 0)
{
  XtAppNextEvent(app_context,&event);
  XtDispatchEvent(&event);
}

(* Pascal-Code *)

var
  event : X$Event;
    .
    .
    .
while XtAppPending(app_context) <> 0 do
begin
  XtAppNextEvent(app_context,event);
  XtDispatchEvent(event);
end;
```

Die Routine *XtAppPending* liefert nur dann den Wert Null zurück, wenn die Event Queue der Anwendung leer ist. (Die Variable *app_context* bezeichnet wiederum den Anwendungskontext.) Liegen dagegen unbearbeitete Ereignisse vor, so können diese mit Hilfe der Routine *XtAppNextEvent* aus der Queue entfernt und in eine Datenstruktur vom Typ *XEvent* (bzw. *X$Event* bei Einsatz des OpenVMS-Bindings) kopiert werden. Die Bearbeitung eines Ereignisses erfolgt anschließend durch Weitergabe dieser Datenstruktur an die Routine *XtDispatchEvent*.

---

[1] Ebenso lassen sich die Event Routinen der Xlib einsetzen, die jedoch in der Handhabung nicht ganz trivial sind und daher hier nicht betrachtet werden sollen.

Fügt man Code-Fragmente der oben gezeigten Art an geeignete Stellen einer Callback-Routine ein, so werden Ereignisse als Teil dieser Routine bearbeitet. Gegenüber der im vorangegangenen Abschnitt diskutierten Lösung ist diese Option frei von algorithmischen Einschränkungen (keine iterative Aufspaltung nötig). Allerdings darf der zeitintensive Teil der Callback-Routine auch hier nicht durch unzugängliche „atomare" Bibliotheksfunktionen repräsentiert sein – die gezeigten Code-Fragemente müssen in kurzen Abständen immer wieder durchlaufen werden, damit eine kontinuierliche Bearbeitung von Ereignissen gewährleistet ist.

Der gravierendste Nachteil dieser Lösung besteht – läßt man einmal beiseite, daß sie nicht gerade elegant ist – im Eingriff in die Ereignisbearbeitung aus Sicht des Widget-Sets. Zwar betonen die Architekten des X-Toolkits in [1], daß die „Application Main Loop" keine Besonderheiten implementiert und sich ihre Funktion somit durchaus von einem Code-Fragment wie oben gezeigt repräsentieren läßt. Die Erfahrung hat uns allerdings gelehrt, daß in Callback-Routinen enthaltene Aufrufe der Event-Routinen des Xtk unangenehme Seiteneffekte im Motif-System auslösen können. (In der OpenVMS-Umgebung wurden u.a. falsche Bearbeitungen von Callback-auslösenden Ereignissen beobachtet, die z.T. zu gravierendem Fehlverhalten von Bedienelementen führten.) Mit anderen Worten: Seiteneffekte beim Einsatz von dedizierten Event-Routinen können – je nach verwendeter Plattform bzw. X11- bzw. Motif-Implementierung – nicht ausgeschlossen werden.

Auch diese Lösung funktioniert also nicht ohne Einschränkungen: Neben den angesprochenen Seiteneffekten muß vor allem gewährleistet sein, daß die Implementierung rechenintensiver Algorithmen an geeigneten Stellen die oben gezeigte Ereignisverwaltung beinhaltet. Ist der Algorithmus sehr zeitkritisch, so können die Performance-Einbußen, die durch wiederholten Aufruf von Event-Routinen in kurzen Abständen auftreten, sogar nicht tolerierbar sein. Der Anwendungsentwickler muß darüber hinaus selbst dafür Sorge tragen, daß die in die Implementierung des Algorithmus eingefügte Ereignisverwaltung auftretende Events möglichst zügig und kontinuierlich (und nicht nur unregelmäßig) abarbeitet.

13.3 Prozeßseparation

Die beiden noch zu diskutierenden Lösungen – Prozeßseparation und Einsatz von Threads – unterscheiden sich von den vorangegangenen Optionen in einem wichtigen Punkt: Sie verwenden keine speziellen Mechanismen des X-Toolkits, sondern Dienste der Betriebssystemumgebung.

Die zunächst betrachtete Lösung setzt auf die Abtrennung der rechenintensiven Callback-Routine mit Hilfe eines zusätzlichen, nebenläufigen Prozesses. Mit anderen Worten: die zu implementierende Operation wird als eigener Subprozeß unter Ausnutzung der entsprechenden Dienste des Betriebssystems realisiert, wobei die Callback-Routine nur noch den Start des Subprozesses initiiert und sich anschließend sofort beendet.

Durch die so eingeführte Nebenläufigkeit (quasi-parallel oder sogar echt parallel, falls ein Multiprozessorsystem zur Verfügung steht) erhält der Elternprozeß genügend Rechenzeit, um Ereignisse ohne Einschränkungen mit Hilfe der „Application Main Loop" abarbeiten zu können, während der Tochterprozeß die rechenintesive Operation unabhängig davon durchführt.

Der wesentliche Vorteil dieses Ansatzes ist seine Allgemeingültigkeit: jeder Algorithmus läßt sich auf diese Weise behandeln; auch Bibliotheksroutinen stellen keine Schwierigkeit dar. Zudem muß die Implementierung der Operation keine speziellen Aufrufe von X-Toolkit Routinen beinhalten, d.h. der Programmcode zur Realisierung der Bedienoberfläche und der Programmcode zur Realisierung der Anwendungsoperationen werden nicht „vermischt". Da das Betriebssystem für die „gerechte" Vergabe von Ressourcen sorgt, ist außerdem sichergestellt, daß sowohl die Ereignisbearbeitung als auch die Anwendungsoperation regelmäßig Rechenzeit zugewiesen bekommen. (D.h. die bei den vorangegangenen Lösungen u.U. auftretende unregelmäßige Abarbeitung von Ereignissen oder Operation stellt hier kein Problem dar.)

Leider sind die Nachteile dieser Option nicht zu unterschätzen:

- Die Verwendung betriebssystemspezifischer Systemaufrufe zur Initiierung des Subprozesses bedeutet eine zumeist unerwünschte Einschränkung der Anwendungsportabilität.

- Müssen Eltern- und Tochterprozeß Daten austauschen und/oder sich synchronisieren, so steigt der Implementierungsaufwand stark an. Diese Interprozeßkommunikation ist zudem meist komplex und muß wiederum mit Hilfe systemspezifischer Mechanismen und Dienste realisiert werden.

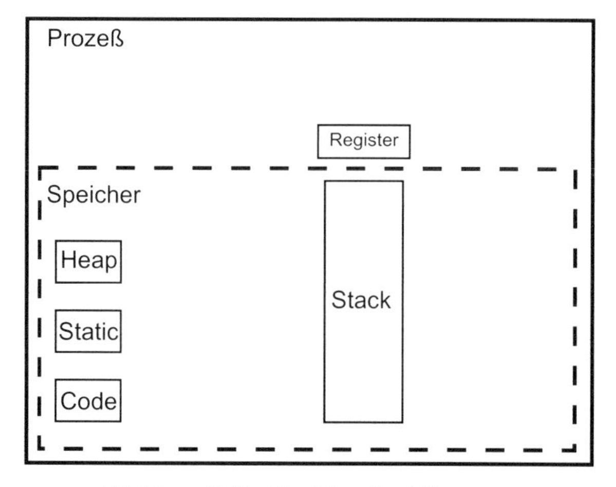

Abbildung 13.2: „Traditionelles" Programm

13.4 Threads

Auch die letzte Option benutzt einen Ansatz, der nebenläufige Programmstukturen vorsieht: die rechenintensive Callback-Routine wird in einem eigenen *Thread* gefahren.

Im Gegensatz zu den im vorangegangenen Abschnitt beschriebenen „parallelen" Prozessen repräsentieren Threads allerdings nebenläufige, sequentielle Kontrollflüsse innerhalb eines einzigen Prozeßkontexts. Folgt man diesem Modell, so bestehen „traditionelle" Programme aus genau einem Thread (deutsch etwa: Faden). Das entsprechende Schema verdeutlicht Abbildung 13.2.

Eine Multi-Thread-Anwendung besitzt dagegen mehrere Kontrollflüsse (Threads), die quasi-parallel ablaufen können. Handelt es sich bei dem verwendeten Rechner um ein Multiprozessorsystem, und verfügt das zum Einsatz kommende Betriebssystem über sog. *Kernel Thread*-Unterstützung (für Experten: dies ist z.B. bei Betriebssystemen, die auf neueren Versionen des Mach-Kernels basieren, und bei OpenVMS ab Version 7.0 der Fall), so können verschiedene Threads sogar echt parallel ablaufen. Jeder Thread verfügt über einen eigenen Stack sowie einen separaten Satz (virtueller) Prozessorregister. Ansonsten teilen sich alle Threads einen gemeinsamen Adreßraum für dynamischen Speicher (den sog. *heap*), den vom Compiler generierten Speicher für statische Variablen (den sog. *static storage*) und den Adreßraum für den eigentlichen Programmcode [9]. Abbildung 13.3 zeigt ein Programm, das mehrere Threads verwendet.

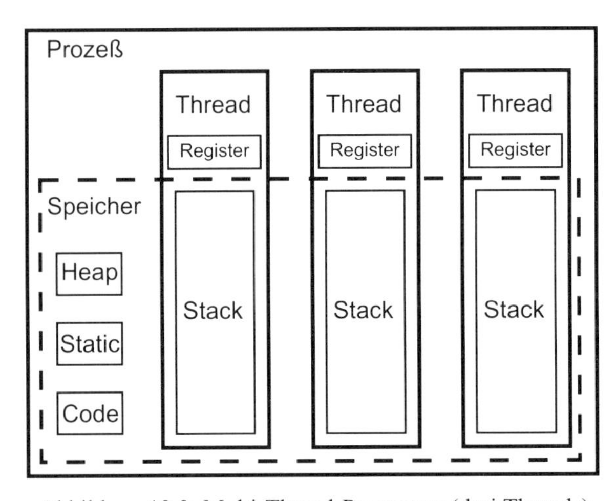

Abbildung 13.3: Multi-Thread-Programm (drei Threads)

Bedingt durch den allen Threads eines Prozesses gemeinsamen statischen und dynamischen Speicher ist keine aufwendige Interprozeßkommunikation nötig – der Datenaustausch zwischen verschiedenen Threads ist auf einfache Weise per globaler Variable möglich. Zwar müssen gemeinsam genutzte Speicherbereiche nach wie vor gegen simultane Zugriffe geschützt werden (siehe auch Beschreibung der *Race Condition* weiter unten), allerdings reichen zu diesem Zweck einfache Semaphore[2] – die noch dazu vom Thread-System bereitgestellt werden – aus. Der implementierungstechnische Aufwand liegt dabei um ein Vielfaches niedriger als bei Datenaustausch über Prozeßgrenzen hinweg.

Für unsere Probleme mit der Ereignisbearbeitung während der Laufzeit rechenintensiver Algorithmen bedeutet der Einsatz von Threads Vorteile:

- Wird die rechenintensive Routine in einem eigenen Thread gefahren (und startet eine Callback-Routine lediglich diesen Thread), so arbeitet die Ereignisverwaltung des X-Toolkits unbeeinflußt weiter. Die Operation selbst ist nebenläufig.
- Ebenso wie bei der Prozeßseparation ergeben sich keine Einschränkungen bezüglich des Algorithmustyps: Auch rekursive Algorithmen oder Bibliotheksfunktionen können behandelt werden.
- Der zusätzliche Implementierungsaufwand ist minimal. Zudem kann der Programmcode zur Realisierung der Bedienschnittstelle vom „Rest" der Anwendung getrennt gehalten werden.

Threads haben, ähnlich wie Prozesse, Ablaufzustände und -übergänge (siehe Abbildung 13.4) und werden nach bestimmten (einstellbaren) Regeln zyklisch aktiviert. Es ist zudem möglich, Threads schon in der Initialisierungsphase einer Anwendung zu erzeugen und anschließend „einzufrieren". Soll ein Thread in einer späteren Phase des Programmablaufs schließlich seine Operation durchführen – etwa nach dem „Anklicken" eines Widgets durch den Anwender –, so genügt es, den betreffenden Thread im Rahmen der aufgerufenen Callback-Routine „aufzutauen". Ist die Aufgabe erfüllt, so kann sich der Thread selbst stoppen. (D.h. dafür sorgen, daß er wieder den Zustand „Waiting" einnimmt.)

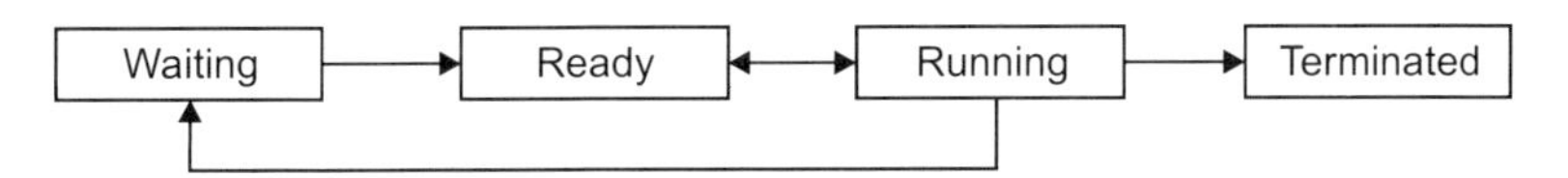

Abbildung 13.4: Zustände und Zustandsübergänge von Threads

Als Fazit können wir somit festhalten, daß beim Einsatz von Threads geringer Implementierungsaufwand mit den Vorteilen der Prozeßseparation verbunden werden. Der Einsatz spezifischer Systemaufrufe – bei der Methode der Prozeßseparation ein nicht unerheblicher Nachteil – entfällt ebenfalls, da mittlerweile standardisierte Thread-Systeme existieren. Das am häufigsten eingesetzte System heißt dabei sicherlich *pthread* und ist konform zur IEEE-Norm 1003.1c-1995 *POSIX Application Program Interface.*

---

[2] Die theoretischen Grundlagen der Kommunikation zwischen Kontrollflüssen oder Prozessen sind nicht Gegenstand dieses Buches. Für Details sei daher auf [34, 35] verwiesen.

Der Begriff *POSIX* steht für *Portable Operating System Interface* und bezeichnet einen Satz von Definitionen, die Dienste von Betriebssystemumgebungen standardisieren. Die POSIX-Initiative hat zum Ziel, heterogene Rechnerwelten mit vereinheitlichen Programmierschnittstellen zu versehen, um so die Anwendungsportabilität erhöhen zu können. Aus diesem Grund steht das POSIX-konforme *pthread* in identischer Form auf unterschiedlichsten Rechnerplattformen zur Verfügung. Nicht unerwähnt bleiben sollte auch das *Distributed Computing Environment* (DCE) der OSF. Dieses System zur Unterstützung von „verteilten" Anwendungen beinhaltet ebenfalls Thread-Unterstützung, die zudem kompatibel zu *pthread* ist, da die Implementierung auf derselben Norm beruht.

Aber auch der Einsatz von Threads ist unter Umständen nicht ohne Tücken. Zu allererst muß erwähnt werden, daß jede Routine, die innerhalb eines eigenen Threads ablaufen soll, *reentrant* angelegt sein muß. Reentrante Routinen (solche Routinen werden manchmal auch als „wiedereintrittsinvariant" bezeichnet) sind dazu in der Lage, mehrere Aufrufer gleichzeitig zu verwalten, ohne daß der Programmcode dupliziert wird. In der Praxis bedeutet dies vor allem den weitgehenden Verzicht auf die Verwendung von globalen Variablen zur Ablage von Daten durch die Routine. (Zumindest müssen solche Variablen „defensiv" eingesetzt werden.) Statt dessen sollte sämtliche Information dynamisch mit Hilfe des Stacks (d.h. bei Verwendung von Sprachen wie C oder Pascal mit Hilfe von lokalen Variablen) verwaltet werden. Der Anwendungsentwickler hat allerdings nicht nur sicherzustellen, daß die Routine selbst reentrant ist, sondern muß zudem darauf achten, daß sämtliche von der Routine aufgerufenen Funktionen und Prozeduren ebenfalls diesem Kriterium genügen. Mitunter kann dies zu Schwierigkeiten führen, da z.B. selbst manche der bei Programmierung in C verwendeten Standardfunktionen (etwa *asctim*, *localtime* oder *gethostbyname*) nicht reentrant sind[3].

Zudem können bei Verwendung von Threads die folgenden drei Probleme auftreten:

1. *race conditions*

   Im folgenden Beispiel starten die beiden Threads A und B mit dem Wert $x = 0$ und werden zyklisch aufgerufen.

Thread A	Thread B

`x ← x + 1`
`if x > 1 then`
`  x ← 0`
	`if x ≠ 0 then`
	`  x ← x + 1`

   Das Problem hier ist, daß der Wert der gemeinsam genutzten Variable x nicht deterministisch ist. Ihr Wert hängt ausschließlich davon ab, in welcher relativen Reihen-

[3] Auch X11 unterstützt den Thread-Ansatz noch nicht lange: Xlib- und Xtk-Routinen lassen sich erst ab Release 6 ohne Probleme aus Threads heraus aufrufen. Beim Einsatz früherer Releases ist dagegen Vorsicht angezeigt.

folge die beiden Threads ablaufen. Beispiel: Startet zunächst Thread A und führt das erste Statement aus, so wird x inkrementiert und erhält so den Wert 1. Wird A nun unterbrochen und statt dessen B ausgeführt, so ist der Ausdruck „x ungleich 0“ wahr, und x wird wiederum inkrementiert. Bekommt Thread A nun wiederum Rechenzeit zugeteilt, so ist die folgende Abfrage „x größer als 1“ ebenfalls wahr (da der Wert von x mittlerweile 2 beträgt), was zur Zuweisung des Werts 0 an x führt. Dieser Wert unterscheidet sich aber von demjenigen (nämlich 1), den das Codefragment der Variable x zugewiesen hätte, wäre es nicht von Thread B unterbrochen worden. Solche Abhängigkeiten werden als *race conditions* bezeichnet.

2. *deadlocks*

   Ein sog. *deadlock* (deutsch meist als „Verklemmung“ bezeichnet) tritt auf, wenn ein Thread auf die Bereitstellung einer Ressource durch einen zweiten Thread wartet, der wiederum vom ersten Thread abhängig ist.

Thread A	Thread B
`x ← 0`	`y ← 0`
`wait until x > 0`	`wait until y > 0`
`y ← 1`	`x ← 1`

   Wie im obigen Beispiel erkennbar, blockiert Thread A sich selbst solange, bis Thread B die Variable x inkrementiert. Da dieser aber selbst auf das Inkrementieren der Variable y wartet, das von Thread A jedoch erst nach Aufhebung des eigenen Wartezustands bewirkt wird, blockieren beide Threads für eine (theoretisch) unendliche lange Zeitspanne.

3. *priority inversion*

   Die *priority inversion* (Prioritätsumkehrung) tritt auf, wenn drei oder mehr Threads mit unterschiedlicher Priorität sich gegenseitig ungünstig blockieren, so daß ein vermeintlich mit hoher Priorität arbeitender Thread durch einen Thread mit niedriger Priorität quasi „ausgebremst“ wird.

   Ein solcher Sachverhalt ist durchaus schwer zu erkennen, wie in folgendem Beispiel verdeutlicht werden soll.

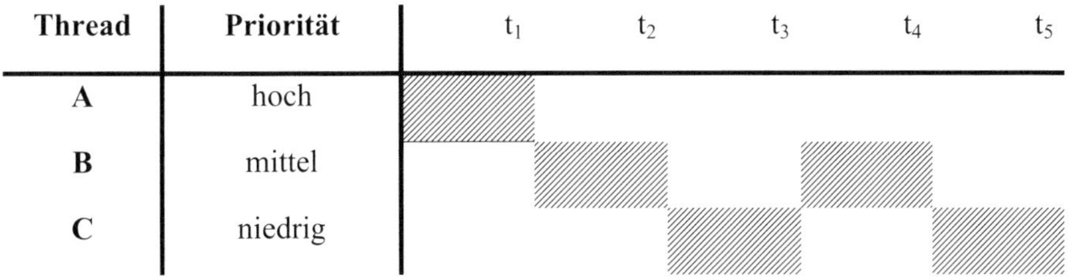

Thread	**Priorität**	t_1	t_2	t_3	t_4	t_5
A	hoch					
B	mittel					
C	niedrig					

Thread A erhält in diesem Beispiel zuerst Rechenzeit, da er die höchste Priorität besitzt. Gehen wir davon aus, daß A zum Zeitpunkt t_1 den Prozessor „freiwillig" abgibt, da er eine Operation initiiert, die von Thread C durchgeführt wird und deren Ergebnis A zur weiteren Bearbeitung seiner Aufgabe benötigt. Durch das gewählte Prioritätenschema startet jedoch zunächst Thread B, der bis zum Zeitpunkt t_2 rechnet, bevor die Ablaufkontrolle Thread C Rechenzeit zuteilt. Thread C führt die von A angeforderte Operation durch, wird aber zum Zeitpunkt t_3 zunächst einmal unterbrochen. Eigentlich wäre nun erneut die Reihe an Thread A, da dieser jedoch noch immer auf den Abschluß der Operation durch Thread C wartet, erhält nun B als mittel priorisierter Thread Rechenzeit. Erst nachdem Thread C nach dem Zeitpunkt t_4 seine Aufgabe abschließt, kann A mit seiner Arbeit fortfahren (nach dem Zeitpunkt t_5). Fazit: Obwohl A die höchste Priorität besitzt, erhält er – wie oben gezeigt – deutlich weniger Rechenzeit als B und C, läuft also langsamer.

Alle drei genannten Probleme können in der Praxis häufig beobachtet werden (je nach gewähltem Prioritätenschema, Ablaufzyklus und anderen Parametern). Da die Komplikationen in erster Linie nicht durch fehlerhafte Implementierung der in Threads ablaufenden Routinen entstehen, sondern durch unglücklich getroffene Designentscheidungen, ist besondere Vorsicht geboten: Das Redesign von Teilen einer Anwendung ist ungleich komplizierter, als das relativ simple Entfernen von „Bugs" (also Programmierfehlern).

Als Fazit dieses Kapitels können wir festhalten, daß rechenintensiven Abläufe in ereignisgesteuerten (Motif-basierten) Programmen erhebliche Probleme aufwerfen. Um diese Probleme zu vermeiden bzw. zu entschärfen, lassen sich verschiedene Ansätze ausmachen, deren Realisierung unterschiedlichen Implementierungsaufwand bedeutet und die bestimmten Einschränkungen unterliegen. Die Verwendung von Threads ist dabei sicherlich das allgemeingültigste Verfahren und bedeutet gleichzeitig einen vergleichsweise geringen Mehraufwand. Dennoch haben auch alle anderen hier vorgestellten Mechanismen ihre Daseinsberechtigung: Der Anwendungsentwickler muß sich in aller Regel von Fall zu Fall für eine der hier diskutierten Optionen (oder eine Kombination solcher Optionen) entscheiden.

14 Das Motif-Interface zu X11

Die bislang diskutierten „Anwendungen" besitzen durchweg Bedienoberflächen, die aus einer Reihe von Widgets zusammengesetzt sind. Die Darstellung von beliebiger Grafik ist mit diesen Oberflächen zunächst nicht möglich, da Widgets in aller Regel ein in nur begrenztem Maß veränderbares visuelles Erscheinungsbild haben. Beispiel: Ein Text bzw. eine statische Pixmap lassen sich als „Inhalt" eines Label Widgets angeben. Die Veränderung dieses „Inhalts" ist aber nur eingeschränkt möglich, in dem die entsprechenden Widget-Ressourcen – wie in Abschnitt 9.4 beschrieben – modifiziert werden.

Zur Darstellung wirklich beliebiger Grafik (im Rahmen der Möglichkeiten von X11) benötigen wir daher eine Schnittstelle zwischen Widget-basierten Bedienoberflächen und der Xlib. Prinzipiell stellt dies kein Problem dar: Die Xlib operiert (wie wir bereits wissen) auf „Drawables", d.h. auf X11 Windows bzw. Pixmaps. Da jedes Widget ein ihm zugeordnetes X11 Window besitzt, ist die Schnittstelle also das Window einer dedizierten Widget-Instanz. Da die X-Toolkit Routine *XtWindow* den Identifikationscode des Windows liefert, das einem spezifischen Widget zugeordnet ist, könnte man in etwa wie im folgenden Code-Fragment gezeigt vorgehen:

```
/* C-Code */

the_widget = XtCreateManagedWidget("The_Widget", ...
    .
    .
    .
the_window = XtWindow(the_widget);
XFillRectangle(x_display,the_window, ...

(* Pascal-Code *)

the_widget := XtCreateManagedWidget('The_Widget' + Chr(0), ...
    .
    .
    .
the_window := XtWindow(the_widget);
X$FillRectangle(x_display,the_window, ...
```

Allerdings stellen sich bei dieser Vorgehensweise zwei Fragen:

1. Welche Widget-Klassen sind überhaupt für beliebige Zeichenoperationen vorgesehen?

2. Da Windows vom X-Server verwaltet werden, ist ein Synchronisierungsproblem zu lösen: Wann (nach Erzeugung des Widgets) steht das X-Window zur Verfügung, so daß die Routine *XtWindow* ein gültiges Ergebnis zurückliefert?

Die erstgenannte Frage ist einfach zu beantworten. OSF/Motif stellt zwei Widget-Klassen bereit, deren Instanzen Windows besitzen, die das Ziel von Zeichenoperationen sein können:

- Der *Drawn Button* (Klasse *XmDrawnButton*). Diese Widget-Klasse stellt eine Ableitung der Klasse *XmLabel* dar und besitzt somit auch deren Ressourcen. Der Drawn Button ist eng mit dem Push Button Widget verwandt und besitzt auch dessen Funktion.

- Die *Drawing Area* (Klasse *XmDrawingArea*). Diese Widget-Klasse gehört zur Gruppe der Constraint Widgets und ist eine Ableitung der Klasse *XmManager*.

Die Schnittstelle zu beiden Widget-Typen ist identisch (siehe Code-Fragment oben); im folgenden werden wir daher nur die „Zeichenfläche" (Drawing Area) betrachten[1].

Die zweite der eingangs gestellten Fragen ist weitaus schwieriger zu beantworten. Verdeutlichen wir uns noch einmal den Ablauf der Widget-Erzeugung bei Verwendung von UIL: Nachdem das Widget den Zustand „Created" erreicht hat, wird die mit diesem Ereignis assoziierte Callback-Routine aufgerufen und der Identifikationscode des Widgets übergeben. Zu diesem Zeitpunkt sind die entsprechenden Datenstrukturen bereits angelegt – aus der Sicht des Clients ist das Widget somit quasi einsatzbereit. Allerdings ist nicht sichergestellt, daß der X-Server bereits ein Window für das neue Widget angelegt hat, d.h. daß eine sofortige Abfrage des Identifikationscodes des Windows mit Hilfe von *XtWindow* den Wert Null (sprich: „kein Window angelegt") liefern kann. Da Client und Server in jedem Fall zwei verschiedene Programme darstellen, die untereinander kaum synchronisiert werden können, stehen wir vor einem nicht unerheblichen Problem: Wie kann sichergestellt werden, daß ein benötigtes Window bereits existiert?

```
/* So geht es nicht! */

do
{
  the_window = XtWindow(the_widget);
} while(the_window == 0);
```

Aktives Warten (wie im obigen Beispiel gezeigt) scheidet zur Lösung des Problems aus: Die Schleife führt lediglich zur Verlangsamung bzw. Blockade des Server-Prozesses und keinesfalls zum Erfolg. Je nach verwendetem Betriebssystem kann aber auch „Passives Warten" (mit Hilfe einer entsprechenden Systemroutine zur Initiierung einer zeitlich begrenzten Warteperiode) problematisch sein.

Die Lösung des Problems besteht darin, den Identifikationscode des Windows zu einem möglichst späten Zeitpunkt abzufragen, und zwar nur dann, wenn der X-Server selbst

---

[1] Alles über Widgets der Klasse *XmDrawingArea* gesagte gilt sinngemäß auch für Widgets der Klasse *XmDrawnButton*.

bereits mit dem Window-Code operiert. Wir können diesen Zeitpunkt am Auftreten eines bestimmten Ereignisses festmachen – nämlich des ersten Expose Events. Wenn dieses Ereignis der Anwendung zum ersten Mal gemeldet wird, so wurde das neu erzeugte Window „aufgedeckt" und kann somit verwendet werden. Normalerweise meldet das X-System Expose-Ereignisse immer dann, wenn ein zuvor abgedeckter Bereich eines Windows aufgedeckt wird. Dies gilt allerdings auch für neu erzeugte Windows, da X11 dies als „komplettes aufdecken" eines zuvor nicht vorhandenen Windows ansieht.

In allen vorangegangenen Kapiteln haben wir uns nicht mit der direkten Verarbeitung von X11 Events abgegeben – die Verwendung des Callback-Mechanismus hat uns von dieser recht mühseligen Arbeit befreit. Zum Glück sind wir auch im Fall der Expose Events nicht gezwungen, mit Ereignissen unmittelbar umzugehen, da das Widget-System für Drawn Buttons und Drawing Areas spezielle Callback-Ressourcen vorsieht. Die wichtigste Ressource trägt den Namen *XmNexposeCallback*. Der Wert dieser Ressource ist die Adresse einer Callback-Routine, die bei Auftreten eines X11 Expose Events automatisch aufgerufen wird. Somit können wir also formulieren:

```
! UIL-Code

object
  Canvas : XmDrawingArea
           {
               .
               .
               .
             callbacks
             {
               MrmNcreateCallback = procedure Register();
               XmNexposeCallback = procedure Expose_Handler();
             };
           };

/* C-Code */

Widget canvas;
Window window_of_canvas;
int    graphics_ready = 0;

void Register (Widget               wdgt,
               XtPointer            tag,
               XmAnyCallbackStruct *trigger)
{
  canvas = wdgt;
}

void Expose_Handler (Widget               wdgt,
                     XtPointer            tag,
                     XmAnyCallbackStruct *trigger)
{
  if(graphics_ready == 0)
  {
    window_of_canvas = XtWindow(canvas);
    /* Rest der Grafik-Initialisierung folgt hier! */
```

```
            .
            .
            .
      graphics_ready = 1;
    }
    else
    {
      /* Expose-Ereignis bearbeiten */
    }
}

(* Pascal-Code *)

var
  canvas           : Widget;
  window_of_canvas : Window;
  graphics_ready   : Boolean Value False;

procedure Register (     wdgt    : Widget;
                     var tag     : XtPointer;
                     var trigger : XmAnyCallbackStruct);
begin
  canvas := wdgt;
end;

procedure Expose_Handler (     wdgt    : Widget;
                           var tag     : XtPointer;
                           var trigger : XmAnyCallbackStruct);
begin
  if not graphics_ready then
  begin
    window_of_canvas := XtWindow(canvas);
    (* Rest der Grafik-Initialisierung folgt hier! *)
          .
          .
          .
    graphics_ready := True;
  end
  else
  begin
       (* Expose-Ereignis bearbeiten *)
  end;
end;
```

Die oben gezeigten Fragmente leisten sowohl die Installation einer Bearbeitung von Expose-Ereignissen als auch die Initialisierung der grafikspezifischen Strukturen zum „richtigen“ Zeitpunkt.

Bei der Bearbeitung eines Expose-Ereignisses ist die Ermittlung des aufgedeckten Bereiches (also der Bereich, der wiederhergestellt werden muß) essentiell. Zu diesem Zweck muß die von X11 gelieferte Event-Datenstruktur untersucht werden, die wiederum ein Bestandteil der Callback-Datenstruktur ist. (Die Callback-Datenstruktur stellt den dritten Parameter einer Callback-Routine dar und wurde von uns bislang weitgehend ignoriert.) Beispiel:

```
/* C-Code */

void Expose_Handler (Widget                wdgt,
                     XtPointer             tag,
                     XmAnyCallbackStruct *trigger)
{
  XEvent e;
  int    x, y, width, height;
      .
      .
      .
  e = (XEvent *)(trigger -> event);
  x = e -> xexpose.x;
  y = e -> xexpose.y;
  width = e -> xexpose.width;
  height = e -> xexpose.height;
}

(* Pascal-Code *)

procedure Expose_Handler (    wdgt    : Widget;
                          var tag     : XtPointer;
                          var trigger : XmAnyCallbackStruct);
type
  Pointer_to_X_Event = ^X$Event;

var
  e                      : Pointer_to_X_Event;
  x, y, width, height : Integer;

begin
      .
      .
      .
  e := (trigger.event) :: Pointer_to_X_Event;
  x := e^.evnt_expose.x$l_exev_x;
  y := e^.evnt_expose.x$l_exev_y;
  width := e^.evnt_expose.x$l_exev_width;
  height := e^.evnt_expose.x$l_exev_height;
end;
```

Um die Beschreibung des aufgedeckten Bereichs auswerten zu können, muß zunächst die Event-Datenstruktur isoliert werden. Zu diesem Zweck wird der Inhalt des Felds *event* aus der übergebenen Callback-Datenstruktur ausgelesen. Durch eine geeignete Type-Cast-Operation ordnen wir diesem Inhalt den korrekten Datentyp („Zeiger auf X-Event-Datenstruktur") zu. Zu beachten ist dabei noch, daß die Event-Datenstruktur eine sog. *Union* (Pascal: *varianter Record*) darstellt. Aus diesem Grund ist es erforderlich, den Namen der gewünschten Komponente der Datenstruktur beim Zugriff auf einzelne Felder voranzustellen – also z.B. im Falle der Sprache C „`e -> xexpose.x`" bzw. in DEC Pascal „`e^.evnt_expose.x$l_exev.x`", wobei *xexpose* (MIT C-Binding) bzw. *evnt_expose* (OpenVMS Calling Standard) jeweils den Namen der Komponente darstellen.

Die Implementierung eines Mechanismus zur Wiederherstellung des aufgedeckten Bereichs ist Thema des folgenden Kapitels.

Bei den oben gezeigten Beispielen sind wir grundsätzlich davon ausgegangen, daß eine Anwendung zerstörte Grafikbereiche selbst wiederherstellen muß. Dies ist nicht unbedingt der Fall, wenn der eingesetzte X-Server über die Möglichkeit verfügt, Grafiken in Windows selbst zu retten und erneut darzustellen (mit Hilfe der in Abschnitt 12.6 erwähnten Backing-Store-Funktionalität). Allerdings ist diese Option nicht in jeder X-Umgebung verfügbar, zudem greift der vom X-Server zur Verfügung gestellte Mechanismus – wie bereits erwähnt – nicht in allen Fällen. Je nach Anwendung und Zielumgebung muß der Anwendungsentwickler daher entscheiden, ob eine Behandlung von Expose Events applikationsseitig notwendig ist, oder die vom X-Server (eventuell) bereitgestellte Funktionalität ausreicht.

Das Abfragen der X-Server-Eigenschaften bezüglich automatischer Wiederherstellung von Grafik sowie das Einschalten dieser Funktionalität ist nicht ganz trivial. Das folgende Code-Fragment demonstriert zunächst die Abfrage der Server-Eigenschaften mit Hilfe einer speziellen Funktion:

```
/* C-Code */

Screen *the_screen;

the_screen = XDefaultScreenOfDisplay(the_display);

if(XDoesBackingStore(the_screen) != NotUseful)
  /* Ja, X-Server unterstützt Backing Store-Funktionalität */
else
  /* Schade, wir müssen alles selbst machen */

(* Pascal-Code *)

var
  the_screen : Unsigned;

the_screen := X$Default_Screen_Of_Display(the_display);

if X$Does_Backing_Store(the_screen) <> x$c_not_useful then
  (* Ja, X-Server unterstützt Backing Store-Funktionalität *)
else
  (* Schade, wir müssen alles selbst machen *)
```

Mit Hilfe der Funktion *DEFAULT SCREEN OF DISPLAY* (siehe auch folgendes Kapitel) wird zunächst der voreingestellte Screen des gewählten Displays erfragt[2]. Die nachfolgende Abfrage prüft auf vorhandene Backing-Store-Funktionalität.

---

[2] Wir gehen hier davon aus, daß die verwendete X-Umgebung über nur einen Screen verfügt bzw. die Anwendung den voreingestellten Screen für ihre Fenster verwendet.

Zur Aktivierung des Backing Stores ist die Modifikation der Eigenschaften des X-Windows notwendig, dessen Inhalt automatisch wiederhergestellt werden soll. Zu diesem Zweck eignet sich das folgende Code-Fragment:

```
/* C-Code */

Window                the_window;
unsigned long         attribute_mask;
XSetWindowAttributes window_attributes;

the_window = XtWindow(the_drawing_area_widget);

window_attributes.backing_store = Always;
attribute_mask = CWBackingStore;

XChangeWindowAttributes(the_display,
                        the_window,
                        attribute_mask,
                        window_attributes);

(* Pascal-Code *)

var
  the_window          : Window;
  attribute_mask      : Unsigned;
  window_attributes   : X$Set_Win_Attributes;

the_window := XtWindow(the_drawing_area_widget);

window_attributes.x$l_swda_backing_store := X$C_ALWAYS;
attribute_mask := X$M_CW_BACKING_STORE;

X$Change_Window_Attributes(the_display,
                           the_window,
                           attribute_mask,
                           window_attributes);
```

Nachdem, wie eingangs dieses Kapitels beschrieben, das einem Widget zugrundeliegende Window erfragt worden ist, lassen sich die Eigenschaften dieses Windows verändern; in unserem Fall kann also die Backing-Store-Funktionalität eingeschaltet werden. Zu diesem Zweck muß in einer Datenstruktur vom Typ *XSetWindowAttributes* (OpenVMS-Bezeichnung *X$Set_Win_Attributes*) das Feld *backing_store* (das unter OpenVMS den Namen *x$l_swda_backing_store* trägt) einen spezifischen Wert erhalten. Mögliche Werte sind die Konstante:

- *Always* bzw. *X$C_ALWAYS* — Der Backing Store ist immer aktiv
- *WhenMapped* bzw. *X$C_WHEN_MAPPED* — Der Backing Store ist nur aktiv, wenn das betroffene Window auch angezeigt wird (d.h. das Window befindet sich im Zustand *Mapped*, was mit dem Zustand *Mapped* eines Widgets identisch ist).
- *NotUseful* bzw. *X$C_NOT_USEFUL* — Der Backing Store wird anwendungsseitig nicht benötigt.

Zusätzlich muß eine spezielle Bitmaske vorbereitet werden, die der Xlib anzeigt, welche Felder der übergebenen Datenstruktur einen gültigen Wert besitzen. (Diese Methode wird auch von der bereits erwähnten Routine *CREATE GC* eingesetzt, wie wir im folgenden Kapitel noch sehen werden.) Da in unserem Beispiel nur die Backing-Store-Eigenschaft des Windows verändert werden soll, erhält die Maske lediglich den Wert der Konstante *CWBackingStore* bzw. *X$M_CW_BACKING_STORE.* Die Aktivierung des Backing Stores erfolgt schließlich durch den Aufruf der Xlib-Routine *CHANGE WINDOW ATTRIBUTES.*

15 Programmierbeispiel für die Kombination Motif/X11

Im Rahmen dieses Kapitels werden wir schrittweise ein „Anwendungsprogramm" entwickeln, das sowohl von einer Widget-basierten Bedienoberfläche Gebrauch macht, als auch die Xlib zur Erzeugung einfacher Grafik einsetzt. Das Programm ist von seinem Funktionsumfang her primitiv (nach Betätigung eines Tasten-Widgets soll die Software ein farbiges Quadrat in einem speziellen Widget darstellen; nach jeder weiteren Betätigung der Taste soll ein weiteres Quadrat, um einen gewissen Abstand versetzt, hinzugefügt werden) – das benötigte „Handwerkszeug" für kombinierte Motif/Xlib-Anwendungen fällt jedoch bereits bei diesem Miniaturbeispiel recht umfangreich aus und ist auch für größere Anwendungen durchaus relevant.

Um zu demonstrieren, wie die Behandlung von Expose Events in einer komplexen Applikation aussehen könnte, implementiert das Beispielprogramm einen eigenen „Backing Store", der zur Wiederherstellung abgedeckter Fensterbereiche eingesetzt wird.

15.1 Der Motif-basierte Teil von „X11 Beispiel"

Betrachten wir zunächst den Motif-basierten Teil der Anwendung „X11 Beispiel". Dieser realisiert – wie gehabt – nur die Bedienoberfläche der Applikation und ist nicht für die Grafikfunktionalität zuständig.

Die gewählte Realisierung der Oberfläche benötigt folgende Widgets:

- Ein Main Window Widget
- Ein Form Widget (fungiert lediglich als Container für weitere Widgets)
- Ein Drawing Area Widget (als „Leinwand" für die Darstellung der Quadrate)
- Zwei Push Button Widgets (zur Auslösung der Quadratdarstellung und zum Beenden der Anwendung)

Bezüglich der benötigten Callback-Routinen ergibt sich:

- Zwei Routinen, die an die Push Button Widgets gekoppelt sind: eine zur Durchführung der Quadratdarstellung (*Draw*), und eine zum Beenden der Anwendung (*Exit_Application*).

- Eine Routine, die zur Widget-Registrierung benötigt wird (also den Identifikationscode von Widgets, die implizit instanziiert worden sind, für späteren Einsatz speichert).

- Eine Routine, die für die Behandlung von Expose-Ereignissen zuständig ist.

Mit dieser Information versehen, läßt sich der UIL-Code der Anwendung formulieren:

```
! UIL-Code

module X11_Beispiel

  names = case_sensitive

procedure
  Register_Widget();
  Expose_Handler();
  Draw();
  Exit_Application();
```

Keine der Callback-Routinen setzt einen *tag* ein, so daß sich die Deklaration eines entsprechenden Datentyps in den Parameterklammern der Routinen hier erübrigt.

Deklarieren wir nun den Widget-Baum:

```
object
  Main_Window : XmMainWindow
                {
                  controls
                  {
                    XmForm
                    {
                      arguments
                      {
                        XmNwidth = 538;
                        XmNheight = 486;
                      };
                      controls
                      {
                        XmDrawingArea Canvas;
                        XmPushButton Draw_Square;
                        XmPushButton Quit_Application;
                      };
                    };
                  };
                };
```

Das Main Window Widget sowie dessen Child Widget sind hier verschachtelt spezifiziert: das Form Widget besitzt keinen Namen und wird unmittelbar im *„controls“*-Block des Main Window Widgets deklariert.

Das Main Window Widget verwendet nur voreingestellte Ressource-Werte (fehlender *„arguments"*-Block), d.h. seine Ausdehnung wird durch sein Child Widget bestimmt. Für das Child Widget sind wiederum Höhe und Breite explizit (in Pixeln) angegeben.

```
Canvas : XmDrawingArea
         {
           arguments
           {
             XmNwidth = 320;
             XmNheight = 452;
             !
             XmNleftAttachment = XmATTACH_FORM;
             XmNleftOffset = 11;
             !
             XmNtopAttachment = XmATTACH_FORM;
             XmNtopOffset = 14;
             !
             XmNbackground = color('white',background);
             ! oder: XmNbackground = rgb(65535,65535,65535);
           };
           callbacks
           {
             MrmNcreateCallback = procedure Register_Widget();
             XmNexposeCallback = procedure Expose_Handler();
           };
         };
```

Für das Drawing Area Widget wird die Angabe von einigen Ressource-Werten notwendig. Neben seiner Ausdehnung (Höhe und Breite in Pixeln) muß die Lage des Widgets festgelegt werden, was in diesem Fall durch eine spezielle „Aufhängung" geschieht: Die linke und obere Kante des Widgets sind per Attachment an die entsprechenden Kanten des Form Widgets im Abstand von 11 bzw. 14 Pixeln gekoppelt.

Die Ressource *XmNbackground* legt schließlich die Hintergrundfarbe eines Widgets fest – da der Hintergrund der „Leinwand" weiß dargestellt werden soll, erhält die Ressource den Wert, der von der UIL-internen Funktion *color* bei Angabe der Parameter *'white'* und *background* geliefert wird. Die Funktionsweise ist dabei die folgende: Sie angegebene Zeichenkette „white" wird als Name einer Farbe aufgefaßt. (Diesen Mechanismus haben wir bereits bei der Vorstellung der Xlib-Routine *ALLOC NAMED COLOR* kennengelernt, vgl. Abschnitt 12.2.) Zur Laufzeit der Anwendung wird dieser Name dann zur Festlegung der Farbe verwendet. Sollte die verwendete X-Umgebung allerdings keine farbigen Darstellungen erlauben – etwa, weil nur ein Monochrom-Bildschirm zur Verfügung steht –, oder ist kein freier Eintrag in der Farbtabelle vorhanden, so tritt der zweite Parameter der *color*-Funktion in Aktion: die Angabe *background* teilt dem System mit, daß statt der spezifizierten Farbe die aktuelle Hintergrundfarbe verwendet werden soll. (Alternativ wäre auch die Angabe *foreground* für die aktuelle Vordergrundfarbe möglich.) Sollte ein ungültiger „Farbname" spezifiziert worden sein, so bestimmt ebenfalls der zweite Parameter der *color*-Funktion die tatsächlich verwendete Farbe.

Alternativ zum Einsatz von *color* könnte – wie durch einen Kommentar im UIL-Code angedeutet – auch die Funktion *rgb* verwendet werden. Diese Funktion erlaubt die Spezifikation von Farben über deren Rot-, Grün- und Blauanteil, der sich jeweils im X11-üblichen Wertebereich von 0 ... 65535 bewegen muß. Für die Farbe „white" wäre also für alle Anteile der Maximalwert anzugeben.

Die beiden angegebenen Callback-Ressourcen legen die Routinen zur Widget-Registrierung und zur Behandlung von Expose-Ereignissen fest. Die Widget-Registrierung ist notwendig, da das Drawing Area Widget zur Laufzeit automatisch vom Motif Resource Manager (Mrm) als Kind des Form Widgets und somit auch des Main Window Widgets erzeugt werden wird und uns sein Identifikationscode daher nicht bekannt sein kann. Wir benötigen den Code jedoch, um mit Hilfe der Routine *XtWindow* (vgl. vorangegangenes Kapitel) das dem Widget zugeordnete Window bestimmen zu können.

```
Draw_Square : XmPushButton
              {
                arguments
                {
                  XmNlabelString = compound_string("Draw");
                  !
                  XmNtopAttachment = XmATTACH_FORM;
                  XmNtopOffset = 16;
                  !
                  XmNleftAttachment = XmATTACH_WIDGET;
                  XmNleftWidget = XmDrawingArea Canvas;
                  XmNleftOffset = 60;
                  !
                  XmNrightAttachment = XmATTACH_FORM;
                  XmNrightOffset = 20;
                };
                callbacks
                {
                  XmNactivateCallback = procedure Draw();
                };
              };
```

Die Deklaration des Push Button Widgets, das die Darstellung eines Quadrats auslösen soll, birgt keine großen Überraschungen. Allerdings verwenden wir wiederum Attachments, um die Lage – und diesmal auch die Ausdehnung – des Widgets festzulegen. Während die obere und rechte Kante des Push Buttons wiederum am Container (also des Form Widgets) „aufgehängt" werden, ist die linke Kante des Buttons an die rechte Kante des Drawing Area Widgets (im Abstand von 60 Pixeln) gekoppelt. Diese Angaben legen nicht nur fest, an welcher Position das Widget erscheinen wird, sondern erzwingen – bedingt durch „aufhängen" von linker und rechter Widget-Kante – auch eine bestimmte Ausdehnung in horizontaler Richtung.

```
Quit_Application : XmPushButton
                   {
                     arguments
                     {
                       XmNlabelString = compound_string("Exit");
                       !
                       XmNleftAttachment =
                               XmATTACH_OPPOSITE_WIDGET;
                       XmNleftWidget = XmPushButton Draw_Square;
                       XmNleftOffset = 0;
                       !
                       XmNrightAttachment =
                               XmATTACH_OPPOSITE_WIDGET;
                       XmNrightWidget = XmPushButton Draw_Square;
                       XmNrightOffset = 0;
                       !
                       XmNtopAttachment = XmATTACH_WIDGET;
                       XmNtopWidget = XmPushButton Draw_Square;
                       XmNtopOffset = 26;
                     };
                     callbacks
                     {
                       XmNactivateCallback = procedure

Exit_Application();
                     };
                   };
```

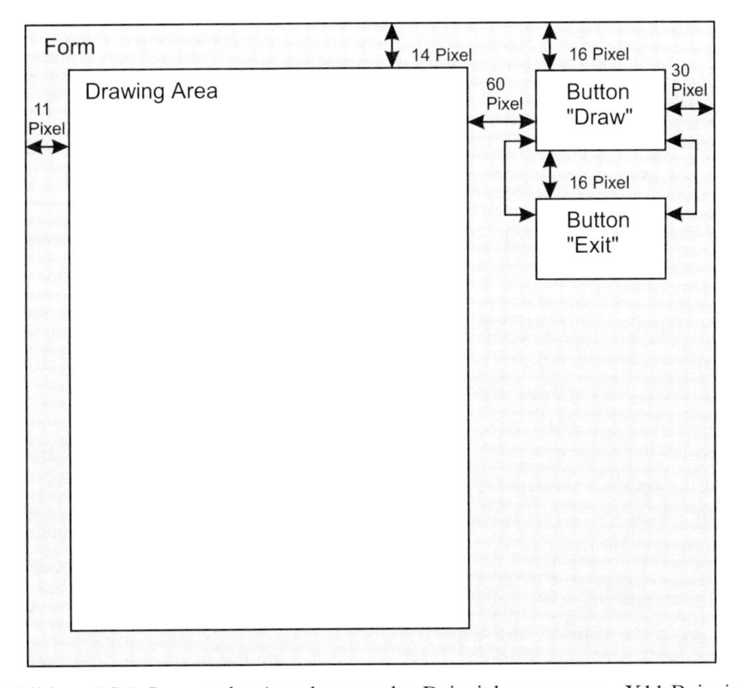

Abbildung 15.1: Layout der Attachments des Beispielprogramms „X11 Beispiel"

Die Spezifikation des zweiten Push Button Widgets verwendet einen kleinen Trick: Um zu erreichen, daß der Push Button dieselbe Ausdehnung wie der zuvor deklarierte besitzt, werden (mit Hilfe des Modus *XmATTACH_OPPOSITE_WIDGET*) die linke und rechte Kante des hier spezifizierten Buttons an der linken und rechten Kante des anderen Buttons „aufgehängt" – und zwar im Abstand von null Pixeln. Diese Angabe wird den Geometriemanager des X-Toolkits zur Laufzeit veranlassen, die Ausdehnung des hier deklarierten Buttons an der des zuvor beschriebenen auszurichten. Die „Aufhängung" der oberen Kante des Push Buttons ist dagegen wiederum simpel: Sie wird (im Abstand von 26 Pixeln) an die untere Kante des ersten Push Buttons gekoppelt.

Das Gesamtlayout der Attachments zeigt Abbildung 15.1 noch einmal als Überblicksgrafik.

Es ist leicht zu erkennen, daß die gewählten Attachments zulässig sind, da keine zirkulären Referenzen entstehen. (D.h. es existieren keine *gegenseitigen* Abhängigkeiten zwischen zwei Widgets. Jedes Widget darf zwar von einem oder mehreren Nachbar-Widgets abhängig sein, diese dann allerdings nicht von ihm.)

```
end module;
```

Den Abschluß des UIL-Moduls bildet wie üblich ein „end module"-Statement.

Der für die Beispielanwendung benötigte Motif-spezifische Programmcode enthält prinzipiell nur drei Besonderheiten:

1. Neben den bereits bekannten Definitionsdateien wird jeweils eine zusätzliche eingebunden:

   - Für C die Datei „X.h". (Da sich diese Datei in Unix-Umgebungen im Verzeichnis „X11" befindet, lautet die Pfadangabe in aller Regel „X11/X.h".)

   - Für DEC Pascal unter OpenVMS die Datei „DECW$XLIBDEF.PEN". (Diese Datei befindet sich im Systemdateiverzeichnis, das mit dem logischen Namen „SYS$LIBRARY" verbunden ist, so daß die vollständige Pfadangabe lautet: „SYS$LIBRARY:DECW$XLIBDEF.PEN".) Kommen ältere Versionen des OSF/Motif-Systems unter OpenVMS zum Einsatz, so ist eventuell nur die Quelldatei „DECW$XLIBDEF.PAS" vorhanden, nicht aber die vorübersetzte Fassung im „Pascal Environment Format" (PEN). In diesem Fall muß entweder die Quelldatei mit Hilfe einer „%INCLUDE"-Direktive eingebunden werden (weniger empfehlenswert), oder aber die Quelldatei ist zunächst vorzuübersetzen – wozu es allerdings eines etwas erfahreneren Pascal-Anwenders sowie der Hilfe des Systemmanagers bedarf.

   Beide Dateien enthalten die notwendigen Definitionen zur Arbeit mit der Xlib. (Im Falle von „X.h" sind nicht alle Datentypen, Konstanten, Routinen usw. in einer Datei deklariert, sondern über eine Reihe weiterer Definitionsdateien verteilt, die wiederum von „X.h" eingebunden werden.)

2. Der globale Merker *graphics_ready* wird zu Null (in Pascal auf den Boole'schen Wert „False") gesetzt. Damit soll dem Xlib-spezifischen Teil des Programms angezeigt werden, daß noch keine grafikbezogenen Initialisierungsschritte unternommen worden sind.

3. Da wir vier Callback-Routinen benötigen, ist der „Registrierungsvektor" (Variable *reg_list*) länger. Entsprechend umfangreicher fällt auch der zur Belegung des Vektors benötigte Programmcode aus.

In allen anderen Punkten entspricht der Code dem bereits bekannten Programmierbeispiel aus Kapitel 7.2.

```
/* C-Code */

#include <stdio.h>
#include <Mrm/MrmAppl.h>
#include <X11/X.h>

XtAppContext   application_context;
Display        *x_display;
int            dummy_argc = 0;
Widget         toplevel_widget;
Widget         main_window;
MrmHierarchy   hierarchy = NULL;
MrmType        class;
MrmRegisterArg reg_list[4];
char           *hierarchy_names[] = { "x11_beispiel.uid" };

int            graphics_ready;

main ()
{
  MrmInitialize();
  XtToolkitInitialize();
  application_context = XtCreateApplicationContext();
  x_display = XtOpenDisplay(application_context,
                            NULL,
                            "x11Beispiel",
                            "X11Beispiel",
                            NULL,
                            0,
                            &dummy_argc,
                            NULL);

  if(x_display != 0)
  {
    graphics_ready = 0;

    toplevel_widget = XtAppCreateShell(
                                   "x11Beispiel",
                                   "X11Beispiel",
                                   applicationShellWidgetClass,
                                   x_display,
                                   NULL,
                                   0);
```

```
    if(MrmOpenHierarchyPerDisplay(x_display,1,hierarchy_names,
                                  0,&hierarchy) == MrmSUCCESS)
    {
      reg_list[0].name  = "Register_Widget";
      reg_list[0].value = (XtPointer)Register_Widget;
      reg_list[1].name  = "Draw";
      reg_list[1].value = (XtPointer)Draw;
      reg_list[2].name  = "Exit_Application";
      reg_list[2].value = (XtPointer)Exit_Application;
      reg_list[3].name  = "Expose_Handler";
      reg_list[3].value = (XtPointer)Expose_Handler;
      MrmRegisterNames(reg_list,4);

      MrmFetchWidget(hierarchy,
                     "Main_Window",
                     toplevel_widget,
                     &main_window,
                     &class);

      XtManageChild(main_window);
      XtRealizeWidget(toplevel_widget);
      XtAppMainLoop(application_context);
         .
         .
         .

(* Pascal-Code *)

[inherit('SYS$LIBRARY:DECW$MOTIF.PEN',
         'SYS$LIBRARY:DECW$XLIBDEF.PEN',
         'SYS$LIBRARY:STARLET.PEN')]

program X11_Beispiel (output);

type
  Something      = [unsafe] ^Char;
  Unsafe_Pointer = [unsafe] ^Something;

var
  application_context : XtAppContext;
  x_display           : Display;
  dummy_argc          : Integer value 0;

  toplevel_widget     : Widget;
  main_window         : Widget;

  hierarchy           : MrmHierarchy value nil;
  class               : MrmType;
  reg_list            : array [1..4] of MrmRegisterArg;
  hierarchy_names     : array [1..1] of Unsafe_Pointer;

  graphics_ready      : Boolean;

begin
  MrmInitialize;
  XtToolkitInitialize;
  application_context := XtCreateApplicationContext;
```

```
x_display := XtOpenDisplay(application_context,
                           %IMMED XtNull,
                           'x11Beispiel' + Chr(0),
                           'X11Beispiel' + Chr(0),
                           %IMMED XtNull,
                           %IMMED 0,
                           dummy_argc,
                           %IMMED XtNull);

if x_display <> 0 then
begin
  graphics_ready := False;

  toplevel_widget := XtAppCreateShell(
                                  'x11Beispiel' + Chr(0),
                                  'X11Beispiel' + Chr(0),
                                  applicationShellWidgetClass,
                                  x_display,
                                  %IMMED XtNull,
                                  %IMMED 0);

  hierarchy_names[1] := Iaddress('x11_beispiel.uid' + Chr(0));
  if MrmOpenHierarchyPerDisplay(x_display,%IMMED 1,
                               hierarchy_names,
                               %IMMED 0,
                               hierarchy) = MrmSUCCESS then
  begin
    reg_list[1].name  := Iaddress('Register_Widget' + Chr(0));
    reg_list[1].value := Iaddress(Register_Widget);
    reg_list[2].name  := Iaddress('Draw' + Chr(0));
    reg_list[2].value := Iaddress(Draw);
    reg_list[3].name  := Iaddress('Exit_Application' + Chr(0));
    reg_list[3].value := Iaddress(Exit_Application);
    reg_list[4].name  := Iaddress('Expose_Handler' + Chr(0));
    reg_list[4].value := Iaddress(Expose_Handler);
    MrmRegisterNames(reg_list,%IMMED 4);

    MrmFetchWidget(hierarchy,
                   'Main_Window' + Chr(0),
                   toplevel_widget,
                   main_window,
                   class);

    XtManageChild(main_window);
    XtRealizeWidget(toplevel_widget);
    XtAppMainLoop(application_context);
  end
      .
      .
      .
```

Auch zwei der vier Callback-Routinen sind völlig unabhängig von grafikspezifischer Funktionalität und lassen sich ohne weitere Vorüberlegungen angeben:

- Die Routine *Exit_Application* zum Beenden der Applikation ist bereits aus früheren Beispielen bekannt.

- Die Routine *Register_Widget* hat lediglich die Aufgabe, den Identifikationscode eines einzelnen Widgets – nämlich der „Leinwand“, also des Drawing Area Widgets – für spätere Verwendung zu speichern (vgl. Abschnitt 7.4).

```
/* C-Code */

Widget canvas;
      .
      .
      .
void Register_Widget (Widget               wdgt,
                      XtPointer            tag,
                      XmAnyCallbackStruct *trigger)
{
  canvas = wdgt;
}

void Exit_Application (Widget               wdgt,
                       XtPointer            tag,
                       XmAnyCallbackStruct *trigger)
{
   exit();
}

(* Pascal-Code *)

var
      .
      .
      .
  canvas : Widget;
      .
      .
      .
procedure Exit_Application (    wdgt    : Widget;
                            var tag     : XtPointer;
                            var trigger : XmAnyCallbackStruct);
begin
  $EXIT;
end; { of Exit_Application }

procedure Register_Widget (    wdgt    : Widget;
                           var tag     : XtPointer;
                           var trigger : XmAnyCallbackStruct);
begin
  canvas := wdgt;
end; { of Register_Widget }
```

15.2 Der Xlib-spezifische Teil von „X11 Beispiel“

Die noch zu realisierenden Funktionen (Initialisierung aller grafikspezifischen Datenstrukturen und Ressourcen, Behandlung von Expose-Ereignissen sowie die Darstellung der farbigen Quadrate) müssen nun auf die zwei verbleibenden Callback-Routinen aufgeteilt werden.

Die beiden erstgenannten Funktionen werden dabei gemeinsam von einer Routine übernommen. Den Grund für diese Vorgehensweise haben wir im vorausgegangenen Kapitel bereits diskutiert: Eine geordnete Initialisierung aller benötigten Grafikressourcen ist nur möglich, wenn der X-Server bereits das Window des Drawing Area Widgets angelegt hat – wir benötigen den Identifikationscode dieses Windows an mehreren entscheidenden Stellen, so daß dieser als essentiell anzusehen ist. Da (wie bereits erläutert) bei Auftreten des ersten Expose Events das Window existieren muß, ist die Routine zur Behandlung von Expose-Ereignissen der richtige Ort zur Durchführung der erforderlichen Initialisierungsarbeiten.

Um die Initialisierung tatsächlich nur als Reaktion auf den ersten Expose Event durchzuführen (der das „Aufdecken“ des neu erzeugten Fensters anzeigt), greifen wir auf den globalen Merker *graphics_ready* zurück: Enthält *graphics_ready* den Wert Null (bzw. den boole'schen Wert „False“), so startet die Initialisierung. Dazu wird zunächst der voreingestellte Screen erfragt, auf dem die Fenster der Anwendung erscheinen werden.

Initialisierungsschritt 1

Zu verwendenden Screen abfragen:

```
/* C-Code */

Screen *x_screen;
      .
      .
      .
void Expose_Handler (Widget               wdgt,
                     XtPointer            tag,
                     XmAnyCallbackStruct *trigger)
{
  if(graphics_ready == 1)
  {
       .
       .
       .
  }
  else
  {
    x_screen = XDefaultScreenOfDisplay(x_display);

```

```
(* Pascal-Code *)

var
      .
      .
      .
   x_screen : Unsigned†;
      .
      .
      .
procedure Expose_Handler (wdgt:     Widget;
                      var tag:      XtPointer;
                      var trigger: XmAnyCallbackStruct);
begin
  if graphics_ready then
  begin
        .
        .
        .
  end
  else
  begin
    x_screen := X$Default_Screen_Of_Display(x_display);
```

Initialisierungsschritt 2

Der nächste Schritt betrifft die Behandlung von Farbgrafik. Nehmen wir an, die Quadrate sollen rot eingefärbt dargestellt werden. Zu diesem Zweck müssen wir zunächst in Erfahrung bringen, ob die eingesetzte Rechnerumgebung farbgrafikfähig ist. Ist dies der Fall, so ist innerhalb des X-Systems ein Eintrag in der Farbtabelle für die Farbe „Rot" zu reservieren (vgl. Kapitel 12.2). Haben wir es dagegen mit einer nicht-farbfähigen Rechnerhardware zu tun, so sollte auf eine Alternativdarstellung ausgewichen werden können. In diesem Fall entscheiden wir uns für die Anzeige von schwarzen Quadraten anstelle von roten, da Schwarz/Weißgrafik in jedem Fall möglich ist.

Zur Feststellung der Farbgrafikfähigkeit benötigen wir den „Visual Type" des Screens mit dem die Anwendung arbeitet. Der Visual Type ist in einem Feld einer speziellen Datenstruktur abgelegt, die sich mit Hilfe der Routine *DEFAULT VISUAL OF SCREEN* abfragen läßt. Durch Vergleich des zurückgelieferten Visual Type-Codes mit Codes, die eine farbgrafikfähige Umgebung signalisieren, lassen sich die Fähigkeiten der eingesetzten Hardware leicht feststellen.

Die Farbtabellen-Indizes für die Farbwerte „Weiß" und „Schwarz" (die übrigens immer unterstützt werden) erfragt die Anwendung mit Hilfe von zwei dedizierten Xlib-Routinen unabhängig vom Ausgang der Farbfähigkeits-Checks. Der Grund dafür ist einfach: den Index des Werts „Weiß" benutzen wir in jedem Fall für die Festlegung der Hintergrund-

---

† In DEC Pascal ist der Rückgabewert der Funktion *X$Default_Screen_Of_Display* vom Typ „Nicht-vorzeichenbehaftete Ganzzahl" anstatt vom Typ „Zeiger auf Screen-Datenstruktur". Da wir diese Datenstruktur aber nicht auswerten, ist dies hier ohne Belang.

farbe bei Zeichenoperationen. (Zur Erinnerung: die Ressource *XmNbackgroundColor* des Drawing Area Widgets haben wir mit dem Wert „white“ vorbelegt, also sollten wir diesen Wert auch als Hintergrundfarbe beim Zeichnen verwenden.)

Bei Betrachtung des untenstehenden Code-Fragments fällt auf, daß die Xlib-Routine *DEFAULT VISUAL OF SCREEN* im OpenVMS Calling Standard eine leicht veränderte Formalparameterliste besitzt: *X$Default_Visual_Of_Screen* liefert keinen Zeiger auf eine Datenstruktur zurück (wie dies *XDefaultVisualOfScreen* tut), sondern einen speziellen Code, der die erfolgreiche Durchführung der Operation – oder einen aufgetretenen Fehler – signalisiert. (In unserem Beispiel haben wir diesen Code allerdings ignoriert.) Aus diesem Grund verlangt *X$Default_Visual_Of_Screen* die Spezifikation der Adresse einer *X$Visual*-Datenstruktur als zusätzlichen Parameter.

```
/* C-Code */
    .
    .
    .
Visual *v;
Pixel white, black;

unsigned int color_support;
    .
    .
    .
v = XDefaultVisualOfScreen(x_screen);
color_support = ((v -> class == PseudoColor) ||
                 (v -> class == TrueColor) ||
                 (v -> class == StaticColor) ||
                 (v -> class == DirectColor));
white = XWhitePixelOfScreen(x_screen);
black = XBlackPixelOfScreen(x_screen);

(* Pascal-Code *)
    .
    .
    .
var
  v             : X$Visual;
  white, black  : Pixel;

  color_support : Boolean;
    .
    .
    .
X$Default_Visual_Of_Screen(x_screen,v);
color_support := (v.x$l_visu_class = x$c_pseudo_color) or
                 (v.x$l_visu_class = x$c_static_color) or
                 (v.x$l_visu_class = x$c_true_color) or
                 (v.x$l_visu_class = x$c_direct_color);
white := X$White_Pixel_Of_Screen(x_screen);
black := X$Black_Pixel_Of_Screen(x_screen);
```

Initialisierungsschritt 3

Im Rahmen dieses Schritts wird ein Eintrag in der Farbtabelle reserviert und die zu verwendende Vordergrundfarbe definiert.

Die Festlegung der Vordergrundfarbe (= Darstellungsfarbe) erfolgt mit Hilfe des Merkers *color_support*, der in der vorausgegangenen Operation belegt worden ist. Im Falle der Farbfähigkeit der Hardware wird die Xlib-Routine *ALLOC NAMED COLOR* zur Reservierung eines Eintrags in die Farbtabelle verwendet, wobei als Name der Farbe schlicht „Red“ angegeben ist. Ist der Rückgabewert dieser Routine ungleich Null, so wurde der Farbtabelleneintrag erfolgreich reserviert. (Unter OpenVMS signalisiert das gesetzte Bit 0 des Rückgabewerts den erfolgreichen Abschluß der Operation, was einem ungeradem Wert entspricht.) Schlägt die Reservierung fehl (oder ist die eingesetzte Hardware nicht farbgrafikfähig), so wählen wir den Farbwert „Black“ als Darstellungsfarbe.

ALLOC NAMED COLOR liefert nicht einfach den Index des reservierten Farbtabelleneintrags an den Aufrufer zurück, sondern eine Datenstruktur vom Typ *XColor* (bzw. *X$Color*), die weitergehende Information speichert (u.a. den Rot-, Grün- und Blauanteil des reservierten Farbwerts). Der benötigte Farbtabellenindex findet sich im Feld *pixel* (bzw. *x$l_colr_pixel*) dieser Datenstruktur.

```
/* C-Code */
     .
     .
     .
XColor color, dummy;
Pixel red, foreground;

unsigned int st;
     .
     .
     .
if(color_support == 1)
{
  st = XAllocNamedColor(x_display,                              /* a */
                        XDefaultColormapOfScreen(x_screen),/* b */
                        "Red",                                  /* c */
                        &color,                                 /* d */
                        &dummy);                                /* e */
  if(st != 0)
  {
    red = color.pixel;
    foreground = red;
  }
  else
    foreground = black;
}
else
  foreground = black;
```

```
(* Pascal-Code *)
    .
    .
    .
var
  color             : X$Color;
  red, foreground : Pixel;

  st                : Unsigned;
    .
    .
    .
if color_support then
begin
  st := X$Alloc_Named_Color(x_display,                              {a}
                            X$Default_Colormap_Of_Screen(
                                                    x_screen
                                                        ),          {b}
                            'Red',                                  {c}
                            color);                                 {d}
    if Odd(st) then
    begin
      red := color.x$l_colr_pixel;
      foreground := red;
    end
    else
      foreground := black;
  end
else
  foreground := black;
```

Die Parameter der Routine *ALLOC NAMED COLOR* sind:

a) Das verwendete Display.

b) Die Farbtabelle, in der ein Eintrag reserviert werden soll. Da wir die voreingestellte Farbtabelle des Screens verwenden wollen, reicht hier die Übergabe des Rückgabewerts der Routine *DEFAULT COLORMAP OF SCREEN*.

c) Der Name der Farbe, die einem Eintrag in der Farbtabelle zugewiesen werden soll. Anmerkung zur Pascal-Variante: Der explizite Abschluß einer Zeichenkette durch ein Nullzeichen ist bei den Routinen der Xlib unter OpenVMS nicht notwendig, da diese eine Zeichenkette nicht im C-üblichen Format erwarten, sondern im OpenVMS-üblichen Format. Dieses Format wird vom DEC Pascal-Compiler bei der Parameterübergabe automatisch verwendet.

d) Eine Variable vom Typ *XColor* (bzw. *X$Color*). Die durch diese Variable referenzierte Datenstruktur wird nach erfolgreichem Reservieren eines Farbtabelleneintrags mit Information bzgl. des reservierten Eintrags gefüllt.

c) Ebenfalls eine Variable vom Typ *XColor* (bzw. *X$Color*). In der betreffenden Datenstruktur wird Information über die genaue Definition des als Parameter c) angegebenen Farbwerts abgelegt. (Zur Erinnerung: *ALLOC NAMED COLOR* belegt einen

Eintrag in der Farbtabelle u.U. nicht mit dem gewünschten Farbwert, sondern liefert einen möglichst ähnlichen. Dies kann z.B. der Fall sein, wenn die verwendete Farbtabelle bereits voll belegt ist und keine weiteren Einträge reserviert werden können. In einem solchen Fall enthält die als Parameter d) übergebene Variable Information über den *tatsächlich* zur Verfügung stehenden Farbwert, während die hier übergebene Variable einige Daten über die Definition des *gewünschten* Farbwerts enthält.) Anmerkung: Dieser Parameter hat lediglich informativen Charakter und kann entfallen, wie bei der Pascal-Variante auch geschehen.

Initialisierungsschritt 4

Der nächste Schritt initialisiert die benötigten Drawables. Zum einen benötigen wir das Window des Drawing Area Widget für Zeichenoperationen, zum anderen ist das Anlegen einer zusätzlichen Pixmap als „Hintergrundspeicher" erforderlich. Abgedeckte Teile des Window werden später bei Auftreten von Expose-Ereignissen mit Hilfe dieser Pixmap restauriert.

Die Window-Kennung bringen wir – wie bereits erläutert – mit Hilfe der X-Toolkit Routine *XtWindow* in Erfahrung. Das Anlegen der Pixmap erledigt die Routine *CREATE PIXMAP* (C-Binding *XCreatePixmap,* bzw. *X$Create_Pixmap* im OpenVMS Calling Standard).

```
/* C-Code */
        .
        .
        .
const int canvas_width = 320;
const int canvas_height = 452;

Window window_of_canvas;
Pixmap background_pixmap;
        .
        .
        .
window_of_canvas = XtWindow(canvas);
background_pixmap = XCreatePixmap(x_display,window_of_canvas,
                                  canvas_width,canvas_height,

XDefaultDepthOfScreen(x_screen));

(* Pascal-Code *)
        .
        .
        .
const
  canvas_width = 320;
  canvas_height = 452;

var
  window_of_canvas  : Window;
  background_pixmap : Pixmap;
        .
        .
```

```
window_of_canvas := XtWindow(canvas);
background_pixmap := X$Create_Pixmap(x_display,window_of_canvas,
                                     canvas_width,canvas_height,

X$Default_Depth_Of_Screen(x_screen));
```

Die Routine *CREATE PIXMAP* benötigt die Angabe des Displays sowie des Screens, der mit der neuen Pixmap assoziiert werden soll. (Übergeben wird allerdings nicht die Kennung des Screens, sondern die eines Windows. *CREATE PIXMAP* benutzt die Window-Kennung, um in Erfahrung zu bringen, mit welchem Screen das Window verbunden ist. Dieser Screen wird dann auch für die Pixmap verwendet. Warum *CREATE PIXMAP* die Angabe eines Windows verlangt – statt direkt den Screen spezifizieren zu lassen – scheint dabei ausschließlich implementierungstechnische Gründe zu haben.) Darüber hinaus muß der Anwendungsentwickler auch die Höhe, Breite und „Tiefe" der anzulegenden Pixmap angeben. Höhe und Breite wählen wir in diesem Fall identisch mit der Höhe und Breite des Drawing Area Widgets, wie im UIL-Code deklariert. Die „Tiefe" der Pixmap (d.h. die Anzahl der „Planes" oder „Bitmap-Ebenen") muß identisch mit der Anzahl der Ebenen des Window sein – ansonsten sind Kopieroperationen aus der „Hintergrund-Pixmap" in das Window nicht möglich. Da wir die Anzahl der Ebenen, die für das Window des Drawing Area Widgets verwendet werden, nicht beeinflussen können (eine entsprechende Widget-Ressource existiert nicht), wird demnach eine voreingestellte „Tiefe" zum Einsatz kommen. Diese voreingestellte Anzahl von Ebenen ist abhängig vom Screen und kann mit Hilfe der Routine *DEFAULT DEPTH OF SCREEN* abgefragt werden, wie im obigen Beispielfragment auch geschehen.

Initialisierungsschritt 5

Um die Darstellungsoperationen durchführen zu können, wird noch ein Graphics Context benötigt (vgl. Abschnitt 12.1). Das Beispielprogramm benutzt allerdings zwei verschiedene Graphics Contexts: der durch die Variable *draw_context* referenzierte Kontext dient zur Darstellung der Quadrate und zur Durchführung von Kopieroperationen zwischen der „Hintergrund-Pixmap" und dem Window zur Restaurierung des Window-Inhalts. Zu diesem Zweck stellen wir lediglich die gewünschte Vordergrundfarbe ein (dies ist entweder Rot oder Schwarz, je nach Inhalt der Variable *foreground*, die wir in Schritt 3 belegt haben) und verwenden alle anderen Graphics Context-Attribute mit ihren voreingestellten Werten.

Der zweite Graphics Context dient zum Löschen des Pixmap- und Window-Inhalts. Dies geschieht in X11 am besten durch Ausfüllen der Pixmap oder des Windows mit der Hintergrundfarbe; der Kontext erhält also den Farbwert „Weiß" als Vordergrundfarbe (!) und den Wert „Schwarz" als Hintergrundfarbe (hier weniger wichtig). Alle weiteren Attribute bleiben wiederum unbeeinflußt.

Im Falle dieses simplen Beispielprogramms wäre es selbstverständlich ebenso möglich, nur einen Graphics Context zu verwenden, und diesen bei Bedarf zu modifizieren (d.h. die Veränderung der Werte von Vorder- und Hintergrundfarbe je nach Anwendungsfall einzustellen). Wie allerdings in Abschnitt 12.1 bereits erläutert, sind solche Operationen rechenzeitintensiv und sollten daher nicht extensiv eingesetzt werden.

```
/* C-Code */
     .
     .
     .
XGCValues xgcvl;
GC        draw_ctxt;
GC        clear_ctxt;
     .
     .
     .
xgcvl.foreground = foreground;
xgcvl.background = white;
draw_ctxt = XCreateGC(x_display,window_of_canvas,
                       GCForeground | GCBackground,&xgcvl);
xgcvl.foreground = white;
xgcvl.background = black;
clear_ctxt = XCreateGC(x_display,window_of_canvas,
                        GCForeground | GCBackground,&xgcvl);

(* Pascal-Code *)
     .
     .
     .
var
  xgcvl      : X$GC_Values;
  draw_ctxt  : Unsigned†;
  clear_ctxt : Unsigned†;
     .
     .
     .
xgcvl.x$l_gcvl_foreground := foreground;
xgcvl.x$l_gcvl_background := white;
draw_ctxt := X$Create_GC(x_display,window_of_canvas,
                         x$m_gc_foreground + x$m_gc_background,
                         xgcvl);
xgcvl.x$l_gcvl_foreground := white;
xgcvl.x$l_gcvl_background := black;
clear_ctxt := X$Create_GC(x_display,window_of_canvas,
                          x$m_gc_foreground + x$m_gc_background,
                          xgcvl);
```

CREATE GC verwendet – ebenso wie die im vorausgegangenen Kapitel eingesetzte Routine *XChangeWindowAttributes* – eine spezielle Datenstruktur, in der die explizit zu setzenden Graphics Context-Attribute angegeben werden, sowie eine Bitmaske, die der Routine mitteilt, welche der Felder der Datenstruktur tatsächlich belegt sind. Die Varia-

---

† Ähnlich wie im Falle der Routine *X$Default_Screen_Of_Display* liefert auch die Routine *X$Create_GC* einen Wert vom Typ „Nicht-vorzeichenbehaftete Ganzzahl" zurück. Der in C verwendete Datentyp *GC* kommt daher nicht zum Einsatz, was allerdings wiederum ohne Belang ist.

ble *xgcvl* repräsentiert diese Datenstruktur; nur die Felder für Vorder- und Hintergrundfarbe werden in unserem Beispiel belegt. Die Bitmaske entsteht durch logische ODER-Verknüpfung der Bits, die die Felder „Vordergrundfarbe“ bzw. „Hintergrundfarbe“ repräsentieren (siehe Tabelle 12.2). Da in DEC Pascal der C-übliche ODER-Operator nicht in dieser Form zur Verfügung steht, verwenden wir eine einfache Addition. Dies ist in diesem Fall zulässig, da jeder der definierten symbolischen Namen (wie etwa der im Beispiel verwendete Name *x$m_gc_foreground*) ein einzelnes Bit repräsentiert, d.h. eine Zweierpotenz darstellt.

Neben Bitmaske und Attribut-Datenstruktur verlangt *CREATE GC* die Übergabe des zu verwendenden Displays sowie eines Drawables, mit dem zusammen der erzeugte Graphics Context angewendet werden soll. Hierbei gilt allerdings: Der Graphics Context kann auch zusammen mit jedem anderen Drawable angewendet werden, solange dieses dieselbe „Tiefe“ und dasselbe Basis-Window des angegebenen Drawable besitzt. (Auf die Idee des „Basis-Windows“ soll an dieser Stelle nicht weiter eingegangen werden. Angemerkt sei nur, daß es sich dabei um ein Window handelt, das „Eigentum“ eines spezifischen Screens ist und das als „Hauptfenster“ für alle Anwendungen dieses Screens fungiert. Anders ausgedrückt: alle Windows eines Screens sind stets „Sub-Windows“ des Basis-Windows. Vereinfacht formuliert müssen also zwei Drawables dieselbe „Tiefe“ haben und denselben Screen benutzen, damit sie einen Graphics Context gemeinsam verwenden können.)

Initialisierungsschritt 6

Der letzte Schritt der Initialisierungsarbeit umfaßt im wesentlichen das Löschen des momentanen Inhalts der „Hintergrund-Pixmap“ (der Inhalt neu erzeugter Pixmaps wird nicht, wie in Abschnitt 12.5 bereits erwähnt, automatisch gelöscht) und das Leeren des Ausgabepuffers (vgl. Abschnitt 12.3).

Um den Pixmap-Inhalt zu löschen, verwenden wir die Routine *FILL RECTANGLE.* Diese Routine füllt einen beliebigen rechteckigen Bereich eines Drawable mit der im Graphics Context angegebenen Vordergrundfarbe. Zur Durchführung der Löschoperation verwenden wir also den bereits erzeugten „Löschkontext“, der als Vordergrundfarbe „Weiß“ benutzt, und lassen die gesamte Pixmap füllen.

Neben der Angabe des zu verwendenden X-Displays, des Ziel-Drawables sowie des zu benutzenden Graphics Contexts erwartet *FILL RECTANGLE* die Beschreibung des auszufüllenden Bereichs. Wie in X11 üblich, wird dazu eine Startkoordinate (die linke obere Ecke des Füllbereichs, relativ zum Ursprung des Drawables) sowie die Breite und Höhe des Bereichs verwendet.

```
/* C-Code */
     .
     .
unsigned short start;

XFillRectangle(x_display,background_pixmap,clear_context,
               0,0,canvas_width,canvas_height);
```

```
XFlush(x_display);
start = 0;
graphics_ready = 1;

(* Pascal-Code *)
     .
     .
var
  start : Integer
     .
     .
X$Fill_Rectangle(x_display,background_pixmap,clear_context,
                 0,0,canvas_width,canvas_height);
X$Flush(x_display);
start := 0;
graphics_ready := True;
```

Die Routine *FLUSH* leert den Ausgabepuffer, d.h. sämtliche noch nicht übertragenen Operationen werden an den X-Server übermittelt.

Den Abschluß der Initialisierungsarbeiten bildet die Modifikation zweier Variablen: Zum einen wird der Zähler *start* vorbelegt, der die Startkoordinate für das „nächste Quadrat" angibt. (Laut Aufgabenstellung soll jede Betätigung des dafür vorgesehenen Button Widgets die Darstellung eines Quadrats zur Folge haben, das gegenüber seinem Vorgänger versetzt erscheint.) Zum anderen muß der Merker *graphics_ready* verändert werden, damit bei erneutem Aufruf der Callback-Routine tatsächlich in den Teil zur Behandlung des Expose Events verzweigt wird.

Die Reaktion des Beispielprogramms auf einen Expose Event besteht in der Wiederherstellung des Window-Inhalts, wobei auf die in der „Hintergrund-Pixmap" gespeicherte Grafik zurückgegriffen wird. Voraussetzung dafür ist allerdings, daß Window und Pixmap stets den selben Status innehaben, d.h. identische Inhalte besitzen (die Callback-Routine zur Darstellung der Quadrate wird dafür Sorge tragen müssen). Sind die Inhalte identisch, so können wir uns auf eine einfache Kopieroperation zur Restaurierung der Grafik beschränken:

```
/* C-Code */

void Expose_Handler (Widget                 wdgt,
                     XtPointer              tag,
                     XmAnyCallbackStruct    *trigger)
{
  XEvent *e;
     .
     .
     .
  if(graphics_ready == 1)
  {
    e = (XEvent *)(trigger -> event);
    XCopyArea(x_display,                                  /* a */
              background_pixmap,                          /* b */
              window_of_canvas,                           /* c */
              draw_context,                               /* d */
```

```
               e -> xexpose.x,e -> xexpose.y,              /* e */
               e -> xexpose.width,e -> xexpose.height,     /* f */
               e -> xexpose.x,e -> xexpose.y);             /* g */
     XFlush(x_display);
   }

(* Pascal-Code *)

procedure Expose_Handler (     wdgt    : Widget;
                           var tag     : XtPointer;
                           var trigger : XmAnyCallbackStruct);
type
  Pointer_to_X_Event = ^X$Event;

var
  e : Pointer_to_X_Event;
    .
    .
    .
begin
  if graphics_ready then
  begin
    e := (trigger.event) :: Pointer_to_X_Event;
    with e^.evnt_expose do
      X$Copy_Area(x_display,                            {a}
                  background_pixmap,                    {b}
                  window_of_canvas,                     {c}
                  draw_context,                         {d}
                  x$l_exev_x, x$l_exev_y,               {e}
                  x$l_exev_width, x$l_exev_height,      {f}
                  x$l_exev_x, x$l_exev_y);              {g}
    X$Flush(x_display);
  end
```

Die in den oben dargestellten Code-Fragmenten verwendete Xlib-Routine *COPY AREA* kopiert einen rechteckigen Bereich von einem Drawable in ein anderes. Die anzugebenden Parameter sind:

a) Das zu verwendende Display.

b) Das Quell-Drawable (d.h. das Drawable, von dem ein Bereich kopiert wird).

c) Das Ziel-Drawable.

d) Der zur Durchführung der Kopieroperation zu verwendende Graphics Context (Dieser Kontext beeinflußt den Ablauf der Kopieroperation, z.B. bestimmt er den Typ der Verknüpfung von kopierten Bits mit dem bereits existierendem Inhalt des Ziel-Drawables, er beeinflußt die Farbe der Pixel im Ziel-Drawable usw.)

e) Die Startkoordinate des zu kopierenden Bereichs (linke obere Ecke), relativ zum Ursprung des Quell-Drawables – hier also der „Hintergrund-Pixmap“. Wir entnehmen diese Daten der Event-Datenstruktur unter Anwendung der im vorausgegangenen Kapitel beschriebenen Methodik. (Tatsächlich beschreibt die Event-Datenstruktur die linke obere Ecke des Bereichs des Windows, der wiederhergestellt werden muß. Da Window- und Pixmap-Inhalt jedoch identisch sind, entspricht die Koordinate ohne Umrechnung auch der linken oberen Ecke des zu kopierenden Bereichs.)

f) Breite und Höhe des zu kopierenden Bereichs. Auch diese Information läßt sich direkt aus der Event-Datenstruktur entnehmen.

g) Koordinate der linken oberen Ecke des „Kopierziels“, d.h. des Bereichs im Ziel-Drawable (hier: im Window), der mit dem kopierten Bereich des Quell-Drawables verknüpft werden soll. Diese Koordinate ist in unserem Beispiel naturgemäß mit der unter e) verwendeten identisch.

Anschließend verwenden wir wiederum die Routine *FLUSH*, um das X-System zur sofortigen Übertragung der Kopieranweisung an den X-Server zu veranlassen.

Zu realisieren bleibt noch die Darstellung der Quadrate mit Hilfe einer Callback-Routine. Neue Xlib-Elemente benötigen wir für diese Routine nicht – die bereits bekannte Routine *FILL RECTANGLE* stellt die gewünschte Funktionalität bereit. Der implementierte Algorithmus ist simpel: die Startkoordinate eines jeden neuen Quadrats wird in x- und y-Richtung um je 20 Pixel versetzt, solange sie kleiner als der – beliebig gewählte – Wert 200 ist. Ansonsten wird die Grafik zunächst gelöscht.

Da Window- und Pixmap-Inhalt auf identischem Stand gehalten werden müssen, führt die Routine sowohl Zeichen- als auch Löschoperationen stets zweimal – mit unterschiedlichem Ziel-Drawable – durch.

```
void Draw (Widget                wdgt,
           XtPointer             tag,
           XmAnyCallbackStruct   *trigger)

{
  if(start < 200)
    start = start + 20;
  else
  {
    start = 20;
    XFillRectangle(x_display,window_of_canvas,clear_context,
                   0,0,canvas_width,canvas_height);
    XFillRectangle(x_display,background_pixmap,clear_context,
                   0,0,canvas_width,canvas_height);
  }

  XFillRectangle(x_display,window_of_canvas,draw_context,
                 start,start,50,50);
  XFillRectangle(x_display,background_pixmap,draw_context,
                 start,start,50,50);
  XFlush(x_display);
}
```

```
(* Pascal-Code *)

procedure Draw (     wdgt     : Widget;
                 var tag      : XtPointer;
                 var trigger : XmAnyCallbackStruct);

begin
  if start < 200 then
    start := start + 20
  else
  begin
    start := 20;
    X$Fill_Rectangle(x_display,window_of_canvas,
                     clear_context,
                     0,0,canvas_width,canvas_height);
    X$Fill_Rectangle(x_display,background_pixmap,
                     clear_context,
                     0,0,canvas_width,canvas_height);
  end;

  X$Fill_Rectangle(x_display,window_of_canvas,draw_context,
                   start,start,50,50);
  X$Fill_Rectangle(x_display,background_pixmap,draw_context,
                   start,start,50,50);
  X$Flush(x_display);
end;
```

Damit ist unser Programmierbeispiel komplett; zusammenhängende Quelltexte finden sich wiederum im Anhang. In Abbildung 15.2 ist das Ergebnis dargestellt.

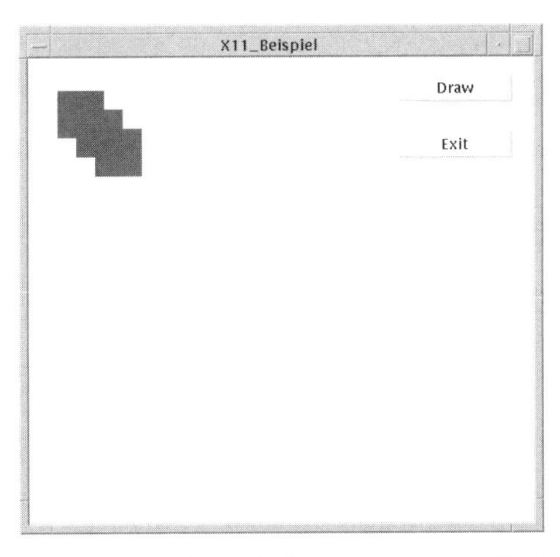

Abbildung 15.2: Ergebnis des Beispielprogramms „X11 Beispiel“

An dieser Stelle sind noch einige kurze Betrachtungen zum Thema „verwendete Routinen“ angebracht. Sowohl X11 als auch OSF/Motif sind „wachsende“ Systeme, d.h. sie werden kontinuierlich weiterentwickelt. Leider geht mit dieser Weiterentwicklung auch ein eher unangenehmer Effekt einher: die Anzahl der bereitgestellten Routinen wächst schnell. Sowohl für den Neueinsteiger als auch für den erfahreneren Anwender ist die Vielzahl von Funktionen nicht immer leicht zu durchschauen; insbesondere deshalb, da vielfach nicht nur eine „richtige“ Routine zur Lösung eines Problems zur Verfügung steht, sondern häufig eine Reihe weiterer Routinen mit ähnlicher oder gar redundanter Aufgabe – dies gilt auch für Teile des Beispielprogramms, für die durchaus Implementierungsalternativen gefunden werden könnten.

Wir haben zur Realisierung unseres Beispiels bewußt zwischen „reiner“ Xlib-Funktionalität auf der einen, und Xtk- bzw. Motif-Funktionalität auf der anderen Seite unterschieden. Diese Trennung muß nicht zwangsweise so streng ausfallen, da Xlib-Funktionen teilweise auch durch das X-Toolkit angesprochen werden können – Ein Graphics Context läßt sich z.B. auch durch die Xtk-Routine *XtAllocateGC* erzeugen. Beachtet werden sollte jedoch, daß solche Routinen prinzipiell für die Programmierung von Widgets gedacht sind, und eher weniger auf die Entwicklung von Anwendungssoftware zielen. Sicher vor unliebsamen Seiteneffekten ist der Applikationsentwickler erfahrungsgemäß meist dann, wenn Widget-bezogene Operationen grundsätzlich und ausschließlich mit Motif- und Xtk-Funktionen abgewickelt werden, und die Manipulation von Windows, Pixmaps usw. nur mit Hilfe der Xlib erfolgt.

A Quelltexte

Dieser Anhang enthält die Quelltexte aller verwendeten Programmbeispiele sowie Anmerkungen zur Übersetzung der Beispiele. Die hier wiedergegebenen Pascal-Programme wurden mit Hilfe von DEC Pascal V5.5 unter OpenVMS übersetzt und getestet. Die Korrektheit der C-Quelltexte ist sowohl durch Testübersetzungen unter Digital Unix als auch unter OpenVMS (DEC C V5.0) überprüft worden. Bei allen Tests kam OSF/Motif Version 1.2.0 (bzw. 1.2.3) sowie X11 Release 5 zum Einsatz.

Die unten wiedergegebenen Quelltexte sind auch im *World Wide Web* unter der URL *http://www.hanser.de* abrufbar.

A.1 „Hello World!"-Applikation

C-Quellcode

```
#include <stdio.h>         /* Nur für puts()-Funktion */
#include <Xm/Xm.h>
#include <Xm/Label.h>
#include <Xm/MainW.h>

main ()
{

  XtAppContext application_context;
  Display      *x_display;
  int          dummy_argc = 0;

  Widget       toplevel_widget;
  Widget       main_window;
  Widget       label_widget;

  XmString     hello_string;
  Arg          resource_list[1];

  XtToolkitInitialize();
  application_context = XtCreateApplicationContext();
  x_display = XtOpenDisplay(application_context,
                            NULL,           /* Display-Name */
                            "helloWorld",   /* Appl.name */
                            "HelloWorld",   /* Appl.klasse */
                            NULL,           /* Optionsfeld */
                            0,              /* Anzahl Optionen */
                            &dummy_argc,    /* Anzahl Argumente */
                            NULL);          /* Argumentfeld */

  if(x_display != NULL)
  {
```

```
    toplevel_widget = XtAppCreateShell(
                                      "helloWorld",
                                      "HelloWorld",
                                      applicationShellWidgetClass,
                                      x_display,
                                      NULL,      /* Ressourcen */
                                        0);      /* Anz. Ress. */

    main_window = XmCreateMainWindow(toplevel_widget,
                                      "Hello_World_Window",
                                      NULL,      /* Ressourcen */
                                      0);        /* Anz. Ress. */

    hello_string = XmStringGenerate("Hello World!",NULL,
                                     XmCHARSET_TEXT,NULL);
    resource_list[0].name  = XmNlabelString;
    resource_list[0].value = (XtArgVal)hello_string;
    label_widget = XtCreateManagedWidget("Hello_Label",
                                          xmLabelWidgetClass,
                                          main_window,
                                          resource_list,
                                          1);
    XmStringFree(hello_string);

    XtManageChild(main_window);
    XtRealizeWidget(toplevel_widget);
    XtAppMainLoop(application_context);
  }
else
  puts("Kann Display nicht öffnen!");
}
```

Pascal-Quellcode

```
[inherit('SYS$LIBRARY:DECW$MOTIF.PEN')]
program Hello_World (output);
var

  application_context : XtAppContext;
  x_display           : Display;
  dummy_argc          : Integer value 0;

  toplevel_widget     : Widget;
  main_window         : Widget;
  label_widget        : Widget;

  hello_string        : XmString;
  resource_list       : array [1..1] of Arg;

begin
  XtToolkitInitialize;
  application_context := XtCreateApplicationContext;
  x_display := XtOpenDisplay(application_context,
                             %IMMED XtNull,          {Display-Name}
                             'helloWorld' + Chr(0), {Appl.name}
                             'HelloWorld' + Chr(0), {Appl.klasse}
                             %IMMED XtNull,          {Optionsfeld}
```

```
                                %IMMED 0,           {Anz. Optionen}
                                dummy_argc,         {Anz. Argumente}
                                %IMMED XtNull);     {Argumentfeld}

  if x_display <> 0 then
  begin
    toplevel_widget := XtAppCreateShell(
                                         'helloWorld' + Chr(0),
                                         'HelloWorld' + Chr(0),
                                         applicationShellWidgetClass,
                                         x_display,
                                         %IMMED XtNull, {Ressourcen}
                                         %IMMED 0);     {Anz. Ress.}

    main_window := XmCreateMainWindow(
                                       toplevel_widget,  {Parent}
                                       'Hello_World_Window' + Chr(0),
                                       %IMMED XtNull,    {Ress.}
                                       %IMMED 0);        {Anz. Ress.}

    hello_string := XmStringCreateLtoR('Hello World!' + Chr(0),
                                          XmSTRING_ISO8859_1);
    resource_list[1].name  := Iaddress(XmNlabelString);
    resource_list[1].value := hello_string :: XtArgVal;
    label_widget := XtCreateManagedWidget('Hello_Label' + Chr(0),
                                              xmLabelWidgetClass,
                                              main_window,
                                              resource_list,
                                              %IMMED 1);
    XmStringFree(hello_string);

    XtManageChild(main_window);
    XtRealizeWidget(toplevel_widget);
    XtAppMainLoop(application_context);
  end
  else
    Writeln('Kann Display nicht öffnen!');
end. { of program Hello_World }
```

A.2 „Hello World II"-Applikation

C-Quellcode

```
#include <stdio.h>      /* Nur für puts()-Funktion */
#include <Xm/Xm.h>
#include <Xm/Label.h>
#include <Xm/MainW.h>
#include <Xm/Form.h>
#include <Xm/PushB.h>

void Push_Button_Activated (Widget              wdgt,
                            XtPointer           tag,
                            XmAnyCallbackStruct *trigger)
```

```
{
  exit();
}

main ()
{
  XtAppContext    application_context;
  Display         *x_display;
  int             dummy_argc = 0;

  Widget          toplevel_widget;
  Widget          main_window;
  Widget          label_widget;
  Widget          form_widget;
  Widget          button_widget;

  XmString        hello_string;
  XmString        button_string;
  Arg             resource_list[5];
  XtCallbackRec   callback_list[2];

  XtToolkitInitialize();
  application_context = XtCreateApplicationContext();
  x_display = XtOpenDisplay(application_context,
                           NULL,
                           "helloWorld2",
                           "HelloWorld2",
                           NULL,
                           0,
                           &dummy_argc,
                           NULL);

  if(x_display != NULL)
  {
    toplevel_widget = XtAppCreateShell(
                                 "helloWorld2",
                                 "HelloWorld2",
                                 applicationShellWidgetClass,
                                 x_display,
                                 NULL,
                                 0);

    resource_list[0].name  = XmNwidth;
    resource_list[0].value = 305;
    resource_list[1].name  = XmNheight;
    resource_list[1].value = 153;
    main_window = XmCreateMainWindow(toplevel_widget,
                                 "Hello_World_Window",
                                 resource_list,
                                 2);

    form_widget = XtCreateManagedWidget("Hello_Form",
                                   xmFormWidgetClass,
                                   main_window,
                                   NULL,
                                   0);
```

```
    hello_string = XmStringGenerate("Hello World!",NULL,
                                   XmCHARSET_TEXT,NULL);
    resource_list[0].name  = XmNlabelString;
    resource_list[0].value = (XtArgVal)hello_string;
    resource_list[1].name  = XmNx;
    resource_list[1].value = 96;
    resource_list[2].name  = XmNy;
    resource_list[2].value = 43;
    label_widget = XtCreateManagedWidget("Hello_Label",
                                        xmLabelWidgetClass,
                                        form_widget,
                                        resource_list,
                                        3);
    XmStringFree(hello_string);

    callback_list[0].callback =
                    (XtCallbackProc)Push_Button_Activated;
    callback_list[0].closure  = NULL;
    callback_list[1].callback = NULL;
    callback_list[1].closure  = NULL;
    button_string = XmStringGenerate("Push me!",NULL,
                                    XmCHARSET_TEXT,NULL);
    resource_list[0].name  = XmNlabelString;
    resource_list[0].value = (XtArgVal)button_string;
    resource_list[1].name  = XmNx;
    resource_list[1].value = 100;
    resource_list[2].name  = XmNy;
    resource_list[2].value = 100;
    resource_list[3].name  = XmNwidth;
    resource_list[3].value = 94;
    resource_list[4].name  = XmNactivateCallback;
    resource_list[4].value = (XtArgVal)callback_list;
    button_widget = XtCreateManagedWidget("Hello_Button",
                                         xmPushButtonWidgetClass,
                                         form_widget,
                                         resource_list,
                                         5);
    XmStringFree(button_string);

    XtManageChild(main_window);
    XtRealizeWidget(toplevel_widget);
    XtAppMainLoop(application_context);
  }
else
  puts("Kann Display nicht öffnen!");
}
```

Pascal-Quellcode

```
[inherit('SYS$LIBRARY:DECW$MOTIF.PEN','SYS$LIBRARY:STARLET.PEN')]
program Hello_World_2 (output);

var
  application_context   : XtAppContext;
  x_display             : Display;
  dummy_argc            : Integer value 0;
```

```
  toplevel_widget      : Widget;
  main_window          : Widget;
  label_widget         : Widget;
  form_widget          : Widget;
  button_widget        : Widget;

  hello_string         : XmString;
  button_string        : XmString;
  resource_list        : array [1..5] of Arg;
  callback_list        : array [1..2] of XtCallbackRec;

procedure Push_Button_Activated (wdgt:    Widget;
                           var tag:     XtPointer;
                           var trigger: XmAnyCallbackStruct);

begin
  $EXIT;
end; { of Push_Button_Activated }

begin
  XtToolkitInitialize;
  application_context := XtCreateApplicationContext;
  x_display := XtOpenDisplay(application_context,
                           %IMMED XtNull,
                           'helloWorld2' + Chr(0),
                           'HelloWorld2' + Chr(0),
                           %IMMED XtNull,
                           %IMMED 0,
                           dummy_argc,
                           %IMMED XtNull);

  if x_display <> 0 then
  begin
    toplevel_widget := XtAppCreateShell(
                                  'helloWorld2' + Chr(0),
                                  'HelloWorld2' + Chr(0),
                                  applicationShellWidgetClass,
                                  x_display,
                                  %IMMED XtNull,
                                  %IMMED 0);

    resource_list[1].name  := Iaddress(XmNwidth);
    resource_list[1].value := 305;
    resource_list[2].name  := Iaddress(XmNheight);
    resource_list[2].value := 153;
    main_window := XmCreateMainWindow(
                                toplevel_widget,
                                'Hello_World_Window' + Chr(0),
                                resource_list,
                                %IMMED 2);

    form_widget := XtCreateManagedWidget('Hello_Form' + Chr(0),
                                   xmFormWidgetClass,
                                   main_window,
                                   %IMMED XtNull,
                                   %IMMED 0);
```

```
    hello_string := XmStringCreateLtoR('Hello World!' + Chr(0),
                                       XmSTRING_ISO8859_1);
    resource_list[1].name  := Iaddress(XmNlabelString);
    resource_list[1].value := hello_string :: XtArgVal;
    resource_list[2].name  := Iaddress(XmNx);
    resource_list[2].value := 96;
    resource_list[3].name  := Iaddress(XmNy);
    resource_list[3].value := 43;
    label_widget := XtCreateManagedWidget('Hello_Label' + Chr(0),
                                          xmLabelWidgetClass,
                                          form_widget,
                                          resource_list,
                                          %IMMED 3);
    XmStringFree(hello_string);

    callback_list[1].callback := (Iaddress(Push_Button_Activated)
                                 ) :: XtCallbackProc;
    callback_list[1].closure  := nil;
    callback_list[2].callback := nil;
    callback_list[2].closure  := nil;
    button_string := XmStringCreateLtoR('Push me!' + Chr(0),
                                        XmSTRING_ISO8859_1);

    resource_list[1].name  := Iaddress(XmNlabelString);
    resource_list[1].value := button_string :: XtArgVal;
    resource_list[2].name  := Iaddress(XmNx);
    resource_list[2].value := 100;
    resource_list[3].name  := Iaddress(XmNy);
    resource_list[3].value := 100;
    resource_list[4].name  := Iaddress(XmNwidth);
    resource_list[4].value := 94;
    resource_list[5].name  := Iaddress(XmNactivateCallback);
    resource_list[5].value := Iaddress(callback_list);
    button_widget := XtCreateManagedWidget(
                                          'Hello_Button' + Chr(0),
                                          xmPushButtonWidgetClass,
                                          form_widget,
                                          resource_list,
                                          %IMMED 5);
    XmStringFree(button_string);

    XtManageChild(main_window);
    XtRealizeWidget(toplevel_widget);
    XtAppMainLoop(application_context);
  end
  else
    Writeln('Kann Display nicht öffnen!');
end. { of program Hello_World_2 }
```

A.3 „Hello World II“-Applikation mit Hilfe von UIL und Mrm realisiert

C-Quellcode

```
#include <stdio.h>
#include <Mrm/MrmAppl.h>

  XtAppContext      application_context;
  Display           *x_display;
  int               dummy_argc = 0;

  Widget            toplevel_widget;
  Widget            main_window;

  MrmHierarchy      hierarchy = NULL;
  MrmType           class;
  MrmRegisterArg    reg_list[1];
  char              *hierarchy_names[] = { "hello_world.uid" };

void Push_Button_Activated (Widget                wdgt,
                            XtPointer             tag,
                            XmAnyCallbackStruct *trigger)
{
  exit();
}

main ()
{
  MrmInitialize();
  XtToolkitInitialize();
  application_context = XtCreateApplicationContext();
  x_display = XtOpenDisplay(application_context,
                            NULL,
                            "helloWorld2",
                            "HelloWorld2",
                            NULL,
                            0,
                            &dummy_argc,
                            NULL);

  if(x_display != 0)
  {
    toplevel_widget = XtAppCreateShell(
                                 "helloWorld2",
                                 "HelloWorld2",
                                 applicationShellWidgetClass,
                                 x_display,
                                 NULL,
                                 0);

    if(MrmOpenHierarchyPerDisplay(x_display,1,hierarchy_names,
                                  0,&hierarchy) == MrmSUCCESS)
    {
      reg_list[0].name  = "Push_Button_Activated";
```

```
      reg_list[0].value = (XtPointer)Push_Button_Activated;
      MrmRegisterNames(reg_list,1);

      MrmFetchWidget(hierarchy,
                     "Hello_World_Window",
                     toplevel_widget,
                     &main_window,
                     &class);

     XtManageChild(main_window);
     XtRealizeWidget(toplevel_widget);
     XtAppMainLoop(application_context);
   }
   else
     puts("Kann Interface-Beschreibung nicht öffnen!");
  }
else
  puts("Kann Display nicht öffnen!");
}
```

Pascal-Quellcode

```
[inherit('SYS$LIBRARY:DECW$MOTIF.PEN','SYS$LIBRARY:STARLET.PEN')]
program Hello_World_UIL (output);

type
  Something      = [unsafe] ^Char;
  Unsafe_Pointer = [unsafe] ^Something;

var
  application_context : XtAppContext;
  x_display           : Display;
  dummy_argc          : Integer value 0;

  toplevel_widget     : Widget;
  main_window         : Widget;

  hierarchy           : MrmHierarchy value nil;
  class               : MrmType;
  reg_list            : array [1..1] of MrmRegisterArg;
  hierarchy_names     : array [1..1] of Unsafe_Pointer;

procedure Push_Button_Activated (wdgt:    Widget;
                             var tag:     XtPointer;
                             var trigger: XmAnyCallbackStruct);

begin
  $EXIT;
end; { of Push_Button_Activated }

begin
  MrmInitialize;
  XtToolkitInitialize;
  application_context := XtCreateApplicationContext;

  x_display := XtOpenDisplay(application_context,
                             %IMMED XtNull,
```

```
                              'helloWorld2' + Chr(0),
                              'HelloWorld2' + Chr(0),
                              %IMMED XtNull,
                              %IMMED 0,
                              dummy_argc,
                              %IMMED XtNull);

  if x_display <> 0 then
  begin
    toplevel_widget := XtAppCreateShell(
                                       'helloWorld2' + Chr(0),
                                       'HelloWorld2' + Chr(0),
                                       applicationShellWidgetClass,
                                       x_display,
                                       %IMMED XtNull,
                                       %IMMED 0);

    hierarchy_names[1] := Iaddress('hello_world.uid' + Chr(0));
    if MrmOpenHierarchyPerDisplay(x_display,%IMMED 1,
                                  hierarchy_names,
                                  %IMMED 0,
                                  hierarchy) = MrmSUCCESS then
    begin
      reg_list[1].name  :=
                    Iaddress('Push_Button_Activated' + Chr(0));
      reg_list[1].value := Iaddress(Push_Button_Activated);
      MrmRegisterNames(reg_list,%IMMED 1);

      MrmFetchWidget(hierarchy,
                     'Hello_World_Window' + Chr(0),
                     toplevel_widget,
                     main_window,
                     class);

      XtManageChild(main_window);
      XtRealizeWidget(toplevel_widget);
      XtAppMainLoop(application_context);
    end
    else
      Writeln('Kann Interface-Beschreibung nicht öffnen!');
end
else
  Writeln('Kann Display nicht öffnen!');
end. { of program Hello_World_UIL }
```

UIL-Quellcode

```
module Hello_World

  names   = case_sensitive
  objects = { XmLabel      = gadget;
              XmPushButton = gadget;
            }

procedure
  Push_Button_Activated ();
```

```
object
  Hello_World_Window : XmMainWindow
                        {
                          arguments
                          {
                            XmNwidth  = 305;
                            XmNheight = 153;
                          };
                          controls
                          {
                            XmForm Hello_Form;
                          };
                        };

  Hello_Form : XmForm
                {
                  controls
                  {
                    XmLabel      Hello_Label;
                    XmPushButton Hello_Button;
                  };
                };

  Hello_Label : XmLabel
                 {
                   arguments
                   {
                     XmNx           = 96;
                     XmNy           = 43;
                     XmNlabelString =
                             compound_string("Hello World!");
                   };
                 };

  Hello_Button : XmPushButton
                  {
                    arguments
                    {
                      XmNx           = 100;
                      XmNy           = 100;
                      XmNwidth       = 94;
                      XmNlabelString =
                            compound_string("Push me!");
                    };
                    callbacks
                    {
                      XmNactivateCallback =
                            procedure Push_Button_Activated();
                    };
                  };

end module;
```

A.4 X11-Beispielprogramm

C-Quellcode

```
#include <stdio.h>
#include <Mrm/MrmAppl.h>
#include <X11/X.h>

const int canvas_width = 320;
const int canvas_height = 452;

  XtAppContext      application_context;
  Display           *x_display;
  Screen            *x_screen;
  int               dummy_argc = 0;

  Widget            toplevel_widget;
  Widget            main_window;
  Widget            canvas;

  MrmHierarchy      hierarchy = NULL;
  MrmType           class;
  MrmRegisterArg    reg_list[4];
  char              *hierarchy_names[] = { "x11_beispiel.uid" };

  Window            window_of_canvas;
  GC                draw_context;
  GC                clear_context;
  Pixmap            background_pixmap;

  unsigned short    start;
  int               graphics_ready;


void Exit_Application (Widget                wdgt,
                       XtPointer             tag,
                       XmAnyCallbackStruct   *trigger)

{
   exit();
}

void Draw (Widget                wdgt,
           XtPointer             tag,
           XmAnyCallbackStruct   *trigger)

{
  if(start < 200)
    start = start + 20;
  else
  {
    start = 20;
    XFillRectangle(x_display,window_of_canvas,clear_context,
                   0,0,canvas_width,canvas_height);
    XFillRectangle(x_display,background_pixmap,clear_context,
```

```
                0,0,canvas_width,canvas_height);
  }

  XFillRectangle(x_display,window_of_canvas,draw_context,
              start,start,50,50);
  XFillRectangle(x_display,background_pixmap,draw_context,
              start,start,50,50);
  XFlush(x_display);
}

void Expose_Handler (Widget              wdgt,
                     XtPointer           tag,
                     XmAnyCallbackStruct *trigger)

{
  XEvent *e;
  Visual *v;
  XGCValues xgcvl;
  XColor color, dummy;
  Pixel white, black, red, foreground;

  unsigned int color_support, st;

  if(graphics_ready == 1)
  {
    e = (XEvent *)(trigger -> event);
    XCopyArea(x_display,
              background_pixmap,
              window_of_canvas,
              draw_context,
              e -> xexpose.x,e -> xexpose.y,
              e -> xexpose.width,e -> xexpose.height,
              e -> xexpose.x,e -> xexpose.y);
    XFlush(x_display);
  }
  else
  {
    x_screen = XDefaultScreenOfDisplay(x_display);
    v = XDefaultVisualOfScreen(x_screen);
    color_support = ((v -> class == PseudoColor) ||
                     (v -> class == StaticColor) ||
                     (v -> class == TrueColor) ||
                     (v -> class == DirectColor));
    white = XWhitePixelOfScreen(x_screen);
    black = XBlackPixelOfScreen(x_screen);
    if(color_support == 1)
    {
      st = XAllocNamedColor(x_display,
                            XDefaultColormapOfScreen(x_screen),
                            "Red",&color,&dummy);
      if(st != 0)
      {
        red = color.pixel;
        foreground = red;
      }
      else
        foreground = black;
    }
```

```
    else
      foreground = black;

    window_of_canvas = XtWindow(canvas);
    background_pixmap = XCreatePixmap(x_display,
                                      window_of_canvas,
                                      canvas_width,
                                      canvas_height,
                                      XDefaultDepthOfScreen(
                                                  x_screen)
                                                      );

    xgcvl.foreground = foreground;
    xgcvl.background = white;
    draw_context = XCreateGC(x_display,
                             window_of_canvas,
                             GCForeground | GCBackground,
                             &xgcvl);
    xgcvl.foreground = white;
    xgcvl.background = black;
    clear_context = XCreateGC(x_display,
                              window_of_canvas,
                              GCForeground | GCBackground,
                              &xgcvl);

    XFillRectangle(x_display,background_pixmap,clear_context,
                   0,0,canvas_width,canvas_height);
    XFlush(x_display);

    start = 0;
    graphics_ready = 1;
  }
}

void Register_Widget (Widget               wdgt,
                      XtPointer            tag,
                      XmAnyCallbackStruct *trigger)

{
  canvas = wdgt;
}

main ()
{
  MrmInitialize();
  XtToolkitInitialize();
  application_context = XtCreateApplicationContext();
  x_display = XtOpenDisplay(application_context,
                            NULL,
                            "x11Beispiel",
                            "X11Beispiel",
                            NULL,
                            0,
                            &dummy_argc,
                            NULL);
```

```
  if(x_display != 0)
  {
    graphics_ready = 0;

    toplevel_widget = XtAppCreateShell(
                                        "x11Beispiel",
                                        "X11Beispiel",
                                        applicationShellWidgetClass,
                                        x_display,
                                        NULL,
                                        0);

    if(MrmOpenHierarchyPerDisplay(x_display,1,hierarchy_names,
                                     0,&hierarchy) == MrmSUCCESS)
    {
      reg_list[0].name  = "Register_Widget";
      reg_list[0].value = (XtPointer)Register_Widget;
      reg_list[1].name  = "Draw";
      reg_list[1].value = (XtPointer)Draw;
      reg_list[2].name  = "Exit_Application";
      reg_list[2].value = (XtPointer)Exit_Application;
      reg_list[3].name  = "Expose_Handler";
      reg_list[3].value = (XtPointer)Expose_Handler;
      MrmRegisterNames(reg_list,4);

      MrmFetchWidget(hierarchy,
                     "Main_Window",
                     toplevel_widget,
                     &main_window,
                     &class);

      XtManageChild(main_window);
      XtRealizeWidget(toplevel_widget);
      XtAppMainLoop(application_context);
    }
  else
    puts("Kann Interface-Beschreibung nicht öffnen!");
  }
else
  puts("Kann Display nicht öffnen!");
}
```

Pascal-Quellcode

```
[inherit('SYS$LIBRARY:DECW$MOTIF.PEN',
         'SYS$LIBRARY:DECW$XLIBDEF.PEN',
         'SYS$LIBRARY:STARLET.PEN')]
program X11_Beispiel (output);

const
  canvas_width = 320;
  canvas_height = 452;

type
  Something      = [unsafe] ^Char;
  Unsafe_Pointer = [unsafe] ^Something;
```

```
var
  application_context : XtAppContext;
  x_display           : Display;
  x_screen            : Unsigned;
  dummy_argc          : Integer value 0;

  toplevel_widget     : Widget;
  main_window         : Widget;
  canvas              : Widget;

  hierarchy           : MrmHierarchy value nil;
  class               : MrmType;
  reg_list            : array [1..4] of MrmRegisterArg;
  hierarchy_names     : array [1..1] of Unsafe_Pointer;

  window_of_canvas    : Window;
  draw_context        : Unsigned;
  clear_context       : Unsigned;
  background_pixmap   : Pixmap;

  start               : Integer;
  graphics_ready      : Boolean;

procedure Exit_Application (wdgt:    Widget;
                        var tag:     XtPointer;
                        var trigger: XmAnyCallbackStruct);

begin
  $EXIT;
end; { of Exit_Application }

procedure Draw (wdgt:    Widget;
            var tag:     XtPointer;
            var trigger: XmAnyCallbackStruct);

begin
  if start < 200 then
    start := start + 20
  else
  begin
    start := 20;
    X$Fill_Rectangle(x_display,window_of_canvas,
                     clear_context,
                     0,0,canvas_width,canvas_height);
    X$Fill_Rectangle(x_display,background_pixmap,
                     clear_context,
                     0,0,canvas_width,canvas_height);
  end;

  X$Fill_Rectangle(x_display,window_of_canvas,draw_context,
                   start,start,50,50);
  X$Fill_Rectangle(x_display,background_pixmap,draw_context,
                   start,start,50,50);
  X$Flush(x_display);
end; { of Draw }
```

```
procedure Expose_Handler (wdgt:    Widget;
                      var tag:     XtPointer;
                      var trigger: XmAnyCallbackStruct);

type
  Pointer_to_X_Event = ^X$Event;

var
  e           : Pointer_to_X_Event;
  v           : X$Visual;
  xgcvl       : X$GC_Values;
  color       : X$Color;
  white,
  black,
  red,
  foreground : Pixel;

  color_support : Boolean;
  st            : Unsigned;

begin
  if graphics_ready then
  begin
    e := (trigger.event) :: Pointer_to_X_Event;
    with e^.evnt_expose do
      X$Copy_Area(x_display,background_pixmap,window_of_canvas,
                  draw_context,x$l_exev_x, x$l_exev_y,
                  x$l_exev_width, x$l_exev_height,
                  x$l_exev_x, x$l_exev_y);
    X$Flush(x_display);
  end
  else
  begin
    x_screen := X$Default_Screen_Of_Display(x_display);
    X$Default_Visual_Of_Screen(x_screen,v);
    color_support := (v.x$l_visu_class = x$c_pseudo_color) or
                     (v.x$l_visu_class = x$c_static_color) or
                     (v.x$l_visu_class = x$c_true_color) or
                     (v.x$l_visu_class = x$c_direct_color);
    white := X$White_Pixel_Of_Screen(x_screen);
    black := X$Black_Pixel_Of_Screen(x_screen);
    if color_support then
    begin
      st := X$Alloc_Named_Color(
                      x_display,
                      X$Default_Colormap_Of_Screen(x_screen),
                     'Red',color);
      if Odd(st) then
      begin
        red := color.x$l_colr_pixel;
        foreground := red;
      end
      else
        foreground := black;
    end
    else
      foreground := black;
```

```
    window_of_canvas := XtWindow(canvas);
    background_pixmap := X$Create_Pixmap(
                             x_display,
                             window_of_canvas,
                             canvas_width,
                             canvas_height,
                             X$Default_Depth_Of_Screen(x_screen));

    xgcvl.x$l_gcvl_foreground := foreground;
    xgcvl.x$l_gcvl_background := white;
    draw_context := X$Create_GC(
                        x_display,
                        window_of_canvas,
                        x$m_gc_foreground + x$m_gc_background,
                        xgcvl);
    xgcvl.x$l_gcvl_foreground := white;
    xgcvl.x$l_gcvl_background := black;
    clear_context := X$Create_GC(
                        x_display,
                        window_of_canvas,
                        x$m_gc_foreground + x$m_gc_background,
                        xgcvl);

    X$Fill_Rectangle(x_display,background_pixmap,clear_context,
                     0,0,canvas_width,canvas_height);
    X$Flush(x_display);

    start := 0;
    graphics_ready := True;
  end;
end; { of Expose_Handler }

procedure Register_Widget (wdgt:    Widget;
                       var tag:     XtPointer;
                       var trigger: XmAnyCallbackStruct);

begin
  canvas := wdgt;
end; { of Register_Widget }

begin
  MrmInitialize;
  XtToolkitInitialize;
  application_context := XtCreateApplicationContext;

  x_display := XtOpenDisplay(application_context,
                             %IMMED XtNull,
                             'x11Beispiel' + Chr(0),
                             'X11Beispiel' + Chr(0),
                             %IMMED XtNull,
                             %IMMED 0,
                             dummy_argc,
                             %IMMED XtNull);

  if x_display <> 0 then
  begin
    graphics_ready := False;
```

```
    toplevel_widget := XtAppCreateShell(
                                  'x11Beispiel' + Chr(0),
                                  'X11Beispiel' + Chr(0),
                                  applicationShellWidgetClass,
                                  x_display,
                                  %IMMED XtNull,
                                  %IMMED 0);

    hierarchy_names[1] := Iaddress('x11_beispiel.uid' + Chr(0));
    if MrmOpenHierarchyPerDisplay(x_display,%IMMED 1,
                              hierarchy_names,
                              %IMMED 0,
                              hierarchy) = MrmSUCCESS then
    begin
      reg_list[1].name  := Iaddress('Register_Widget' + Chr(0));
      reg_list[1].value := Iaddress(Register_Widget);
      reg_list[2].name  := Iaddress('Draw' + Chr(0));
      reg_list[2].value := Iaddress(Draw);
      reg_list[3].name  := Iaddress('Exit_Application' + Chr(0));
      reg_list[3].value := Iaddress(Exit_Application);
      reg_list[4].name  := Iaddress('Expose_Handler' + Chr(0));
      reg_list[4].value := Iaddress(Expose_Handler);
      MrmRegisterNames(reg_list,%IMMED 4);

      MrmFetchWidget(hierarchy,
                     'Main_Window' + Chr(0),
                     toplevel_widget,
                     main_window,
                     class);

      XtManageChild(main_window);
      XtRealizeWidget(toplevel_widget);
      XtAppMainLoop(application_context);
    end
    else
      Writeln('Kann Interface-Beschreibung nicht öffnen!');
  end
  else
    Writeln('Kann Display nicht öffnen!');
end. { of program Hello_World_UIL }
```

UIL-Quellcode

```
module X11_Beispiel

  names = case_sensitive

procedure
  Register_Widget();
  Expose_Handler();
  Draw();
  Exit_Application();

object
  Main_Window : XmMainWindow
              {
                controls
```

```
                  {
                    XmForm
                      {
                        arguments
                        {
                          XmNwidth = 538;
                          XmNheight = 486;
                        };
                        controls
                        {
                          XmDrawingArea Canvas;
                          XmPushButton Draw_Square;
                          XmPushButton Quit_Application;
                        };
                      };
                    };
                  };

Draw_Square : XmPushButton
                {
                  arguments
                  {
                    XmNlabelString = compound_string("Draw");
                    !
                    XmNtopAttachment = XmATTACH_FORM;
                    XmNtopOffset = 16;
                    !
                    XmNleftAttachment = XmATTACH_WIDGET;
                    XmNleftWidget = XmDrawingArea Canvas;
                    XmNleftOffset = 60;
                    !
                    XmNrightAttachment = XmATTACH_FORM;
                    XmNrightOffset = 20;
                  };
                  callbacks
                  {
                    XmNactivateCallback = procedure Draw();
                  };
                };

Quit_Application : XmPushButton
                     {
                       arguments
                       {
                         XmNlabelString =
                                   compound_string("Exit");
                         XmNleftAttachment =
                                   XmATTACH_OPPOSITE_WIDGET;
                         XmNleftWidget =
                                   XmPushButton Draw_Square;
                         XmNleftOffset = 0;
                         !
                         XmNrightAttachment =
                                   XmATTACH_OPPOSITE_WIDGET;
                         XmNrightWidget =
                                   XmPushButton Draw_Square;
                         XmNrightOffset = 0;
                         !
```

```
                        XmNtopAttachment = XmATTACH_WIDGET;
                        XmNtopWidget =
                                  XmPushButton Draw_Square;
                        XmNtopOffset = 26;
                      };
                      callbacks
                      {
                        XmNactivateCallback =
                                 procedure Exit_Application();
                      };
                    };

  Canvas : XmDrawingArea
          {
            arguments
            {
              XmNwidth = 320;
              XmNheight = 452;
              !
              XmNleftAttachment = XmATTACH_FORM;
              XmNleftOffset = 11;
              !
              XmNtopAttachment = XmATTACH_FORM;
              XmNtopOffset = 14;
              !
              XmNbackground = color('white',background);
              ! oder: XmNbackground = rgb(65535,65535,65535);
            };
            callbacks
            {
              MrmNcreateCallback =
                                 procedure Register_Widget();
              XmNexposeCallback = procedure Expose_Handler();
            };
          };

end module;
```

A.5 Übersetzungsvorgänge

Unix

Das Übersetzen von Motif- bzw. X11-Anwendungen unter Unix unterscheidet sich prinzipiell nicht vom Übersetzen anderer Anwendungen. Allerdings gilt es zu beachten, daß die erforderlichen „Bibliotheken" (Xlib, X-Toolkit, Motif usw.) zusammen mit der Anwendung gebunden werden, da der Linker andernfalls die auftretenden Symbolreferenzen (z.B. zu Routinen wie *XtOpenDisplay*) nicht auflösen kann.

Beispiel: Das folgende Kommando übersetzt den Quelltext in der Datei „x11_beispiel.c" und bindet die resultierende Objektdatei zusammen mit den erforderlichen Bibliotheken zu einem ausführbaren Programm namens „x11_beispiel".

```
cc -o x11_beispiel x11_beispiel.c -lMrm -lXm -lXt -lX11
```

Die vier explizit angegebenen Bibliotheken sind *Mrm* (bei Verwendung von UIL), *Xm* (OSF/Motif), *Xt* (das X-Toolkit), sowie *X11* (die Xlib).

Das Übersetzen von UIL-Quelltexten erfolgt mit dem UIL-Compiler. Beispiel:

```
uil -o x11_beispiel.uid x11_beispiel.uil
```

Das obige Kommando übersetzt den Inhalt der UIL-Quelldatei „x11_beispiel.uil" in eine binäre UID, die in der Datei „x11_beispiel.uid" abgelegt wird.

Achtung: Manche Hersteller von Unix-Derivaten betrachten den UIL-Compiler (aus welchen Gründen auch immer) nicht als integralen Bestandteil von OSF/Motif und verlangen den separaten Erwerb dieses wichtigen Werkzeugs.

OpenVMS

Das Übersetzen von Quelltexten in ein ausführbares Programm erfolgt unter OpenVMS stets in zwei Schritten:

1. Übersetzen des Quelltexts in Objektcode mit Hilfe eines Compilers.

2. Binden des Objektcodes mit Hilfe des Linkers.

Ein Beispiel für die Übersetzung eines C-Quelltexts (Datei „X11_BEISPIEL.C") zeigt die folgende Kommandozeile:

```
CC/OBJECT X11_BEISPIEL.C
```

Für Pascal lautet das Kommando:

```
PASCAL/OBJECT X11_BEISPIEL.PAS
```

Sollten Probleme mit den vorübersetzten „Pascal-Environment-Files" auftreten, so existieren meist nur deren Quelldateien. Zwei recht häufig auftretende Szenarien sind die folgenden:

1. Das Systemverzeichnis mit dem logischen Namen „SYS$LIBRARY" enthält zwar die Datei „DECW$MOTIF.PEN", nicht aber „DECW$XLIBDEF.PEN". Der Grund: Wie in Kapitel 15 bereits erwähnt, stellen manche Versionen des OSF/Motif-Systems unter OpenVMS nur die Quelldatei „DECW$XLIBDEF.PAS" zur Verfügung, nicht aber deren vorübersetzte Fassung im „Pascal Environment Format" (PEN). In diesem Fall muß die Quelldatei mit Hilfe einer „%INCLUDE"-Direktive eingebunden werden (weniger empfehlenswert), oder aber die Quelldatei ist zunächst vorzuübersetzen – wozu es allerdings eines etwas erfahreneren Pascal-Anwenders sowie der Hilfe des

Systemmanagers bedarf. (Die nachfolgend beschriebene Vorgehensweise ist in diesem Szenario meist nicht möglich.)

2. Das Systemverzeichnis mit dem logischen Namen „SYS$LIBRARY" enthält weder die Datei „DECW$MOTIF.PEN", noch „DECW$XLIBDEF.PEN". In diesem Fall sollte der Systemmanager diese erzeugen, wozu neuere Versionen des OSF/Motif-Pakets eine spezielle Kommandoprozedur bereitstellen. Nach Ausführung dieser Kommandoprozedur („DECW$PEN_BUILD.COM", die sich ebenfalls im Verzeichnis mit dem logischen Namen „SYS$LIBRARY" befindet), sollten die benötigten Dateien zur Verfügung stehen.

Im Gegensatz zu Unix-Systemen, die in jedem Fall „traditionelle" Routinenbibliotheken – sog. *Object Libraries* – bereitstellen, arbeitet OpenVMS ausschließlich mit *Shared Libraries.* (Mittlerweile werden solche Bibliotheken von moderneren Unix-Varianten zusätzlich unterstützt.) Shared Libraries sind in der Lage, einem Programm zur Laufzeit Routinen zur Verfügung zu stellen, ohne daß der Objektcode dieser Routinen an den Objektcode des Programms angehängt werden muß (wie dies bei Object Libraries der Fall ist). Für Motif- bzw. X11-Anwendungen sind die Bibliotheken *DECW$MRMLIBSHR12* (der Motif Resource Manager), *DECW$XMLIBSHR12* (das OSF/Motif-Toolkit), *DECW$XTLIBSHRR5* (das X-Toolkit) sowie *DECW$XLIBSHR* (die Xlib) von Belang. Diese Shared Libraries müssen dem Linker beim Binden des Objektcodes explizit bekannt gemacht werden.

Ein Beispiel: die zuvor vom Compiler generierte Objektdatei (in unserem Beispiel „X11_BEISPIEL.OBJ") wird wie folgt in ein ausführbares Programm (OpenVMS-Bezeichnung *„Executable Image"*) mit dem Namen „X11_BEISPIEL.EXE" umgewandelt:

```
LINK X11_BEISPIEL.OBJ,X11_OPTIONEN.OPT/OPTIONS
```

Der Inhalt der Datei „X11_OPTIONEN.OPT" lautet dabei:

```
SYS$LIBRARY:DECW$MRMLIBSHR12.EXE[1]/SHARE
SYS$LIBRARY:DECW$XMLIBSHR12.EXE[2]/SHARE
SYS$LIBRARY:DECW$XTLIBSHRR5[3]/SHARE
SYS$LIBRARY:DECW$XLIBSHR/SHARE
```

[1] Diese Datei trägt in älteren Fassungen des Motif-Systems (vor der Version 1.2) die Bezeichnung *DECW$DWTLIBSHR.EXE*

[2] Diese Datei trägt in älteren Fassungen des Motif-Systems (vor der Version 1.2) die Bezeichnung *DECW$XMLIBSHR.EXE*

[3] Diese Datei trägt in älteren Fassungen des Motif-Systems (vor der Version 1.2) die Bezeichnung *DEC$XTSHR.EXE*

Das Übersetzen von UIL-Quelltexten erfolgt mit dem OpenVMS UIL-Compiler. Beispiel:

```
UIL/MOTIF X11_BEISPIEL.UIL
```

Das gezeigte Kommando übersetzt den Inhalt der UIL-Quelldatei „X11_BEISPIEL.UIL" in eine (diesmal OpenVMS-spezifische) binäre UID, die in einer Datei namens „X11_BEISPIEL.UID" abgelegt wird.

Anmerkung: Während UIL-Quelltexte ohne Änderungen von Rechnerplattform zu Rechnerplattform portierbar sind, gilt dies nicht für UID-Dateien. Diese müssen stets per plattformspezifischem UIL-Compiler aus den portablen Quelltexten erzeugt werden. (Ab OSF/Motif V2.0 ist diese Einschränkung allerdings aufgehoben.)

B Literatur

[1] *Asente, Paul J.; Swick, Ralph R.*: X Window System Toolkit, The Complete Programmer's Guide and Specification X11 Release 4. Bedford, MA: Digital Press (1990).

[2] *Berlage, Thomas*: OSF/Motif: Concepts and Programming. New York: Addison Wesley (1991).

[3] *Brede, Hans-Joachim et al.*: Programmieren mit OSF/Motif, Version 2. Bonn: Addison-Wesley (1995).

[4] *Deutsche Industrienorm 66234*: Bildschirmarbeitsplätze; Teil 8: Grundsätze ergonomischer Dialoggestaltung. Berlin: Beuth (1988).

[5] *Digital Equipment Corporation*: Guide to Xlib (Release 4) Programming: MIT C Binding. Maynard, MA: DEC (1991 ff).

[6] *Digital Equipment Corporation*: Guide to Xlib (Release 4) Programming: VMS Binding. Maynard, MA: DEC (1991 ff).

[7] *Digital Equipment Corporation*: DEC Pascal User Manual; DEC Pascal Reference Manual; DEC Pascal Reference Supplement for VMS Systems. Maynard, MA: DEC (1989ff).

[8] *Digital Equipment Corporation*: DECwindows Architecture Overview. Nashua, NH: DEC (1988).

[9] *Digital Equipment Corporation*: Guide to DECthreads. Maynard, MA: DEC (1991).

[10] *Digital Equipment Corporation*: DEC VUIT User's Guide. Maynard, MA: DEC (1991).

[11] *Digital Equipment Corporation*: DECwindows Motif Guide to Application Programming. Maynard, MA: DEC (1991).

[12] *Digital Equipment Corporation*: DECwindows Companion to the OSF/Motif Style Guide. Maynard, MA: DEC (1991).

[13] *Eckardt, K.J.; Nowak, R.*: Standard-Architekturen für Rechnerkommunikation. München: Oldenbourg (1988).

[14] *Foley, James; van Dam, Andries et al.*: Computer Graphics, Principles and Practice. Reading, MA. Addison-Wesley (1990).

[15] *Herschel, R.; Pieper, F.*: Pascal und Pascal-Systeme. München: Oldenbourg (1987).

[16] *Griebel, Peer; Pöpping, Manfred; Szwillus, Gerd*: Motifation und Objection: Werkzeuge zur interaktiven Erzeugung von Benutzungsoberflächen in: *Kansy, Wißkirchen (Hrsg.)* Innovative Programmiermethoden für Graphische Systeme. Heidelberg: Springer (1992).

[17] *Kobara, Shiz*: Visual Design With OSF/Motif. Reading, MA: Addison-Wesley (1991).

[18] *Körber, Ulrich*: Unbekannte Wesen UIL und Mrm kontra Toolkit-Routinen. In iX, Nr. 3 (März 1995).

[19] *Linton, Mark A.; Price, C.*: Building Distributed User Interfaces with Fresco. In: Proceeding of the Seventh X Technical Conference Boston, MA (1993).

[20] *Linton, Mark A.; Vlissides, John M.;Cader, P.*: Composing User Interfaces with Fresco. In: Computer Vol. 22, No. 8 (Februar 1989).

[21] *Open Software Foundation*: OSF/Motif Programmer's Guide Release 1.1. Englewood Cliffs, NJ: Prentice Hall (1991).

[22] *Open Software Foundation*: OSF/Motif User's Guide Release 1.1. Englewood Cliffs, NJ: Prentice Hall (1991).

[23] *Open Software Foundation*: OSF/Motif Programmer's Reference Release 1.1. Englewood Cliffs, NJ: Prentice Hall (1991).

[24] *Open Software Foundation*: OSF/Motif Style Guide Release 1.1. Englewood Cliffs, NJ: Prentice Hall (1991).

[25] *Open Software Foundation*: Application Environment Specification (AES), User Environment Volume. Englewood Cliffs, NJ: Prentice Hall (1991).

[26] *O'Reilly and Associates*: Definitive Guides to the X Window System (several volumes). Bonn: O'Reilly and Associates (1988-1992).

[27] *O'Reilly and Associates*: The X Window System in a Nutshell. Bonn: O'Reilly and Associates (1992).

[28] *Rubenstein, R.; Hersh, H.*: The Human Factor - Designing Computer Systems for People. Burlington, MA: Digital Press (1984).

[29] *Scheifler, Robert W.; Gettys, James*: X Windows System, The Complete Reference to X Protocol, ICCCM, XLFD. Bedford, MA: Digital Press (1990-1992).

[30] *Scheifler, Robert W.; Gettys, James*: Xlib – C Language X Interface. X Version 11 Release 6: MIT X Consortium (1994).

[31] *Shneiderman, B.*: Direct Manipulation: A Step Beyond Programming Languages. In: Computer, Vol. 16, No. 8 (August 1983).

[32] *Sun Microsystems Inc.*: OpenLook, Graphical User Interface Application Style Guidelines. Reading, MA: Addison Wesley (1989).

[33] *Tanenbaum, A.S.*: Computer Networks. Englewood Cliffs, NJ: Prentice Hall (1989).

[34] *Tanenbaum, A.S.*: Operating Systems, Design and Implementation. Englewood Cliffs, NJ: Prentice Hall (1987).

[35] *Tanenbaum, A.S.*: Modern Operating Systems. Englewood Cliffs, NJ: Prentice Hall (1992).

[36] *Weinand, A.*: Objektorientierte Architektur für grafische Benutzeroberflächen, Realisierung der portablen Fenstersystemschnittstelle von ET++. Heidelberg: Springer (1992).

[37] *Young, Douglas A.*: The X Window System, Programming and Applications with Xt. Englewood Cliffs, NJ: Prentice Hall (1994).

[38] *Young, Douglas A.*: Oject-Oriented Programming with C++ and OSF/Motif. Englewood Cliffs, NJ: Prentice Hall (1995).

[39] *Young, Douglas A.*: Motif Debugging and Performance Tuning. Englewood Cliffs, NJ: Prentice Hall (1995).

Index

Die **fett** dargestellten Seitenzahlen bezeichnen Abschnitte, die eine Widget-Klasse vorstellen. *Kursive* Seitenzahlen beziehen sich dagegen auf die Verwendung einer Routine, Ressource oder Widget-Klasse im Rahmen eines Programmbeispiels. (Im allgemeinen ist nur die erste – oder wichtigste – Verwendung angegeben.)

A

B

C

D

H

I

J

K

L

M

R

S

X

Z